突破思想瓶颈

改革 40 年的政治经济学

TUPO SIXIANG PINGJING

GAIGE 40 NIAN DE ZHENGZHI JINGJIXUE

杨春学 主编

首都经济贸易大学出版社
Capital University of Economics and Business Press
·北 京·

图书在版编目（CIP）数据

突破思想瓶颈：改革 40 年的政治经济学/杨春学主编. -- 北京：首都经济贸易大学出版社，2018. 11

ISBN 978 - 7 - 5638 - 2889 - 0

Ⅰ. ①突… Ⅱ. ①杨… Ⅲ. ①政治经济学—经济思想史—中国—现代
Ⅳ. ①F092. 7

中国版本图书馆 CIP 数据核字（2018）第 264665 号

突破思想瓶颈——改革 40 年的政治经济学

杨春学 主编

责任编辑 晓孟
封面设计 风得信·阿东 FondesyDesign
出版发行 首都经济贸易大学出版社
地　　址 北京市朝阳区红庙（邮编 100026）
电　　话 （010）65976483 65065761 65071505（传真）
网　　址 http：//www. sjmcb. com
E - mail publish@cueb. edu. cn
经　　销 全国新华书店
照　　排 北京砚祥志远激光照排技术有限公司
印　　刷 北京九州迅驰传媒文化有限公司
开　　本 710 毫米 × 1000 毫米 1/16
字　　数 331 千字
印　　张 19
版　　次 2018 年 11 月第 1 版 2018 年 11 月第 1 次印刷
书　　号 ISBN 978 - 7 - 5638 - 2889 - 0/F · 1592
定　　价 75. 00 元

前　言

对于改革开放过程中直接针对经济体制改革的第一个纲领性文件（即1984年10月党的十二届三中全会通过的《中共中央关于经济体制改革的决定》），邓小平同志曾高度评价说："我的印象是写出了一个政治经济学的初稿，是马克思主义基本原理和中国社会主义实践相结合的政治经济学。""过去我们不可能写出这样的文件，没有前几年的实践不可能写出这样的文件。写出来，也不容易通过，会被看作'异端'。"① 为什么他会这样评价呢？因为这个《决定》突破了长期以来社会主义不能搞商品经济的思想禁锢，回答了困扰社会主义经济体制改革初期的一个重大理论问题，使经济体制改革向社会主义市场经济的方向迈出了至关重要的第一步。

恩格斯说："社会主义不是一种一成不变的东西，而应当和任何其他社会制度一样，把它看成是经常变化和改革的社会。"② 中国改革开放的历程生动地诠释了这个著名的论断。

改革是实践和理论的双重探索。中国改革开放的政治经济学，一方面是改革的实践谱写出来的；另一方面是理论探索的结果。有三股力量相互交织和强化，推动着改革不断深入和发展。这三股力量就是改革实践取得的实效、理论界的努力和高层决策者的推动。

如果把改革及其思想历程视为邓小平所说的"写作"政治经济学的过程，那么，时值改革开放40年之际，我们来思考一下这

---

① 邓小平．邓小平文选：第3卷［M］．北京：人民出版社，1994：83.

② 马克思，恩格斯．马克思恩格斯全集：第37卷［M］．北京：人民出版社，1971：443.

样一些问题是非常有意义的：这种“写作”是如何进行的？其中经历了什么样的困难？现在写到了什么程度？只有明了这一思想历程，我们才可能更好地走向未来。

在其中，经济学家做出了什么样的贡献呢？

2005年接受《中华工商时报》记者采访时，丁学良教授曾说，中国真正意义上的经济学家“最多不超过5个。国内有的著名经济学家连在国际上最好的50个经济系里当研究生的资格都不够”。丁学良教授的标准是：能否在国际经济学界最重要的学术刊物上发表文章。如果以丁学良的这种标准来说，也许这是事实。但是，如果我们换一个标准（即“经世济民”）来看，情形又会如何呢？

我们认为，如果以“经世济民”的标准来看，经济学家对中国改革的贡献是很大的。这种贡献不在于在理论上以国际学术刊物标准来衡量有什么原创造性的贡献，而是主要体现在下述两个方面。第一，为重大体制改革决策提供巧妙地辩护、思路和理论根据，让决策者能够绕开或摆脱意识形态方面的桎梏。这类思路和理论在20世纪80和90年代改革中的作用最为突出。第二，为实践中出现的、新生的各种改革形态摇旗呐喊，为各级政府提供改革的政策咨询。

就以“中国经济理论创新奖”来说，获奖者包括杜润生及中国农村发展研究组的“农村家庭联产承包责任制理论”，厉以宁的“国有企业股份制改革理论”，吴敬琏、周小川、郭树清等人的“整体改革理论”，华生研究组、田源、张维迎的“价格双轨制理论”，马建堂、周叔莲、江小涓的“中国经济结构调整理论”，黄达的“财政信贷综合平衡理论”，林毅夫研究组、张军、樊纲的“过渡经济学理论”，李实、赵人伟、陈宗胜等人的“中国经济转型和发展中的收入分配理论”。这些经济理论反映出中国经济学家对改革实践的独特思想贡献。当然，这种独特的贡献不限于上述几项，还有更丰富的内容。这些理论贡献全面改写了20世纪80年代初期的社会主义政治经济学（即邓小平所说的

“政治经济学初稿”），形成了中国特色的社会主义政治经济学。

本书就是力图总结这一“改写”的思想历程和基本内容。时值改革开放40年之际，回顾这一思想历程，其意义不证自明。书名之所以取为“突破思想瓶颈”，旨在强调改革开放之前传统的思想意识对改革所形成的阻力、改革对这类思想束缚的不断突破。基于这种考虑，本书选取下述七个方面的改革理论而述之。

“初级阶段理论”是基于社会经济发展状态的国情而对社会主义建设所做出的一种最基本的判断。那就是中国已经走在社会主义道路上；但是，如果以经典著述关于产生于发达资本主义“母体”之中的社会主义形态为参照系来看，这种社会主义还处于“初级阶段”的形态。它的核心是发展社会生产力，为走向“发达的社会主义”奠定坚实的基础。为此，一切有利于社会生产力发展的具体制度安排，诸如多种所有制经济、多种分配形式等的存在，都是与这一阶段的社会主义相容的。虽然这种理论形成于改革开放过程，并以党的十三大报告作为正式形成的标志且在其后得到不断的丰富和发展，但其先声可以追溯至20世纪30年代关于中国社会性质的大争论，其雏形早于存在于共产党人在建国过程中关于新民主主义经济的思考之中。初级阶段理论是社会主义政治经济学的“中国特色”的最基本理论参照系。正是“初级阶段”这一正确的判断，给我们的改革提供了历史方位感，为中国的改革开放打开了广阔的思想空间。正是得益于对社会主义的这种定位，让我们摆脱了意识形态的束缚，使我们得以开启市场化和所有制改革，使我们可以用辩证的方法来看待改革过程中出现的各种现象和问题。

“所有制改革理论”是争论最激烈的领域。凡是涉及所有制问题的改革，诸如农村土地承包到户、个体户和私营企业的存在和发展、国有企业的各种改革（包括股份制、“抓大放小”），无一不引来激烈的争论。因为，这类改革从根本上改变了中国社会经济的所有制结构。争论的核心是“姓公”还是“姓私”的问题。争论的意识形态之结在于，传统理论认为，所有制决定着一个社会的性质；只有公有制才具有社会主义性质，是社会主义的基石。所有这类争论都以官方的改革政策选择而获得暂时的平息，而这种选择的理论标准就是“三个有利于”，且最终明断“多种所有制经济共同发展”是社会主义市场经济的重要组成部分。但是，尚有一些理论问题还有待进一步的讨论，诸如非公有制经济的社会性质、公有制的形态类型、公有制与社会公平的关系等。只有解决好这类问题，我们才可能形成一种与基本经济制度相一致的综合性所有制理论。

“经济体制改革理论”所针对的是改革“计划经济”。这种理论经历了三个阶段，即商品经济理论、市场取向改革论和社会主义市场经济理论，并在这些理论的基础上形成了具有中国特色的转轨经济学。这些理论认识是随着市场化改革实践的深入而不断演进的。在这一演进过程中，所引起的争论也曾经是非常激烈的，并在20世纪80年代末 和90年代初达到高潮，核心是“姓资”“姓社”问题。因为在传统的政治经济学中，“计划经济”被视为社会主义体制的根本特征，是控制经济有序发展的制度安排；而市场经济则被斥为资本主义经济。借助于邓小平的“南方谈话”精神，党的十四大报告一锤定音，体制改革的目标模式是“建立社会主义市场经济体制”，由此平息了这场争论。紧接着要解决的关键问题就是政府与市场之间的关系问题。对于这个问题，经过多年的改革实践和思考，党的十八届三中全会《中共中央关于全面深化改革若干重大问题的决定》有了一个新的共识，那就是让市场在资源配置中起决定性作用和政府更好地发挥作用。如何使这一共识落实在实践中，改革正在努力。

“价格改革理论”虽然不像前述三种理论那么宏大，但却是改革理论的重要组成部分，与体制改革理论存在着内在的关系。因为价格改革是经济市场化的核心机制问题。改革之初，这种改革是以最基本的经济理论（即对价值规律的重新认识和强调）开始的。在改革之前的20世纪50年代和60年代初的计划经济时代，中国经济学家就对这种理论进行过丰富的思考。虽然这种改革不涉及意识形态，但事关改革可能引起的利益分配调整和社会经济秩序问题。因此，如何改革，也是有很大争论的。最著名的争论是发生于20世纪80年代中后期的关于价格体制改革在整个经济体制改革中的位置问题：经济体制改革的关键是价格改革还是所有制改革？就如何进行价格改革而言，最富于创新意味的是80年代中期提出的“价格双轨制”思路。进入90年代之后，随着建立社会主义市场经济体制目标的明确，加之“价格双轨制”本身存在内在的缺陷，价格改革的主体思路也就自然转向了建立主要由市场力量形成的价格机制、加快生产资料价格“双轨制”并轨上。至今天，这一改革尚未完成。

“收入分配改革理论”始于对“四人帮”关于“资产阶级法权”的批判，强调个人追求自身利益的正当性。之后，随着改革开放实践的展开以及随之而来的分配形式的多样化和收入差距的扩大，分配理论面对的是如何对改革过程中的一些现象提供一种合理的解释。这种解释的主流观点有一个演变过程，从“按劳分配为主体，其他分配方式为补充”发展为“按劳分配为主体，多种分配方式并存”，承认资本、技术等要素按其贡献分配的合理性。针对财富和收入分配差距的扩大现象，在较长的一段时间，强调“效率优先，兼顾公平”。始于“和谐社会”概念的提出，国家更加重视社会福利制度的建设，“新时代”将更加重视“共同富裕”的问题。当然，这些解释在具体的理论依据方面还存在不同的各种争论。

“对外开放理论”是在有关领域改革实践的争论和思考中形成和发展起来的。开展对外贸易，几乎不存在争论。但是，对于引进外资、设立“经济特区”等带有实质性内容的“开放”政策，曾出现带有政治意识形态意味的激烈争论。支持者强调这种开放形态可以有效地引进资金和先进技术，学习管理经验，并用“以市场换技术”和“试验性改革”作为主要的依据。进入20世纪90年代，这类观点发展成为以“两种资源、两个市场”为主体的理论，并在对外资的特惠政策、加入WTO等问题的争论中获得不断地丰富和完善。最新的进展是党的十八届三中全会《中共中央关于全面深化改革若干重大问题的决定》提出要“建构开放型经济新体制”，它的思想基础是习近平关于基于互利共赢的“人类命运共同体”的思想。这标志着中国对外开放达到了一种新的思想境界。

“宏观调控理论”几乎都是针对宏观经济现象的变化及应对它们的政策本身进行讨论的结果，而且随着体制改革的深入而不断发展。从改革之前的“综合平衡理论”走向“宏观调控理论”，再到对宏观调控体制和政策本身的思考，以及最近的供给侧结构性改革与宏观调控之间的关系问题，构成了最富有中国特色的宏观调控理论。所谓“宏观调控”并不限于财政和货币政策，还包括产业、区域政策；还包括发改委等调控机构。宏观调控理论不仅涉及对各类政策的具体工具的选择问题，还包括对这些政策之间关系的理论探讨，以及对历次重大调控政策的实践结果的反思。

在实践中，改革开放的政治经济学是非常成功的，虽然其中还存在大量的问题有待进一步解决。40年的经济成就就是事实证据。它不仅仅是“经济增长奇迹”，就社会经济基础和结构的变化而言，也是奇迹。至于在理论上，改革开放的政治经济学还有更长的路要走。如果按照严格意义的“理论”概念来说，它们基本上只能算作是一种思想，还有待提高理论化的深度。学界有关改革的重大争论，通常是通过中央的政策选择来暂时获得平息的。这样一来，其间还有一些理论问题，有待进一步深入讨论和深化。“理论”和“思想”在概念上是有差别的。一种“思想”要成为一种“理论”，必须遵循严格的逻辑。其中，不证自明的称之为“公理”，推导的过程叫“推理”，推导出来的东西叫“定理”，最后的结论叫“真理”。某个结论是否是“真理”，并不是哪个人说了算，而是要看它的获得是否符合科学的方法论约定的一系列规则，要看它引出的政策结论是否得到实践的检验和证明。对政治家来说，改革的关键，不在于改革方案背后的分析是否精巧、是否具有内在的逻辑一致性，而在于改革方案是否能解决实际问题。对这种方案提供精巧的理论解释，是经济学家的基本任务。“理论真理”与“实践真理”之间是有距离的。在这方面，中国特色社会主义政治经济学还有大量的工作有待完成。

需要特别指出的是，改革的本质就是利益格局的调整。这必然会带来利益的冲突和争论。因此，在改革过程中，在用什么样的方案进行改革等具体的问题领域，出现了意见分歧，这是很正常的。有人把改革的争论者分为支持者和反对者，这带有误导的性质。事实上，除了极个别论点之外，争论都是对如何改革的不同意见的表述，都是推动改革的力量。至于选择哪一种政策建议或方案，考验的是决策者的智慧。

“理论真理”与“实践真理”之间是有距离的。在这方面，中国特色的社会主义政治经济学还有大量的工作有待完成。近年，经济学家在进行着大量的努力，讨论如何建构中国特色的社会主义政治经济学体系的重大问题。一些著名经济学家，发表了专门讨论这一问题的文章，例如，逄锦聚:《〈资本论〉的体系结构与中国特色社会主义政治经济学的关系》(《政治经济学评论》2017年第3期)；林岗:《在新时期如何发展中国的政治经济学》(《政治经济学评论》2010年第1期)；刘伟:《在马克思主义与中国实践结合中发展中国特色社会主义政治经济学》(《经济研究》2016年第5期)；洪银兴 :《以创新的理论构建中国特色社会主义政治经济学的理论体系》(《经济研究》2016年第4期)；杨瑞龙:《中国特色社会主义政治经济学逻辑下政府与市场之间的关系》(《政治经济学评论》2016第7期) 等。理论仍在发展让我们共同为构建中国特色的社会主义政治经济学体系而努力!

本书作者的分工是：前言、第一章、第三章，杨春学；第二章、第五章，沈宏亮；第四章、第六章，王少国；第七章，郝宇彪；第八章，陆明涛。杨春学负责主持大纲设计和统稿工作。

最后，要特别感谢首都经济贸易大学出版社杨玲社长和薛捷编辑。没有他们的邀请，不可能有此书的问世。《突破思想瓶颈》这一书名，就来自薛捷同志。

本书为“北京影视出版创作基金扶持作品”，同时是北京市习近平新时代中国特色社会主义思想研究中心首都经济贸易大学研究基地和首都经济贸易大学“一带一路”国家人才培养基地“中国概况”的建设成果之一。

目　录
Contents

第一章　导论

中国经济改革的历史进程，是借助于1978年党的十一届三中全会和以小岗村农民为代表的民间自发力量拉开序幕的。

作为十一届三中全会的先声，邓小平于1978年12月13日在中央工作会议闭幕式的讲话（即《解放思想，实事求是，团结一致向前看》）中指出："正确地改革同生产力迅速发展不相容的生产关系和上层建筑，根据我国的实际情况，确定实现四个现代化的具体道路、方针、方法和措施。"① 1978年12月22日发表的第十一届三中全会的《公报》指出："要实现四个现代化，要求大幅度提高生产力，也就必然要求多方面地改变同生产力发展不适应的生产关系和上层建筑，改变一切不适应的管理方式、活动方式和思想方式，因而是一场广泛、深刻的革命。"② 由此，正式吹响了改革开放的政治号角。

第一节　改革共识是如何凝聚的？

1976—1978年是改革开放的酝酿阶段，形成了"必须改革"的共识。这种共识是通过反思"文化大革命"教训的方式获得的。或者说，改革的共识在很大程度上是"文化大革命"的副产品。这种副产品是以悲剧的形式产生的。"拨乱反正"可以视为改革开放的伴奏曲。从"拨乱反正"走向改革开放，是一个自然的过程。因为，正是在"拨乱反正"的过程中，孕育出了改革的一些重要因素。例如，通过"拨乱反正"重新走上政治舞台的一批老干部，曾经身受旧体制之害，激发了他们改革的意识和决心。正是因为"拨乱反正"受阻而催生出的"实践是检验真理的唯一标准"的

① 中共中央党校教务部．十一届三中全会以来党和国家重要文献选编［M］．北京：中共中央党校出版社，2015：2.

② 中共中央党校教务部．十一届三中全会以来党和国家重要文献选编［M］．北京：中共中央党校出版社，2015：11.

大讨论，解放了各类精英的思想，使他们在对各种错误思想的批判中酝酿着改革的思路。可以说，改革前夕，希望改革现有体制的力量，遍布各个阶层。这些力量随着“四人帮”的倒台和揭批“四人帮”的活动而走上台面。

一、改革共识的社会基础

改革前夕，“文化大革命”在政治、社会、经济、思想等领域带来的悲剧性结果，使得希望改革现行体制的动力遍及社会各个阶层。邓小平就多次谈到“文化大革命”与改革的关系。他说：“‘文化大革命’也有一‘功’，它提供了反面教训”，它“促使人们思考，促使人们认识我们的弊端在哪里。为什么我们能在七十年代末和八十年代提出了现行的一系列政策，就是总结了‘文化大革命’的经验和教训”[①]。没有“文化大革命”的教训，就不可能制定十一届三中全会以来的思想、政治、组织路线和一系列政策。

在政治上，“文革”制造了大量的冤假错案。据统计，“文化大革命”的十年中，全国被立案审查的干部高达230万人，占“文革”前夕全国1 200万干部的19.2%。党和政府的各级机构、各级人民代表大会和政协，长期陷于瘫痪和不正常状态。此外，还有数以百万计的地主富农分子等受到歧视。有相当一部分干部在默默地反思体制的问题，例如顾准等人。

在知识界，“文化大革命”和之前的“反右运动”对教科文卫的摧残也非常严重，一大批学有专长的知识分子受到残酷迫害。就以“反右运动”来说，被定为“右派分子”的人就多达55万。虽然其中的30多万人在1959—1964年被摘掉“右派分子”的帽子，但在现实中，他们的工作安排，子女的教育、就业等方面仍然受到歧视。在“文化大革命”中，旧事重提，他们又深受冲击，思想上陷入痛苦的境地，最渴望“科学的春天”。

在经济上，“文革”使经济建设受到极大的破坏。从1957年到1976年，全国职工在长达20年的时间里几乎没涨过工资。城市居民面对各种购物票证，深感物质生活的匮乏。农民的生活更苦，相当一部分人没有解决温饱问题，甚至还有一部分人处于赤贫状态。据原农业部人民公社管理局

---

① 中共中央文献研究室．邓小平年谱（1975—1997）：下［M］．北京：中央文献出版社，2004：1131，1244－1245.

统计的数字：1978 年，全国农民每人年均从集体分配到的收入仅有 74.67 元，其中两亿农民的年均收入低于 50 元。因此，一般老百姓最渴望的是改善物质生活条件。

所有这些改革的力量，都随着“四人帮 ”的倒台而走上前台，人们以不同的形式在思考着同样一个大问题：中国向何处去？

二、改革共识的形成

“拨乱反正”是凝集改革共识的奏鸣曲。

在政治上，“拨乱反正”的标志是纠正冤假错案，数以千万计的人获得了政治上和身份上的解放，一方面使一批老干部重新走上政治舞台，促使身受“文革”之害的他们下决心进行改革；另一方面，也使一大批知识分子获得平反，焕发了青春，他们构成了改革在决策和思想上的中坚力量。

在思想上，“拨乱反正”的标志是 1978 年 5 月 11 日《光明日报》以特约评论员的名义发表《实践是检验真理的唯一标准》一文和由此而引发的大讨论。文章非常精彩地指出：“社会主义对于我们来说，有许多地方还是未被认识的必然王国。我们要完成这个伟大的任务，面临着许多新的问题，需要我们去认识，去研究，躺在马列主义、毛泽东思想的现成条文上，甚至拿现成的公式去限制、宰割、剪裁无限丰富的飞速发展的革命实践，这种态度是错误的。”“无论在理论上或实际工作中，‘四人帮’都设置了不少禁锢人们思想的禁区。对于这些‘禁区’，我们要敢于去触及，敢于去弄清是非。科学无禁区。凡是超越于实践并自奉为绝对的‘禁区’的地方，就没有科学，就没有真正的马列主义、毛泽东思想，而只有蒙昧主义、唯心主义、文化专制主义。”“自吹自擂证明不了真理，大规模的宣传证明不了真理，强权证明不了真理。”

正是这些观点带来的真理标准大讨论，真正重新恢复了党的解放思想、实事求是的思想路线，冲破了个人迷信、“两个凡是”的精神枷锁，把人们从毛泽东晚年错误、从“文化大革命”的极“左”错误中解放出来，从而为改革开放、拨乱反正等一系列新政策、新主张、新思想、新办法提供了思想空间和条件。

真理标准的讨论解放了知识精英和广大干部的思想，使他们在批判各种错误思想的过程中酝酿着改革的思路。例如，1977 年和 1978 年经济领域“拨乱反正”涉及的重大问题有四个：一是纠正否定商品生产和商品交换的错误观点，重新肯定社会主义必须大力发展商品生产和商品交换，重视价值规律的作用；二是否定对所谓“资产阶级法权”和按劳分配原则的错误批判，重新强调按劳分配和物质利益原则；三是否定对“唯生产力论”的错误批判，强调生产力发展在社会主义建设中的重要地位，事实上提出了体制评价的生产力标准；四是反思以往的经济管理方式，提出按经济规律办事。这些问题的讨论受到华国锋、邓小平、李先念等领导人的重视和肯定，特别是邓小平直接推动了这一讨论的开展①。

十一届三中全会的《公报》，标志着改革共识的正式形成，那就是把工作重点转移到社会主义现代化建设上，改革与生产力发展不适应的生产关系和上层建筑，改变一切不适应的管理方式、活动方式和思维方式。用邓小平的话来说：“如果现在再不进行改革，我们的现代化事业和社会主义事业就会被葬送。”②《公报》还特别指出：“应该在党的一元化领导之下，认真解决党政企不分、以党代政、以政代企的现象。”③

十一届三中全会召开前夕，邓小平在中央工作会议上所做的《解放思想，实事求是，团结一致向前看》的报告，实质上是这次全会的主旨报告。多年之后，江泽民在党的十五大报告中评论说：“1978 年邓小平《解放思想，实事求是，团结一致向前看》这篇讲话，是在‘文化大革命’结束以后，中国面临向何处去的重大历史关头，冲破‘两个凡是’的禁锢，开辟新时期新道路、开创建设有中国特色社会主义新理论的宣言书。”

第二节 改革开放的重点为什么是经济领域

从前述引文中，我们可以看出，党的十一届三中全会《公报》所包含的改革并不限于经济领域。邓小平就明确指出：“我们提出改革时，就包括政治体制改革。”④ 那么，为什么改革的重点会选择在经济领域？

新中国的成立和社会主义制度的建立，改变了中国半殖民地半封建的

---

① 参阅韩钢．最初的突破——1977、1978 年经济理论大讨论述评［J］．中共党史研究，1998（6）；李正华．中国改革开放的酝酿与起步［M］．北京：当代中国出版社，2002.

② 中共中央党校教务部．十一届三中全会以来党和国家重要文献选编［M］．北京：中共中央党校出版社，2015：7.

③ 中共中央党校教务部．十一届三中全会以来党和国家重要文献选编［M］．北京：中共中央党校出版社，2015：14.

④ 中共中央文献研究室．邓小平年谱（1975—1997）：下［M］．北京：中央文献出版社，2004：1134.

苦难社会现状，是中国历史上最伟大、最深刻的社会变革。从1949年到1978年的30年中，在中国共产党的领导之下，全国人民艰苦创业、独立自主、自力更生，取得了巨大的成就。这是探索社会主义建设规律、不断战胜困难并经受挫折的曲折发展的30年。由于对社会主义建设缺乏经验，党的领导人对形势的分析和对国情的认识存在着主观主义的偏差，总体上忽视了社会生产力的发展。特别是在“文化大革命”中，“四人帮”甚至提出“宁要社会主义的草，不要资本主义的苗”的荒谬主张，对经济建设造成严重的破坏，与“民富国强”的初衷相距甚远。1978年2月26日，华国锋在五届全国人大一次会议《政府工作报告》中说：“整个国民经济几乎到了崩溃的边缘。”这也是正式报告中首次出现“崩溃边缘”的说法。对于“文化大革命”结束时中国经济是否到了“崩溃边缘”的判断，存在着不同的看法①。但是，一个铁的事实是：经过30年的建设，人民的生活仍然处于一种贫困状态。

第一，民间早就以实际行动开启了改革的步伐，成为势不可当的力量。

迈出改革实践步伐的第一个群体是农民。人民公社体制的弊端，加上十年“文化大革命”的破坏，农村经济发展迟缓，农民普遍贫穷，吃饭成为最紧迫的大事。这是改革起步时期最重要的基本国情。1957年，我国人均占有粮、棉、油分别为318.7公斤、2.3公斤和5.1公斤，到20年后的1978年，人均占有粮食只增加了12.7公斤，人均占有的棉花和油料反倒分别减少了11.5%和16.6%；人均收入由1957年的40.5元，增加到1978年的73.8元，20年间，来自集体分配的人均收入只增加了33.3元，年均只增加1.17元。其中，农村还有2.5亿人吃不饱肚子，处在绝对贫困线以下。农民再也无法忍受贫穷的煎熬。于是，就有了以安徽小岗村为代表的一些农民，冒着政治风险，稍稍地进行包产到户的改革行为。

迈出改革实践步伐的第二个群体是城镇待业青年。“文革”结束之后，800多万下乡知青返回城镇，再加上数以百万计的待业人员，体制内的单位没法容纳这么多的就业量。于是，这些无法进行体制内就业的人们，被迫以“摊贩”的形式，走上自谋生计的道路，由此开启了非公有制经济发展的形态。

第二，决策者对民众生活状态的切身体会，使他们下决心支持和推进

---

① 萧冬边．中国改革开放的缘起［J］．中共党史研究，2017（12）．

改革。

在农村，有不少农民还处在赤贫状态，令直接接触到这类情况的官员深感愧疚和焦虑。例如，1977年6月，万里任安徽省委第一书记后，下乡调查3个月，看到的情形让他震惊。万里回忆说："农民吃不饱，穿不暖，住的房子不像个房子的样子。淮北、皖东有些穷村，门、窗都是泥土坯的，连桌子、凳子也是泥土坯的，找不到一件木器家具，真是家徒四壁呀！我真没料到，解放几十年了，不少农村还这么穷！我不能不问自己，这是什么原因？这能算是社会主义吗？人民公社到底有什么问题？为什么农民的积极性都没有啦？当然，人民公社是上了宪法的，我也不能乱说，但我心里已经认定，看来从安徽的实际情况出发，最重要的是怎么调动农民的积极性；否则连肚子也吃不饱，一切无从谈起。"① 这种切身的体会成为万里顶着各种压力，支持包产到户的精神动力。

1978年3月10日，在国务院第一次全体会议上，邓小平说："什么叫社会主义？它比资本主义好在哪里？每个人平均六百几十斤粮食，好多人饭都不够吃，28年只搞了2 300万吨钢，能叫社会主义优越性吗？"1978年9月，他在东北三省视察期间又说："社会主义要表现出它的优越性，哪能像现在这样，搞了20多年还这么穷，那要社会主义干什么？"② 这一连串的"问号"，实际上是发出了重新探索"什么是社会主义、怎样建设社会主义"的强有力的信号。

第三，高层访欧访日过程感受到的震撼和挑战。

1978年是出国考察潮年，仅仅副总理、副委员长以上领导人就有20人次，还有其他层次的出国考察。这类考察的目的很明确，那就是着眼于学习和借鉴，放弃意识形态的有色眼光，寻找中国可以借鉴的经验。结果，出访者亲眼看到了发达国家的现代化竟然已经发展到如此高的水平，在自己的实际观察与之前的不实宣传所形成的强烈对比中，他们看到了我们在经济上极度落后的事实。这些考察团带回来的信息，对中国领导层的思想冲击很大。承认自己的落后，并由此形成一种强烈的危机意识和紧迫感，也在促使决策者们思考出路何在的问题。这对推动高层决策者下定改革的决心起了重大的作用。下述两位出访者的感言道出了他们的真实心声。

时任国务院副总理王震在1978年11月访问英国期间深为英国社会经

① 张广友，韩钢记录整理．万里谈农村改革是怎样搞起来的［J］．百年潮，1998（3）．

② 邓小平．邓小平文选：第2卷［M］．北京：人民出版社，1994：130.

济发展水平和福利制度所震撼。他亲自访问伦敦一个失业工人家庭，看到了这个失业工人的生活状态：住着一栋100多平方米的两层楼房，有餐室、客厅，有沙发、电视机，装饰柜子里有珍藏的银具，房后还有一个约50平方米的小花园；且由于失业，不纳税，享受着免费医疗，子女可以接受免费义务教育①。据时任中国驻英大使馆经济商务参赞于日的记述，有人问王震有什么观感时，他出乎在场人员的意料说："我看英国搞得不错，物质极大丰富，三大差别基本消灭，社会公正，社会福利也受重视，如果再加上共产党执政，英国就是我们理想中的共产主义社会了。"②

时任中国社会科学院副院长邓力群参加了1978年10月1日至12月5日袁宝华率领的访日代表团。他在回国后写道："一个资本主义社会，自行车不上锁 ，拍卖品不收起来，人与人之间很讲礼貌，说明日本人民的道德水平提高了。我们必须充分重视进步的社会制度、进步的思想对于人们的教育作用。但是，进步的社会制度、进步思想的教育作用，不能离开生产力发展的基础。日本人民公共道德水平的提高，不是靠说教而是靠生产力的发展、生活的改善取得的。"③

基于上述的原因，经济领域的改革最迫切且阻力比较小。正如前面所述，20世纪70年代末，经历十年浩劫的中国满目疮痍，包括回城知青在内的城镇2 000万失业大军、数亿处于饥寒之中的农民，所有这些人的生计问题，就像沉重的大山，压在决策者的心头。面对这种困境，经济改革最容易软化意识形态的桎梏。

对此，邓小平多次强调，贫穷不是社会主义。"搞社会主义，一定要使生产力发达，贫穷不是社会主义。我们坚持社会主义，要建设对资本主义具有优越性的社会主义，首先必须摆脱贫穷。现在虽说我们也在搞社会主义，但事实上不够格。只有到了下世纪中叶，达到了中等发达国家的水平，才能说真的搞了社会主义，才能理直气壮地说社会主义优于资本主义"④。

当然，改革并不限于经济领域。经济的改革必然伴随着政治和社会的相应改革，否则经济改革也是无法进行的。

---

① 柯华．在马克思墓前——对资本主义和西方民主的观察［J］．炎黄春秋，1999（2）．

② 于日．旅英十年——重新认识资本主义［J］．陈独秀研究动态，2003（3，4）．

③ 邓力群，马洪，孙尚清，吴家骏．访日归来的思索［A］．//柳红．中国经济学人的光荣与梦想［M］．桂林：广西师范大学出版社，2008：96。

④ 邓小平．邓小平文选：第3卷［M］．北京：人民出版社，1994：225.

第三节 经济改革的基本经验

改革之初，社会各界在对“必须进行改革”的问题上达成了高度的共识，那就是要改革与社会生产力的发展不适应的所有生产关系和上层建筑，消除贫困，改善民生，达成“民富国强”的目标。但是，对于如何“改革”的问题，谁都不清楚问题的答案。

十一届三中全会之前，在酝酿如何改革的思路时，中央派出十多个高级别考察团，通过对西欧、东欧和日本的考察，认定必须用市场因素来改革计划体制。但是，在计划体制“如何改”“改到什么程度”等具体问题上，大家事先只有一些模糊的认识，并没有明确的路线图。即使是后来被尊称为改革总设计师的邓小平，当时也没有改革的总体蓝图，而只是说“我们现在所干的事业是一项新事业，马克思没有讲过，我们前人没有做过，其他社会主义国家也没有干过。所以，没有现成的经验可学，我们只能在干中学，在实践中摸索”①。

下述真实的故事就生动地说明了改革初始时的情形。1979年7月，国务院财经委员会成立了一个经济体制改革研究小组。组长是张劲夫，副组长是薛暮桥、房维中、廖季立、刘明夫，专职成员有廖季立、柳随年、季崇威、徐景安等。这个小组的任务是制定一个适合国情的体制改革方案。10月，研究小组草拟出一份《关于经济体制改革总体设想的初步意见》(下称《初步意见》)，主张用经济手段管理经济，实行计划调节与市场调节相结合，扩大企业自主权，划分中央和地方的职权等。1980年初，李先念在中南海主持召开国务院财经会议，讨论《初步意见》。但是，参会者都不谈正题，无奈之下，李先念只得说：“这个稿子我看了两遍，都没有看懂”，“他们是中国共产党党员，我相信他们是对党负责的。所以，我建议，这个文件还是先发下去试行。”② 参会者确实不知道如何改革，因而无法发表意见。

这就是改革初始时的状态。因此，我们走上了邓小平所说的“在干中学，在实践中摸索”的改革道路。

如果要总结这种改革过程的基本经验，那么，除了“思想解放”之

---

① 邓小平．邓小平文选：第3卷［M］．北京：人民出版社，1994：258.

② 柳红：八十年代：中国经济学人的光荣与梦想［M］．桂林：广西师范大学出版社，2008：56－59.

外，我们还可以用三个词语来概括。那就是稳定优先、“摸着石头过河”和渐进式改革。这三者体现着不同层面的改革方法，但有一种内在的逻辑结合。稳定优先是改革的前提，是控制改革过程中可能出现的社会政治风险的方式。渐进式改革是探索和完善体制改革的目标模式的方法，遵循的是一种先易后难、循序渐进的思维。如果说渐进式改革是用于刻画我们摸索体制改革方向的方法，那么，“摸着石头过河”则更多地用于形容在经济领域中寻找新的各种具体制度安排的方法。渐进式改革、“摸着石头过河”是稳中求进的表现形态。体制改革的目标模式是在“摸着石头过河”过程中出现的各种制度创新的基础上不断形成的。“摸着石头过河”要解决的是“如何改革”的问题，而渐进式改革要解决的是“改到什么程度”的问题。

一、解放思想

一旦开始改革，引入市场等相关因素，就必然会引起经济体制的变革。这种变革必然会冲击既有的体制，冲击我们原来那种根深蒂固的传统理论和观念。改革初始之时，根据承袭于苏联《政治经济学教科书》的正统观念，社会主义经济制度可概括为：公有制、按劳分配、计划经济。任何与这三者不一致的东西，都可能被视为是非马克思主义，违背社会主义道路。因此，改革是一个充满各种争论的过程。在某种意义上，改革就是对这些观念不断突破的过程。

20 世纪 70 年代末和 80 年代初的政治经济学（社会主义部分）教科书还一再强调商品经济与市场经济、资金与资本之间的本质差异。可以想象，只要涉及所有制和经济体制问题，几乎就必然要引出“姓资”与“姓社”、“姓公”与“姓私”的意识形态争论。改革之所以在这类争论中得以不断推进，在思想上，最重要的一点就是思想解放，践行实践是检验真理的唯一标准。这在决策层上表现为：允许各种改革方案的存在，让实践来检验哪一种方案更好，并且用巧妙的语言修饰来避免意识形态的争论。例如，包产到户实质上涉及所有制的改革，但是，当初，我们不说是所有制的改革，而是强调这是经营方式的改革。

二、稳定优先

十一届三中全会《公报》强调，改革是“一场广泛、深刻的革命”。这种预判是完全正确的。改革，第一涉及利益和权力格局的调整，第二涉及意识形态和思想观念的转变，因此，必然会带来各种矛盾和冲突。

“稳定优先”就是要让改革过程成为一种风险可控的实践。这不是保守，而是一种科学的决策态度。对此，高层决策者有着清醒的认识。邓小平在1988年《要吸收国际的经验》一文中就强调：“改革没有万无一失的方案，问题是要搞得比较稳妥一些，选择的方式和时机要恰当。不犯错误不可能，要争取犯得小一点，遇到问题就及时调整。这是有风险的事情，但我看可以实现，可以完成。这个乐观的预言，不是没有根据的。同时，我们要把工作的基点放在出现较大的风险上，准备好对策。这样，即使出现了大的风险，天也不会塌下来。”①

三、“摸着石头过河”

这种方法意在依靠群众的智慧，尊重人民在解决改革过程中的具体方案和制度安排方面的创造性精神，以此作为寻找改革方案的方法。这种方法体现着“人民群众是历史的创造者”的唯物史观。

正当人们在思考如何着手改革的问题时，农村土地承包制的巨大成功，使决策层对“摸着石头过河”的改革探索方式达成了共识，鼓励各地“先行先试”。这种改革方式遵循的是一种实践理性：某种改革措施先在小范围内进行摸索或试点；然后，总结经验，如果成功，则推广到更大的范围；最后，制定相关政策和法规，规范其行为，推向全国。以20世纪80年代的国有企业改革为例来说，国家在推行以承包制为主的改革方案时，实践中还存在其他的改革方案，例如，股份制改革试点。这种改革方法，一方面体现着通过“试错”寻找有效的制度安排的科学原则，以小范围反复试错，避免重大决策失误；另一方面也体现出实事求是的思想作风。正是借助这样一种实践理性，我们在改革开放过程中看到了基层所进行的各种类型的制度创新，包括乡镇企业的发展、国有企业的改革，以及其他丰富多彩的制度创新。

四、渐进式改革

渐进式改革是相对于苏东国家在20世纪80年代以激进的方式改革计划体制而言的一个概念，形容的是“一边改革，一边思考和探索”体制改革目标的方法。改革的本质是利益格局的调整，必然会遇到各种阻力，没

---

① 邓小平．邓小平文选：第3卷［M］．北京：人民出版社1994：267.

有帕累托最优。因此，决策者所面临的一个严峻问题是，如何找到一种克服这类阻力，使改革得以进行下去的方法。在这方面，中国的渐进式改革方法被形容为是用“增量改革”来带动“存量改革”，首先着眼于新制度的发展，逐步改变原有的制度结构，使其退出历史舞台或以新的形态出现，最终使我们走向中国特色的社会主义市场经济体制。

事实上，这种体制上的所谓“增量改革”是在有意和无意之间形成的。改革初期，允许回城知青和待业人员以个体户的形式存在，是迫于生存情势。这一“允许”无意之间开辟出一条私营经济的发展之路。更为重要的是，农村“包产到户”的改革不仅在短短的两三年内解决了数十年没有解决好的吃饭问题，而且还释放出大量的剩余劳动力。这些剩余劳动力催生了乡镇企业的异军突起，形成了另一股“体制外”的重要力量。正是这些新生的力量，倒逼着我们对既存的传统体制进行不断的改革。

渐进式改革方法在其他的实践中呈现出“先易后难，循序渐进”的清晰格局。例如，经济改革——先农村，后城市；开放——先沿海沿边，后内地；体制改革——以经济改革为主，随之是政治改革；等等。当然，这一过程充满各种争议，包括土地承包责任制、私营经济的发展、外资的引入、用股份制改造国有企业等是否符合社会主义的激烈争论。虽然如此，实践效果的力量、理论界的不懈探索和领导人的正确决断，使改革的实践在总体上朝着市场化的方向发展。市场力量自我扩张的逻辑，始终推动着改革者们不断地进行改革。在这一过程中，增长奇迹的出现，一方面使广大人民获得了实在的利益；另一方面使人们逐渐认识到必须承担改革的社会成本的现实，从而有效降低了改革的阻力。

渐进式改革的最大优势是，遵循“中庸之道”的哲学理念。这一哲学理念有利于搁置争议、寻求共识，广泛调动社会各层级、政府各部门和各种社会力量参与改革，寻求体制改革的最大公约数，体现出党和国家改革的政治智慧。经济体制改革的目标模式正是在这种改革过程中随着实践的发展而逐步明确化的。我们可以从党的历次三中全会的公报和决定中看到这种明确化的轨迹。在这方面，有四个里程碑式的重大突破。第一个是1984年党的十二届三中全会《中共中央关于经济体制改革的决定》确立“有计划的商品经济”。第二个是1987年党的十三届三中全会确立“国家调节市场，市场引导企业”，力图清理政府、市场与企业之间的关系。第三个是1992年的党的十四届三中全会《关于建立社会主义市场经济体制若干问题的决定》，确立了“建立社会主义市场体制”的改革目标，强调让市场在国家宏观调控下对资源配置起基础性作用。第四个是2013年十八届三中全会《关于全面深化改革若干重大问题的决定》，强调“让市场对资源配置起决定性作用”。

事实上，这些轨迹背后都隐藏着思想和学术界的激烈争论。例如，在党的十二届三中全会之前，官方的正式表达是“计划经济为主，市场调节为辅”。对此，经济学界存在不同的看法，有的强调“计划经济”，有的强调“商品经济”。“有计划的商品经济”观点的思想基础是社会主义商品经济理论。之所以强调“商品经济”，是想把市场大体上限制在非生产要素的商品领域，把生产要素排除在市场之外。实践证明，这种想法是行不通的。于是，党的十三届三中全会把体制改革的目标模式表述为“国家调节市场，市场引导企业”。它的理论基础是“市场取向改革论”。再如，20世纪80年代末和90年代初苏联东欧剧变之际，学术界出现一股回归计划经济的思潮，提出“姓资”“姓社”问题。借助邓小平“南方谈话”的精神，党的十四届三中全会确立“建立社会主义市场体制”的国策，平息了争论，把体制改革引向更深的层面。又如，党的十八届三中全会的《决定》把“市场在资源配置中起基础性作用”改为“市场在资源配置中起决定性作用”，一词之别，实质上意味着对体制改革的理论和认识的巨大飞跃，表明改革的核心问题仍然是处理好政府与市场之间的关系。

第四节　新时代：凝聚新共识

随着改革的深化，许多改革措施不再具有“帕累托改进”的性质，对具体改革的分歧也就扩大到了一般民众之中。这与改革的某些失误有直接的关系。例如，“摸着石头过河”的思想鼓励人们大胆去试，不要怕犯错误，结果，一方面创造出各种改革经验；另一方面也造成经济生活的高度非规范化，形成一大片灰色地带。再如，诸如国企改革等这样涉及重大利益关系调整的改革，原本需要通过自上而下以立法形式推动的改革，但在国有企业的改革过程中，导致几千万工人下岗。医疗等社会保障制度的改革，一夜之间上亿人失去或被削减了社会保障。又如，征地活动让大量的农民认为利益受到损害等。这些事实让相当部分人认为自己没有从改革中获得好处或者获得足够的好处，让一部分人对这类改革持有负面的看法。一个良好的社会是不可能让这种状态长期存在下去的。这就给我们提出了一个崭新的、带有系统性的根本问题：我们要建立哪一种类型的市场经济社会？这并不是简单地用“中国特色社会主义市场经济体制”概念就能够笼统回答的，要求重新凝聚新时代的改革共识。

可以说，进21新世纪后，我们越来越感觉到进一步改革的艰难，改革所涉及的利益格局越来越复杂，所面临的阻力也越来越大；各种深层次的矛盾不断显现，经济、社会、政治问题相互交织，使得任何一项改革都必然牵涉其他项的改革。“单兵突击”式的改革不仅不可能获得成功，还可能引出新的矛盾和问题。诚如孙立平所言：“如果说在改革初期，阻力主要来自意识形态的话，那么今天，改革的阻力已经主要来自现有的既得的利益格局。”① 只不过，某些利益之争戴着意识形态的帽子而已。

党的十八大标志着我国正式开启了一个新的改革时代，那就是“全面深化改革”的时代。在某种意义上可以说，党的十八届三中全会《中共中央关于全面深化改革若干重大问题的决定》（下称《决定》）是一种新的共识。《决定》为了解决我们要建立哪一种类型的市场经济社会的问题，立志要统筹推进经济、政治、文化、社会、生态文明建设等领域的改革。特别地，《决定》强调，全面深化改革必须以促进社会公平正义、增进人民福祉为出发点和落脚点。

虽然全面深化改革面临着各种类型的“硬骨头”和险滩暗礁，但也拥有改革之初所没有的优势。那就是我们已经拥有丰富的改革经验、坚实的实践基础和较为良好的理论准备。习近平指出，全面深化改革是一项复杂的系统工程，必须坚持科学的方法论。这种科学的方法论对此前的改革方法进行了完善和发展。这种完善和发展主要体现在下述四个方面。

第一，所有的重大改革由党中央统一布置和安排。

习近平在2013年10月出席APEC工商领导人峰会所发表的演讲中谈到中国改革时指出：“我们是一个大国，决不能在根本性问题上出现颠覆性失误，一旦出现就无可挽回、无法弥补。”②什么是“根本性问题”？那就是要始终确保改革的正确方向，坚持党的领导，坚持马克思主义，不走封闭僵化的老路，不走改旗易帜的邪路，坚定地走中国特色社会主义道路。

就经济体制改革而言，所有的改革方案都必须立足于完善和发展中国特色的社会主义市场经济体制。具体而言，所有制的改革必须坚持社会主义基本经济制度，国有企业的改革必须有利于国有企业的做大做强，分配

---

① 孙立平．也谈改革共识［N］．经济观察报，2012-03-09.

② 中央文献研究室．习近平谈治国理政［M］．北京：外文出版社，2014：348.

制度的改革必须有利于逐步走向“共同富裕”，公共政策的制定和实施必须有利于“学有所教、劳有所得、病有所医、老有所养、住有所居”。要推动和完成这些改革，需要广泛凝聚共识，形成改革合力；需要一股力量从上到下的强力推动，冲破既得利益阶层的阻力。中央全面深化改革领导小组的设立就是这种改革思想的典型标志，旨在负责改革的总体设计、统筹协调、整体推进、督促落实。党的十八届三中全会《决定》描绘了进一步改革的蓝图、线路图。

第二，在改革战略上，强调整体推进与重点突破的辩证统一。

“整体推进”，就是要用整体性原则来指导我们的经济改革，把经济视为一个有自身运行逻辑的复杂系统，考虑到各个组成部分及它们之间的非线性相干作用。所谓“非线性相干作用”，就是某个部分的微小扰动可能导致连锁反应，从而使整个系统发生根本性的改变。“重点突破”的哲学基础是要抓住经济中的主要矛盾，以此为突破口，通过它的连锁反应，带动整个经济体制的改革。因此，这种方法要求，经济改革不仅要考虑到各个组成部分及它们之间的协调性，更重要的是选准突破性的改革项（即俗称的“牛鼻子”），以此带动配套改革，从而实现整体推进的改革目标。

供给侧结构性改革就是深化经济体制改革的“牛鼻子”。如何处理政府与市场之间的关系，一直是完善社会主义市场经济体制的难题。党的十八届三中全会《决定》把市场配置资源的“基础性作用”改为“决定性作用”，说明市场化成为新一轮改革的基调。问题是如何化解政府与市场的关系这个难题？供给侧结构性改革抓住了这个难题的突破口。它以满足人民追求美好生活的需求为最终目标，以提高供给质量为主攻方向，表层上是要实施“三去一降一补”的政策组合，实质上却带动着各种改革的展开和政策措施的落实。从短期来看，它似乎旨在处理增长过程中的各种难题，但从长远的角度看，其意义非常深远。从体制改革角度看，通过一个“降”字，它就把简政放权、管放结合、优化政府服务功能作为改革的重要内容，体现的是在“使市场在资源配置中起决定性作用和更好发挥政府作用”的改革方向上迈出了坚实的步伐。再有，一个“补”字，供给侧结构性改革又推动着公共服务、创新体制等方面的配套改革。

第三，在具体的改革方式上，强调顶层设计与基层组织探索的良性互动。

党的十八届三中全会《决定》关于经济改革的内容中，以经济体制改革为重点，推出了体制改革的清单，诸如完善产权保护制度、发展混合所有制经济、建立消除各种垄断的体制机制、完善生产要素价格的决定机制、建立城乡统一的建设用地市场、允许具备条件的民间资本依法发起设立中小型金融机构、完善人民币汇率市场化形成机制、适时推出房地产税和资源税改革、建立城乡发展一体化体制机制破解城乡二元结构、建立合理有序的收入分配机制、建立公平和可持续的社会保障制度，等等。

所有这些改革都涉及错综复杂的利益格局，事先需要顶层设计。顶层设计这一概念本身就包含着方法论的因素，那就是要注重从全局的高度，谋划和推进具体的改革措施，提高改革决策的科学性，摆脱既有利益格局的束缚，避免在实施过程中相互扯皮。如果说顶层设计强调的是自上而下地协调各种关系，那么，"基层组织探索"强调的就是自下而上地开展改革，在中央授权试点的基础上，鼓励地方和人民群众"摸着石头过河"，探索改革的具体路径和方法。这二者之间是一种有机联系。顶层设计要立足全局；基层探索要观照全局，大胆探索，积极作为，发挥好试点对全局性改革的示范、突破、带动作用。"点"和"面"之间存在不等价性。改革试点与推广试点经验之间存在某种差异度。如何在试点经验的基础上形成可以推广的改革方案，这是对顶层设计智慧的考验。

第四，在改革的规范上，强调重大改革要"于法有据"，处理好"破"与"立"的关系。

这是依法治国的内在要求。改革不能随意冲破法律禁区，否则不仅会损害法律权威和法治精神，而且还会破坏经济社会的秩序和发展的稳定环境。有些经济改革必然会直接突破现有的法律规定。但是，我们知道，法律的修订通常慢于改革的步伐。怎么办？在解决这类问题时，中国智慧的通常做法是试点，划出一个法律和制度的自由区域。例如，党的十八届三中全会《决定》提出，允许农村集体经营性建设用地出让、入股、入市与国有土地同权的改革。这是与现行《土地管理法》的规定抵触的。为了解决这一冲突，2014 年中央 1 号文件允许试点先行，等相关法律条款修改后，再推向全国，从而做到"于法有据"。但是，还有一类改革，它们是在"灰色地带"进行的。对这类改革，我们要充分尊重"法无禁止皆可为"的法治原则。良法是善治的基础。

改革没有完成时。作为对中国改革的内在规律和逻辑的探索——经济改革方法论，一方面是马克思主义与中国改革实践相结合的产物，另一方面也体现着中国文明基因库的智慧，必将随着改革实践的发展而不断丰富。

第二章　初级阶段理论

在中国这样一个脱胎于半殖民地半封建的社会基础上如何建设社会主义，是新中国成立以来党和国家面临的一个基本国情的判断问题。改革开放之前的社会主义建设过程中出现的“大跃进”“共产风”“以阶级斗争为纲”等现象，都与对基本国情的误判有内在的关系。

十一届三中全会以来，党和国家的领导人与学者们一起重新思考中国社会主义处于什么阶段的问题，提出了中国处于并将长期处于社会主义初级阶段的科学判断，为改革确立了历史方向感，解决了如何在初级阶段建设社会主义的基本认识问题。

第一节　初级阶段理论的先声

一、20 世纪 30 年代中国社会性质的大论战：阶段理论的导引

20 世纪 20 年代末 30 年代初，在大革命失败后，围绕决定中国前途与命运的社会性质问题，经济理论界展开了激烈论战。针对主张中国已经成为资本主义社会的“托洛茨基派”的观点，1930 年 4 月，当时的《新思潮》杂志出版“中国经济研究”专号，一些学者在这里运用马克思主义基本原理论证了中国的社会性质问题，认为中国并非资本主义社会而是半殖民地半封建社会。其中，潘东周在《中国经济发展中的根本问题》中指出，帝国主义不仅控制中国的铁路、航运业、无线电、煤铁等重工业和纺织业，面粉业、丝业、火柴业等轻工业，而且控制中国海关，使中国丧失了关税自主权；利用买办、代理人、钱庄等残酷剥削农民。因此，帝国主义是阻碍中国经济发展的主要力量和障碍，致使中国长期处于半殖民地半

封建社会[①]。王学文以王昂为署名在《中国资本主义在中国经济中的地位及其发展及其前途》中指出，帝国主义利用大量廉价商品和低额关税等垄断中国市场，导致的后果是，“中国资本主义经济虽然有数十年间发展的历史，而终于停顿于一定状态之下，在中国整个经济依然不得不居于次要的地位，不能形成主要的支配的经济形态”[②]。笔名为刘梦云的张闻天则指出，在农村，“主要的生产方法，还是手工的而不是机器的，还是封建式的生产，而不是资本主义式的生产”[③]。此后随着争论的深入，焦点逐步转向农村的社会性质问题。针对当时出现的认为中国农村经济已经资本主义化的不切实际的观点，钱俊瑞、薛暮桥等经济学家不仅成立了“中国农村经济研究会”，对农村经济展开调查，收集大量的农村调查材料，而且发表文章批驳上述观点的错误，论证中国农村的半殖民地半封建社会性质。例如，钱俊瑞发表《现阶段中国农村经济研究的任务》、薛暮桥发表《怎样研究中国农村经济》等，孙冶方、徐雪寒等都持有同样的观点。这一时期关于中国社会性质的大论战表明，只有在对中国国情深入了解的基础上才能将马克思主义中国化，才能正确认识中国的社会性质和发展阶段，也才能据此确定正确的革命路线和建设方针。

二、新中国成立后关于过渡时期的认识：初级阶段理论的曙光

新中国建立前后，对于中国的社会性质和发展阶段、中国社会主义建设道路等问题，以毛泽东为代表的中央领导集体进行了有益探索，提出了指导中国革命和建设实践的宝贵思想。在1940年发表的《新民主主义论》中，毛泽东指出：“中国革命的历史进程，必须分为两步，其第一步是民主主义的革命，其第二步是社会主义的革命，这是性质不同的两个革命过程。现在所要建立的中华民主共和国，只能是在无产阶级领导下的一切反帝反封建的人们联合专政的民主共和国。”[④] 据此毛泽东正确地认为，新中国成立后中国还不能直接建成社会主义，而是为社会主义创造条件的新民主主义。只有当恢复和发展经济、促进社会经济结构改变、基本建立起完整的工业体系后，才由新民主主义发展为社会主义。按照当时的设想，新

① 李爱华．20世纪二三十年代中国社会性质论战［D］．南开大学，2014：94.

② 冒天启：社会主义初级阶段理论［A］．//张卓元．论争与发展：中国经济理论50年［M］．昆明：云南人民出版社，1999：55.

③ 李爱华．20世纪二三十年代中国社会性质论战［D］．南开大学，2014：96.

④ 毛泽东．毛泽东选集：第2卷［M］．北京：人民出版社，1991：665，675.

民主主义阶段可能需要二三十年的时间[①]。在1945年召开的党的七大上，毛泽东在《论联合政府》的报告中，明确提出了保护私人资本主义发展的新民主主义经济纲领。刘少奇在1949年6月的一份党内报告《关于新中国的经济建设方针》中，对新民主主义经济做出了具体说明："新中国的国民经济主要由以下五种经济成分所构成：（1）国营经济；（2）合作社经济；（3）国家资本主义经济；（4）私人资本主义经济；（5）小商品经济和半自然经济。……在无产阶级、共产党领导之下，由上述五种经济成分所构成的国民经济，我们称之为新民主主义经济。"[②] 正是基于对新中国成立前后国内外经济形势的正确认识，1949年中国人民政治协商会议第一次全体会议制定的《共同纲领》即中国第一部《宪法》中，将中华人民共和国确定为新民主主义即人民民主主义国家。这样，新民主主义作为中国社会主义建设一个必经阶段的地位得到党的领导集体的确认，并成为此后一段时期内党的各项经济、政治和社会发展工作的基本指导思想。经过三年的国民经济恢复，特别是随着工商业中国营经济所占比重的大幅上升、私营经济比重下降，1952年，毛泽东提出要用十到十五年时间实现社会主义[③]。1953年6月，党中央提出了过渡时期总路线思想，"从建国到改造完成，作为过渡时期。党在这一时期，要逐步实现国家的社会主义工业化，逐步实现对农业、手工业与资本主义工商业的社会主义改造"[④]。按照原来的计划，完成过渡时期的总任务需要大约三个五年计划的时间，但是经过第一个五年计划，社会主义改造任务就已经基本完成了，虽然作为社会主义基础的国家工业化依然需要很长的时间，但到了1955年9月，毛泽东在《〈中国农村的社会主义高潮〉的序言》中，开始放弃新民主主义的提法，转而提出了中国"从资本主义到社会主义的过渡时期"的新观点[⑤]。

随着社会主义改造任务的基本完成，社会主义制度确立下来。由于社会主义社会的性质和主要矛盾直接决定着党的路线、方针和政策能否适应实际，因此需要根据生产力水平和生产关系的矛盾进行正确认识。与之相关，社会主义是否还可以划分为不同的阶段、社会主义与未来的共产主义

---

① 胡绳．中国共产党的三十年［M］．北京：中共党史出版社，1991：297.

② 刘少奇．刘少奇选集：上卷［M］．北京：人民出版社，1981：426－427.

③ 薄一波．若干重大决策与事件的回顾：上卷［M］．北京：中共中央党校出版社，1991：47.

④ 毛泽东．毛泽东文集：第9卷［M］．北京：人民出版社，1999：316.

⑤ 毛泽东．毛泽东选集：第5卷［M］．北京：人民出版社，1977：218.

的关系等问题也成为党的领导和学界探索的主题。基于中国当时工业化远未完成的实际，党的八大正确指出，中国社会的基本矛盾是先进的社会主义制度和落后的生产力之间的矛盾，由此决定了中国的社会性质虽然已经是社会主义，但是还尚未完成。就此，毛泽东在《关于正确处理人民内部矛盾的问题》一文中提出："我国的社会主义制度还刚刚建立，还没有完全建成，还不完全巩固。……社会主义生产关系已经建立起来，它是和生产力的发展相适应的；但是，它又还很不完善，这些不完善的方面和生产力的发展又是相矛盾的。"①

不仅如此，在一段时期内，毛泽东运用马克思主义特别是他的矛盾论思想，结合世界工人运动和中国社会主义革命和实践，提出了丰富的社会主义乃至共产主义发展阶段的思想。1955 年 10 月，毛泽东在同工商界代表的谈话中认为，社会主义是会有缺点的，将来还要发展到共产主义，共产主义也要分阶段。旧制度不行了，新的制度就要起来代替。生产力总要向前发展，同生产关系发生矛盾②。1958 年，在《工作方法六十条（草案)》中他还指出：进到共产主义时代了，又定会有很多很多的发展阶段。从这个阶段到那个阶段的关系，必然是一种从量变到质变的关系③。他的这种阶段理论自然也贯彻到社会主义社会。1959 年 12 月到 1960 年 2 月，毛泽东在读苏联《政治经济学教科书》时，集中论述了社会主义阶段论的思想，尤其是明确了社会主义社会分为两个阶段。"社会主义这个阶段，又可能分为两个阶段，第一个阶段是不发达的社会主义，第二个阶段是比较发达的社会主义。后一阶段可能比前一阶段需要更长的时间。经过后一阶段，到了物质产品、精神财富都极为丰富和人们的共产主义觉悟极大提高的时候，就可以进入共产主义社会了"④。毛泽东将社会主义区分为发达与不发达两个阶段的思想虽然与继起的社会主义初级阶段理论存在差异，但是为研究社会主义初级阶段理论提供了科学的方法。在正确认识国情的基础上，本来应该继续党的八大提出的发展生产力、搞经济建设的任务。遗憾的是，"左"倾思想的发展加上苏东社会主义阵营内部矛盾的出现，毛泽东开始发起"整风"和反右运动，特别是"大跃进"和人民公社化运动后，"阶级斗争"代替经济建设成了党的主要任务。这样，毛泽东从新

---

① 毛泽东．毛泽东选集：第 5 卷［M］．北京：人民出版社，1977：374.
② 毛泽东．毛泽东文集：第 6 卷［M］．北京：人民出版社，1999：490.
③ 石仲泉．毛泽东对社会主义发展阶段理论的贡献与失误［J］．中共党史研究，1988（1）.
④ 毛泽东．毛泽东文集：第 8 卷［M］．北京：人民出版社，1999：116.

中国成立前提出“新民主主义理论”，再到此后不同时期提出“从资本主义向社会主义过渡”“进入社会主义”“从社会主义向共产主义过渡”等，表明他一步一步地背离了自己曾提出过同时又为实践证明了的正确的理论①。

同一时期，尽管理性的学术之光未能战胜政治的干预，但是一些学者对于真理的追求和实践探索，为以后纠正“左”倾错误乃至社会主义初级阶段理论的提出奠定了理论基础。在1952年斯大林《苏联社会主义经济问题》出版后，围绕过渡时期的基本经济规律，学术界进行了一场大讨论。虽然这些讨论都是在斯大林范式下进行的，但客观上是对中国社会性质和发展阶段的探讨。苏星认为，我国过渡时期不是一个独立的社会形态，因此还不存在一个决定社会生产一切方面和一切主要过程的基本经济法则，但是社会主义基本经济规律已经成为在整个国民经济中起主导作用的法则②。王学文则认为，既然存在社会主义的国营经济、国家资本主义、民族资本主义、个体私人经济等多种经济成分，也就存在适用不同经济成分的经济规律。不能认为社会主义基本经济法则就是决定当时社会生产发展的一切主要方面与一切主要过程的基本经济法则③。同期，杨献珍提出的社会主义经济成分与个体经济、资本主义经济共同构成过渡时期“综合经济基础”的观点与王学文的观点相似。经济学家骆耕漠、徐禾等都先后参与讨论并发表了不少有价值的文章。20世纪50年代末60年代初，对于“大跃进”和三年困难时期所暴露的问题，理论界重新强调了正确理解和运用马克思生产力与生产关系原理的必要性，甚至开始触及“左”倾错误的本质。例如，平心认为，当时出现了“把生产关系绝对化，把生产力简单化，认为生产力始终要依赖生产关系才能增长，生产力不能有任何相对独立的运动”④ 的错误。但是，苏联范式和政治运动的冲击阻碍了理论界关于社会主义本质和发展阶段的研究进一步走向深入，“文化大革命”的爆发使得正常的学术研究完全中断。

---

① 张卓元．论争与发展：中国经济理论50年，［M］．昆明：云南人民出版社，1999，52.

② 苏星．目前争论的主要分歧在哪里［J］．经济研究，1955（1）．

③ 王学文．关于我国过渡时期经济规律问题的几点意见［J］．经济研究，1955年（4）．

④ 平心．论生产力与生产关系的相互推动和生产力的相对独立增长——七论生产力性质［J］．学术月刊，1960（7）．

第二节 初级阶段理论的诞生

一、社会主义“初级阶段”理论的提出

20世纪70年代末80年代初，解放思想、实事求是的思想恢复了在中国理论界久违的指导地位，长期受到的“左”的思潮束缚逐步得以解除。这时候，什么是社会主义，中国处在什么样的发展阶段，这样一个关乎中国一切问题的出发点的问题成为学术界关注的重大主题。在1979年2月举行的“理论工作务虚会”的一个分组会上，苏绍智、冯兰瑞作了题为《无产阶级取得政权后的社会发展阶段问题》的联合发言，1979年该文发表在《经济研究》上。在文章中，苏绍智、冯兰瑞明确提出了社会主义发展阶段的划分问题。他们认为，从资本主义到共产主义高级阶段可以进一步划分为三个阶段：第一个阶段是从资本主义向社会主义过渡的阶段。这一阶段又分为两个时期：第一个时期是无产阶级革命胜利后到生产资料所有制的社会主义改造基本完成。生产资料所有制的社会主义改造基本完成后就进入不发达的社会主义时期。第二个阶段是发达的社会主义。最后一个阶段是共产主义。在他们看来，把从资本主义到共产主义这样一个很长的时期看作是一个不分阶段的、完整的历史时期，既不符合科学社会主义原理，也不符合社会主义实际，容易混同不同阶段的矛盾，可能为阶级斗争扩大化提供土壤。他们联系马克思、列宁的著作，含蓄地批评了毛泽东对社会阶段的划分。这种认识显然是基于对“大跃进”、跑步进入共产主义社会、赶英超美等一系列超越社会发展实际阶段的错误做法的理性反思。从我国生产力落后的现状出发，他们得出的结论是，我国还处在不发达的社会主义阶段。“说我们是社会主义国家是完全可以的。但是，还不能说我们已经建立了马克思列宁所设想的共产主义社会的第一阶段（社会主义社会）。我们还存在资本主义，甚至封建主义的残余，小生产还占相当地位，小生产者的习惯势力和心理还泛滥着。这说明我们还处在不发达的社会主义社会，还处在社会主义的过渡时期，不能认为我们的经济制度已经是发达的或者完全的社会主义”①。这种观点，因为涉及中国到底是不是

① 苏绍智，冯兰瑞．无产阶级取得政权后的社会发展阶段问题［J］．经济研究，1979（5）．

社会主义社会，所以引起了较大争议，甚至中宣部也组织相关讨论。这一争论前后长达五年之久，被称之为“阶段风波”。据于光远回忆，他在整体上肯定苏绍智、冯兰瑞两位看法的同时，并不完全同意二者文章中说中国还处在“从资本主义社会到社会主义社会的过渡时期”的说法。他认为，不宜把马克思、列宁对“过渡时期”的论述扩大到包括生产资料所有制方面的社会主义改造基本完成的社会。他的看法是，中国处于“社会主义初级阶段”①。朱述先在和苏绍智、冯兰瑞商榷的文章中虽然基本上赞成社会主义阶段的划分，但是认为中国社会主义所处阶段不再是过渡时期，而是不发达的社会主义时期②。

对于如此重大的理论和实践命题，显然需要决策者结合中国革命特别是新中国成立以来的经验教训来回答。中国处于社会主义初级阶段，是20世纪70年代末党的十一届三中全会纠正了“左”的错误指导思想和实行改革开放之后，经过全党探索，由邓小平做出的科学结论③。

在1979年3月召开的党的理论工作务虚会上，邓小平明确提出，中国现代化建设必须考虑底子薄、人口多、耕地少等特点，中国的生产力发展水平很低，远远不能满足人民和国家的需要，这是当时面临的主要矛盾，解决这个主要矛盾就是党和国家的中心任务。1980年4月，邓小平在会见外宾时指出：“不解放思想不行，甚至于包括什么叫社会主义这个问题也要解放思想。经济长期处于停滞状态总不能叫社会主义。人民生活长期停止在很低的水平总不能叫社会主义。”④“现在我们正在总结建国三十年的经验。总起来说，第一，不要离开现实和超越阶段采取一些‘左’的办法，这样是搞不成社会主义的。我们过去就是吃‘左’的亏。第二，不管你搞什么，一定要有利于发展生产力。”⑤

正是在这一思想的指引下，邓小平主持制定了《关于建国以来党的若干历史问题的决议》（以下简称《决议》）。据作为起草小组成员之一的龚育之回忆，1980年10月提交党内4 000人的《决议》讨论稿，已经出现了“社会主义生产关系怎样从初级向高级发展”以及“我们现在的社会主义公有制还只是社会主义经济制度的初级形态”的表述。1981年5月的修

---

① 于光远．从“阶段风波”到社会主义初级阶段［J］．炎黄春秋，2008（8）．

② 朱述先．也谈无产阶级取得政权后的社会发展阶段问题——与苏绍智、冯兰瑞同志商榷［J］．经济研究，1979（8）．

③ 张卓元．论争与发展：中国经济理论50年［M］．昆明：云南人民出版社，1999：58.

④ 邓小平．邓小平文选：第2卷［M］．北京：人民出版社，1994：312.

⑤ 邓小平．邓小平文选：第2卷［M］．北京：人民出版社，1994：312－313.

改稿中出现了“我们的社会主义制度还是处于初级的阶段”的提法。1981年6月，中共中央通过的《关于建国以来党的若干历史问题的决议》正式明确：“我们的社会主义制度还处于初级的阶段。”该决议指出：“尽管我们的社会主义制度还是处于初级的阶段，但是毫无疑问，我国已经建立了社会主义制度，进入了社会主义社会，任何否认这个基本事实的观点都是错误的。”这里的重点在于强调中国社会已经是社会主义社会，虽然还需要经历一个从比较不完善到比较完善的长久历史过程。1982年9月，在党的十二大报告中，胡耀邦指出：“我国的社会主义社会还处在初级发展阶段，物质文明还不发达。”这里描述了社会主义初级阶段的表现之一即物质文明不发达。党的十二届六中全会通过的《中共中央关于加强社会主义精神文明建设若干问题的决议》中具体指出：“我国还处在社会主义的初级阶段，不但必须实行按劳分配，发展社会主义的商品经济和竞争，而且在相当长的历史时期内，还要在公有制为主体的前提下发展多种经济成分，在共同富裕的目标下鼓励一部分人先富裕起来。”这进一步强调了社会主义初级阶段的经济特征以及精神文明建设的可行性。

这样，中国处于社会主义初级阶段的基本思想确定下来。但是，一个比较完整的社会主义初级阶段理论体系尚未正式提出，而仍然处于酝酿阶段，仍然需要理论界和决策者的不断探索。

二、社会主义“初级阶段”理论体系诞生前的争论

党的十二大以后，有人提出，把我国社会主义定位在“初级阶段”是一种历史倒退，我国目前是处在“共产主义初级阶段”而不是“社会主义初级阶段”，共产主义在中国已经是“活生生的现实”①。针对思想界的模糊认识，1986年5月5日，《人民日报》发表题为《关于社会主义建设的历史阶段》的文章，再次提出了我国社会主义所处发展阶段问题。6月，中央书记处研究室《陈云文选》编辑组在《人民日报》发表介绍《陈云文选》的文章时提出：“在社会主义这个历史时期中，社会经济的发展，还将从低级到高级，经历若干个历史阶段。我国目前社会经济文化的实际状况，表明我们还只是处在建设社会主义的初级阶段。我们搞建设，搞改革，都要考虑这个事实。”在党的十三大召开前夕，邓小平在接见外国客人

---

① 参阅赵家祥．社会主义初级阶段理论的形成和发展［J］．北京大学学报（哲学社会科学版），2004（5）．

时指出："我们党的十三大要阐述中国社会主义是处在一个什么阶段，就是处在初级阶段，是初级阶段的社会主义。社会主义本身是共产主义的初级阶段，就是不发达的阶段。一切都要从这个实际出发，根据这个实际来制定规划。"① 这样，一个完整的社会主义初级阶段理论即将诞生。

第三节 社会主义初级阶段理论体系的形成

一、社会主义初级阶段理论体系的诞生

1987年党的十三大报告《沿着有中国特色的社会主义道路前进》，从社会主义初级阶段的含义、基本特征、主要矛盾、主要目标、任务、政策措施与战略步骤等方面，第一次系统完整地阐述了社会主义初级阶段理论，由此意味着社会主义初级阶段理论体系的正式形成和诞生。十三大报告指出，我国正处在社会主义的初级阶段。其含义有二：第一，我国社会已经是社会主义社会，我们必须坚持而不能离开社会主义。第二，我国的社会主义还处在初级阶段，我们必须从这个实际出发，而不能超越这个阶段。中国所处的社会主义初级阶段"不是泛指任何国家进入社会主义都会经历的起始阶段，而是特指我国在生产力落后、商品经济不发达条件下建设社会主义必然要经历的特定阶段"。中国从20世纪50年代中期生产资料私有制的社会主义改造基本完成，到社会主义现代化的基本实现，至少需要上百年时间，都属于社会主义初级阶段。总体上而言，中国人口多，底子薄，人均国民生产总值仍在世界后列，生产力落后而又发展不平衡，生产的社会化程度还很低，商品经济和国内市场还很不发达，自然经济和半自然经济占相当比重，社会主义经济制度和政治制度还不成熟、不完善。由这种基本国情所决定，中国所面临的主要矛盾是人民日益增长的物质文化需要同落后的社会生产之间的矛盾。为了解决这个矛盾，必须大力发展生产力，发展商品经济，提高劳动生产率，逐步实现工业、农业、国防和科学技术的现代化，同时改革生产关系和上层建筑中不适应生产力发展的部分。因此，社会主义初级阶段是建设有中国特色社会主义的首要问题，是我们制定和执行正确的路线和政策的根本依据。在此基础上，报告明确

① 邓小平．邓小平文选：第3卷［M］．北京：人民出版社，1993：252.

党在社会主义初级阶段的基本路线和奋斗目标是“领导和团结全国各族人民，以经济建设为中心，坚持四项基本原则，坚持改革开放，自力更生，艰苦创业，为把我国建设成为富强、民主、文明的社会主义现代化国家而奋斗”。

十三大结束后，邓小平指出，十三大的一个重要特点就是阐述了中国社会主义初级阶段的理论[①]。这一理论的提出不仅是马克思主义中国化的典型表现，而且直接推进和深化了经典作家的社会主义和共产主义阶段划分理论。它是在中国共产党深入总结中国社会主义经济建设经验和教训的基础上提出来的，尤其是勇于纠正“左”的错误的重大成果。针对“左”的错误，1985 年，邓小平在党的全国代表会议上指出：“多少年来我们吃了一个大亏，社会主义改造基本完成了，还是‘以阶级斗争为纲’，忽视发展生产力。‘文化大革命’更走到了极端。十一届三中全会以来，全党把工作重点转移到社会主义现代化建设上来，在坚持四项基本原则的基础上，集中力量发展社会生产力。这是最根本的拨乱反正。不彻底纠正‘左’的错误，坚决转移工作重点，就不会有今天的好形势。”[②]党的十三大以后，他多次提出坚持社会主义初级阶段的必要性，否则就容易犯各种“左”的错误。1988 年，他谈到，“‘文化大革命’十年浩劫，中国吃了苦头。中国吃苦头不只这十年，这以前，从一九五七年下半年开始，我们就犯了‘左’的错误。总的来说，就是对外封闭，对内以阶级斗争为纲，忽视发展生产力，制定的政策超越了社会主义的初级阶段。”[③] 1992 年年初，在南方重要讲话中他再次指出：“我们搞社会主义才几十年，还处在初级阶段。巩固和发展社会主义制度，还需要一个很长的历史阶段，需要我们几代人、十几代人，甚至几十代人坚持不懈地努力奋斗，绝不能掉以轻心。”[④]

二、十三大引发的初级阶段理论探讨热潮

社会主义初级阶段理论意义深远，为我国社会的基本经济制度建构了一个宏伟的框架，为经济学研究提供了一个广阔的空间[⑤]。因此，在党的十三大报告提出社会主义初级阶段理论前后，经济理论界围绕社会主义初级阶段的社会性质、判别标准、主要矛盾等展开了热烈讨论。

---

① 邓小平．邓小平文选：第 3 卷［M］．北京：人民出版社，1993：252.
② 邓小平．邓小平文选：第 3 卷［M］．北京：人民出版社，1993：141.
③ 邓小平．邓小平文选：第 3 卷［M］．北京：人民出版社，1993：269.
④ 邓小平．邓小平文选：第 3 卷［M］．北京：人民出版社，1993：379－380.
⑤ 张卓元．论争与发展：中国经济理论 50 年［M］．昆明：云南人民出版社，1999：71.

（一）社会主义初级阶段的社会性质和主要矛盾

有的学者认为，社会主义初级阶段就是不发达的社会主义，仍然是一种过渡性质的社会[①]。也有人认为，社会主义初级阶段的实质并不在于“发展阶段”上，而在于它特定的“新社会主义”的内容上。苏联20世纪70年代、中国40年那样的“旧社会主义”是以国家为本位的“国家社会主义”，我们所要的是以公民为本位的“公民社会主义”[②]。党的十三大报告提出，人民日益增长的物质文化需要同落后的社会生产之间的矛盾是社会主义初级阶段的主要矛盾。阶级斗争虽然在一定范围内还会长期存在，但已经不是主要矛盾。对于该论断，不同学者的理解乃至意见都不同。龚育之同意上述提法，认为这个提法表明我国的社会主义还处在初级阶段，反映了我国社会主义初级阶段的根本特征：落后的社会生产力。这里所说的落后，不是生产和需要之间关系上的一般的、长在的落后，而是有特定历史内容的落后，这里所说的落后，就是不发达，没有基本实现现代化[③]。有的学者认为，主要矛盾应该是：“公有化程度过高的现实生产关系同多层次的落后的生产力之间的矛盾，过于集中的现实上层建筑同生产的社会化程度不高、所有制的公有化程度也不宜过高的生产关系（经济基础）之间的矛盾。”[④] 有的建议将主要矛盾表述为“落后的社会生产力和实现人民生活共同富裕之间的矛盾，或僵化的经济体制和社会经济不断商品化之间的矛盾”[⑤]。

（二）社会主义初级阶段的判别标准与阶段划分

学者们的主要分歧是将生产力水平、经济基础和上层建筑三者之一，还是三者共同作为标准。大部分学者主张将生产力水平作为基本标准，因为“社会性质”用生产关系说明，发展阶段则由“生产力水平”来说明。有的则提出应该以生产力尺度为基础，以生产关系尺度为辅佐，以两个尺度的统一为准绳[⑥]。还有一种观点认为，在讨论初级阶段的生产力标准、尺度时，除了社会主义本身的内在尺度外，还要对比发达国家的生产力发

---

① 郑必坚．我们立论的基础［N］．人民日报，1987－11－23.

② 苏东斌．中国正走向“新社会主义”［N］．光明日报，1989－03－27.

③ 龚育之．我国社会主义初级阶段的历史地位和主要矛盾［J］．红旗，1987（22）．

④ 王琢，廖曙辉：过渡社会主义论［J］．中国经济体制改革，1988（12）．

⑤ 王珏．北京“社会主义初级阶段理论研讨会”发言摘要［N］．理论信息报，1987－06－29.

⑥ 蒋永应，等．从生产力视角探索社会主义初级阶段的客观逻辑和演化规律［J］．经济研究，1988（1）．

展水平，因为如果与发达国家的水平还有很大差距，就不好说已经达到了社会主义高级阶段①。在中央提出社会主义初级阶段以后，在原来的社会主义两阶段（不发达阶段和发达阶段）基础上，出现了社会主义三阶段、四阶段、五阶段等不同说法。至于社会主义初级阶段是否还存在进一步的阶段划分问题，于光远认为，从进入社会主义初级阶段开始，要经历三个互相衔接的阶段。这三个阶段分别是：从 1957 年到 1978 年，这 22 年可以视为我国社会主义初级阶段发展的第一阶段或"我国社会主义初级阶段的起始阶段"。从 1979 年开始，我国进入社会主义初级阶段发展的第二阶段或"社会主义初级阶段的改革阶段"。这个改革阶段过去以后，即将到来的是我国社会主义初级阶段发展的第三阶段，即改革后形成的新体制相对稳定阶段②。

（三）社会主义初级阶段的基本经济特征

在于光远看来，"公有制和按劳分配与社会主义的商品经济，就是包括初级阶段在内的整个社会主义阶段的经济制度的基本特征，而以公有制为主体的多种经济成分并存和一部分人先富裕起来则是我国社会主义初级阶段特有的现象"③。换言之，这就是社会主义初级阶段生产关系的特征。晓亮也认为，以公有制为主体的多种经济成分和经营方式并存，以及由此决定的以按劳分配为主体的多种分配方式和因素并存是社会主义初级阶段的经济特征④。吴宣恭从生产力与生产关系相结合的角度，将社会主义初级阶段的基本经济特征大致概括为：①生产力总水平非常低下，生产技术极不平衡，劳动生产率很低；②以社会主义公有制为主体，包括私营经济在内的多种经济成分并存；③大力发展市场，更多利用市场机制来发展有计划的商品经济，社会主义计划经济还不完善；④实行以按劳分配为主体的包括按资分配、按劳动力价值分配的多种分配方式；⑤社会主要矛盾是"人民日益增长的物质文化需要同落后的社会生产之间的矛盾"⑤。

这一时期理论探索的可贵之处在于，一些观点和看法逐步突破了禁区，起到了突破僵化体制和根深蒂固的"左"的思潮禁锢的作用，对于引领以后的改革开放走向深入功不可没。例如，于光远在其被誉为"影响新

---

① 卫兴华．当前研究初级阶段应注意六个问题［N］．理论信息报，1987－06－29.
② 于光远．中国社会主义初级阶段的经济［M］．北京：中国财政经济出版社，1988：33，56.
③ 于光远．社会主义初级阶段和社会主义初级阶段的生产关系［J］．经济研究，1987（7）．
④ 晓亮．拓宽和加深对社会主义初级阶段的理论研究［J］．经济学文摘，1988（1）．
⑤ 吴宣恭．社会主义初级阶段基本经济特征简述［J］．中国经济问题，1988（2）．

中国经济建设10本经济学著作”之一的《中国社会主义初级阶段的经济》中，已经观察到各种传统公有制以外的新兴复合的社会主义公有制形式。他指出，复合的社会主义所有制是社会主义初级阶段所有制的主要形式。不过总体而言，这一时期的理论探讨主要集中于诠释和宣传社会主义初级阶段理论，把社会主义初级阶段和基本经济制度联系起来，在理论经济学范围内进行的创新研究，则远远不够①。

第四节　初级阶段理论体系的丰富与发展

一、社会主义初级阶段理论的发展

1992年10月，江泽民在党的十四大报告《加快改革开放和现代化建设步伐，夺取有中国特色社会主义事业的更大胜利》中，高度评价了十三大提出的社会主义初级阶段理论，指出“这次大会的主要历史功绩，是比较系统地论述了我国社会主义初级阶段的理论，明确概括和全面阐发了党的‘一个中心、两个基本点’的基本路线”。同时，“在社会主义的发展阶段问题上，作出了我国还处在社会主义初级阶段的科学论断，强调这是一个至少上百年的很长的历史阶段，制定一切方针政策都必须以这个基本国情为依据，不能脱离实际，超越阶段”。在这次大会上，他进一步论述了十三大报告中关于社会主义初级阶段理论的一些基本内容，第一次明确提出“经济体制改革的目标，是在坚持公有制和按劳分配为主体、其他经济成分和分配方式为补充的基础上，建立和完善社会主义市场经济体制”；将经济体制改革的目标明确为建立社会主义市场经济体制，从而在计划与市场关系问题上取得了重大突破，阐明了社会主义初级阶段的基本经济体制和微观运行机制，为价格体系的进一步市场化指明了方向。

近20年的改革开放和经济建设取得了重大进步，但是实践中也存在一些有待解决的问题，例如，收入分配差距扩大、腐败现象严重、部分城乡居民生活困难、区域发展不平衡加剧等。由这些现象引发的思考不仅让有些人产生对“美好计划岁月”的怀旧，也容易回到马克思主义对未来社会原则的设想，进而出现思想认识上的混乱。这表现为：在有些“同志的视野里，改革开放的成就往往被虚化、淡薄，存在的问题却被放大化、普遍

① 于光远．中国社会主义初级阶段的经济［M］．北京：中国财政经济出版社，1988.

化了。求全责备，以偏概全，只见树木，不见森林，对改革开放形势的认识得出了与社会公论完全相反的另一种结论，因而对邓小平理论和党的基本路线与基本政策产生疑惑"①。这样一种脱离中国实际的"本本主义"思潮无视具体国情和马克思主义在中国的发展实践，对"三个有利于"标准不以为然，对当时的理论、路线和方针政策很不理解，甚至难以接受。因此，对于改革中出现的一些新问题亟须统一思想认识，以寻求新的突破。例如，调整和完善所有制结构、探索公有制的实现形式，已经成为摆在新的历史时期的紧迫任务。当时有些人对所有制改革产生怀疑，甚至认为这是"在搞私有化，在搞资本主义复辟"②。这样的说法如果流行开来，显然不利于经济体制改革向纵深推进。同时，诸如农村家庭联产承包责任制、一些地区和企业试行的股份制和股份合作制等是继续推广还是停下来，对于个体、私营等非公有制经济是鼓励发展还是加以限制，企业能否按生产要素分配等，都需要做出政治决策。

这些问题表明，如何正确认识中国的国情以推进改革开放事业再次成为摆在决策层面前的重大课题。正是在这样的背景下，党的十五大报告指出，我们讲要搞清楚"什么是社会主义、怎样建设社会主义"，就必须搞清楚什么是初级阶段的社会主义，在初级阶段怎样建设社会主义。之所以强调社会主义初级阶段，是因为面对改革攻坚和开创新局面的艰巨任务，我们解决种种矛盾，澄清种种疑惑，认识为什么必须实行现在这样的路线和政策而不能实行别样的路线和政策，关键还在于对所处社会主义初级阶段的基本国情要有统一认识和准确把握。由此出发，党的十五大通过重申社会主义初级阶段理论的重要性，不仅捍卫和发展了邓小平理论，更重要的是成为防止各种错误倾向干扰，向社会主义市场经济过渡的重要理论武器③。

"我国现在处于并将长时期处于社会主义初级阶段"的新论断，告诫人们社会主义初级阶段是一个相当长的历史时期，是一个具有历史必然性的不可逾越的阶段。"从五十年代中期我国进入社会主义初级阶段开始到现在，经过四十多年特别是近二十年的发展，我国生产力有了很大提高，各项事业有了很大进步。然而总的说来，人口多、底子薄，地区发展不平衡，生产力不发达的状况没有根本改变；社会主义制度还不完善，社会主

---

① 石仲泉. 十五大的社会主义初级阶段论［J］. 理论月刊，1997（12）.

② 于光远. 重要的理论贡献——关于十五大报告的问答［J］. 发展论坛，1998（1）.

③ 冒天启. 社会主义初级阶段及其重要经济政策［J］. 中国特色社会主义研究，1997（6）.

义市场经济体制还不成熟，社会主义民主法制还不够健全，封建主义、资本主义腐朽思想和小生产习惯势力在社会上还有广泛影响。我国社会主义社会仍然处在初级阶段”。“这样的历史进程，至少需要一百年时间。至于巩固和发展社会主义制度，那还需要更长得多的时间，需要几代人、十几代人，甚至几十代人坚持不懈地努力奋斗”。我们建设社会主义过去所以走弯路、犯错误，一个重要原因，就是忽视了国情，一些政策超越了阶段。近20年比较顺利的发展，一个重要原因，就是逐渐认清了“中国现在处于并将长时期处于社会主义初级阶段”这个最基本的综合国情①。在即将跨入21世纪的历史时刻，党的十五大报告再次强调这一基本国情，就是为了提醒和告诫全党继续保持清醒头脑，戒骄戒躁，接受历史教训，在取得巨大成就并面临千载一逢的历史机遇时，不再犯“大跃进”“瞎折腾”的错误，把建设有中国特色社会主义事业奠定在对这一基本国情的正确把握基础之上②。

在社会主义初级阶段，阶级矛盾还将在一定范围内长期存在，但社会的主要矛盾是人民日益增长的物质文化需要同落后的社会生产之间的矛盾，这个主要矛盾将贯穿我国社会主义初级阶段的整个过程和社会生活的各个方面。这就决定了必须坚持以经济建设为中心，大力发展社会生产力，以最终摆脱贫穷落后状况，赶上世界先进国家，基本实现社会主义现代化。由此决定了社会主义初级阶段的基本任务是解放和发展生产力，十五大将之具体表述为九大任务，概言之，就是要完成三个战略转变：从农业国到工业国的转变，从计划经济体制向市场经济体制的转变，从传统社会向现代社会的转变③。在此过程中，要正确处理改革、发展同稳定的关系。因为在社会主义初级阶段，发展是硬道理，中国解决所有问题的关键要靠自己的发展；改革是经济和社会发展的强大动力。改革和发展要求有一个稳定的政治环境和良好的社会秩序。改革、发展和稳定这三者构成关乎我国现代化建设全局的重大关系，它贯穿于整个社会主义初级阶段发展的全过程④。必须把改革的力度、发展的速度和社会可以承受的程度统一起来。把以经济建设为中心同坚持四项基本原则、改革开放这两个基本点统一于建设有中国特色社会主义的伟大实践。

---

① 龚育之．中国社会主义初级阶段的理论、路线和纲领（上）[J]．理论前沿，1998（3）．
② 石仲泉．坚持社会主义初级阶段理论不动摇［J］．党的文献，1998（1）．
③ 王怀超．社会主义初级阶段理论的若干问题［J］．中共中央党校学报，1998（2）．
④ 秋石．社会主义初级阶段理论的新发展［J］．求是，2002（17）．

党的十五大报告首次明确公有制为基础、多种所有制经济共同发展，是我国社会主义初级阶段的一项基本经济制度。“这是马克思主义发展史上的一个崭新命题，但它不仅不违背马克思主义，而且首先是回到了马克思主义创始人的观点上”①。作为决定基本制度性质的公有经济②不仅包括国有经济和集体经济，还包括混合所有制经济中的国有成分和集体成分。公有制的实现形式可以而且应当多样化。一切反映社会化生产规律的经营方式和组织形式都可以大胆利用。要努力寻找能够极大促进生产力发展的公有制实现形式。“股份制是现代企业的一种资本组织形式……资本主义可以用，社会主义也可以用”。这不仅为探索促进生产力发展的公有制实现形式提供了客观依据，开辟了广阔的发展余地；而且为深化改革特别是对国有企业改革有重要意义的股份制解除了思想束缚③。报告对公有制主体地位和国有经济主导作用的主要体现做出了新的科学概括。公有制的主体地位主要体现在公有资产在社会总资产中占优势，国有经济控制国民经济命脉，对经济发展起主导作用。为了防止“国有经济数量绝对占优势论”，报告同时指出公有资产占优势，要有量的优势，更要注意质的提高。国有经济起的主导作用主要体现在控制力上。同时，报告首次将非公有制经济纳入建设有中国特色社会主义经济的基本经济制度之中，明确“把非公有制经济提高到是‘我国社会主义市场经济的重要组成部分’的高度。换言之，非公有经济虽不是公有经济，但同样是社会主义市场经济大家庭中的重要一员，应享有同公有经济一样的平等待遇”④。这样，“从排斥非公有制经济的‘一大二公’，到承认它们是公有制经济‘必要的和有益的补充’，再到肯定它们是社会主义市场经济的‘重要组成部分’，同作为主体的公有制经济一起构成社会主义初级阶段的‘基本经济制度’，标志着党对我国社会主义所处发展阶段的认识在实践基础上不断得到深化”⑤。在分配领域，报告提出了社会主义初级阶段的分配方式，即要坚持按劳分配为主体、多种分配方式并存的制度，从而把按劳分配和按生产要素分配结

① 薛汉伟．进一步开展社会主义初级阶段理论的研究［J］．经济理论与经济管理，1997（6）．

② 卫兴华，桑百川．正确认识社会主义初级阶段理论［J］．中国人民大学学报，1998（1）．

③ 汪海波．社会主义初级阶段所有制理论的历史性发展——学习“十五大”精神的一点体会［J］．经济界，1998（2）．

④ 尹伯成．社会主义初级阶段所有制理论的重大突破——学习十五大报告的一点体会［J］．经济评论，1998（1）．

⑤ 吴树青，坚持社会主义初级阶段理论不动摇［J］．经济学动态，1997（12）．

合起来，为深化收入分配体制改革提供了新的突破口。

2001年，在庆祝中国共产党成立80周年大会的讲话中，江泽民提出："社会主义初级阶段，是整个建设有中国特色社会主义的很长历史过程中的初始阶段。"首次将社会主义初级阶段纳入建设中国特色社会主义的历史进程予以考察和定位。不仅如此，江泽民还讲到："推进人的全面发展同推进经济、文化的发展和改善人民的物质文化生活是互为前提和基础的。"创造性地把不断推进人的全面发展作为社会主义初级阶段的重要价值目的，这在马克思主义文献中还是第一次①。

党的十六大报告重申了我国正处于并将长期处于社会主义初级阶段的论断，同时结合中国经济取得的进展特别是达到小康水平的成就，指出绝不能自满，而是要清醒地认识到，所达到的小康还是低水平的、不全面的、发展很不平衡的小康。人民日益增长的物质文化需要同落后的社会生产之间的矛盾仍然是我国社会的主要矛盾。我国生产力和科技、教育还比较落后，实现工业化和现代化还有很长的路要走；城乡二元经济结构还没有改变，地区差距扩大的趋势尚未扭转，贫困人口还为数不少；人口总量继续增加，老龄人口比重上升，就业和社会保障压力增大；生态环境、自然资源和经济社会发展的矛盾日益突出；我们仍然面临发达国家在经济科技等方面占优势的压力；经济体制和其他方面的管理体制还不完善；民主法制建设和思想道德建设等方面还存在一些不容忽视的问题；等等。

在建设中国特色社会主义实践过程中，我们对于社会主义初级阶段理论的认识在不断深化。胡锦涛在各类讲话中多次强调指出：现阶段中国正处于初级阶段，生产力发展水平还很低，不要被表面的一些改革成果所迷惑，要看到人均指标仍处于世界落后行列。虽然目前中国发展了，但人口多、底子薄等国情的现状依然没有变。从整体上看，这一阶段具有长期性，从局部来看，内部又是由若干不同的具体阶段所构成。这些不同的阶段既具有一般性特征，又有特殊规定性。2005年，在党的十六届五中全会上，胡锦涛从十个方面阐述了经济社会发展呈现的特征，并强调"深入研究和把握这些阶段性特征，是抢抓机遇、应对挑战、推进发展的根本"。温家宝在2007年指出："巩固和发展社会主义，必须认识和把握好两大任务：一是解放和发展生产力，极大地增加全社会的物质财富；一是逐步实

---

① 薛汉伟．论不断发展着的社会主义初级阶段理论［J］．中国特色社会主义研究，2002（6）．

现社会公平与正义，极大地激发全社会的创造活力和促进社会和谐。上述两大任务相互联系、相互促进，是统一的整体，并且贯穿于整个社会主义历史时期一系列不同发展阶段的长久进程中。”①

党的十七大报告在肯定改革开放以来中国经济建设取得重大成就的同时，运用中国特色社会主义理论特别是科学发展观，客观分析了中国面临的国际国内形势，从经济发展、经济体制、人民生活、协调发展、民主政治、文化思想、社会建设、对外开放等八个方面，论述了21世纪以来中国发展新的阶段性特征。报告认为，我国虽然经济实力显著增强，但生产力总体水平不高，自主创新能力还不强，长期形成的结构性矛盾和粗放型增长方式尚未根本改变；社会主义市场经济体制初步建立，同时影响发展的体制机制障碍依然存在，改革攻坚面临深层次矛盾和问题；人民生活总体上达到小康水平，同时收入分配差距拉大趋势还未根本扭转，城乡贫困人口和低收入人口还有相当数量，统筹兼顾各方面利益难度加大；协调发展取得显著成绩，同时农业基础薄弱、农村发展滞后的局面尚未改变，缩小城乡、区域发展差距和促进经济社会协调发展任务艰巨。

由于两个“没有变”即我国仍处于并将长期处于社会主义初级阶段的基本国情没有变，人民日益增长的物质文化需要同落后的社会生产之间的矛盾没有变，所以，要认清社会主义初级阶段基本国情，不要妄自菲薄、自甘落后，也不要脱离实际、急于求成，而是要坚持把它作为推进改革、谋划发展的根本依据。必须始终保持清醒头脑，立足社会主义初级阶段这个最大的实际，科学分析我国全面参与经济全球化的新机遇新挑战，全面认识工业化、信息化、城镇化、市场化、国际化深入发展的新形势新任务，深刻把握我国发展面临的新课题新矛盾，更加自觉地走科学发展道路。

面对中国经济建设取得的巨大成就，特别是在经济总量跃居世界第二的成绩面前，胡锦涛在2011年庆祝中国共产党成立90周年大会的讲话中再次强调：“我们已经取得了举世瞩目的伟大成就，但我国仍处于并将长期处于社会主义初级阶段的基本国情没有变，人民日益增长的物质文化需要同落后的社会生产之间的矛盾这一社会主要矛盾没有变，我国是世界上最大的发展中国家的国际地位没有变。发展仍然是解决我国所有问题的关键。牢牢抓住和用好我国发展的重要战略机遇期，是我们赢得主动、赢得

---

① 温家宝. 关于社会主义初级阶段的历史任务和我国对外政策的几个问题［N］. 人民日报，2007-02-27.

优势、赢得未来的关键所在，是对我们党执政能力的重大考验，也是对我们民族自强能力的重大考验。我们必须继续聚精会神搞建设、一心一意谋发展，不断夯实坚持和发展中国特色社会主义的物质基础。”①

二、对基本国情再认识的澄清

中国革命和建设的历史经验教训表明，只有正确认识中国的社会性质和所处阶段，才能制定出符合实际的路线和方针政策，中国特色社会主义建设才能在正确的轨道上前进。正如党的十五大报告所言：“我们解决种种矛盾，澄清种种疑惑，认识为什么必须实行现在这样的路线和政策而不能实行别样的路线和政策，关键还在于对所处社会主义初级阶段的基本国情要有统一的认识和准确的把握。”正是在总结中国实践经验和教训的基础上，在学术界和政策界的碰撞过程中，目前就中国国情形成了一致的看法，即中国处于并将长期处于社会主义初级阶段，具体而言，这一国情包含两个方面的内容。

（一）中国处于社会主义初级阶段

该论断包括两层含义：

1. 中国社会已经是社会主义社会

根据经典作家的观点，作为人类社会发展的一个历史阶段和一种社会形态的社会主义，决定性的经济性质体现在生产资料公有制和按劳分配上。与生产资料私有制不同，公有制在一定程度上消除了社会上部分人利用生产资料所有权占有他人劳动成果即剥削他人的可能性，从而确保按劳分配原则得到贯彻，后者的不折不扣实施则可以避免贫富分化。但是，改革开放以前一度推行的“一大二公三纯”的生产关系、指令性计划、“全国一个大工厂”的社会主义模式与当时的生产力状况严重脱节，不仅未能体现出公有制的优越性，反而严重阻碍了经济的发展。分配领域由于没有找到一种实现按劳分配的形式，结果“吃大锅饭”，搞平均主义，否定生产要素参与分配，严重压抑了劳动者的积极性和创造性。

历史教训表明，僵化教条地理解和照搬经典作家的理论是不可行甚至有害的，公有制及其实现形式必须与生产力的发展相适应。改革开放以来，随着国有经济的战略性调整，一些行业国有经济因退出而不再占有主导地位。市场经济体制的建立，私人经济的恢复和外资的进入，以国有制

---

① 胡锦涛．在庆祝中国共产党成立90周年大会上的讲话［M］．北京：人民出版社，2011.

为代表的公有制无论实现形式、经营方式还是分配方式都发生了显著变化。除了国有独资公司外，公有制与其他经济成分在一些股份公司形成了你中有我、我中有你的关系。国有企业经营方式不仅经历了承包制、股份制等多种形式，而且与国家的关系也逐步变成了出资者与经营者的关系。国有制经济虽然是国民经济的主导，但是非国有经济同样也是社会主义市场经济的重要组成部分。凡是有利于发展社会生产力、有利于增强综合国力、有利于改善人民生活的各种经济成分，都要大力发展。在收入初次分配方式上，市场中无论国有企业还是私有企业都已经将按劳分配与按生产要素分配结合起来，很难区分开来。

经济的迅速发展与改革不断向纵深推进，要求对于社会主义性质的认识与时俱进。总的来看，社会主义的本质就在于发展社会生产力。正如邓小平所指出的："现在虽说我们也在搞社会主义，但事实上不够格。只有到了下世纪中叶，达到了中等发达国家水平，才能说真的搞了社会主义，才能理直气壮地说社会主义优于资本主义。""社会主义的本质，是解放生产力，发展生产力，消灭剥削，消除两极分化，最终达到共同富裕。"①

2. 中国的社会主义社会处于初级阶段

这个初级阶段不是泛指任何国家进入社会主义都会经历的起始阶段，而是特指我国在生产力落后、商品经济不发达条件下建设社会主义必然要经历的特定阶段。之所以要经历这样一个阶段，是因为中国社会主义社会的建立虽然跨越了资本主义，但是半殖民地半封建社会遗留下来的落后生产力状况没有根本性的改变，特别是与发达资本主义相比，生产力的巨大差距一直存在的事实短期内无法改变。生产力的落后表现在：人口多、底子薄，地区发展不平衡，贫穷和落后的人口与区域依然存在；传统的农业与现代化的工业、服务业并存；自然经济半自然经济依然占很大比重；市场经济体系建设有待完善；科技教育文化比较落后，人口素质整体而言较低；人们的收入水平不高，全体人民的生活没有达到富裕阶段；不同人群和地区的收入差距逐步加大；精神文明建设相对落后于物质文明建设；社会主义民主法治还不够健全，封建主义、资本主义腐朽思想和小生产习惯势力在社会上还有广泛影响②。同时，与世界先进水平的差距依然很大。换言之，人民日益增长的物质文化需要同落后的社会生产之间的矛盾是贯

---

① 邓小平．邓小平文选：第3卷［M］．北京：人民出版社，1993：225.

② 董辅礽．中华人民共和国经济史：下卷［M］．北京经济科学出版社，1999：367.

穿社会主义初级阶段的主要矛盾。

（二）中国社会主义初级阶段是一个漫长的历史过程

党的十三大报告指出："我国从五十年代生产资料私有制的社会主义改造基本完成，到社会主义现代化的基本实现，至少需要上百年时间，都属于社会主义初级阶段。"此后，党的十五大、十六大和十七大都重申了"我国正处于并将长期处于社会主义初级阶段"的论断，表明我国对于社会主义初级阶段的长期性具有清醒的认识。这是因为，在生产力低下的落后大国实现社会主义现代化，必然需要经历一个非常复杂、艰巨而又漫长的历史过程。邓小平就此指出："巩固和发展社会主义制度，还需要一个很长的历史阶段，需要我们几代人、十几代人，甚至几十代人坚持不懈地努力奋斗，绝不能掉以轻心。"[①] 经过中国人民的不断努力奋斗，我国已经基本上跨过了解决温饱阶段，总体上达到了小康水平。但是，中国的生产力总体水平仍然不够高，结构性矛盾明显，推动生产力进步的动态激励机制尚不健全。统一、健全、高效的社会主义市场经济体制仍然需要不断完善，市场与政府的关系需要进一步理顺与明晰化。社会主义民主与法治建设所需要的经济社会条件不够充分，收入差距拉大，贪污腐败等社会问题仍然存在，与现代市场经济不相适应的观念与意识的变化缓慢。在国际分工格局中依然处于高度依赖发达国家的外围地位。也就是说，只有抱着谦虚谨慎的学习态度，经过长期的艰苦奋斗和不懈努力，中国才能逐步摆脱不发达的社会状态，才能实现社会主义现代化的目标。

第五节　初级阶段理论的最新发展

一、十八大以来社会主义初级阶段理论的新发展

2012年，党的十八大报告指出："建设中国特色社会主义，总依据是社会主义初级阶段，总布局是五位一体，总任务是实现社会主义现代化和中华民族伟大复兴。"之所以将社会主义初级阶段继续确定为建设中国特色社会主义的基本依据和出发点，是党和人民在建设社会主义道路上历经千辛万苦，把马克思主义基本原理同中国实际和时代特征相结合得到的宝

① 邓小平．邓小平文选：第3卷［M］．北京：人民出版社，1993：379－380.

贵精神财富，是中国特色社会主义理论的重要组成部分。十八大就该过程进行了总结并指出，以毛泽东同志为核心的党的第一代中央领导集体带领全党全国各族人民完成了新民主主义革命，进行了社会主义改造，确立了社会主义基本制度，成功实现了中国历史上最深刻最伟大的社会变革，为当代中国一切发展进步奠定了根本政治前提和制度基础。以邓小平为核心的党的第二代中央领导集体带领全党全国各族人民深刻总结我国社会主义建设正反两方面经验，借鉴世界社会主义历史经验，做出把党和国家工作重心转移到经济建设上来、实行改革开放的历史性决策，深刻揭示了社会主义本质，确立了社会主义初级阶段基本路线。以江泽民为核心的党的第三代中央领导集体带领全党全国各族人民坚持党的基本理论、基本路线，在国内外形势十分复杂、世界社会主义出现严重曲折的严峻考验面前捍卫了中国特色社会主义，依据新的实践确立了党的基本纲领、基本经验，确立了社会主义市场经济体制的改革目标和基本框架，确立了社会主义初级阶段的基本经济制度和分配制度。进入新时代，党中央抓住重要战略机遇期，从中国所处的社会主义初级阶段实际出发，在全面建设小康社会进程中推进实践创新、理论创新、制度创新，强调坚持以人为本、全面协调可持续发展，提出构建社会主义和谐社会、加快生态文明建设，形成中国特色社会主义事业总体布局，着力保障和改善民生，促进社会公平正义，推动建设和谐世界，推进党的执政能力建设和先进性建设，在新的历史起点上成功地坚持和发展了中国特色社会主义。

将社会主义初级阶段确定为建设中国特色社会主义的基本依据和出发点，最根本的原因是“三个没有变”。首先，社会主义初级阶段的基本国情没有发生根本变化。虽然经过多代人的艰苦奋斗和改革开放实践，中国的经济和社会发展成就举世瞩目，经济总量已在21世纪初跃居世界第二，尤其是开辟了实现中华民族伟大复兴的中国特色社会主义正确道路，但是，人口多、底子薄、人均资源占有量少、生产力整体不发达仍然是我国的基本国情。其次，人民日益增长的物质文化需要同落后的社会生产之间的矛盾没有变。我国虽然总体上实现了小康，但城乡之间、不同区域之间的居民生活水平差异较大，经济增长与发展方式转变滞后与资源环境的矛盾冲突不断显现，发展中不平衡、不协调、不可持续问题突出。最后，我国是世界最大发展中国家的国际地位没有变，与发达国家相比无论技术、教育、市场还是部分制度环节都还存在较大的差距。“三个没有变”表明了中国的最大实际，它是观察国情的出发点和落脚点，是推进改革的动力源泉，从基本国情出发，制定正确的路线、方针、政策的基石①。

与党的十六大提出全面建设小康社会、十七大提出夺取全面建设小康社会新胜利相比更进一步，十八大提出了全面建成小康社会和社会主义现代化国家的宏伟战略目标。到2020年实现全面建成小康社会，国内生产总值和城乡居民人均收入比2010年翻一番。经济可持续发展，工业化、信息化、服务化基本完成，教育基本实现现代化，城镇化、农业现代化和区域协调进展显著，创新能力和国际竞争力显著增强，社会和谐稳定，资源节约、环境友好、人居环境改善，依法治国，崇尚民主和文明的现代社会基本建成。在此基础上，在新中国成立一百年时建成富强民主文明和谐的社会主义现代化国家。

在2013年十八届三中全会公布的《中共中央关于全面深化改革若干重大问题的决定》中，进一步明确中国长期处于社会主义初级阶段是中国最大的实际，强调“全面深化改革，必须立足于我国长期处于社会主义初级阶段这个最大实际，坚持发展仍是解决我国所有问题的关键这个重大战略判断，以经济建设为中心，发挥经济体制改革牵引作用，推动生产关系同生产力、上层建筑同经济基础相适应，推动经济社会持续健康发展”。

2017年7月26日，习近平在讲话中强调：“认识和把握我国社会发展的阶段性特征，要坚持辩证唯物主义和历史唯物主义的方法论，从历史和现实、理论和实践、国内和国际等的结合上进行思考，从我国社会发展的历史方位上来思考，从党和国家事业发展大局出发进行思考，得出正确结论。”② 据此判断，中国特色社会主义进入一个新的发展阶段。这不仅意味着中国改革开放事业的新突破，也意味着社会主义在中国的探索在经历改革开放前的历史时期和改革开放后的历史时期之后，站在了一个新的历史起点上，说明社会主义初级阶段出现了部分质的变化和提升③。

虽然中国特色社会主义进入新时代，经济社会出现了新特点，但是我国仍处于并将长期处于社会主义初级阶段的基本国情没有变，我国是世界最大发展中国家的国际地位没有变。从目前来看，我国正处于社会结构深入调整期、社会经济转型过渡期、改革攻坚期和社会矛盾凸显期，后发优势、要素驱动发展方式难以为继，城乡、区域发展不平衡和发展短板对经济可持续发

---

① 宋文生．社会主义初级阶段理论研究［D］．华中师范大学，2014：73.

② 习近平．高举中国特色社会主义伟大旗帜为决胜全面小康社会实现中国梦而奋斗［N］．人民日报，2017－07－28.

③ 吴波．中国特色社会主义新的发展阶段的主要特征与重大意义［J］．中国特色社会主义，2017（4）.

展构成制约，资源环境承载能力达到或接近上限，传统国际竞争比较优势逐渐减弱，民众对幸福感、获得感的要求越来越高①。既要在新型工业化、信息化、城镇化和农业现代化的道路上“爬坡过坎”，又要避免陷入“中等收入陷阱”②。这要求我们必须立足社会主义初级阶段的实际，以经济建设为中心，坚持四项基本原则，坚持改革开放，自力更生，艰苦创业，为把我国建设成为富强民主文明和谐美丽的社会主义现代化强国而奋斗。

伴随着中国走入新时代，社会主义初级阶段的社会主要矛盾由人民日益增长的物质文化需要和落后的社会生产之间的矛盾转化为人民对美好生活的向往和不平衡不充分的发展之间的矛盾。党的十九大报告就此指出：“我国稳定解决了十几亿人的温饱问题，总体上实现小康，不久将全面建成小康社会，人民美好生活需要日益广泛，不仅对物质文化生活提出了更高要求，而且在民主、法治、公平、正义、安全、环境等方面的要求日益增长。同时，我国社会生产力水平总体上显著提高，社会生产能力在很多方面进入世界前列，更加突出的问题是发展不平衡不充分，这已经成为满足人民日益增长的美好生活需要的主要制约因素。”但是，我国社会主要矛盾的变化主要表现在结构上而非本质上。人民日益增长的物质文化需要和落后的社会生产之间的矛盾，最初原因是我国半殖民地半封建社会遗留下来的极低的生产力水平无法满足人民的基本需要。新中国成立以来经过多代中国人的艰苦奋斗，通过建立社会主义市场经济体制和引进国外先进技术，社会生产力水平不断提高，逐步从量上满足了人民日益增长的物质文化需要，但是，还存在一定的结构性矛盾，即人民多样化的、多层次的不断变化的物质文化需要与社会生产力发展不均衡、不充分之间的矛盾日益突出。鉴于此，十九大报告指出，要坚持解放和发展社会生产力，坚持社会主义市场经济改革方向，推动经济持续健康发展。当前，我国经济已由高速增长阶段转向高质量发展阶段，正处在转变发展方式、优化经济结构、转换增长动力的攻关期，要继续深化供给侧结构性改革。建设现代化经济体系，必须把发展经济的着力点放在实体经济上，把提高供给体系质量作为主攻方向，显著增强我国经济质量优势。加快建设创新型国家。实施乡村振兴战略。加快推进农业农村现代化。加快完善社会主义市场经济体制。以“一带一路”建设为重点，坚持引进来和走出去并重，遵循共商

① 黄晓勇．凝结了中国智慧的马克思主义政治经济学——党的十八大以来我国的经济理论创新［J］．管理世界，2017（9）．

② 盖逸馨．把握社会主义初级阶段在新时代的实践要求［J］．科学社会主义，2018（1）．

共建共享原则，加强创新能力，开放合作，形成陆海内外联动、东西双向互济的开放格局。此外，在政治、文化、社会治理、生态文明建设、对外开放等方面也都提出了初级阶段党和人民努力的方向和具体战略部署。

综合分析国际国内形势和我国发展条件，十九大报告确定了社会主义初级阶段的战略目标与阶段性任务。从 2020 年到本世纪中叶分两个阶段安排。第一个阶段，从 2020 年到 2035 年，在全面建成小康社会的基础上，再奋斗十五年，基本实现社会主义现代化。这些目标具体体现在经济、科技、法制、民主、人民生活、生态环境等各个方面。第二个阶段，从 2035 年到本世纪中叶，在基本实现现代化的基础上，再奋斗十五年，把我国建成富强民主文明和谐美丽的社会主义现代化强国。

二、理论界的新诠释

中国特色社会主义进入新时代后，改革与发展过程中出现的一些新变化、新现象和新问题需要做出理论总结和回答。在完善中国特色社会主义理论体系特别是构建中国特色社会主义政治经济学理论过程中，作为其重要组成部分的社会主义初级阶段理论需要理论界进行梳理、做出新的诠释。在这样两个背景下，理论界围绕初级阶段的主要矛盾转化、初级阶段社会的经济性质、初级阶段的分期与未来走向等问题进行了深入探讨。

十九大报告认为，中国社会面临的主要矛盾由人民日益增长的物质文化需要和落后的社会生产之间的矛盾转化为人民对美好生活的向往和不平衡不充分的发展之间的矛盾。由于如何正确理解这一转化过程涉及对于中国是否仍然处于初级阶段的判断，学术界对二者关系进行了初步分析。一种看法是，中国经过近 40 年的改革开放和现代化建设，社会生产力整体上有了很大的提高，社会矛盾格局也随之发生了变化，“一是人民群众对美好生活的向往或需求日益多样化，变得更为丰富和广泛，人民不仅对物质文化生活提出了更高要求，而且在民主、法治、公平、正义、安全、环境等方面的要求日益增长，这些需求仅用‘物质文化需要’难以概括。二是制约日益增长的人民对美好生活的需要的关键因素，不再是单纯的‘社会生产’因素，而是扩展到包含生产发展因素在内的整体社会发展的不平衡和不充分。三是社会主要矛盾和次要矛盾地位发生了转化。人民群众日益增长的物质文化需要和落后的社会生产之间的矛盾在一定范围内和一定程度上依然存在，但是它已经不构成当前中国社会发展的主要矛盾，或者说，人民的‘物质文化需要’和‘落后的社会生产’之间矛盾的表述已经不能够完整地概括或科学地表达新时代中国社会的主要矛盾”①。这意味着，原来处于次要地位的阶级矛盾进一步退居更加次要地位，从而以人民为中心的发展理念彻底代替了阶级斗争思想。当前社会的主要矛盾主要体现在供给侧方面即社会生产的不平衡不充分发展上。其中，“不平衡是指发展过程中出现的不平衡不协调现象，包括收入分配不均、城乡差距较大、区域发展不平衡、经济与社会发展的不协调、生态环境恶化等诸多问题，发展不平衡问题需要在发展的基础上逐步加以解决，正如十九大报告所指出的，‘发展是解决我国一切问题的基础和关键’”②。不充分则是指发展水平还比较低，不管是相对于人民的需要还是发达国家而言③，发展水平都还比较低，因此必须要保持一定的增长速度。但是，从中国进入经济增长新常态的实际出发，需要转变经济增长方式，从高速增长阶段转变到高质量发展阶段。

关于社会主义初阶段的基本经济制度，《中共中央关于全面深化改革若干重大问题的决定》（以下简称《决定》）指出：“公有制为主体、多种所有制经济共同发展的基本经济制度，是中国特色社会主义制度的重要支柱，也是社会主义市场经济体制的根基。公有制经济和非公有制经济都是社会主义市场经济的重要组成部分，都是我国经济社会发展的重要基础。必须毫不动摇巩固和发展公有制经济，坚持公有制主体地位，发挥国有经济主导作用，不断增强国有经济活力、控制力、影响力。必须毫不动摇鼓励、支持、引导非公有制经济发展，激发非公有制经济活力和创造力。”有学者认为，该《决定》对社会主义基本经济制度是公有制为主体的混合所有制经济的明确界定，肯定了中国特色社会主义初级阶段的经济性质是混合所有制经济④。基于此，《决定》指出要积极发展混合所有制经济。国有资本、集体资本、非公有资本等交叉持股、相互融合的混合所有制经济，是基本经济制度的重要实现形式，有利于国有资本放大功能、保值增值、提高竞争力，有利于各种所有制资本取长补短、相互促进、共同发展。允许更多国有经济和其他所有制经济发展成为混合所有制经济，国有资本投资项目允许非国有资本参股，允许混合所有制经济实行企业员工持

---

① 郝立新．如何看待我国社会主要矛盾的转化［J］．中国高等教育，2017（22）．

② 郭熙保，柴波．新发展阶段 新主要矛盾 新发展理念［J］．江海学刊，2018（1）．

③ 卫兴华，赵海虹．怎样认识我国社会主要矛盾的转化［J］．经济纵横，2018（1）．

④ 顾钰民．从理论上把握习近平关于社会主义初级阶段的基本思想和科学内涵［J］．毛泽东邓小平理论研究，2017（5）．

股，形成资本所有者和劳动者利益共同体。

不仅如此，中国积极发展混合所有制经济的重要目的是，要在实现企业法人资本集中化的同时，实现资本来源的高度社会化和分散化，即企业享有法人资本所有权，大量分散的机构和自然人享有终极所有权，从而为社会产品的公平分配和消除财富占有的两极分化奠定基础。混合所有制是资本集中与资本分散统一于一体的实现形式，换言之，发展混合所有制经济，有助于实现共同富裕的目标①。

有学者进一步认为，深化农村集体产权制度改革，保障农民财产权益，壮大集体经济是巩固和发展公有制，也是确保社会主义基本经济制度的基本内容。甚至有观点认为，公有制主体地位不仅是实现“共同富裕”的前提，而且在发展程度上，将由“相对性主体”向着“实质性主体”发展。所谓“实质性主体”是指，其一，全民所有制和集体所有制的经营性资产，在全国经营性总资产中占有大头和优势，并牢牢控制着国家经济命脉；其二，全体社会成员生活资料的绝大部分，是通过“按劳分配”获得的，而按生产要素（尤其是私有资本）分配部分在逐步减少；其三，绝大部分社会剩余劳动（ 社会物质财富），不是作为国内外私有资本的利润被占有和积累，而是作为全民或集体的公共积累，用于扩大再生产和发展社会主义事业；其四，全国大部分甚至绝大部分职工，都在逐步摆脱雇佣劳动者身份，而真正成为生产资料及其企业的平等主人，直接地同生产资料相结合。只有这样，我国工人阶级才是既为自己又在为全社会劳动，而不是为私有资本劳动，才能真正掌握自己的命运②。

还有一种观点另辟蹊径，认为所有制具有工具价值和内在价值二重属性。“多种所有制经济共同发展（包括私有制经济），旨在充分利用各种所有制形态的优势发展社会生产力。这是基本经济制度的工具价值。而‘公有制为主体’意在保证市场经济发展方向的社会主义性质，更多的是体现基本经济制度的内在价值——对社会公平的追求。当然‘多种所有制经济共同发展’也具有内在的价值，那就是为个人的自由发展提供了更广阔的空间。‘公有制为主体’也具有工具价值，主要体现在宏观调控效率方面”。“在中国特色社会主义市场经济体制中，公有制经济的内在价值，是

---

① 吕政．中国经济改革的实践丰富和发展了马克思主义政治经济学［J］．中国工业经济，2017（10）．

② 李崇富．论社会主义初级阶段的本质、过程和方向把握——学习习近平“7·26”重要讲话的体会［J］．马克思主义研究，2017（10）．

建设一种不同于资本主义的社会经济关系，保障国家能够摆脱资本统治的意志，实现对社会公平和整体利益的追求”①。

对于社会主义初级阶段的阶段划分，一个基本共识是，从生产资料私有制的社会主义改造基本完成到社会主义现代化的基本实现的上百年时间都属于社会主义初级阶段。具体而言，这个一百年就是从1956年三大改造完成到21世纪中叶。那么，“上百年”的初级阶段是否可以再分为几个阶段？有的学者将之做出了两种不同的区分，一种是大约50年一个时间段，这样区分的前后两个50年又分别称为上下半程。另一种是每30年一个时间段。现在处于初级阶段第二个30年与第三个30年的临界点。按照党和国家确立的实现现代化的阶段性目标，包括温饱、小康、全面小康、现代化等，今天处于全面建成小康社会的冲刺阶段，属于后半程。所以，无论从时间还是从任务而言，我们都走过了社会主义初级阶段的三分之二，已经接近最后阶段的临界起点②。另一种相近的观点“大体上把长达100年的社会主义初级阶段划分为三个30年左右的具体阶段：1956年到1987年的30多年为前期阶段，是总体上处于落后贫困的阶段；从1987年到2020年的30多年为中期阶段，是实现第一个100年即中国共产党成立100周年的任务，即实现全面小康，通过发展和扶贫，消灭全国尚存的几千万人口的贫困状态；再经过约30年的发展，到本世纪中叶，即新中国成立100周年时，实现第二个100年的目标，建成富强民主文明和谐的社会主义现代化国家，实现中华民族的伟大复兴”③。

有的学者将社会主义初级阶段分为两个50年的上下半场，“上半场”又可划分为三个阶段：一是1978年前的绝对贫困阶段，在极贫水平下进入社会主义建设时代，包括政治建设与制度建设，经济建设与国民经济体系建设，社会建设与城市建设等，实现了建立比较独立完整的工业体系和国民经济体系的战略目标，为之后的经济起飞和社会主义现代化奠定了物质资本、人力资本、科技资本、制度资本基础；二是1979—1990年的温饱阶段，改革开放后经济开始起飞，社会主义现代化的目标是到1990年实现国民生产总值比1980年翻一番，解决人民的温饱问题；三是1991—2000年的建设小康阶段，到20世纪末，使国民生产总值再增长一倍，人民生活达

---

① 杨春学．社会主义政治经济学的“中国特色”问题．经济研究，2016（8）．

② 陶文昭．客观认识社会主义初级阶段的变与不变［N］．北京日报，2017－06－05.

③ 卫兴华．准确认识当前我国发展的阶段性特征——社会主义初级阶段“没有变”与“不断变”是辩证统一的［N］．北京日报，2017－10－16.

到小康水平。“下半场”分为两个阶段：2001—2020年即前二十年的持续高增长（小康社会阶段），实现第一个百年目标，即基本实现工业化；二是2021—2050年即后30年的持续稳定增长（共同富裕阶段），实现第二个百年目标即基本实现社会主义现代化①。如表2－1所示。

表2－1　中国经济发展水平主要指标（1949—2030）

社会主义初级阶段	上半场			下半场	
发展阶段	绝对贫困阶段	温饱阶段	小康水平阶段	全面小康社会阶段	共同富裕阶段
时期	1949—1978年	1978—1990年	1991—2000年	2001—2020年	2021—2030年
人均GDP（PPP，2011年国际美元）	172～637	637～1 516	1 516～3 678	3 678～18 500	>30000
人均预期寿命（岁）	41～65.5	65.5～68.6	68.6～71.4	71.4～77.3	77.3～79
文盲率（%）	80～25.2	25.2～15.9	15.9～6.7	6.7～3.0	<1.0
劳动年龄人口平均受教育年限（年）	1～5.3	5.3～6.4	6.4～7.9	7.9～10.8	10.8～12
人类发展指数（HDI）	0.145～0.423	0.423～0.501	0.501～0.588	0.588～0.78	0.78～0.90
农村居民恩格尔系数（%）	>70	67.7～58.8	58.8～49.1	49.1～27	27～22
城镇居民恩格尔系数（%）	>60	57.5～54.2	54.2～39.4	39.4～25	25～20
农村贫困人口（亿人）	7.7（1978）	7.7～6.58	6.58～4.62	4.62～0.0	
农村贫困发生率（%）	97.5（1978）	97.5～73.5	73.5～49.8	49.8～0.0	
基尼系数	0.558—0.279（1953—1970）	0.291～0.324	0.324～0.392	0.392～0.462（1999—2015）	继续下降

资料来源：胡鞍钢．社会主义初级阶段：上下半场与五个阶段［J］．四川大学学报（哲学社会科学版），2017（2）．

由于中国特色社会主义进入新时代的时间短，对于社会主义发展中出现的新变化、初级阶段的新特征以及未来演变的认识还需要深化，尤其是对于基本经济制度的认识尚需突破，包括混合所有制条件下公有经济与其他经济成分的关系，公有经济的功能及其与国家的关系，按劳分配与按生

① 胡鞍钢．社会主义初级阶段：上下半场与五个阶段［J］．四川大学学报（哲学社会科学版），2017（2）．

产要素分配的关系、收入分配领域的效率与公平等问题，这些问题构成了制约中国经济体制改革的深层次因素。事实上，多种所有制经济与市场经济体制的关系，市场与国家的关系等问题也还需要进一步从理论上予以澄清。但是，这样的寻求理论突破的研究相对较少，对政策的诠释和解读则较多。

总之，社会主义初级阶段依然是中国的最大国情、最大实际。在党的十八大刚结束的中央政治局第一次集体学习时，习近平指出："强调总依据，是因为社会主义初级阶段是当代中国的最大国情、最大实际。我们在任何情况下都要牢牢把握这个最大国情"，"不仅在经济建设中要始终立足初级阶段，而且在政治建设、文化建设、社会建设、生态文明建设中也要始终牢记初级阶段；不仅在经济总量低时要立足初级阶段，而且在经济总量提高后仍然要牢记初级阶段；不仅在谋划长远发展时要立足初级阶段，而且在日常工作中也要牢记初级阶段。"之所以如此强调社会主义初级阶段的重要性，是因为社会主义初级阶段基本经济制度的确立和社会主要矛盾的发展，是我们党克服各种错误倾向的理论武器和制定各项路线、方针、政策的基本依据。"第一个 100 年"的艰苦奋斗历程表明，凡是立足于初级阶段国情的政策就能够符合中国实际，避免"左"和右的错误，相反则会抑制经济社会的正常发展，甚至导致方向性的路线错误，给中国经济社会发展带来破坏性的影响。正是由于党能够及时纠正错误，经过数代人的不懈努力，我国的社会生产力水平有了极大提高，综合国力相应增强，民主政治制度和文化科技水平有了进步。但是我国仍然处于社会主义初级阶段，尤其是与人民对美好生活的向往和发达国家相比较而言，我们的生产力水平仍然存在结构性和滞后性的矛盾，所以切不可沾沾自喜、骄傲自满，相反，需要付出较大的努力，维护改革开放40年以来来之不易的成就，将中国特色社会主义事业推向前进。只有到了本世纪中叶，当我们真正实现了社会主义现代化的目标后，才有资格去谈论社会主义初级阶段是否可以结束，社会主义未来的制度又会呈现什么样的面貌等问题。

从理论与中国实践之互动过程来看，通过对社会主义初级阶段理论的发现和论证，中国理论界对马克思主义经济学、科学社会主义和中国特色社会主义理论，尤其是中国特色社会主义政治经济学的建立做出了重大贡献。在社会主义发展史上，中国的社会主义初级阶段理论开创了不同于苏联和东欧的一个全新模式，即立足初级阶段实际，实行融于市场经济的公有制为主体、多种所有制共同发展，到现在的混合所有制经济的发展模式。该模式成为中国特色社会主义政治经济学的基本内容，社会主义初级阶段则构成其研究的出发点。所以，“‘初级阶段理论’让我们获得了改革最迫切需要的历史方位感，也为中国特色社会主义政治经济学提供了理论底色”①。就社会主义初级阶段理论的重要实践和理论意义，张卓元先生指出：“社会主义初级阶段论和社会主义市场经济论一起，成为改革开放以来经济理论研究最重要、最突出的成果，是当代中国社会主义政治经济学的两大支柱。现阶段中国一切经济问题的研究，各项经济政策的制定，都要以这两大理论为依据、为指导。”②

---

① 杨春学．社会主义政治经济学的“中国特色”问题［J］．经济研究，2016（8）4－16.

② 张卓元．张卓元文集［M］．上海：上海辞书出版社，2005：53.

第三章　所有制改革理论

公有制理论正处于这样一种状态：经典的理论结构以其“纯粹形态”仍然充满吸引力，但是，基于苏联模式的公有制理论正在失去其现实基础，而基于中国实践的新理论尚处于不成熟的状态[①]。“以公有制为主，多种所有制经济共同发展”的体制，决然不同于苏联模式中的公有制。二者的差异不是边际意义上的变化，而是带有实质性意义的变革。这种变革正在使我们对社会主义所有制本身形成一种新的认识。中国理论家和实践者以非常巧妙的方式对所有制理论进行了创造性的发展。

第一节　引论

所有制改革是中国改革中最敏感的问题。因为在我们的意识中，所有制涉及一个社会的基本性质问题。这种意识形态的所有制理论基础是什么呢？它的核心命题是：在社会主义公有制中，劳动者共同占有和使用生产资料，将实现劳动与生产资料的直接结合，生产资料不再像私有制那样是建立在生产资料与劳动者相互分离的基础上的一种剥削手段，结束了借助于生产资料私有制而实现的那种人对人的统治（剥削、压迫和不公正），从而把生产力从资本主义过时的生产关系束缚中解放出来。在这种社会中，由于各个社会成员已实现在生产资料的占有和产品分配方面的平等，个人利益、生产单位利益和社会的整体利益将会融合于一体，这将会激发出强大的社会生产力[②]。例如，1972 年，南斯拉夫著名经济学家卡德尔还在满怀热情地写道，生产资料从私有制走向公有制，是人类历史上的一次革命性飞跃。与资本主义私有制决然不同，这种飞跃将“使工人阶级、劳动者和创造者追求劳动和劳动者解放这一历史愿望得以实现，也就是说，

---

① 杨春学：论公有制理论的发展［J］．中国工业经济，2017（10）．

② 杨春学：论公有制理论的发展［J］．中国工业经济，2017（10）．

得以创造这样一种生产关系，在这种生产关系中，工人自己将能成功地克服与其劳动的客观条件、手段和成果的一切形式的异化”①。

改革之前，中国在实践中所追求的，是实现“一大二公三纯四统”的所有制模式。“大”是指公有制一统天下；“公”是指公有制程度高，且认为全民所有制是公有制的高级形式，是集体所有制未来的发展方向；“纯”是指纯粹形态的公有制经济，不允许混合经济的存在，更不容许私有制经济的存在；“统”就是对公有制经济实行“统一计划，统一生产，统一分配，统一管理”。这就是改革之时的初始状态。

在中国，上述所有制结构是通过“一化三改造”实现的。这种所有制曾为改变中国“一穷二白”的面貌奠定了制度基础。但是，它并没有实现让人民摆脱贫困的承诺。

然而，支撑着这种传统所有制的思想是根深蒂固的。这种思想的核心是，以“一大二公”作为衡量所有制形式先进与否的标准。特别是经过“文化大革命”中对“唯生产力论”的批判之后，任何对既存所有制的改革都可能被视为“背离社会主义道路”而受到猛烈的批评。在改革前夜，这种思想仍然占据主导地位。面对这种困境，一部分学者开始对这种所有制结构进行积极的反思，集中体现在三个方面。

第一个方面是在批评现行制度，倡导对之进行改革。在这方面，影响最大的是董辅礽的《关于我国社会主义所有制形式问题》一文。他认为，全民所有制采取国家所有制的形式，造成政权组织代替经济组织，直接控制经济活动，企业沦为各级国家行政机构的附属物；农村集体经济采取“政社合一”的所有制形式，使集体经济从属于国家行政组织，具有变相的国家所有制的特点。在这种公有制度的形式下，行政机构和企业之间的关系不是经济交往关系，而是行政隶属关系，是命令与服从的关系。这种体制不仅窒息了企业的活力，而且使客观的经济活动人为地服从于行政系统、层次和划分，割断了它们的内在联系。他认为，社会主义公有制的建立仅仅只是解决了所有制问题中的归属问题，还没有解决生产资料归谁占有、归谁支配、归谁使用等一系列问题。因此，在改革实践中，我们应当寻找能够很好地解决这些问题的新形式，使企业成为相对独立的商品生产者②。在这些分析中，董辅礽区分了公有制和公有制的实现形式，并提出

---

① 卡德尔．公有制在当代社会主义实践中的矛盾［M］．王森，译．北京：中国社会科学出版，1980：1.

② 董辅礽．关于我国社会主义所有制形式问题［J］．经济研究，1979（1）．

政企分开、政社分开，重建乡镇政权的主张。

自起，一批学者开始重新讨论与所有制直接关联的所有权结构问题。之所以说“重新讨论”，是因为早在20世纪50—60年代，就有学者讨论过生产资料的所有、占有、支配、使用的关系问题。此时的重新讨论，有若干种思路。一种思路强调，所有制必须通过生产、交换、分配、消费等环节的生产关系来实现①。另一种思路强调，生产资料的所有权与占有权、支配权、使用权的分离，是劳动资料社会化的必然结果。例如，全民所有制经济的所有权属于国家，但直接占有、使用和经营的是基层经营组织。“这种占有权的独立化并没有违背所有者的利益，而是所有者利益得以实现的一种方式”②。

第二个方面是重新建立所有制问题的评判标准，即具体地从现实存在的社会生产力水平出发探讨所有制形式和结构问题。在这方面，于光远于1980年7月7日在《人民日报》上发表的《对待社会主义所有制的基本态度》一文具有典型意义。这篇文章彻底否定了“一大二公”的观念，认为这种观念不符合马克思主义精神，与生产力决定生产关系的基本原理相去甚远。文章指出，衡量一种生产关系和所有制优越与否的标准，只能是看它能否促进当时当地的生产力发展；我们应当允许多种形式的社会主义所有制，容许个体所有制的存在，让历史和实践来检验它们。更何况，甚至什么才是真正的公有制，也是一个值得再研究的问题。在这里，所谓的“公”，也仅仅只是指所有者范围的大小，并不意味着劳动者群体肯定就能在社会主义经济中充分地当家作主。

第三个方面是以“初级阶段”来论证多种所有制经济并在的合理性。具有代表性的论文包括刘诗白（1981），雍文远、罗宗（1981）等。刘诗白认为，多种所有制并存并不是社会主义初级阶段所特有的现象，而是一切社会形式所共有的特征，只不过是在每一种社会形态的初级阶段表现得最为显著而已。这是由任一种社会形态中必然存在的各个经济部门之间生产力发展的不平衡所决定的。不过，在社会主义初级阶段，所有制的多样性在结构上表现为占主体地位的公有制与局部领域存在的某些非社会主义所有制的同时存在，从而形成以公有制为主体、以非公有制为补充的复合结构③。雍文远、罗宗也强调，正是因为中国现阶段相对落后的生产力，

---

① 林子力．经济理论研究的若干问题［J］．红旗，1979（12）．

② 宋涛．论我国以国营经济为主导的所有制结构［J］．经济研究，1982（9）．

③ 刘诗白．论社会主义所有制的多样性［J］．四川财经学院学报，1981（1）．

决定着社会主义初级阶段在所有制方面的根本特征必然就是以公有制为主体，以个体所有制、公私混合所有制、国家资本主义等成分为补充的多层所有制结构①。

这些讨论对推动中国经济学界在所有制方面的大胆研究起到了积极作用。此后，改革和完善所有制结构，使社会主义生产关系适合生产力的发展，成为学界研究的一个重要方向。

当然，争论并没有结束，还将在具体的改革过程中不断出现。

第二节 所有制改革（一）：农村承包制及其争论

人们普遍把农民在农村自发进行的“包产到户”视为中国改革的真正起源。这也是所有制改革的真正开始。早在1978年十一届三中全会吹响改革的号角之前，少数乡村就已经自发地进行着后来被称为“联产承包责任制”的行动。这种承包制包含两类形态：一类是生产小队范围内的专业承包和联产制度，另一类是家庭联产承包责任制。后一类实质上是通常所说的“包产到户”。

政府对前一类自发的改革行为给予支持，但是反对后一类行为，以至于十一届三中全会通过的《人民公社试行工作条例》强调“不许承包到户”。在当时的主流意识中，这是一个“大是大非”的问题。“包产到户”意味着把土地使用权从集体所有制中分离出来归农户支配，相应地，农户也就获得了生产和分配的主动权。主流意识认为，这种“分离”是走向资本主义的行为，是与社会主义不相容的。这似乎是早已解决了的一个重大认识问题。

但是，农民迫于生计，已经以实际行动开始突破这一教条。其中，最具有代表性的是安徽小岗村的“包产到户”行动。在当时，小岗村的行为带有浓厚的悲壮色彩。1978年11月24日夜晚，在安徽凤阳县凤梨公社小岗村生产小队队长严宏昌低矮残破的草屋里，挤满18户村民的代表，正在秘密召开一个关系全村人命运的会议。经过讨论，形成了一份不到一百字的包干保证书，每个人都按上了手印。这一保证书的核心内容，一是分田到户，二是不再伸手向国家要钱要粮，三是如果干部坐牢，社员保证把他们的小孩养到18岁。这是震惊朝野的一份民间契约！它直接违背了当时的

---

① 雍文远、罗宗．从所有制结构看社会主义发展阶段［J］．社会科学，1981（2）．

农村基本经济制度，即“三级所有，队为基础”。早在20世纪50—60年代，所有倡导和实行“包产到户”的行为都受到严厉的批判，被视为是资本主义的复辟行为。小岗村农民之所以甘冒“杀头”的风险，是因为身处绝境：本来就非常贫瘠的土地，在当年夏秋之交，又碰到百年不遇的特大旱灾。

面对已经出现并有扩大趋势的包产到户现象，1979年秋，十一届四中全会通过的《中共中央关于加快农业发展若干问题的决定》留下一个活口，规定某些副业生产特殊需要和边远山区、交通不便的单家独户，可以包干到户。1980年9月，中共中央发布的《关于进一步加强和完善农业生产责任制的几个问题》中，把允许包产到户的范围拓展到边远山区和贫困地区。但是，这类限制阻挡不住农民“包产到户”的洪流。“包产到户”由暗转明，从少数地区扩展到许多地区，由此引起1980年全国性的公开大争论：如何看待在实践中的这一突破性行为？

高层和决策层有争议。在《经济理论20年：著名经济学家访谈录》中，杜润生、吴象谈及其中的一些具体情形。据吴象说，1980年9月，中央召集各省、直辖市、自治区党委第一书记进行的包产到户座谈会上，“开始只有任仲夷 、周惠、池必卿等少数几个人明确表示支持，多数人保持沉默，也仍然有提出尖锐批评的”①。结果，这次会议通过的《关于进一步加强和完善农业生产责任制几个问题》（以下简称《几个问题》）成为一个妥协的产物，充满两种对立意见折中的痕迹。《几个问题》既说包产到户“不会脱离社会主义的轨道”，又不肯定它属于社会主义集体经济的责任制；既不否定包产到户，且强调它对贫困地区的重要作用，又强调它要“在生产队领导下实行”，而且要保证“社会主义商业和集体经济占绝对优势”；如此等等。不同意见的人都可以从中找到自己需要的依据，从而自行其是。

至于执行层［即基层干部（县、公社、大队领导）］，多数对于包产到户怀着一种复杂的心态，怀疑者、惧怕者、反对者皆有之。这种复杂的心态是可以理解的。一方面，他们亲眼看到包产到户带来的农民的生产积极性；另一方面，他们也深知历史的教训。例如，1956年在浙江温州进行包产到户实践的几位改革者，下场非常悲惨。1958年，永嘉县委书记李桂茂

---

① 佚名．经济理论20年：著名经济学家访谈录［M］．长沙：湖南人民出版社，1999：315.

因支持包产到户试验，被定为中右分子，撤销党内外一切职务，工资由13级降为16级；永嘉县委副书记李云河，因主张搞包产到户，被开除党籍，撤销一切职务，工资由15级降为19级，下放工厂劳动。作为试验的具体操作者，戴洁天受到的处理最重：被划为右派，打成“反革命”，并以利用职权、带头搞包产到户罪名被判刑，送往农村管制劳动。他一去就是22年，直到1979年平反。

担心和争论都带有较重的意识形态色彩。反对者的基本论点是：包产到户是农民自私的、落后的小农经济意识的反映。这种行为的严重性在于放弃了社会主义的发展方向。具有代表性的反对声音出现在国务院农委主办的《农村工作通讯》1980年第2、3期上发表的两篇文章上——《分田单干必须纠正》和《包产到户是否支持了公有制和按劳分配?》。前者批评“包产到户”实为分田单干，违反了党的政策，导致了两极分化。后者批评“包产到户”既没有坚持公有制，也没有坚持按劳分配原则，实质上是一种倒退行为。

因此，支持者必须回答两个问题：一方面要解释为什么“包产到户”会激发出农民极大的积极性，从而解决数十年都没有解决好的温饱问题?另一方面要证明为什么“包产到户”仍然属于公有制经济的范畴?吴象是支持者的代表人物之一。他在发表于1980年11月5日《人民日报》上的《阳光道与独木桥——试谈包产到户的由来、利弊、性质和前景》中指出，包产到户的核心机制是：能有效地贯彻按劳分配原则，最大限度地调动农民的生产积极性，从而有效地解决了“温饱”这个根本性的问题。在各种形式的包产到户经济中，生产资料仍属于集体所有，每个农民对土地只有使用权，生产队可以定期或不定期地进行必要的调整。因此，包产到户只是在集体所有制基础上实行的责任制，并没有背离社会主义道路。我们应当允许农民在实践中的这种创造性行动，及时解决其中存在的问题，推动其健康发展。

除吴象之外，还有大量的支持者。第一届“中国经济理论创新奖”于2008年授予以杜润生为主要代表的“农村家庭联产承包责任制理论”，并列出了重要贡献者及相关文献。主要文献包括王贵宸、魏道南、陈一谘的《关于安徽包产到户情况的调查报告》(1980年8月)，王贵宸、魏道南的《论包产到户》(1980年9月)，杨勋的《论包产到户——一个重要的理论政策问题》(1980年7月)，王小强、周其仁的《包产到户所体现的经济原则和中国农村商品经济发展的特殊道路》(1981年3月)，吴象、李千峰、张广友的《历史性的转折——皖、豫、鲁农村见闻之一》和《巨大的吸引力——皖、豫、鲁农村见闻之二》（1981 年 1 月），陆学艺的《包产到户的动向和应明确的一个问题》（1981 年 9 月），周诚的《农村人民公社生产队实行产量责任制问题的探讨》（1980 年 10 月），余国耀的《怎样看包产到户》（1980 年 10 月），等等。

之所以选择杜润生作为获奖的代表人物，自然有其特殊的原因。早在 1980 年秋在中央长期规划会议上，杜润生就提出先在贫困地区试行包产到户。他说："贫困地区要调那么多粮食救济，交通又不便利，靠农民长途背运，路上就吃了一多半，国家耗费很大，农民所得不多。建议在贫困地区搞包产到户，让农民自己包生产、包肚子，两头有利。"这个建言得到时任副总理姚依林的支持，随后邓小平也发话表示赞同。同时，杜润生主持起草了 1982 年到 1986 年的五个重要的"一号文件"，正式肯定了农村土地的家庭承包经营制度，结束了包产到户长达 30 年的争论。第一个中央一号文件肯定了"双包"制，说明它"不同于合作化以前的小私有的个体经济，而是社会主义农业经济的组成部分"。第二个中央一号文件论证了家庭经济广泛的适应性，认为它克服了管理过分集中、"劳动大呼隆"和平均主义的弊病，又继承了以往合作化的积极成果。第三个中央一号文件规定"土地承包期限一般应在 15 年以上，生产周期长的和开发性项目……承包期应该更长一些"。第四个中央一号文件取消农副产品统购派购的制度，强调"联产承包责任制和农户家庭经营长期不变 "。第五个中央一号文件"鼓励耕地向种田能手集中，发展适度规模的种植专业户"。

对于为什么"包产到户"会激发出农民极大的生产力，从而解决数十年都没有解决好的温饱问题，支持者强调的基本论点如下。

第一，家庭经营是适合于农业发展特性的有效生产方式。

与工业生产不同，农业深受气候条件的控制，农作物的生长是一种自然的过程，但春夏劳作决定着秋后的收成。这就要求农民要自觉地根据农时进行精耕细作，对农作物的生长全过程进行连续的观察和精心的照料。家庭承包责任制适应了这种自然要求，让农民获得了土地的使用权，对自己承包的土地和自己耕种的庄稼产生了亲近感。有了这种亲近感，就可以激发农民的主动性和创造精神。

家庭经营虽然规模小，但分布于不同自然条件的村落，可以有效地利用本地的自然资源，进行多样化的选择。支持者还引用国际经验来强调，即使是西方发达国家，农业经营的主体仍然是家庭。

第二，“包产到户”使农民在生产和经营上获得了自主权，使农民的劳动与获得的收益直接挂钩，真正实现了权、责、利的有机结合，从而极大地激发了农民的生产积极性。这与农民在公社生产制度中的懈怠、消极行为形成鲜明的对比。

第三，“包产到户”一而再再而三地在公社化的过程中出现，改革初始，更是以星火燎原之势席卷全国。这一切表明，家庭的确是我们几千年传统的农耕文明一个难以磨灭的特征。

虽然1956年在浙江温州进行“包产到户”实践的几位改革者下场非常悲惨，但每逢自然灾害或重大困难时候，都会出现变相的“包产到户”，多数情况下是以自留地或借地的形式，小规模存在的。只要碰到特殊的困难，从自留地走向“包产到户”，其实只是一步之遥。事实上，据事后估计，“三年困难时期”（即1960—1962年），自发试行“包产到户”“包产到组”的社队约占全国的20%。按照杜润生的解释，“此时面临饥荒，造反有理，从自留地制度向‘包产到户’演变，是一种极其自然的发展倾向”①。

对于“包产到户”仍然属于公有制经济范畴的论证，支持者一再强调如下两点。

第一，家庭联产承包责任制只是生产经营组织方式的变革。它只是使农民获得土地的经营权，土地仍然是村集体所有的，并没有改变农村经济的公有制性质。这种承包责任制度，一方面坚持了农村基本生产资料即土地的公有制；另一方面实行所有权与经营权的分离，使农民通过承包合同而获得充分的自主权，实现了生产资料与劳动者的直接结合。

第二，家庭联产承包责任制的分配制度，采取的是“交够国家的，留足集体的，余下的都是自己的”这一方式，真正体现了马克思主义的“按劳分配”原则，实现了国家、集体和个人利益的有机统一。

正是在这类论点的支持和推动之下，1982年1月1日，中共中央发布第一号文件，名为《全国农村工作会议纪要》，官方第一次正式承认“包产到户”是社会主义性质的经济行为：“目前实行的各种责任制，包括包工定额计酬、专业承包联产计酬，联产到劳，包产到户、到组，包干到户、到组等等，都是社会主义集体经济的生产责任制。”之后，连续5年，

---

① 佚名．经济理论20年：著名经济学家访谈录［M］．长沙：湖南人民出版社，1999：204.

中央用一号文件的形式，将土地公有、家庭承包的“双层经营制度”定性为社会主义所有制的一种实现形式。其中，1983 年的一号文件更是指出，家庭联产承包责任制是“在党的领导下中国农民伟大的创造，是马克思主义关于合作化理论在我国实践中的新发展”。从此，包产到户行动席卷中国大地。实行包产到户的生产队占总数的比例，从 1980 年的 1% 发展到 1982 年的 80%，再到 1983 年的 98%。1985 年，人民公社制宣告解体。

应该如何评价这场改革？笔者认为，吴象事后的下述评论较为深刻：“正是以家庭联产承包责任制为起点的改革实践，推动着我们党逐渐明确经济改革的总目标应当是建立和完善社会主义经济体制。从人民公社到包产到户，是一场从自然半自然经济转向现代化市场经济改革的起点，因而不是小改小革，而是质的变化，体制的变化，所有制形式的变化。人民公社是计划经济体制的组织基础，包产到户实质上是在这封闭的大一统的计划经济体制内创造了一个有活力的市场经济的细胞，从而突破了‘一大二公三纯’的思想框架，突破了僵化的单一公有制，为探索公有制新的实现形式取得了决定性的胜利，形成了一个改革的利益主体和依靠力量，成为农村以至全中国此后一系列变化和进步的第一动力。”①

当然，农村土地制度的改革并没有终结于家庭联产承包责任制，人们仍然在不断探索。例如，国务院农村发展研究中心发展研究所以综合课题组的名义发表的《农民、市场和制度创新——包产到户八年后农村发展面临的深层改革》一文就属于这一类讨论。此文也许是第一次以制度经济学的语言，对中国农村以“包产到户”为核心的改革历程进行了系统的理论总结和分析，认为这场自发改革的最伟大成就是“农民的双重解放”——重建农民独立的财产权和身份自由。其中，财产权利具有根本的意义。正是这种解放，以前所未有的速度把农民转化成为积极的商品生产者和消费者，从而创造出农村经济的奇迹。“包产到户”并没有高举改革所有制的旗号，实质上是在建立一种既包括公有财产也包括农民部分私有财产的新型复合权利体系。但是文章也指出，这种承包经济内部各方的权利和义务都缺乏明确的法律性规范，农民的许多基本权利经常受到各种形式、不同程度的侵犯，无法建立起当事人对财产权利的稳定预期。要根除农村经济进一步发展的这类障碍，就要推进包括有现代内容的财产权利体系和完备

① 佚名. 经济理论 20 年：著名经济学家访谈录［M］. 长沙：湖南人民出版社，1999：330.

的商业法规在内的组织创新和制度创新①。之后，随着市场化、工业化和城镇化的发展，如何保障和完善农户的土地承包经营权，成为进一步讨论和改革的重点领域。

农户土地承包权的稳定性问题。虽然1984年的中央1号文件规定“土地承包期限一般应在15年以上”，在第一轮承包土地逐步到期之际，1993年中发11号文件规定“在原定耕地承包期到期之后，再延长30年不变”，但是在实践中，仍有不少地区承袭改革早期承包土地随着家庭人口增减变化而周期性进行调整的做法。贵州湄潭“增人不增地、减人不减地”的试验被推广后，开始从制度上割断新增人口与土地的联系。《农村土地承包法》规定，“承包期内，发包方不得收回承包地”，“不得调整承包地”。至此，农民才获得长期且较稳定的土地承包权。

农户对所承包土地的权益问题。“土地承包经营权”究竟包含着哪些权利？根据我国《物权法》，土地承包经营权属于用益物权。但是，学界多数人认为，在权利内容上，土地承包经营权是承包权和经营权的双重属性混合体。其中，承包权属于成员权，只有集体成员才有资格拥有，具有身份依附性和不可对外转让性。至于经营权则属于财产权，在权利属性上具有可转让性和交易性。也就是说，在原来的“两权分置”（即土地所有权归集体，承包经营权归农户）下，“承包经营权”其实并不具备自由流转的物权属性，由此在实践中带来一系列的问题。因此，虽然农业部1994年12月《关于稳定和完善土地承包关系的意见》早就规定，“在坚持土地集体所有和不改变土地农业用途的前提下，经发包方同意，允许承包方在承包期内，对承包标的依法转包、转让、互换、入股，其合法权益受法律保护，但严禁擅自将耕地转为非耕地”，不过在实践中，这些权益并没有获得充分的尊重和实行。为适应农业经营方式的巨大变化，2016年中央出台《关于完善农村土地所有权承包权经营权分置办法的意见》，从原来的“土地承包经营权”中派生出土地经营权，形成土地所有权、承包权和经营权的“三权分置”的改革。这种改革将稳固集体的土地所有权，顺应农民保留承包权、流转经营权的意愿，将会激活土地要素的市场化发展。

非农用地的制度安排问题。这是矛盾最突出的领域。按照《土地管理法》的规定，农村集体所有制土地必须被征收为国有之后才能转化为非农

---

① 国务院农村发展研究中心发展研究所综合课题组. 农民、市场和制度创新——包产到户八年后农村发展面临的深层改革［J］. 经济研究，1987（1）.

用地。这种制度安排的最根本缺陷是：以国有化的征用形式替代用途管理。这种安排虽然以“土地红利”的形式对工业化、城镇化和地方政府财政做出了巨大的贡献，却是以侵害农村土地产权结构为代价实现的，带来一列的社会矛盾和冲突，一直受到学界和媒体的批评。农民是新旧体制混合的最大受害者。围绕着土地利益的是强势的各种既得利益集团，都想分享土地红利，这让农民根本无力保护自己的正当权益。在这种背景下，党的十八届三中全会《决定》强调“赋予农民以更多的财产权益”，实属不易。事实上，必须以系统的土地制度改革为基础，才能实现十八届三中全会《决定》的改革目标。

第三节 所有制改革 （二）： 非公有制经济及其争论

与农村家庭联产承包责任制的发展过程相比，非公有制经济的发展和争论的历程更为曲折。非公有制经济可分为三个部分，即个体户、私营企业、“三资企业”。20 世纪 70 年代末，农民、回城知青、街头小贩、“两劳”释放人员、无业游民、投机者等，构成最早的个体户部落。1979 年国务院批转的《关于全国工商行政管理局长会议的报告》（以下简称《报告》）提出：“可以根据当地市场需要，在征得有关行业主管部门同意后，批准一些有正式户口的闲散劳动力从事修理、服务和手工业的个体劳动，但不准雇工。”1979 年，全国批准开业的个体工商户约 10 万户。

为什么这份《报告》强调“不准雇工”呢？因为在当时的观念中，雇佣工人意味着剥削。这是一个相当严重的社会政治问题。虽然个体经济属于私有范畴，但可以算作是一种积极的私有形态。因为从事个体经营的“个体户”是自食其力的独立劳动者。如果雇佣工人，那性质就不同了。其中，所涉及的一个关键性思想问题是：它雇佣劳动，算不算“剥削”？如果带有剥削性质，是否会影响中国经济的社会主义性质？

然而，个体户经济的发展必然会出现雇工现象，随之而来的就是争论。具有典型意义的是 1981 年 5 月 29 日《人民日报》刊登了题为《一场关于承包鱼塘的争论》的文章，介绍广东高要县农民陈志雄承包集体鱼塘并雇用 5 个人的情况。争论的焦点是：雇工算不算剥削？《人民日报》为此开辟“怎样看待陈志雄承包鱼塘问题”的专栏，展开讨论，历时 3 个月。一种意见认为，既然存在雇工现象，就必然存在剥削，具有资本主义的性质，是社会主义社会不能容忍的行为，应当限制。也有人认为，即使存在剥削，也不必惊怪，毕竟这是一种既有利于集体又有利于个人的经济行为。但是，参与讨论的多数人认为，虽然存在雇工现象，但这并不意味着存在剥削问题。第一，陈志雄承包的鱼塘是集体的，生产资料的公有制性质没有变化，而且村集体获得了较多的收益。例如，1980 年，他承包鱼塘的收益，扣除生产成本后剩余 17 210 元，交给集体的承包费是 9 980 元，占纯收入的 57%。第二，承包者的收入高于雇工是合情合理的，因为这种收入包含着他本人的劳动、养鱼技术、经营能力、承担的风险，况且雇工也获得了较高的收入。第三，这是一种新的劳动组织方式。

在这场讨论中，中央书记处政策研究室的林子力，根据马克思的下述引语得出一个结论，“八个人以下叫请帮手，八个人以上就叫雇工，八个人以下不算剥削”。论据是马克思在《资本论》第一卷第三篇第九章“剩余价值率和剩余价值量”中明确地划分小业主与资本家的界线。按马克思的说法，在当时（即 19 世纪中叶），雇工 8 人以下，自己也和工人一样直接参加生产过程的，是“介于资本家和工人之间的中间人物，成了小业主”，而超过 8 人，则开始“占有工人的剩余价值”，是为资本家。这一证据甚至影响到官方 1988 年公布的《中华人民共和国私营企业暂行条例》中的规定。

今天的青年读者看到这“8 人”之辨，也许会感觉可笑，但这事实上是回避意识形态之争的一种巧妙方法。个体经济的发展必然会超越这种数量限制，从而转化为私营经济。1983 年中央发布的《关于当前农村经济政策的若干问题》中要求对私营经济“不宜提倡，不要公开宣传，也不要急于取缔”。这事实上就是一种“看一看”的态度。早在 1982 年，针对“傻子瓜子”老板年广久成为众矢之的的现象（雇工近 100 人），邓小平就说：“不能动年广久，一动就人心不安，群众就会说政策变了，得不偿失。”这起到了一言九鼎的作用。

但是，私营经济的社会性质问题是无法回避的。于是，我们在 80 年代中期看到了最具有典型意义的“温州模式”的争论。温州之于私营经济，恰如小岗村之于“包产到户”。20 世纪 80 年代初，温州城乡已有数以万计的地下工场和家庭作坊。《解放日报》1985 年 5 月 12 日发表记者桑晋泉的文章《乡镇工业看苏南，家庭工业看浙南——温州 33 万人从事家庭工业》，第一次提出了“温州模式”，同时配有题为《温州的启示》的评论员文章，称赞“温州模式”为“令人瞩目的经济奇迹”“广大农村走富裕之路的又一模式”。之所以说“又一模式”，是针对“苏南模式”而言的。

“苏南模式”是费孝通在1983年的《小城镇再探索》一文中提出来的。他把它解释为“以发展乡镇工业为主，以集体经济为主，参与市场调节为主，由县、乡政府直接领导为主的农村经济发展道路”。这是一种以乡镇企业为主体的模式。与之不同，温州模式是以家庭企业为主体的。1985年，温州农村工业产值中，村以下的家庭、合伙、股份经营及私营企业的产值占61.6%。即使是合伙、股份经营及私营企业，主要也是在家庭工业发展的基础上演变而来的①。这引起学界的注意并进而引起一场争论。有人认为，温州模式里“私营经济泛滥”，走的是一条“资本主义的邪路”，被视为“资本主义复辟的典型”。1986年年初，中国社会科学院经济研究所调查组在其报告《温州农村商品经济考察和中国农村现代化道路探索》认为，温州模式是发展农村商品经济、治穷致富的一种可供选择的道路②。

但是在一些谨慎的支持者看来，温州模式表现虽好，但其成分是可疑的。毕竟温州的个体私营经济已经成为主体，“补充论”是不成立的。对此，有支持者认为，公有制经济的主体地位，不应该就某一局部地区或某个行业而言，而要从整个国民经济总体来看。不同地区、不同部门的生产力发展不平衡，这决定了在不同地区、不同部门中公有制经济所占的比重必然是不同的。“如果我们从整个国民经济千丝万缕、纵横交错的密切联系中来看温州经济结构的变化，那么，即使温州家庭、联户经营经济比重进一步提高，我们也没有必要担忧。把温州农村经济中的家庭、联户工业孤立起来，并为它占温州农村工业的一半以上而认为其动摇了公有制经济的主体地位、脱离了公有制轨道的观点，是不成立的”③。

正是在这类争论中，1987年1月，中共中央《关于把农村改革引向深入的决定》第一次正式并明确提出允许私营经济存在和发展。10月，党的十三大报告更明确指出：“私营经济必然同占优势的公有制经济相联系，并受公有制经济的巨大影响。实践证明，私营经济一定程度的发展，有利于促进生产，活跃市场，扩大就业，更好地满足人民多方面的生活需求，是公有制经济的必要和有益的补充。”

之所以把个体户、私营企业视为“必要的补充”，是因为当时的支持者从下述方面论证它存在的正当性：①可以增加就业，活跃市场；②它的

---

① 张仁寿，李红．温州模式研究［M］．北京：中国社会科学出版社，1990：9.

② 中国社会科学院经济研究所调查组在其报告《温州农村商品经济考察和中国农村现代化道路探索》中［J］．经济研究，1986（6）．

③ 张仁寿，李红．温州模式研究［M］．北京：中国社会科学出版社，1990：226－227.

存在总体上是有限的，并不会影响到整个经济体的社会主义性质。

1987 年 4 月 16 日，邓小平在会见香港特别行政区基本法起草委员会委员时的讲话中，对“雇工”问题再一次发表了看法。他说：“现在我们国内人们议论雇工问题，我和好多同志谈过，犯不着在这个问题上表现我们在‘动’，可以再看几年。开始我说看两年，两年到了，我说再看看。现在雇工的大致上只是小企业和农村已经承包的农民，雇工人数同全国一亿多职工相比，数目很小。从全局看，这只不过是小小的一点。要动也容易，但是一动就好像政策又在变了。动还是要动，因为我们不搞两极分化。但是，在什么时候动，用什么方法动，要研究。动也就是制约一下。像这样的事情，我们要考虑到不要随便引起动荡甚至引起反复，这是从大局来看问题。重要的是，鼓励大家动脑筋想办法发展我们的经济，有开拓的精神，而不要去损害这种积极性，损害了对我们不利。”①

1988 年 4 月，第七届全国人大一次会议通过宪法修正案，第 11 条明确表示“国家允许私营企业经济在法律规定的范围内存在和发展。私营经济是社会主义公有制经济的补充。国家保护私营经济的合法权利和发展，对私营经济实行引导、监督和管理”的内容。这是中国实行社会主义改造、消灭私营经济之后，首次在宪法上重新正式确立私营经济的法律地位。1988 年公布的《中华人民共和国私营企业暂行条例》规定：“资产属于私人所有、雇工在 8 人以上的营利性的经济组织称私营企业。”也就是说，个体户与私营企业之间的差异是：雇工在 7 人以下者为个体户，雇工在 8 人以上者为私营企业。

这意味着我们对私营经济的认识发生了一个重大的变化，即从它对发展经济的积极作用方面来肯定它的存在和发展的合理性。人们暂时不再过多纠结于雇佣劳动问题，私营经济步入快速发展的通道。1988 年年底，全国已有 1 000 多万家个体企业和 20 万家私营企业，雇佣工人总计达 2 480 万人。到 1994 年，在工商局登记的私营企业达到 43. 2 万户。

据估计，此时的私营企业数量，最保守也有 100 万 – 150 万户。那其余的 100 多万户藏到哪里了呢？它们藏在集体企业和乡镇企业里，藏在个体工商户里。前者被称为“戴红帽子”。早在 1989 年时，中国社会科学院经济研究所承担世界银行委托的中国乡镇工业课题时，曾对江苏、浙江、广东等乡镇企业发展快的省市进行访问调查，发现调查户中 1/3 以上的企

---

① 邓小平 . 邓小平文选：第 3 卷［M］. 北京：人民出版社，1993：216 – 217.

业是挂乡镇企业牌子的私人企业。中国社会科学院民营经济研究中心、零点市场调查与分析公司和全国工商联信息中心联合进行问卷调查，1993 年时被调查的私营企业主认为，“红帽子”企业占集体企业的比例为 50% ~ 80%；1994 年对 360 户私人企业调查时，有 50% 的私营企业主认为，上述比例大致在 30% ~50% 之间。1994 年国家工商局的抽样调查表明，我国乡镇企业中有 83% 实际上是私营企业；同年浙江省东阳市有关部门统计，属于假集体的私营企业占集体企业的比例在 70% 以上①。

可以说，此时的个体和私营经济已经有了一个可观的规模。这种情况引起一部分人在意识形态上的警觉，认为这种发展趋势如果不加以重视，必然会影响社会结构。最典型的是 20 世纪 90 年代中期出现的题为《影响我国国家安全的若干因素》的“万言书”，对非公有制经济的这种发展趋势提出质疑。这份“万言书”的核心思想是，私有经济的比重将超过一定的度，正在对中国社会经济基础的性质产生严重的影响。具体表现为：第一，在经济上已经形成一个新生的“民间资产阶级”。第二，它还获得依附于它的一部分知识分子的支持，表现为否认公有制和私有制是社会主义与资本主义的根本区别，以便把私有制说成是同社会主义本质相容的东西和社会主义经济的组成部分。第三，许多地方领导干部把主要精力投向外资企业和民营企业，争相为它们争取优惠政策和条件，置国有经济于不顾②。

反驳这类观点的文章，除了一再重申非公有制经济的发展对国内生产总值（GDP）、就业和税收等增长的贡献之外，也力图给出更多的理由，证明非公有制经济的发展与中国特色社会主义市场经济体制是相容的。其中，较为重要的理论根据是：

第一，要从“社会主义初级阶段”的历史定位来看待非公有制经济。按照邓小平的理论，社会主义的本质在于解放和发展社会生产力，而私有经济具有这样的功能。它有利于调动人们的积极性，提高资源配置效率，使个人在增加其自身财富的同时也增加社会的财富，是发展社会生产力的有效形式。在这种意义上，它是社会主义初级阶段经济的组成部分。

第二，私有制经济与市场经济体制有着一种天然的吻合性。它的存在，不仅有利于市场体制的发育，在总体上也是有限的，并不会影响到整

---

① 戴园晨．迂回曲折的民营经济发展之路——“红帽子”企业［J］．南方经济，2005（7）．

② 马立诚，凌志军．交锋：当代中国三次思想解放实录［M］．北京：今日中国出版社，1998：243－251.

个经济体的社会主义性质。

第三，强调各种所有制经济并没有等级之分，各有自己的优势和劣势。

董辅礽在20世纪80年代中期就提出了所谓“八宝饭”理论。这一理论被认为是后来把非公有制经济视为社会主义市场经济的组成部分的重要思想起源。当时的流行观点把非公有制经济视为社会主义初级阶段不得不容许的东西，言下之意，它们仍然是社会主义的异己力量，对其发展要控制在某种限度之内。如何看待正在快速发展的非公有制经济？董辅礽认为，只有公有制经济和非公有制经济有机地组合在一起，像“八宝饭”的搭配那样，形成相互促进、共同发展，才可能成为有生命力的社会主义经济①。这种观点的主要根据在于，中国现阶段的多种所有制形态，不论是公有制还是非公有制，也不论是哪一种具体的所有制形式，它们都各有优缺点，且都有自己的适用范围；只有把它们组合在一起，才有利于优势互补，弥补彼此的不足之处。虽然我们无法完全消除各种所有制形式之间的矛盾和冲突，但它们的结合可能较好地解决公平与效率、共同富裕与允许收入差距的存在、经济运行的灵活性和计划性等方面的关系。再者说，非公有制经济天然地与市场兼容，但是如何使公有制企业与市场机制相容，却还是一个有待解决的历史性问题。让这两种类型的经济共同发展、彼此竞争，有助于探索解决这一难题的方法。

当然，这些论点并不能说服怀疑者。1997年9月党的十五大报告，使这一争议暂时停止。报告指出：“公有制为主体，多种所有制经济共同发展，是社会主义初级阶段的一项基本经济制度”；“非公有制经济是我国社会主义市场经济的重要组成部分。对个体、私营等非公有制经济要继续鼓励、引导，使之健康发展。”这是官方的认可过程：从“利用”到“补充”，再到“组成部分”。我们在下述的国企改革过程中将会再次看到，这些认识进步的背后经历了怎样的思想争论。

在这里，我们还需要回到非公有制经济中资本雇佣劳动问题的讨论上。这个理论问题一直是意识形态上的一个痛点，涉及非公有制经济的社会性质问题。私营经济是一种以生产资料私有和雇佣劳动为基础，以追求利润最大化为目的的所有制形式。问题在于：这种资本雇佣劳动的活动是

---

① 董辅礽．谈谈多种公有制为主导的多种所有制结构问题［N］．世界经济导报，1987－07－13；董辅礽非公有制经济与社会主义市场经济［N］．黑龙江日报，1993－02－22.

否带有剥削性质？如果带有剥削性质，那么，我们应当如何看待这种现象？在实践中，我们目睹了非公有制经济对社会经济发展做出的重大贡献，但是，在我们的意识形态中，“剥削”是一个非常严重的问题，因为根据定义，“剥削”就是对他人劳动成果的无偿占有，表现为资本对剩余价值的占有。

为了解决这个难题，理论工作者们仍在进行各种努力。其中，有两种努力值得注意。一种努力是力证，即使是中国的私营企业中存在剥削，这种剥削的性质也不同于资本主义的剥削。我国现阶段存在剥削现象，但它与历史上存在的阶级剥削有着严格的区别，是社会主义市场经济发展中必然出现的现象①。另一种努力是围绕《共产党宣言》的著名论断（即“共产党人可以把自己的理论概括为一句话：消灭私有制”）所进行的讨论。这种讨论至少是间接地反映着人们想给“非公有制”正名的一种学术努力。

如何理解这一著名的论断？有学者从译文开始讨论。据查，在《共产党宣言》德文原版中，被翻译成中文“消灭私有制”一句中的“消灭”，德文原文用的是“Aufhebung”，意思是“废除、废止、撤销、取消”等。英文中引入了德文“Aufhebung”这个词，中文可翻译为“扬弃”。据此有人认为，中文版《共产党宣言》把原文翻译成“消灭私有制”是错误的，曲解了马克思的本意，应该翻译成“扬弃私有制”②。

有学者对这种观点提出批评，认为“消灭私有制”这一译文反映了马克思的本意，绝没有翻译错误。《共产党宣言》主张消灭私有制，无论从马克思、恩格斯的一贯观点看，还是从“Aufhebung”一词的通常用法看，马克思、恩格斯在这里都是在“消灭”的含义上使用这个词的。“德文的动词 Aufheben 和相应的动名词 Aufhebung 是多义词，在不同的场合根据不同的语境而定，只是在黑格尔的哲学著作中，它才具有‘扬弃’的含义”③。我们不能通过曲解《共产党宣言》的原文论证中国的实践政策。如果用我国社会主义初级阶段对待非公有制经济的现行政策来解读《共产党

① 王天义. 如何认识我国现阶段存在的剥削和剥削现象 [J]. 思想理论教育导刊，2003 (7).

② 胡德平和张殿清. 对马克思关于“消灭私有制”的另解 [J]. 民营经济内参，2002 (48，49)；张殿清. 对私有制是扬弃而不是消灭 [J]. 炎黄春秋，2010 (4).

③ 奚兆永. 驳《炎黄春秋》《对私有制是扬弃而不是消灭——兼评李桐、胡德平等在这个问题上的观点》[OL].

宣言》中的思想，是不妥当的①。

有的学者强调，要完整地理解这一论断的含义。《共产党宣言》提出的“消灭私有制”是指“废除资产阶级的所有制”，而“不是要废除一般的所有制”。“消灭私有制”是一个渐进的过程，要与社会生产力发展水平相适应。消灭私有制并不是要剥夺公民个人的私有合法财产。消灭私有制的目的是建立“共有制”基础上的“个人所有制”②。

第四节　所有制改革（三）：国有企业制度改革及争论

对公有制企业（特别是国有企业）的思考、改革和讨论，一开始就围绕着两个点展开：一是如何搞活企业，让它们成为有活力的经济主体；二是如何实现政企分离。1978年十一届三中全会《公报》指出：“目前我国经济管理体制的一个严重缺点是权力过于集中，应该有领导地大胆下放，让地方和工农业企业在国家统一计划的指导下有更多的经营管理自主权；应该着手大力精简各级经济行政机构，把它们的大部分职权转交给企业性的专业公司或联合公司；应该坚决实行按经济规律办事，重视价值规律的作用，注意把思想政治工作和经济手段结合起来，充分调动干部和劳动者的生产积极性；应该在党的一元化领导之下，认真解决党政企不分、以党代政、以政代企的现象，实行分级分工分人负责，加强管理机构和管理人员的权限和责任，减少会议公文，提高工作效率，认真实行考核、奖惩、升降等制度。”③

如何在改革实践中落实这一精神？我们采取的是一种典型的“摸着石头过河”的方式。1979—1983年，理论界提出“企业本位论”和以增强企业活力为中心的改革主张；在实践中，对部分国有企业进行“放权让利”、各种形式承包责任制、“利改税”试点等改革，以促进企业增产增收的积极性。1979年5月，国家经济贸易委员会等6部委在京、津、沪三地选择首都钢铁公司、天津自行车厂、上海柴油机厂等8家企业进行扩大企业自主权的试点，核心是利润留成制。之后，试点企业不断扩大，1980年试点企业发展到6 000家。在扩权试点的基础上，1981年开始实行以“盈亏包

---

① 顾锦屏：《共产党宣言》中关于“消灭私有制”的译法是正确的［J］．经济学动态，2003（3）．

② 耿步健．论正确理解《共产党宣言》中的消灭私有制思想［J］．马克思主义与现实，2009（6）．

③ 中央党校教务部．十一届三中全会以来党和国家重要文献选编［M］．北京：中共中央党校出版社，2015：14.

干”为主的经济责任制。1983 年中央决定，停止全面推行利润包干，转而实行“利改税”的改革。

虽然这类改革在一定程度上激活了企业的活力，但并没有使企业真正活起来，并进一步暴露出传统体制的弊端。1984 年 10 月，党的第十二届三中全会通过的《中共中央关于经济体制改革的决定》提出：“要使企业真正成为相对独立的经济实体，成为自主经营、自负盈亏的社会主义商品生产者和经营者，具有自我改造和自我发展的能力，成为具有一定权利和义务的法人。”于是，人们开始讨论，政府开始试点各种形式的方案，包括租赁制、承包制、股份制、资产经营责任制等。

也许是受到农村改革成功的激励，政府主要倾向于承包制。早在 1982 年，国务院就批准在首钢、二汽等 8 家大中型国有企业进行承包经营责任制的试点。1986 年 12 月，国务院在《关于深化企业改革增强企业活力的若干规定》中提出，要推行多种形式的承包经营责任制。1987 年 3 月，国务院在《政府工作报告》中明确指出，以后的改革重点放在完善企业经营机制上，根据所有权和经营权分离的原则，实行多种形式的承包经营责任制。1987 年 4 月，受国务院委托，国家经济贸易委员会召开全国承包经营责任制座谈会，决定在全国范围内推广承包经营责任制。到 1987 年年底，在 11 402 户大中型国有企业中，实行承包经营责任制的企业达到 8 843 户，占企业总数的 77%。根据对 9 937 家国有大中型企业的调查，1988 年已有 9 021 家实行了各种类型的承包经营责任制。与此同时，对小型国有企业，着重推行租赁经营责任制。到 1987 年年底，在 88 000 个国有小型企业中，实行租赁经营承包责任制、承包经营和转让的达到 40 000 个，占总数的 46%①。

承包制力图在所有者（即国家和政府）与以厂长和经理为代表的经营者之间达成一种共同的承诺，经营者同意完成利润、资产增值、产量等目标，国家赋予经营者管理企业的全权。这种改革形式的支持者认为：第一，承包制可以较好地解决所有权与经营权的分离、政企分开等问题，扩大企业自主权，解除政府对企业日常经营的干涉。第二，它符合中国国情，是转换企业经营机制的一种良好形式。但是，在实践中，承包制暴露的最突出问题是“内部人控制”，且也没有实现政企分开。于是 1988 年前后，学术界出现了国有企业改革的方向和具体方案的争论：改革的方向应

① 黄速建．国有企业改革和发展：制度安排与现实选择［M］．北京：经济管理出版社，2014：18－19.

当是经营权主导还是产权主导？一般来说，赞成经营权主导者支持承包制；赞成产权主导改革的支持股份制，进而引出了股份制“姓资”还是“姓社”的争论。

杨培新是支持承包制的代表人物之一，他认为，承包制是对社会主义全民所有制的根本完善，是社会主义阶段企业的最佳模式。由于承包制是由全民的一部分——企业职工，代表全民承包企业，职工既代表全民实际占有、使用、处置企业财产，又拥有经营的自主权，可以激发劳动者的积极性。因此，这种所有者、经营者和劳动者三者合一，就是社会主义全民所有制企业的优越性所在①。在他看来，实践中出现的问题都可以在完善承包制的基础上给予解决。

多数学者认为，承包制无法解决国有企业中存在的问题，特别是政企分开的问题，主张以产权为主的改革。其中，影响较大的一种思路是以建立所谓“现代企业制度”的名义倡导股份制，主要代表人物包括厉以宁、王珏、吴稼祥等。吴稼祥、金立佐认为，承包制无法解决资金的有效配置、政府行为合理化和企业行为短期化等问题。要解决这些问题，应该以股份制改造国有企业，因为股份制经济具有如下的独特功能：作为筹资手段，可以通过企业的利润信号，把社会闲散资金引向利润率高和生产率高的生产部门，优化资金配置；作为管理手段，可以把所有权职能的主体和管理职能的担当者分离开来，解决政府行为的合理化问题；股份制将使企业管理者和职工也成为企业的股东，从而把企业家和职工的短期利益和长期利益有机地结合起来，建立起有效的动力机制②。厉以宁认为，作为一种企业的财产经营和组织方式，股份制是明确企业财产关系的最好形式。就股份制企业自身的性质而言，它不具有特定的社会经济性质，也就没有姓“社”姓“资”的问题。它在实践中的性质，取决于投资者的性质。只要在股份结构中，公有制资本占优势并控制着经营管理权，这种企业就属于公有制性质③。杨瑞龙更进一步，提出“双层股份制”的建议。这一设计的核心是：通过在政府、国有资产管理委员会、控股公司和股份公司之间设置多层次的委托代理关系，解决政企不分、产权模糊等问题④。

---

① 杨培新．承包制：企业发达必由之路［M］．北京：中国经济出版社，1990.

② 吴稼祥，金立佐．股份化：进一步改革的一种思路［J］．经济发展与体制改革，1985（10）．

③ 厉以宁．所有制改革和股份企业的管理［J］．中国经济体制改革，1986（12）；厉以宁．股份制是明确企业财产关系的最好形式［J］．红旗，1988（1）．

④ 杨瑞龙．产权明晰化与双层股份制模式［J］．经济研究，1988（2）．

学界在争论，但严酷的现实却迫使实践者只能不断尝试各种方案，终于在20世纪90年代中期掀起企业改制浪潮（统称为第二轮国企改革），俗称“抓大放小”。这次企业改制浪潮的背景是：1994年初出台的税收、银行、外汇、投资体制等方面的改革，使国有企业原来潜在的问题浮出水面：亏损面和亏损额急剧增长，企业之间的“三角债”恶化，无力支付工资的企业日益增多。特别是银行体制改革，迫使银行采取新的办法，即“旧债不清，不借新账”。这就使相当一部分国有企业陷入绝境。在亏损的国有企业中，大型企业的亏损额虽然最大，但亏损面小，亏损率低；相反，小型企业的亏损额虽然小于大型企业，但亏损面大，亏损率也高于大型企业。

针对这种状况，如何改革国有企业，调整国有企业的布局，成为学界和媒体讨论的一个热门话题。“抓大放小”的改革思路就是在这一背景下形成的。1995年9月，中共十四届五中全会通过的《中共中央关于制定国民经济和社会发展“九五”计划和2010年远景目标的建议》中，对国有企业改革提出了新的思路（即“抓大放小”）：“要着眼于搞好整个国有经济，通过存量资产流动和重组，对国有企业实施战略性改组。这种改组要以市场和产业政策为导向，搞好大的，放活小的，把优化国有资产分布结构、企业组织结构同优化投资结构有机地结合起来，择优扶强，优胜劣汰，形成兼并破产、减员增效机制，防止国有资产流失。重点抓好一批大型企业和企业集团，以资本为纽带，联结和带动一批企业的改组和发展，形成规模经济，充分发挥它们在国民经济中的骨干作用。区别不同情况，采取改组、联合、兼并、股份合作制、租赁、承包经营和出售等形式，加快国有小企业改革改组步伐。”

在这次改制浪潮中，大多数地区自行其是，转制形式多样化，包括股份制、合作制、股份合作制，以及拍卖、租赁、承包等。其中，较为普遍的是两种形式：股份制和拍卖制。

事实上，早在中央精神出台之前，有些地方政府就采取了行动。最引人关注的是“陈卖光”及其引起的争论。1992年，山东诸城市对150家市属独立核算企业进行审计，发现亏损的竟有103家之多，43家已经资不抵债。这是当时国有企业困境的一个典型缩影。时任诸城市市长陈光认为，主要的原因是企业产权关系不明晰，利益关系不直接。于是，他干了一件在当时可算是石破天惊的事：从1993年1月到1994年7月，把全市272家乡镇以上工商企业中的210家国有或集体资产全部卖给企业内部职工，进行“股份合作制”改革。

这引来一场争论，质疑声铺天盖地而来，诸城的做法也被称为“卖光”模式。1995年第6期《改革》杂志同时刊登了吴敬琏等人的《放开放活小型国有企业》，周天勇等人的《诸城市企业改革的选择——股份合作制》，陈国恒、王金梁的《对“诸城经验”的几点质疑》。从中我们可看出这场争论的焦点问题。吴敬琏、周天勇等人认为，这是用股份合作制搞活小企业的良好方式。陈国恒、王金梁却批评诸城的改革造成了国有资产的严重流失，是私有化、资本主义化，应予坚决制止。争论引起了中央政府的重视。1996年1月21日，国家体改委副主任洪虎奉国务院之命，带着联合调查组来到诸城，深入企业与干部和工人座谈，最后给出了一个带官方性质的评论：改革方向正确，效果显著。

但是，这并没有平息争论，争论以各种形式继续，包括股份制是否具有公有制的性质？国有企业是否真的存在产权不清晰的问题？国有资本是否应当从中小企业中完全退出？等等。

例如，北京大学中国经济研究中心发生了一起被外界称为“北大交火事件”的争论。争论的双方是同在北大供职的林毅夫和张维迎。林毅夫等人认为，国有企业产权归属是清楚的，其改革的起点应在于“剥离其战略性政策负担和社会性政策负担”。正是这类因素，导致国企缺乏活力。因此，国企改革的方向是营造一个公平的竞争性市场环境①。张维迎则认为，国有企业的核心问题在于产权结构存在严重的缺陷，从而导致激励畸形，因此，国有企业改革的出路是民营化，让掌握国企实际控制权的管理层获得国企产权，从而实现企业的剩余索取权和控制权的匹配②。

再如，有些人认为，应该对国有制经济结构进行战略性的重大调整，退出竞争性领域，强化在公益性、基础性、战略性领域中的地位。有些人不同意上述观点，认为绝不应要求国有资本从竞争性行业全部退出。如果强制性地让国有资本从竞争性行业退出，国有经济的主导作用势必落空；国有小企业改革方向不是“非国有化”，部分中小企业国有资产运行状况良好，在市场上有竞争力，没有必要强使国有资产从这些企业中全部退出，应让它们继续发展壮大，可以逐步进行公司制改造③。

---

① 林毅夫，蔡昉，李周．国有企业改革的核心是创造竞争的环境［J］．改革，1995（3）．

② 张维迎．国有企业改革的理性思考［N］．中华工商时报，1995-01-23.

③ 杨燕华．当前关于国有企业改革中几个重要理论问题的争论［J］．经济学情报，1996（5）．

这类质疑的声音在《当代思潮》1996 年第 4 期以“本刊特约评论员”署名的《以公有制为主体的基本标准及怎样才能坚持公有制的主体地位》一文中得到较全面的体现。文章的主要论点是：第一，如果让大量的小企业“私有化”，将使绝大多数职工生活在非公有制经济关系之中，成为雇佣劳动者。这是严重违背社会主义原则的。第二，把股份制视为公有制，一方面曲解了马克思的原义，另一方面混同了两种性质不同的所有制，“其用意在于用股份制来改造社会主义公有制，达到私有化的目的。这是历史的倒退”。第三，“国有企业应退出竞争性行业的观点”是错误的。如果这种观点得以实现，那将不仅从根本上改变公有制经济为主体、非公有制经济为补充的关系，也将从根本上改变我国经济制度的社会主义性质。第四，以公有制为主体，就是要保持公有制经济在各个主要生产和流通领域中都占优势和起主导作用。而且，除台、港、澳地区之外，其他所有地区都应坚持以公有制为主体，不能有例外。

1997 年 9 月党的十五大正是在“抓大放小”的改革实践和思想界激烈争论的背景下召开的。关于所有制问题，十五大报告确认了如下主要论点：①公有制为主体、多种所有制经济共同发展，是我国社会主义初级阶段的一项基本经济制度。②公有制的主体地位主要体现在：公有资产在社会总资产中占优势；国有经济控制国民经济命脉，对经济发展起主导作用。这是就全国而言，有的地方、有的产业可以有所差别。只要坚持公有制为主体，国家控制国民经济命脉，国有经济的控制力和竞争力得到增强，在这个前提下，国有经济比重减少一些，不会影响我国的社会主义性质。③一切符合“三个有利于”的所有制形式都可以而且应该用来为社会主义服务。要努力寻找能够极大促进生产力发展的公有制实现形式。股份制是现代企业的一种资本组织形式，有利于所有权和经营权的分离，有利于提高企业和资本的运作效率，资本主义可以用，社会主义也可以用，不能笼统地说股份制是公有还是私有，关键看控股权掌握在谁手中。④非公有制经济是我国社会主义市场经济的重要组成部分。对个体、私营等非公有制经济要继续鼓励、引导，使之健康发展。

1999 年 9 月，十五届四中全会出台《关于国有企业改革和发展若干重大问题的决定》，提出从战略上调整国有经济布局，要“坚持有进有退，有所为有所不为”。经过努力，国有企业三年脱困的目标基本实现。到 2000 年年底，1997 年亏损的 6 599 家国有及国有控股大中型企业，已减少 70% 以上；2000 年国有及国有控股工业企业实现利润 2 392 亿元，为 1997

年的 2.9 倍。从 2003 年到 2011 年，全国国企（不含金融类企业）营业收入、净利润、上缴税金年均增长 17.6%，25.2% 和 19.4%。

如果说在此之前股份制还只是一种国有企业改革试点形态的话，此后，股份制渐渐成为改造国有企业的基本形式。至 2013 年，全国 90% 以上的国有企业完成了公司化股份制改造。

回顾历史，“抓大放小”和随后的“国有企业三年脱困”改革，是情势所迫的一种选择。这种选择被证明是成功的。但是，我们也不能否认其中存在的某些问题，特别是大量的下岗职工几乎毫无保障、国有资产流失等问题。据 2000 年、2003 年的《中国统计年鉴》记载，1995—1997 年国有单位职工人数变化不大，分别为 10 955 万人、10 949 万人和 10 766 万人。但从 1998 年开始，国有单位职工人数开始暴跌：1998 年为 8 809 万人；1999 年为 8 336 万人，2002 年为 6 924 万人。6 年间，国有单位职工减少将近 4 000 万人，其中大部分是在下岗潮中失去工作岗位的。与此同时，城镇集体单位职工人数也呈大幅下降之势，从 1995 年的 3 076 万人变为 2002 年的 1 071 万人，减少 2 000 万人。这些下岗者及其家庭承担了改革的成本。据李培林对东北抚顺、本溪等四座城市下岗职工进行调查，其中，42.6% 的人认为当前社会很不公平，37.7% 的人认为太不公平。至于家中的主要困难，除了吃饭，依次是：子女教育费太重，有病看不起，养老没着落，以及住房、冬天取暖、穿衣等问题①。

再一个问题是，以管理层收购等形式出现的企业改制过程中的国有资产流失问题及其激烈的争论。这种争论，在 2004 年“郎顾之争”时达到高潮。争论的核心是如何看待企业产权改革过程中的国有资产和集体资产的流失，如何看待管理层收购，以及民营企业的原罪等问题。

第五节　所有制改革理论的共识

中国社会主义建立在比苏联、东欧更落后的社会、经济和政治形态的基础上。因此，新中国建立之初，我们曾经冷静地提出新民主主义经济纲领，即：国营经济、合作社经济、国家资本主义、个体和私营经济五种成分并存和共同发展，以弥补缺乏资本主义发展的问题。但是当时严峻的国内外形势，迫使中国最终选择了苏联模式。

---

① 李培林．他们在生活的底线上拼搏［J］．中国改革，2003（1）．

改革开放的历史表明，只有中国在放弃苏联模式并走向市场经济的改革开放过程中，逐步走向了“以公有制为主，多种所有制经济共同发展”的体制，坚定地走在社会主义的道路上。这一基本经济制度决然不同于苏联模式中的公有制。二者的差异不是边际意义上的变化，而是实质性的变革。这种变革使我们对社会主义本身有了一种新的认识。

当然，这种所有制的改革和发展不是一帆风顺的。正如前面所述，其间充满着意识形态领域中各种力量的较量。例如，在如何看待农村土地承包制、个体经济、“三资企业”的发展，如何看待国有企业的改革形式等问题上，都出现过姓“资”还是姓“社”的激烈争论。有关中国特色社会主义所有制问题的思想和实践，正是在这种争论过程中发展起来的。这种发展，一方面把“公有制为主体”视为可以保证社会主义性质的一种内在价值；另一方面，把它和“非公有制”作为发展社会生产力的一种重要手段。综合来看，这种所有制思想的发展，解决了一些长期争论的思想和理论问题，主要体现在下述几个方面。

第一，确立以“是否有利于”社会生产力的发展作为评价所有制问题的核心尺度，强调所有制必须符合社会生产力发展的客观要求，从而形成了多层级的所有制结构。

这种观点充分体现了马克思的思想：“无论哪一种社会形态，在它所能容纳的全部生产力发挥出来以前，是决不会灭亡的；而新的更高的生产关系，在它的物质存在条件在旧社会的胎胞里成熟以前，是决不会出现的。所以人类始终只提出自己能够解决的任务，因为只要仔细考察就可以发现，任务本身，只有在解决它的物质条件已经存在或者基本至少是在生成过程中的时候才会产生。”①

马克思的这一论断成了我们以“社会主义初级阶段”的名义重新思考有关所有制一切问题的指导思想。“初级阶段”这一定位给我们带来了伟大的思想解放，让我们得以用“三个有利于”作为衡量所有改革的标准，也为所有制改革提供了广泛的空间，从而在实践中发展出丰富多样的所有制形态：国家所有制、集体所有制、合作（社）所有制、社团所有制、个体所有制、私人所有制、外资所有制，以及由它们派生出来的各种类型的混合所有制。

第二，较为充分地认识到，任何一种所有制及其具体的实现形式能否

---

① 马克思，恩格斯．马克思恩格斯全集：第13卷［M］．北京：人民出版社，1974：5.

促进社会生产力的发展，核心是经济利益的激励机制问题。

传统公有制理论有一种教条主义的观点：私有制改造成公有制之后，劳动者与生产资料直接结合，人民自然就当家作主，从而具备了主人翁的自觉责任感。这本身就足以构成新时代劳动者劳动的全部推动力，成为人们不计较个人利益得失的献身精神的基本源泉。这种观点的出现，与“除对社会主义本身的简单化理解有关外，还同未能恰当分析革命胜利之初在劳动者当中焕发出来的劳动热情与主动性的性质有关。其实，后者更多地与剧烈变革所带来的政治上的激情相联系，而这种激情之所以能够出现，是有相当复杂的、许多可能是我们目前还尚未知晓的社会心理学的内容。……大家都认为革命胜利后不长时间内劳动者表现出来的巨大热情，验证并且证实了工人阶级的大公无私和彻底革命性”①。

这种观点实质上对人性做出了错误的判断，对个人经济激励的问题采取了虚无主义的态度。从传统公有制实践的情况来看，多数劳动者并没有在生产中感觉到自己是主人，只是把工作单位视为赖以谋生的场所，出现“吃大锅饭”等消极的现象，严重影响了经济效率的提高。这类事实证明，社会或集体的利益固然存在，但它不能代表也不可能囊括无数的个体对自身利益的关切。

基于对这类教训的反思，所有制改革伊始，学术界就抛弃了对个人经济利益的虚无主义态度，开始对个人利益“去污名化”的讨论历程，证明了个人追求自身物质利益的正当性，承认人们对财富的追求包含着改善家庭生活状态的合理性。虽然人类行为的动机是多样化的，但是，对自身利益的追求是其中最强大的动力。追求、创造和占有私人财产不再是一种罪恶，而是成功的标志。正是基于这种思想基础的各种类型的所有制改革，激发出经济主体一波又一波的积极性，形成了经济发展的动力机制。

第三，提出所有制结构的概念，承认并正视在市场体制中公有制与非公有制相互依存的客观事实，把非公有制经济视为社会主义初级阶段基本经济制度的重要组成部分。

在某种意义上，这冲破了只有公有制才具有社会主义性质的传统观念。在改革过程中，我们最早认可的是被称之为“个体户”的劳动者个人私有制。在马克思的理论中，这是一种不同于其他私有制的、积极的私有制。之后，我们慢慢地在思想上也接纳了私营企业、外资企业等私有制形式。最后，我们终于明确认识到，市场经济只可能建立在多种所有制共同

---

① 张博树．经济行为与人——经济改革的哲学思考［M］．贵阳：贵州人民出版社，1988：85.

发展的基础上。特别地，非公有制经济与市场体制有着某种天然的内在关系。它具有产权关系明晰、自负盈亏、决策灵活等特性，与市场竞争的要求是天然吻合的。

这些认识让我们最终抛弃了“私有制代表的是一种落后的生产力”之类的陈旧观点。在重要的中央文献中，党的十六大报告第一次提出了一个新的论断：“坚持公有制为主体，促进非公有制经济发展，统一于社会主义现代化建设的进程中，不能把这两者对立起来。各种所有制经济完全可以在市场竞争中发挥各自优势，相互促进，共同发展。”

排他性的所有权的制度安排是市场交换的基础，或者说，市场交换的实质是所有权的交换。只要我们选择以市场体制来发展社会主义生产力，就必须承认多种所有制的存在和发展。市场经济之所以有效率，就因为它本质上是交换经济，是不同的所有者交换产品、交换劳动的经济，因而，它的微观基础必然且必须是不同利益主体的所有者，必须是多元化的产权主体。基于这种认识，我们致力于在不同的所有制企业之间建立平等的竞争关系，使我们获得了理论的自信，敢于一再声明“两个毫不动摇”的政策思想。

第四，重新解释公有制概念，区分公有制与公有制的实现形式，抛弃以“一大二公”衡量所有制形式先进程度的传统思想，在拓展公有制各种实现形式的实践发展的过程中提炼出新的理论观点。

所有权不是一种权利，而是一组权利的集合，至少包括占有权、使用权、管理权、收益权、处置权等。公有制并不简单地把一组权利从 A 转移到 B 手中（也就是从个人转移到集体或国家）就完事大吉了。改革之前的教训教导我们，要让公有制完成其使命，我们还需要科学地做出分配各种权利的抉择。正是在这个意义上，中共十八届三中全会的《中共中央关于全面深化改革若干问题的决定》写道：“产权是所有制的核心。”这是对之前所有制实现形式的改革思想的高度概括。

用这种理论观念，我们就可以合理地解释公有制各种类型的新形态之发展。在实践中，率先进行的是农村土地集体所有制基础上的家庭承包责任制，2014 年进行的是“三权分置”改革。在国有企业领域，率先进行的也是承包制改革，之后，逐渐发展到以“两权分离”为基础的股份制改造，且股份制改造成为国有企业的主流改革模式。在股份制改造中，多种所有制成分互相交叉、置换、重组、融合，成为真正的“社会所有制”。

上述所有制的改革和思考过程，给中国经济改革提供了多元化竞争的制度基础，激发了各种经济行为主体的积极性，使市场经济不断走向成熟。在这种制度基础上，中国创造了经济增长的奇迹。其中，承认多种所有制经济的共同发展，所涉及的绝不仅仅是经济激励问题，它还使人们在财富的追求过程中实现着自己的人生价值。或者说，财产权通过促进人的自我认同感和成就感而与人格的健全发展紧密联系在一起。

第六节 有待进一步讨论的问题

虽然我们在所有制问题上取得了很大的进步，但在思想上和实践中仍然面临着一些悬而未决的问题。我们不能再沿用计划经济时代的公有制理论，而必须基于市场经济的语境和客观事实来讨论所有制问题。笔者认为，至少还需要认真思考下述问题。

第一类问题是如何根据实践的发展来理解公有制。

经验告诉我们，公有制把一组权利从私人手中转移到集体或国家手中，并不会自动地实现公有制“纯粹形态”的理论承诺，不会自动地解决私有制社会存在的问题。否则，我们也就不用费力地对公有制进行改革。

在理论上，对于各种形态的公有制，我们必须区分和研究两种具有实质性差异的形态：在一种形态中，每个人拥有一个明确的份额，实为“联合地公共所有”；在另一种形态中，每个人都可以平等地利用但没有一个人拥有其中任何一部分。在前一种公有制形态中，物质或资源是由所有相关者“积极的”共同持有。而在后一种形态中，人们只是“消极的”共同所有。以此而论，农村土地所有制属于前一种公有制形态，实现了生产者与生产资料的直接结合。国有企业属于后一种公有制形态，生产者与生产资料处于相对分离的状态。因此，我们不能笼统地沿用“生产资料与劳动者直接相结合”的表述来论证公有制的优越性。

以国有企业来说，前南斯拉夫经济学家早就指出了其间存在的问题的实质：劳动者仍然与生产资料处于分离的状态，没有获得对生产资料的直接管理权。这一矛盾带来的消极后果是：一方面，直接生产者实际上是国家的雇佣劳动者，因而无法调动他们的生产积极性；另一方面，也会造成国家机关与人民群众的脱离，产生官僚主义①。因此，他们认为，国家所有制是公有制的低级形式，它本身孕育着异化的种子。

① 卡德尔. 公有制在当代社会主义实践中的矛盾［M］. 王森，译. 北京：中国社会科学出版社，1980.；马克西莫维奇. 公有制的理论基础［M］. 陈长源，译. 北京：中国社会科学出版社，1982.

事实上，这种问题仍然存在于中国的国有企业之中。虽然主管部门对企业领导人拥有任免的权力，但他在企业中却拥有绝对的权威。在这种制度下，排除了劳动者参与或共同管理企业的所有可能性，工会仅仅充当一种组织有限的从事福利活动的角色。随着市场体制下所有制结构和实现形式的发展，劳动者与生产资料的结合方式也正在发生着根本性的变化。

第二类问题是如何正确地对待非公有制的性质。

截至2016年10月，全国实有个体工商户5 800.6万户，私营企业2 222.9万户，农民专业合作社1 748.9万户，占据市场主体总量的96.6%。个体工商户和私营企业成为我国公民从事经营活动的重要市场主体形式，成为人民群众参与经济建设、共享经济社会发展成果的形式。随着个体、私营经济的发展，个体工商户和私营企业成为吸纳新增就业的主渠道。截至2016年9月底，个体私营经济从业人员实有2.97亿人。其中，第三产业个体私营经济从业人员实有2.17亿人。

对待这些非公有制经济，在政策和思想层面已经没有什么问题了。党和国家一再强调“两个毫不动摇”，认可非公有制对“中国奇迹”的重大贡献，并强调“非公有制经济是社会主义市场经济的重要组成部分”。这就在思想上实现了对非公有制经济的“价值转换”，即对它所带来的社会经济发展的充分肯定。但是，我们在理论上还没有完成对这种“价值转换”提供一种学理基础的工作。具体的表现是：“多种所有制经济”包含着私有制经济，但是，在政策层面和讨论中，我们仍然在使用“民营企业”“非公有制经济”这类的概念，回避使用“私有制”这一概念，并对私有制理论持批判态度。

我们之所以回避使用“私有制”这一概念，是因为在传统的意识中，“私有制”是一种剥削劳动者的制度。如果“非公有制经济”在制度上既不是公有制，也不是私有制，那是一种什么性质的所有制形态呢？这就给我们提出了一个重大的理论问题：或者承认非公有制经济就是私有制经济，并在这种认识的基础上吸收私有制理论的合理部分；或者就是力证“非公有制经济”在性质上就是不同于私有制。这是建立一种综合性所有制理论所必然面对的问题。

在学术界，主流的观点是：非公有制经济虽然是社会主义市场经济的组成部分，但并不属于社会主义经济，因为只有公有制经济才具有社会主义的性质。另一种不同的声音是，在社会主义初级阶段，非公有制经济也属于社会主义经济。这种观点通常引用的是马克思在《政治经济学批判导言》中的论点："在一切社会形式中都有一种一定的生产支配着其他一切生产的地位和影响，因而它的关系也支配着其他一切关系的地位和影响。这是一种普照的光，一切其他色彩都隐没其中，它使它们的特点变了样。这是一种特殊的以太，它决定着它里面显露出来的一切存在的比重。"① 公有制是一种"普照之光"，它将使包括私营经济成分在内的整个社会经济体折射出公有经济成分的特定色彩。有学者以此为据，认为在公有制为主体的形态中，公有制经济的"普照之光"必然会使非公有制经济也带有社会主义的性质，至少是具有"初级阶段"形态的社会主义的性质。

如果我们坚持"只有公有制经济才是社会主义性质的经济"，那么，我们将永远摆脱不了"公有"还是"私有"之争！因为，只要在"共同发展"的基本格局下，在实践中，两种所有制经济之间就必然存在竞争关系，而且二者在数量上的相对比重必然是此消彼长的关系。回避其中的冲突和矛盾，只强调其中的和谐理念，是无法最终解决问题的。为了解决这一问题，我们需要找到一种理论的"黏合剂"，从而形成一种综合性的所有制理论。

第三，所有制与社会公平之间究竟是一种什么样的关系？

"公有制是实现社会平等的基础"，这种观点在计划经济时代还有其现实基础。在市场体制中呢？所有制结构的变化使我们不仅不再能理直气壮地声称公有制会自动带来公平，更得面对财产和收入分配差距扩大的现实。在理论上，我们还没有搞清楚马克思在对资本主义的批判中，哪些是针对私有制本身，哪些是针对市场经济可能带来的不良后果。进一步地，我们还没有对如下的问题做出一个很好的判断：在现实的市场经济中，哪些类型的不公平是所有制问题带来的，哪些又是市场机制的必然产物？这些都是有待我们进一步研究的问题。

计划经济体制通过禁止个人积累的财产转化为资本而把收入和财富的不平等控制在某种限度之内。但是，在市场经济中，收入分配是与生产密切相关的市场交换的结果，是这种交换过程的衍生物。通过公有制实现的、对生产资料的平等所有权，只会部分地有助于矫正这种不平等。假设人们之间存在着内在能力上的不平等，这种内在的能力，是那种比别人工作更努力，或者学习时间更长，或者更具魅力从而得到合意工作的能力。只要我们承认每个人都保留对自己技能的所有权以及运用这种技能的权

① 马克思，恩格斯．马克思恩格斯选集：第二卷［M］．北京：人民出版社，1972：109.

利，并认可这种运用应获得相应的报酬及转化为投资的权利，那么，在市场经济条件下，收入分配和财富差距的扩大就是必然的现象。

因此，我们面临的政策问题是：通过什么样的方式才能消除或削弱收入和财富差距过大带来的弊端，实现社会主义所许诺的社会经济公平？这是一个远比批判私有制社会复杂得多的重大问题。所有制是市场初次分配中的决定性因素。但是，我们可以通过再分配的社会政策，削弱由此而产生的财富和收入分配的差距。欧美国家在20世纪的经验表明，以累进制的收入税和遗产税为核心，辅之以广泛的社会福利政策，就可以有效地压缩差距，实现较公平的分配。在这种意义上，在实现社会公平的过程中，这类制度安排比所有制更为重要。

第四章　经济体制改革理论

体制改革是各项改革的综合性结果。其中，至关重要的是体制改革目标模式的探索，也就是要把计划经济体制改革为什么样的体制的问题。经过曲折的摸索，从计划体制走到市场体制之后，关键性的问题就转变为政府、企业与市场之间如何建立良性互动关系的问题。

第一节　对计划经济体制的反思

新中国成立后，中国经过“一化三改”逐步建立起高度集中的计划经济体制，对于中国早期的国民经济建设发挥了比较积极的作用，但随着时间的推移，计划经济体制的弊端日渐凸显，开始成为国民经济发展的桎梏，最终成为改革的对象。

一、计划经济体制的建立

（一）计划经济体制建立的背景

新中国是在半殖民地半封建的废墟上建立起来的。成立初期，在物质资源匮乏、工业基础薄弱的现实与亟须稳定物价、克服财政困难的背景下，集中统一的计划经济体制的形成并确立具有一定的历史必然性。

在从新民主主义到社会主义的转化过程中，计划体制逐渐发展成型。其间主要经历了以下三个过程：一是没收官僚资本，确立了全民所有制的国营经济的领导地位；完成土地改革，实现农民所有制，恢复并发展了农业生产；同时统一全国财政经济，为计划经济体制的形成以及有计划地开展经济建设创造了条件。二是完成对资本主义工商业和农业、手工业的社会主义改造，确立了社会主义公有制占绝对优势的生产资料所有制结构，为计划经济体制的确立奠定了基础。三是 1953 年开始实施第一个五年计划，有计划地进行经济建设，对重点建设项目实行统一管理。至 1957 年“一五计划”结束时，初步形成了集中统一的经济体制。

（二）计划经济体制形成的原因

新中国成立初期选择计划经济体制，主要有以下几方面的原因。

1. 对苏联模式的效仿

由于中国缺乏管理社会主义经济的经验，而苏联作为第一个社会主义国家已经取得了经济建设的宝贵经验，集中全国资源、资金和劳动力的苏联模式使其在较短时间内实现了国家工业化，积累了大量社会发展所需的物质基础，连续进行若干个五年计划建设所取得的辉煌成就对我国形成了示范效应。因此，中国在很多方面选择学习和借鉴苏联做法。同时，中国在经济建设中并非完全照搬苏联的做法，而是在实践中形成了自己的特色，例如，中央与地方之间实行不同程度的分权治理；在主要实行直接计划的同时，还实行部分的间接计划等。

2. 现实背景的制约

由于中国的商品经济不发达，自给、半自给的自然经济根深蒂固，很多自然经济的影响还保留在人民的思想中，这不仅表现在农村和边远地区，在城市中也同样大量存在，因而经济手段在经济体制的建设中不能充分发挥作用，经济体制所面临的任务也不是解决生产社会化与生产资料私人占有的问题，而是加快工业化建设。由国营经济和国家行政力量实行全国财政和经济的高度统一，能够在最大限度上组织和调动全国的人力、财力和物力，开展大规模、有计划的经济建设，这使得中国的社会经济自然而然地沿着计划经济体制的道路发展。

3. 供给模式的影响

长期的革命武装斗争使得战时共产主义的供给制在革命根据地普遍实行。这一模式虽然只能保证最低的生活需要，但对短期克服经济和财政困难、争取战争胜利具有重要作用，以至新中国成立后这一模式仍不同程度、不同形式地被沿袭下来，例如，统收统支、统购包销等均含有供给制的因素。

除了上述原因外，对社会主义理论认识的制约，把计划经济看成社会主义的本质特征，认为社会主义只有一种经济体制，实行国家工业化也只有一种模式，同样是影响计划经济体制形成的重要原因。也正是在上述原因的综合作用下，计划经济体制最终被确立。

（三）计划经济调节体系的特点

经济调节体系是经济体制的重要组成部分，是宏观经济运行发展的组织枢纽。伴随着国民经济恢复时期的结束和国有经济的壮大，负责制订并组织实施经济计划工作的国家计划委员会于 1952 年 11 月成立，这标志着中国计划管理体制的正式开始。在此模式下，国家通过计划部门将计划任务规定的实物指标直接分解下达到基本生产单位，直接控制其产、供、销，国有物资部门和商业部门对基本生产单位的产品实行统一调拨和统购包销，国家财政部门则对其收益实行统收统支和统负盈亏。这一模式的主要特点有：

（1）各级政府拥有资源调节分配的绝对领导权，相关部门作为调节的主体对资源配置的结果不承担经济上的责任，职责、权力与利益互相脱节，而企业和劳动者只作为被调节的对象被动接受相关指令，并不掌握调节资源流动的自主权，预算约束作用无法发挥。

（2）资源分配按照行政系统和行政区域，用行政办法进行分配。企业生产所需的各种原材料由国营物资部门和商业部门进行统一的调拨分配，企业生产的产品也实行统购包销、统购统销，企业不参与市场交换环节，供求机制对于产销数量无法产生影响。

（3）信息的搜集、处理、反馈的传输渠道依据从中央到地方各级行政组织架构纵向传输，但由于层级较多，并且信息传递速度较慢，因而通常信息传递过程的时效性较弱，且在层层传递中易发生信号扭曲失真等问题。

二、计划经济体制的发展与演变

计划经济体制初步形成后，随着经济形势的发展，也有相应的发展和演变，可以划分为以下几个阶段。

第一阶段，“大跃进”时期（1958—1960 年）。在所有制层面，由于对单一的全民所有制目标的急于实现，农村地区的人民公社化运动快速推进，城市则基本取消了个体经济和个体经营，限制集体经济和集体经营，将经营、购销和分配等全部归于统一。在中央与地方关系层面，实行了中央向地方的放权，但没有侧重点的全面放权反而导致了地方财税收支、市场金融等的混乱局面。在企业层面，虽然规定了减少指令性指标，企业有权调整机构和人员，但在层层指令加码下，企业很难正常经营，经济效益受到大幅影响。

第二阶段，第一次经济调整时期（1961—1965 年）。针对“大跃进”造成的国民经济困难局面，中央决定实行“调整、巩固、充实、提高”的方针，这一方针在 1962 年召开的“七千人大会”上得到了全面贯彻。在农村生产关系层面，为了使集体所有制的组织形式适应农业生产力发展水平，废止了供给制，恢复了自留地、家庭副业和集市贸易，农业生产得到了一定程度的恢复。在中央与地方关系层面，为了克服无政府主义和分散主义，加强了计划的统一管理，强化了基本建设、物资商品、财政信贷的管理。同时开始运用经济杠杆调节经济活动，调整商品价格，促进了生产恢复。

第三阶段，十年动乱时期（1966—1976 年）。由于受到“左”的思潮的影响，对于计划和市场，既反对合理的宏观控制，又反对运用价值规律，否定经济核算和经营管理。在企业层面，否定一切必要的规章制度，严重影响了正常的生产秩序，对企业和个人物质利益也进行了否定，将平均主义合法化。

三、对计划经济体制的反思

我国在社会主义工业化初期，计划经济体制对于动员和组织有效的资源投入重工业，建立工业基础和体制，加快重工业的建设和发展起到了重要的推动作用，人民生活也有所改善。但与此同时，经济发展也呈现出粗放型特征，劳动效率较低、经济效益差、企业缺乏竞争力、轻工业发展缓慢等问题，严重制约了资源优化配置。计划经济体制的弊端具体而言主要有以下几方面。

（一）市场作用被忽视和否定

高度集中的计划经济体制否定社会主义商品经济存在的必要性及其运行机制，不讲或少讲价值规律的调节作用，使得产品价格被严重扭曲；同时企业生产、流通环节不能自主，均由计划决定，只具有执行的义务，而没有对不符合企业情况的计划任务拒绝的权利。企业既不能自主经营，又不能自负盈亏，企业的生产要素供给与生产成果的销售都处于政府计划部门和有关行政主管机构的控制之下，企业只承担计划下达的指定生产任务，与市场的联系被切断。因此，在产品供需匹配过程中存在不对称问题，生产经营也缺少内部激励和外部动力。

（二）选择权利受到制约

在计划经济体制之下，个人作为劳动者，在什么工作岗位上就业和担任什么工作，都由劳动人事机构按计划安排，流动难以如愿。抵制这种安排等于自己断送了继续工作的机会。个人作为消费者，也要由计划部门安排。这在城镇具体表现为生活必需品需凭票购买、住房由单位提供，甚至子女的升学就业也无一不同行政主管机构的安排有关，居民个人的选择空间受到极大限制。

（三）计划调节体制与社会化生产存在矛盾

生产的社会化要求在企业间、行业间实行资源要素的横向流动，而在计划调节体制下，企业之间不存在横向竞争关系，不承认竞争和物质利益，否定利润是企业生产经营的主要目标，严重的“平均主义”现象使得效率和效益低下。同时单一的所有制结构也阻碍了社会经济的发展，尤其是非国有经济成分难以发挥其应有的作用。

（四）产业结构发展失衡

在计划经济体制下，为了实现工业化的发展目标，各种经济政策均向工业倾斜，1953—1978 年，工业年平均增速达到 11.4%，而同期农业生产增速只有 2.7%。在农业的基础地位未得到夯实，与人民生活密切相关的生产资料未实现充足供应的情况下，重工业单一发展的“突飞猛进”造成国民经济体系的严重失衡。

对于上述问题党中央并非没有察觉，毛泽东在《论十大关系》中曾指出，发展战略有“片面地注重工业，忽视农业和轻工业”等问题，同时指出经济体制的一些问题。他说：“不能只顾一头，必须兼顾国家、集体和个人三个方面。”周恩来在党的八大上就改进经济体制问题作了专门讲话，对划分中央和地方的管理职权提出了七条原则。1956 年提出了“反冒进”，不仅调整增长速度和农业、轻工业与重工业的比例，也探索了经济体制的改革。后来，在扩大的八届三中全会上，基本上通过了陈云主持起草的关于改进工业管理体制、商业管理体制和财政管理体制的三个规定（草案），其中对商品购销、市场管理和价格政策都有了放松和改进。但由于之后反右运动的扩大化，批评“反冒进”，使得某些改革措施未得到贯彻。

四、关于对计划经济体制的反思和引入市场机制的大讨论

“文化大革命”结束后，由于当时理论界和政界的思想还受到“两个凡是”方针的束缚，社会经济发展并未做出任何实质性的变革。1978 年 5 月 11 日《光明日报》发表《实践是检验真理的唯一标准》一文，一石激起千层浪，引发了关于真理标准的大讨论，吹响了第一次思想解放的号角。文章发表后，曾遭到猛烈指责，但关键时刻邓小平给予了有力支持。1978 年 11 月 10 日到 12 月 15 日，中央召开工作会议，开了 36 天。在会议上，围绕真理标准讨论问题又展开了长时间激烈交锋。辩论的结果是，“两个凡是”失败了，实践标准获胜，这一争论为推进改革开放奠定了理论和舆论基础。随后于 1978 年 12 月召开的党的十一届三中全会，标志着中

国经济体制改革进入了新的阶段。全会纠正了“以阶级斗争为纲”的错误方针，决定把党和国家的工作重点转移到社会主义现代化建设上来。全会公报中指出了原有经济体制的缺点，如权力过于集中和党政企不分等，并指出了改革的方向，如有领导地下放权限，精简各级经济行政机构，坚决实行按经济规律办事，重视价值规律的作用，实行分级分工分人负责等。

在解放思想的方向被确立后，经济理论界也开始对传统的计划经济体制进行反思，恢复对社会主义商品经济相关理论的探索。在1978年7月至9月召开的国务院务虚会上，孙冶方重提“千规律，万规律，价值规律第一条”。薛暮桥也提出要利用市场活跃流通等思想。在1979年1月至2月召开的无锡价值规律讨论会准备会上，经济学界就计划经济与市场经济结合的问题进行了改革开放后的第一次探讨，并且在这次会议上首次出现了“市场经济”的提法①。1979年3月2日，在全国经济科学规划会议上，孙冶方再次批判自然经济论，认为“那种没有交换概念，没有流通观念，要把货币批臭的思想，就是自然经济思想”②。他明确提出“体制问题是政治经济学的研究对象”。孙冶方是社会主义经济体制改革的理论先导和“最早走向真理的人之一”③，他的理论体系的历史意义不在于理论本身，而在于打开了思想牢笼。刘国光认为，中国经济管理体制最大的弊病和集权、分权关系问题的症结，正是在于没有把国家与企业的关系处理好。国家把本来应该由企业管的事情包揽起来，既管不好，也管不了，陷于烦琐的事务之中；而作为社会生产基本单位的企业，在产供销、人财物等应由企业自主管理的问题上，又无权根据实际情况做出处理，严重束缚了生产力④。蒋一苇认为，改革经济管理体制，必须从扩大企业自主权入手，这主要是因为现代工业是社会化大生产，而企业则是它的基本生产单位；社会主义生产是建立在生产资料公有制基础上的商品生产，社会主义工业企业既是国家计划的基本单位，又是商品生产的基本单位；处理中央和地方的关系也必须有利于发挥企业的主动性、积极性⑤。

1979年4月召开的中央工作会议确定了“调整、改革、整顿、提高”

---

① 陆南如，问敏．社会主义经济中价值规律的作用和企业独立性的关系问题［J］．经济研究，1979（3）．

② 孙冶方．孙冶方全集：第5卷［M］．太原：山西经济出版社，1998.

③ 柳红．八十年代中国经济学人的光荣与梦想［M］．桂林：广西师范大学出版社，2008.

④ 刘国光．对经济体制改革中几个重要问题的看法［J］．经济管理，1979（1）．

⑤ 蒋一苇．“企业本位论”刍议——试论社会主义制度下企业的性质及国家与企业的关系［J］．经济管理，1979（6）．

的新八字方针，将改革提高到了重要位置，要求“积极而又稳妥地改革工业管理和经济管理的体制，充分发挥中央、地方、企业和职工的积极性”。此时的中国经济学界已经在探讨经济改革的切入点，或者说改革该从哪里下手的问题。1980年6月至7月间，薛暮桥接连发表了数篇文章，提出社会主义经济只能是一种商品经济，计划调节和市场调节相结合，在计划指导下，充分发挥市场调节作用。这些意见都被写进了由其担任顾问的国务院体制改革办公室起草的《经济体制改革的初步意见》（以下简称《初步意见》），这份意见突破性地提出，因为我国现阶段的所有制形式是生产资料公有制占优势，多种经济成分并存，所以必定存在商品经济。我国经济体制改革的目标是在单一的计划调节中引入市场调节，自觉运用价值规律。这些在高层对改革思路尚未达成共识之前出现的超前思想，对中国经济体制改革的影响是无法估量的。《初步意见》“堪称中国市场取向改革的第一个纲领性草案，是划时代的”①。当时中央对理论界对社会主义经济体制的态度密切关注，1981年4月，在中共中央书记处研究室印发的一份内部材料中，将理论界对社会主义经济体制态度的言论分为四类：第一类坚持计划经济；第二类将计划调节与市场调节并列；第三类主张对宏观和微观经济分别实行计划和市场调节；第四类主张商品经济。

1982年5月，国家经济体制改革委员会（简称体改委）正式成立，其职能之一是制定经济体制改革的总体规划。成立当天，国务院经济研究中心和体改委受命组织的经济体制改革理论讨论开始了。这场讨论延续了4个月，有300多位参加者，大小会开了70多次，各种思想、理论交锋不断，与会者都希望自己所主张的理论能够影响大政方针。在7月召开的苏联东欧经济体制改革座谈会即第一次莫干山会议上，国内外专家学者围绕苏东国家的改革动向与中国的经济改革发展进行了充分讨论，并在会后实地调研的基础上提出在总体规划下，依据改革目标，从必须改且能够改的领域逐步扩大改革范围的改革思路。在之后1982年党的十二大上，“计划经济为主、市场调节为辅”的原则被提出，这不仅肯定了市场调节作为计划调节的补充是必需的和有益的，而且把计划调节区分为指令性计划和指导性计划，指出对许多产品和企业适宜实行指导性计划。这一提法突破了完全排斥市场调节的计划经济传统观念，在计划经济体制内部引入了市场机制，以求引入市场机制完善计划经济体制。

---

① 柳红．八十年代中国经济学人的光荣与梦想［M］．桂林：广西师范大学出版社，2008.

在实践层面，改革首先在农村地区实现突破。安徽凤阳小岗村创造了以包干到户、包产到户为主要形式的联产承包责任制，拉开了中国农村经济体制改革乃至整个经济体制改革的序幕。小岗村的突破不仅面临着巨大的风险，也引起了全国范围的激烈争论，反对者认为，集体生产不可动摇，必须继续稳定地实行“三级所有、队为基础”的制度，包产到户就是分田单干，不能放任自流。就在争论持续的过程中，全国各地有 200 万个村的 3 亿社员采取了包产到组方式，打破了“一大二公”的大锅饭制度，其中四川“放宽政策”“休养生息”，扩大自留地面积，支持农民采取包产到组的形式经营土地，有效促进了农业增产。这种责任制，在坚持土地集体所有制的前提下，以户为主要经营单位，符合我国农业生产力水平和农业生产的特点，也实现了生产资料所有权与经营权的分离，有利于合理使用劳动力与生产资料，使所有制理论得到了创新，同时这一过程也体现了多劳多得的分配原则，正确处理了国家、集体与个人三者的利益关系。

随着改革逐渐向城市延伸，国民经济各个领域先后进行了许多试验和探索。在生产环节，伴随着 1983 年“利改税”的推行，改变了国家与企业之间原有的利润分配模式，税后利润留给企业，企业可用于发展生产、改善职工生活福利；多种经济形式和经营方式的发展有力补充了全民所有制经济的不足，对繁荣经济、活跃市场起到了积极作用。在流通环节，统购统销、计划调拨、计划收购、订购选购，以及企业自销、经销、代销等多种形式替代原有的统购包销与计划调拨，流通方式得到了丰富，丰富了商品流通的渠道。而在市场环节，经济杠杆和价值规律的运用，对价格进行了多次调整，使其逐渐符合于供求关系相适应的价格体系。

五、关于价值规律的大讨论

1978 年 10 月 6 日，《人民日报》发表了胡乔木的文章《按客观经济规律办事，加快实现四个现代化》。以此为开端，20 世纪 70 年代末到 80 年代初，形成了一个研究社会主义经济规律的小高潮，其中的研究重点是价值规律在社会主义经济中的作用问题。对价值规律问题的讨论，既是传统社会主义经济理论在新时期的延续，又是改革理论探索的先声。在马克思主义政治经济学中，价值规律是一个与商品经济和市场机制相联系的范畴，被视为社会主义经济中的异质因素。所以，关于价值规律在社会主义经济中作用的争论，不仅仅是对价值规律的理解问题。价值规律问题的背后涉及的是一个经济体制问题，是坚持和完善计划经济体制，还是对计划经济体制进行革命性改造的问题。

自新中国成立以来至20世纪70年代末，中国学者关于价值规律与社会主义经济关系的理论争论持续展开。早在20世纪50年代，围绕价值理论，孙冶方就提出了社会平均必要劳动量决定价值量，即价值决定，就是价值规律；时间节约规律也就是价值规律，并且是“社会主义社会价值规律问题的核心”，因此，价值规律不仅在资本主义商品经济中发挥作用，而且还将在未来的共产主义社会继续存在并发挥作用等观点①。70年代末期，孙冶方坚持并重申了自己的观点②。当时理论界对这些问题的争论，比较集中地反映在对其理论的评价上。中国学者对社会主义价值规律问题讨论的核心，则是价值规律与计划经济的关系，以及价值规律对社会主义生产是否起调节作用。这一时期一般都是强调价值规律与计划经济的一致性，只是侧重点有所不同。1979年4月在无锡举行的社会主义经济中价值规律作用问题理论讨论会以后，多数人在认为生产资料也是商品的同时，都承认了价值规律对全民所有制内部调拨的生产资料起调节作用。

第二节 社会主义商品经济体制的确立与发展

1984年9月3日至10日，第二次莫干山会议即全国首届中青年经济科学工作者学术讨论会召开，会上讨论最激烈、最富有成果并且其争论保持延续的当属价格改革问题，争论的结果是“双轨制”的产生，而这可以看作是经济理论界思想开放性和包容性的典型代表，“双轨制”就是在激烈争论中产生的折中思想。1984年10月20日，党的十二届三中全会通过了《中共中央关于经济体制改革的决定》，“双轨制”的思想不仅得到了体现，更重要的是有计划的商品经济理论的提出，标志着我国经济体制改革进入了新的发展阶段。

一、社会主义商品经济体制的确立

（一）“有计划的商品经济”的提出

《中共中央关于经济体制改革的决定》明确提出：“改革计划体制，首先要突破把计划经济和商品经济对立起来的传统观念，明确认识社会主义

① 孙冶方．把计划和统计放在价值规律的基础上［J］．经济研究，1956（6）．

② 孙冶方．关于价值规律的内因论与外因论［J］．经济研究，1979（S1）．

计划经济必须自觉依据和利用价值规律，是在公有制基础上的有计划的商品经济。商品经济的充分发展，是社会主义经济发展不可逾越的阶段，是实现我国经济现代化的必要条件。只有充分发展商品经济，才能把经济真正搞活，促使各个企业提高效率，灵活经营，灵敏地适应复杂多变的社会需求，而这是单纯依靠行政手段和指令性计划所不能做到的。”在之后的1987年，党的十三大进一步提出了“逐步建立起有计划商品经济新体制的基本框架”以及“社会主义有计划商品经济的体制应该是计划与市场内在统一的体制”。这在当时的历史条件下，是对马克思主义政治经济学的重大发展，也是对我国社会主义经济发展方向判断的重大突破。

（二）社会主义商品经济体制确立的意义

发展有计划的商品经济既是客观经济规律的基本要求，也是经济建设不断发展的必然趋势。因而，从高度集中的计划经济向有计划的商品经济的发展，并将其正式确立，主要有以下意义。

1. 运用系统科学的理论指导改革实践

长期以来“左”的影响，固化了人们对于社会主义经济发展方式的认识，形成了社会主义计划经济与商品经济相对立的固有认识，同时否定与商品经济相联系的价值规律、市场机制和利润、竞争等内容。即使伴随着市场机制的引入，也只是承认商品生产和商品交换而否认商品经济。而“有计划的商品经济”的提出，从根本上确立并肯定了与经济体制改革相关的一系列基本原则，为改革的深入可持续推进，奠定了重要的理论基础保障。

2. 确立系统完整的改革目标指导实践

之前对于经济体制改革的探索并未形成一个完整的目标模式，而是进行局部、单项的改革，改革实践的效果也并非综合效果。《中共中央关于经济体制改革的决定》中提出改革的根本目标是建立充满生机和活力的社会主义经济体制，改革的主要标准是能否有利于发展社会生产力，改革的中心环节在于增强企业的活力，改革计划体制要自觉运用价值规律，同时还要充分重视经济杠杆的作用，认真贯彻按劳分配的原则，进一步扩大对外的和国内的经济技术交流，在实行政企职责分开的前提下正确发挥政府机构管理经济的职能等。较为系统的改革目标为全面推进改革向纵深发展提供了路径和方向。

3. 促进社会经济的专业化发展

实行专业化生产可以较快地提高生产效率，是发展商品经济的重要途径。专业化生产不仅可以有效发挥各专业人才的专业才干，而且还能够不断提高劳动者的劳动熟练程度和技术、管理水平，增加劳动者的劳动效益。另外，优势资源条件的发挥，自然资源的合理利用等同样有助于提高生产能力与质量，将有限的资金与优势资源有效结合，更有利于经济效益的增加。

二、社会主义商品经济体制改革的主要内容

（一）农村经济体制的改革

发展商品生产，调整产业结构，是农村经济体制改革的主要内容。从1985年开始，在进一步巩固和完善联产承包责任制的基础上，着重于对流通体制的改革，并逐步取消统购派购模式，对主要农产品实行计划内的合同订购和计划外的放开价格、放开经营，以促进商品生产的发展和产业结构的调整，农村的自给、半自给经济开始向较大规模的商品生产转化，农村的商品生产得到了大力发展。统计资料显示，1987年农村工农业产品商品率由1978年的53%增加到69%。在商品生产的发展中，产业结构也有了初步调整。从1985年起，取消了过去30年来对农副产品实行统一派购的办法，采取了“双轨”运行的全国定购的新政策。同时，再次上调了农副产品收购价格，并且陆续放开了全国定购外的农副产品的销售价格，初步理顺了国家与农民的关系。农村的经济体制改革，极大地调动和保护了亿万农民的生产积极性，促进了农村生产力的发展。但是，我国农村改革和发展的基本趋向仍像邓小平所讲的，是顺应农业现代化要求，发展适度规模经营，发展更高水平的集体经济。

（二）城市经济体制的改革

我国农村经济体制改革的成功，迅速改变了农村经济面貌，这就为以城市为重点的整个经济体制的改革提供了极为有利的条件。《中共中央关于经济体制改革的决定》中深刻阐明了以城市为重点的整个经济体制改革的方向和行动纲领，指出这次全面改革的性质“是在坚持社会主义制度的前提下，改革生产关系和上层建筑中不适应生产力发展的一系列相互联系的环节和方面”，“是社会主义制度的自我完善和发展”；改革的目的“就是发展社会生产力”，“不断地满足人民日益增长的物质和文化需要”；改革的基本任务是“走自己的路，建立起具有中国特色的、充满生机和活力的社会主义经济体制，促进社会生产力的发展”。根据决定精神，在20世纪80年代，我国对城市原有经济体制中不适应生产力发展的方面进行了比较全面的改革，使经济体制和运行机制均发生了深刻的变化。其中主要的

改革措施是：

1. 扩大企业自主权，增强企业活力

这是城市经济体制改革的中心环节。为达到这一目的，注重调整国家与企业的分配关系，改变企业经营方式，改革企业工资制度。一是调整国家与企业的分配关系。先后实行了企业基金制度、不同形式的利润留成制度、利改税制度等，这些改革以减税让利为主要特点。二是改变企业经营方式。国营企业经营方式的改革是以下放权力为起点的，国家允许企业有部分计划、销售、资金使用、中层干部任免等权力，以发挥企业自身的优势和内在潜力，并改善外部条件。三是劳动工资制度的改革。在劳动制度方面，为打破就业上的“铁饭碗”，一些城市试行了劳动合同制。在工资制度方面，改革的方向是贯彻按劳分配原则，使职工的收入与企业的经营效益挂钩，扩大企业的分配权，克服分配上的平均主义。国家先后恢复和实行了奖金制度、计件工资制、浮动工资制、工资总额与经济效益挂钩制度、职工收入与上缴利税挂钩制度、职工收入与实现利税挂钩制度等。1985 年，国家机关和事业单位开始实行新的工资制度即结构工资制，工资制度的改革调动了干部、职工的积极性。

2. 加快建立和培育社会主义市场体系

社会主义市场体系，不仅包括消费品和生产资料等商品市场，而且应当包括资金、劳务、技术、信息和房地产等生产要素市场。单一的商品市场不可能很好地发挥市场机制的作用。在此当中最为主要的就是价格体系改革。考虑到国家财政负担能力、企业消化能力以及群众承受能力，采取放调结合、小步前进的方针，有升有降，力求物价总水平的基本稳定。“放”就是在农产品中，除粮、棉外，其他逐步放开；工业品有的相类似，对生产资料中计划调拨外的部分，也逐步放开。“调”就是对计划定价的消费品和生产资料，适当拉开质量、季节、地区等差价，以利于流通和增产。同时在商业体制方面，实现了多种经济形式、多种经营方式、多条流通渠道和分环节的流通体制；针对流通体制，进一步拓展相关形式，生产资料的流通出现了四种流通形式：指令性计划流通、指导性计划流通、市场自由流通和实物串换形式。

3. 宏观调控方式的改革

对于加强宏观调控的途径，主要是从改革计划体制入手，进而对财政、金融、外贸等体制进行改革。首先，计划体制改革。有关部门拟订了《关于改进计划体制的若干暂行规定》，缩小指令性计划，扩大指导性计划和市场调节，本着统一性和灵活性相结合的原则，争取逐步做到大的方面管住、管好，小的方面放开、搞活。其次，财税体制改革。将“统收统支”的旧财税体制改为“划分收支，分级包干”，即“分灶吃饭”的预算管理体制。之后又实行“划分税种，核定收支，分级包干”的新体制；经过两步“利改税”和工商税收制度的改革，逐步开征了一些新税种。基本实现了从单一税制向以流转税和所得税为主体，其他税种相配合的复合税制的转变。基本建设投资实行了“拨改贷”和周转金制度。行政事业单位的经费实行预算包干办法。部分科技研究部门的经费实行“自负盈亏”的企业化管理办法。再次，金融体制改革。我国已建立了一个以中央银行为中心，由工商银行、农业银行、建设银行、其他金融机构等几个层次组成的金融系统。初步形成了一个拥有多种信用工具、多种融资方式的金融市场，开始用企业化办法管理银行。最后，外贸体制改革。在外贸工作中，实行了贸易结算的内部汇价，使地方政府逐步具有了较大的外贸管理权。同时设立了四个经济特区，开放十四个沿海港口城市、海南岛以及三个“三角”地带。这些地区和城市，为适应对外开放的新形势，在体制改革的道路上探索前行，在外资利用、技术引进、外贸拓展、外汇管理等方面创造了不少宝贵经验。

4. 所有制改革

建立了“一体多元、一元多层”的所有制结构，这是所有制改革的目标模式。“一体多元”意味着在社会主义经济中，允许以公有制为主体的多种经济成分并存。“一元多层”即在公有制一元范围内，还可以分以下几个层次：国家所有制、社会所有制、劳动群众集体所有制等。

三、对社会主义商品经济认识的争论

“社会主义商品经济”的概念虽然在《中共中央关于经济体制改革的决定》中被提出，但仍然被“定义”为“有计划的商品经济”，而“有计划”被解释为总体上“实行的是计划经济”。可以说，直到20世纪90年代初期以前，在主导改革的理论中，计划经济始终被视为社会主义商品经济的前提。这种情况固然有传统理论思维惯性的作用，但也明显与当时的实践条件局限有关。在计划经济中引入商品经济的概念，无论在理论上还是在实践上都可以说是一个“新”的命题，中国的改革理论不可能主要通过对“现成”的理论分析来形成，只能依据“摸着石头过河”的实践来探索。

（一）对于有计划的商品经济的认识

早在1979年4月，经济学界在江苏无锡召开了社会主义经济中价值规律作用问题理论研讨会，即著名的“无锡会议”。会议提交的一部分论文就认为，社会主义是有计划的商品经济。在之后的几年里，理论界继续展开热烈的讨论。一种意见是从公有制与商品经济可以相容的角度论证。谢佑权、胡培兆认为，社会主义经济是建立在公有制基础上的有计划的商品经济。它既区别于资本主义无政府状态的商品经济，又区别于共产主义无商品的计划经济，显示了这种经济的过渡性①。孙尚清等认为，社会主义经济还是公有制基础上的商品经济，在计划规律对它起调节作用的同时，价值规律也必然对它起调节作用②。苏星认为，即使是全民所有制内部交换的生产资料，也具有商品的两重性，其价值也表现为价格，因此也是商品③。另一种意见是从社会主义经济所具有的商品性的角度论证。卓炯认为，社会主义经济是计划商品经济，农副产品统购派购中统和派是计划，而购就是商品，这就是计划商品经济④。于祖尧认为，社会主义经济的商品性是社会主义生产关系内在的固有属性，是社会主义生产关系体系的本质特征之一⑤。在讨论中虽然也有一些学者仍然坚持社会主义经济的本质特征是计划经济，但这种观点的支持率越来越低，尤其是1984年以后更是如此。

随着经济改革的不断深入，大多数经济学家肯定了有计划的商品经济提法的积极意义。于光远认为，这一重要论述肯定了社会主义计划经济必须是在公有制基础上的有计划的商品经济，这是马克思主义政治经济学上的一个突破，有利于社会主义生产力的发展⑥。马洪阐述了有计划商品经济对于搞活经济，推动社会生产力发展方面的意义。他指出，只有承认社会主义经济具有商品经济的属性，从而自觉地依据和运用价值规律的作用，才能把我们的经济工作真正转移到以提高经济效益为中心的轨道上来，加强国家对整个国民经济的计划指导，取得更大的宏观经济效益⑦。

---

① 谢佑权，胡培兆．从实际出发正确认识和有计划地利用价值规律［J］．经济研究，1979（12）．

② 孙尚清，陈吉元，张耳．社会主义经济的计划性与市场性相结合的几个理论问题［J］．经济研究，1979（5）．

③ 苏星．全民所有制经济内部交换的生产资料也是商品［J］．经济研究，1979（12）．

④ 卓炯．破除产品经济，发展商品经济［J］．学术研究，1979（5）．

⑤ 于祖尧．社会主义商品经济论［J］．经济研究，1984（1）．

⑥ 于光远．社会主义商品经济体制是新经济体制的基础和中心［J］．经济研究，1988（1）．

⑦ 马洪．关于社会主义制度下我国商品经济的再探索［J］．经济研究，1984（12）．

但是，对于如何理解“有计划的商品经济”，有两种不同的意见：少数学者坚持认为，有计划商品经济本质上仍然是计划经济，商品经济只是计划经济的外壳而已。大部分学者不同意这种观点。何炼成认为，商品经济既然是社会主义生产方式内在的本质联系，那么它不仅是一个基本经济特征，而且是一个重要的经济特征，是仅次于生产资料公有制的一个经济特征①。一种观点认为，“有计划商品经济”的落脚点在商品经济，认为社会主义经济首先是商品经济，然后才是“有计划”，所以改革应该首先强调市场和市场机制的作用，主张市场取向改革；另一种观点认为，有计划商品经济首先强调计划的重要性，计划经济或计划调节，从始至终都是社会主义的主导经济模式。其强调保留计划机制的重要性，宏观调控和市场调节只是在补充计划经济的不足，从而反对市场经济的改革取向。有计划商品经济理论之争对于推进市场经济的建立起到了促进作用。

（二）社会主义商品经济存在的原因

对于社会主义商品经济存在的根本或主要原因，在理论界有不同的观点和看法，主要有以下代表性观点。

（1）认为社会主义商品经济的存在是由于不同所有制劳动者之间存在物质利益差别。例如，卫兴华认为，当前的社会主义全民所有制事实上是两个层次的所有制关系，它不仅要实现国家或全民的利益，而且要实现企业各自的物质利益，不同企业之间存在着与各自的劳动状况和经营管理状况不同的物质利益差别。这就要求全民所有制企业之间必须实行商品交换②。刘国光认为，由于劳动还是谋生手段等原因，带来人们利益上的差别，这就要求在经济关系中遵循等价交换和等价补偿的原则，因而社会主义经济必然具有商品性，这是存在商品关系的根源③。

（2）认为社会分工是社会主义商品经济存在的原因，但在具体提法上又存在不同观点。例如，张卫星、杨连旭认为，商品经济产生的根本原因和直接条件实际只有一个，即社会分工；并指出社会主义国家发展商品经济的理论依据就是社会分工的发展和个体利益的确认④。熊映梧则认为，比较发达的社会分工，使利益主体多元化。多元化主体之间，唯有通过等

---

① 何炼成．再论社会主义商品经济［J］．经济研究，1985（5）．

② 卫兴华．社会主义商品经济存在的原因［J］．经济研究，1984（6）．

③ 刘国光．关于发展社会主义商品经济问题［J］．中国社会科学，1986（6）．

④ 张卫星、杨连旭．社会主义经济理论与实践的基本问题［J］．经济研究资料，1989（11）．

价交换，即商品交换来调节彼此的利益关系，这是商品经济存在的根本原因①。谷书堂等人认为，社会主义商品经济存在的前提条件是社会分工，内在根据是企业是责权利相结合的独立经济实体，直接原因是国营企业双重身份和生产资料与劳动者结合的特殊方式②。

（3）认为社会主义商品经济的存在是由生产力发展水平决定的。例如，于祖尧认为，在社会主义制度下，适应生产力状况，劳动和所有权的结合不是单一的，而是在不同范围、不同层次上，通过多样化形式实现的。在这种条件下，只有商品货币关系才能充分地体现劳动和所有权的结合，为人们所共同接受③。陈平认为，“在社会主义历史阶段，之所以长期存在着商品经济，其根本原因就在于社会生产力没有达到高度发达”。“社会分工是一般商品经济存在的前提条件之一”，“然而，社会分工绝不是商品经济存在的唯一和根本原因”，“商品经济存在的根本原因不是别的什么，而是生产方式，归根到底是生产力”④。

（4）认为不同的所有制是社会主义商品经济存在的原因。例如，胡培兆认为，由于社会主义的生产资料公有制是建立在还不十分发达的生产力基础上的，所以就存在按计划分配社会总劳动的可能性与社会劳动无法直接计算的矛盾。解决这个矛盾的途径，就是实行有计划的商品经济⑤。何伟认为，我国尚不存在真正意义的“全民所有制”，存在着的只是国家所有制，应当建立不同于全民所有制和集体所有制的以公有制为基础的企业所有制，在这种所有制下，不同企业是不同的所有者，而且必须发生商品经济关系，所以商品经济得以存在⑥。

以上理论探索从多个角度深化了人们对社会主义条件下发展商品经济必要性的认识，使“有计划商品经济”这一改革目标有了更为坚实的理论基础。“社会主义商品经济”概念的提出，表明商品经济不再被社会主义所否定，而是发展过程中必须经历的经济形态，这意味着商品经济不是局部而是具有全局和系统性的特征。

---

① 熊映梧．对商品经济、资本主义和社会主义的再认识［J］．社会科学研究参考资料，1989（12）．

② 谷书堂．社会主义商品经济和价值规律［M］．上海：上海人民出版社，1985.

③ 于祖尧．社会主义商品经济论［J］．经济研究，1984（11）．

④ 陈平．简论社会主义商品经济的历史地位［J］．经济·社会，1988（4）．

⑤ 胡培兆．有计划商品经济一元论［N］．光明日报，1985－03－03.

⑥ 何伟．商品经济与经济体制改革［M］．石家庄：河北人民出版社，1986.

（三）关于价格双轨制的争论

中国经济从计划经济转型为商品经济，核心问题就是必须改变不合理的价格扭曲状况及价格管理体制，并逐步建立起与市场经济相适应的新的价格形成机制和价格运行机制，实现除少数关系国计民生的重要商品和劳务价格由国家管理外，其余所有一般商品和劳务价格均由市场调节的价格管理制度。在这样的背景下，“先改后调，改中有调”、放调结合的“双轨制”应运而生。

1985年，在工业品和生产资料价格实施价格双轨制之后，中国经济学界很快展开了对其利弊的激烈争论。反对价格双轨制的经济学家后来逐步形成了“配套改革”的方案。1985年引发对价格双轨制的争论的一个很大的原因是当时宏观经济的失衡状况和转型初期出现的一些“设租”和“寻租”现象，也就是计划外价格放开后，计划内外之间由于存在价差而出现的“倒买倒卖”现象。而且1984年至1985年，以所谓“消费基金”膨胀为特征的压力不断增加，物价变得不稳定。反对者认为，价格双轨制助推了物价的上涨和通货膨胀，滋生了官员和企业利用体制内外价差进行套利的现象，严重影响了收入公平分配。在1985年初，社科院的经济学家提交了《全面改革亟须总体规划——事关我国改革成败的一个重大问题》的报告，其中提到价格双轨制本身就是有冲突的体制，如果长期维持必将引起经济领域的协调失败，产生混乱局面，葬送改革的前途。之后他们在国务院领导的支持下开始研究整体配套改革方案，并在1985年8月发表了研究报告《关于体制改革总体规划研究》，在研究报告中他们进一步指出了价格双轨制的“八大弊端”，主张尽快取消价格双轨制，代之以整体配套改革的战略。1986年，吴敬琏、周小川和李剑阁等写出一系列关于经济体制改革整体推进的研究报告，其中也公开反对价格双轨制。当时有的经济学家主张尽快恢复计划价格体制取代价格双轨制，至少80%以上的生产资料价格双轨要尽快并轨到计划轨道上来，只有少量、次要的和供求基本平衡的生产资料才可以并为市场轨道。

四、对计划与市场关系认识的争论

（一）计划经济和商品经济的关系

1987年党的十三大报告虽然重申了“社会主义经济是公有制基础上的有计划的商品经济”，但在解释上已经抛弃了“计划经济”的理念。报告中也没有再出现“计划经济”的字样，而是从体制和国家调节经济活动的层面，强调了商品交换和价值规律的基础性地位，首次提出了“计划和市场作用范围都是覆盖全社会的”，明确提出了“国家调节市场，市场引导企业”的新经济运行机制。这一提法是对有计划商品经济理论的一个重大发展，其意义在于：明确提出了区分不同社会制度的商品经济不在于市场和计划的多少，而在于所有制的不同；在新的经济运行模式中，市场是联结国家和企业的中间层次，国家借助市场对企业产生影响，企业通过市场接受国家的引导，市场的地位得到了大大提升。至此，我国的经济体制改革理论经过艰难曲折的探索，基本实现了由“完善计划经济”向“市场取向”的转折和突破，“有计划商品经济新体制”的理论框架也大体成形。伴随着理论的发展，学者们对于社会主义计划经济和商品经济的具体关系，也形成了以下不同观点。

（1）认为社会主义计划经济和商品经济从整体上看是对立统一的关系。方秉铸、林宏桥认为，社会主义商品经济客观上虽排斥市场经济自发调节制度，但能够同计划经济相统一。社会主义有计划商品经济是一个完整的概念，是计划经济与商品经济的对立统一。计划性与商品性是辩证的统一，两者是相互依存的，不能只强调一方面而忽视另一方面①。

（2）认为在关系统一这一层面上，社会主义计划经济和商品经济二者之间又有不同的关系认知。侯廷智、徐振远认为，计划经济和商品经济是主体认知与客体被认知的关系。计划经济实际上反映了人们从主观上想自觉保持按比例发展经济的要求，至于能否做到这一点，还要取决于人们对客观经济规律的认识程度，所以计划经济具有主体认知性。而商品经济由于是一种社会客观存在的生产形式，在这种条件下，社会经济发展按比例的要求是通过价值规律来体现的，在公有制条件下，价值规律的表现形式可以通过人们的自觉计划来实现，因此商品经济具有客观被认知性②。

（3）认为这二者之间是形式和内容的关系，然而两者间孰为形式孰为内容还具有分歧。白卫星认为，商品经济是内容和对象，计划经济是形式和手段。因为计划的对象是商品经济中的商品生产和商品交换，而不是产品经济或自然经济，商品经济的一切重要活动都要在计划指导下进行，通过计划来实现③。而白拓方认为，计划经济是内容，商品经济是形式。社

---

① 方秉铸，林宏桥．变产品模式为有计划商品经济模式的若干思考［J］．社会科学辑刊，1989（2）．

② 侯廷智，徐振远．有计划的商品经济与计划经济之异同［J］．经济·社会，1988（6）．

③ 白卫星．深化对社会主义商品经济的认识［J］．江西理论教育，1989（7）．

会主义经济是以商品经济关系为其实现形式的计划经济，即商品计划经济；社会主义商品经济是以计划经济为其本质内容的商品经济，即计划商品经济①。

此外，还有学者认为，社会主义计划经济和商品经济二者之间相互排斥。王新前提出计划经济与商品经济是互不相容的，这种互不相容性除了表现在它们的客观前提条件相互否定之外，还表现在它们各自的运行和调节方式相互否定②。

（二）计划与市场的关系

计划与市场的关系问题也一直是理论界争论的焦点问题，“计划好还是市场好”“姓资好还是姓社好”等问题引发了大规模讨论。在党的十三大召开之前，廖季立在1986年年底最早论述了“国家调控市场，市场导向企业”的说法③，1987年，高尚全也提到计划与市场结合的目标模式应该是“国家调控市场，市场引导企业”④。1987年10月，党的第十三次全国代表大会报告指出：“社会主义有计划商品经济的体制，应该是计划与市场内在统一的体制。”新的经济运行机制是“国家调节市场，市场引导企业”。报告没有再讲以计划经济为主，而是将计划和市场提到同样的高度，明确了计划和市场都是调节手段，这个文件对于社会主义市场经济理论的确立，起到了巨大的推动作用，将改革推向新的阶段。但是“国家调节市场，市场引导企业”的提法，并没有终结有关计划和市场关系的争论。市场取向改革论，市场化的改革思路，在1989—1991年遭到继续坚守计划经济体制的人的批评与反对，认为市场取向的改革，有悖于计划经济与市场调节相结合的指导方针，它容易导致把有计划商品经济等同于市场经济，从而造成对市场的迷信。具体来看，针对计划与市场的关系，理论界主要围绕以下几方面问题展开讨论。

（1）计划与市场相结合的形式。从相结合的一般形式上看，包含以下观点：板块论（计划与市场各占一块，各自作用），渗透论（计划与市场各占一块，相互渗透），胶体论（计划与市场融为一体，相互作用），融合论（计划调节融于市场调节，形成有计划的市场调节），二次调节论（市场事先调节，计划补充调节，或者计划事先调节，市场补充调节），鸟笼

① 白拓方．社会主义商品经济与计划经济的统一［N］．光明日报，1985-03-24.
② 王新前．计划与市场难以统一［N］．经济学周报，1988-08-21.
③ 廖季立．试论计划管理体制改革［N］．世界经济导报，1986-12-8.
④ 高尚全．改革访谈——献给改革开放30周年［M］．北京：经济科学出版社，2008.

子论（市场在计划给定的范围内活动），基础主导论（市场是国民经济运行的基础，计划是国民经济运行的主导，二者统一于国民经济运行中），风筝论（计划牵引市场行为），双渠调节论（一部分经济领域以计划调节为主，另一部分以市场为主，板块渗透并存），混合结合论（板块式结合与渗透式结合并存）[①]，层次结合论（计划与市场是有机的结合体，在不同层次上调节国民经济运行，计划主要调节宏观层次，市场主要调节微观层次）[②]。在学者中，较多的主张为有机结合论，即计划与市场相互渗透，“你中有我，我中有你”，形成统一的有机整体，计划是借助于价值规律和市场机制来实现的计划，市场是有计划的市场[③]。比如，谷书堂、常修泽认为，社会主义经济的计划与市场的结合[④]，不是一种形式的结合，而是几种形式的结合，其中大的结合中又套着小的结合。于光远认为，社会主义经济是建立在公有制基础上的商品经济，是商品经济的有计划发展，计划与市场不存在谁主谁辅的问题[⑤]。蒋学模认为，为主为辅的提法本身就意味着把计划与市场看作是相互排斥的，只能实行此消彼长的板块结合，这同计划与市场内在统一的经济运行机制显然是不合拍的[⑥]。

从具体结合的形式上看，主流的观点是：指令性计划、指导性计划和市场调节相结合的形式，但在哪一部分属计划调节，哪一部分属市场调节问题上，观点不一。较多学者认为，这三种形式的各自内部均存在着计划与市场相结合的问题。苏星提出，指令性计划必须考虑价值规律和供求关系；指导性计划主要靠经济杠杆和经济政策实现，市场调节也应在国家计划指导和法律约束下进行，即指令性计划和指导性计划都要利用市场机制，市场调节也受国家计划指导[⑦]。魏杰指出，指令性计划、指导性计划、自由市场中各自内部均存在着计划与市场的结合[⑧]。但也有学者持不同观点，卫兴华认为，指令性计划和指导性计划是计划调节的具体形式，市场调节是市场的具体形式[⑨]；蒋学模指出，从理论目标上，为把经济运行纳入正确轨道，要十分重视指导性计划和对市场机制的自觉利用，同时发挥

---

① 袁盛旺．谈谈计划经济与市场调节的有机结合［J］．北京商学院学报，1990（2）．
② 晓亮．十年经济科学研究述评［J］．中国社会科学，1990（4）
③ 林子力．论商品经济新阶段及其社会主义的统一［J］．改革，1990（3）．
④ 谷书堂，常修译．再论社会主义经济形式的特征［J］．天津社会科学，1983（12）．
⑤ 于光远．关于社会主义经济的几个基本理论问题［J］．中国经济问题，1983（1）．
⑥ 蒋学模．论公有制基础上的有计划的商品经济．学术月刊，1985（1）．
⑦ 苏星．论社会主义商品经济［J］．求是，1990（14）．
⑧ 魏杰．计划与市场相结合的三个具体方面［J］．求是，1990（12）．
⑨ 卫兴华．需要明确的几个问题［J］．求是，1990（12）．

指导性计划和市场调节的作用[①]。

（2）计划与市场相结合的具体路径。在路径选择上，经济学界形成了两个比较激进的市场化改革理论观点：一个是以吴敬琏为代表的“协调改革派”。它是在继承我国老一辈经济学家孙冶方、顾准等人批判传统社会主义经济理论的“无流通论”和薛暮桥等人强调以流通领域的改革为重点，主要吸取新古典经济学和东欧的市场社会主义理论的基础上形成的[②]。他们提出“整体配套、分步实施”的改革思路，认为计划与市场相结合的具体路径包括完善宏观调控体系、培养市场体系、构造企业机制，宏观调控体系是实现计划与市场结合的关键[③]，市场体系是实现这种结合的必要环境，起着中介和基本前提作用，企业机制是实现这种结合的客观基础，对经济活动的细胞起着规范作用，三者有机结合才能使计划与市场的有机结合变为现实[④]。另一个是以厉以宁为代表的所有制改革派，提出了企业改革主线论的主张。厉以宁的理论主要是在吸收了国外非均衡经济学包括科尔奈的短缺经济学思想的基础上形成的。厉以宁认为，在中国现阶段的经济非均衡状态下，要使市场机制真正发挥作用，必须以具有充分活力的市场主体的存在为前提，改革的主线应当是通过股份制道路来构造新的企业制度[⑤]，重建国有大中型企业的产权关系[⑥]。也有一些学者有着其他看法，何建章指出，宏观上要注重综合平衡，树立起计划和市场都是覆盖全部国民经济的内在统一的观念，微观上则要深化企业改革，使企业成为相对独立的经济实体，逐步实行政企职责分开，建立全国的统一市场；进行价格体制改革[⑦]。孙伯和认为，尽快完善计划调控机制，逐步完善宏观调控体系，培育和健全市场体系，建立全民所有制企业的自我约束机制，这是计划与市场相结合的重点内容[⑧]。

---

① 蒋学模．从理论上深刻认识计划经济与市场调节相结合的必要性［J］．经济学家，1990（1）．

② 吴敬琏．中国经济体制改革面临的局势与选择——整体协调改革的基本思维和几种实施构想［J］．管理世界，1988（4）．

③ 吴敬琏，周小川．以市场经济为目标，以价格改革为中心，将搞活大中企业放在首位，协调配套改革［J］．经济学动态，1988（8）．

④ 郑家亨．关于计划经济与市场调节相结合的几点认识［J］．统计研究，1990（5）．

⑤ 厉以宁．所有制改革和股份企业的管理［J］．中国经济体制改革，1986（12）．

⑥ 厉以宁．经济体制改革的总体设计——经济体制改革思路的政策化［J］．财贸经济，1988（7）．

⑦ 何建章．解决几个认识问题［J］．求是，1990（13）．

⑧ 孙伯和．计划工作要为计划经济和市场调节服务［J］．计划经济研究，1990（11）．

在这段时期，各类报刊也展开了关于姓“社”姓“资”的争论。作为我国改革开放总设计师的邓小平始终关注着这些争论。1991 年 2 月 15 日至 3 月 22 日，上海《解放日报》根据邓小平 1991 年初视察上海的讲话，先后发表《做改革开放的“带头羊”》《改革开放要有新思路》《扩大开放的意识要更强些》《改革开放需要大批德才兼备的干部》4 篇署名皇甫平的评论，提出要继续坚持解放思想，敢冒风险，大胆改革，不要再囿于姓“社”姓“资”的诘难。结果，皇甫平的文章遭到了指责和围攻。《当代思潮》1991 年第 2 期发表《改革开放可以不问姓“社”姓“资”吗?》一文，强调说：不问姓“社”姓“资”，必然把改革开放引向资本主义道路而葬送社会主义事业。随后，《真理的追求》1991 年第 7 期发表《重提姓“社”与姓“资”》一文，指出：一切不愿做双重奴隶的中国人，在改革大道上前进时，有责任也有权利问一问姓“社”姓“资”，时刻提防不要偏离改革的方向。同时，《高校理论战线》也在 1991 年第 3 期发表《问一问姓“社”还是姓“资”》一文，指出：实行改革开放必须区分姓“社”还是姓“资”。原因很简单，因为现实生活中确实存在着姓“社”和姓“资”两种不同的改革观。

思想理论界关于姓“社”与姓“资”的争论，对私营经济等非公有制经济的发展产生了重大影响。不少私营企业主因担心党和国家的政策会发生变化，导致私营经济发展出现大幅度滑坡。面对这一情况，邓小平于 1990 年年底和 1991 年年初两次谈话强调“资本主义与社会主义的区分不在于是计划还是市场这样的问题，社会主义也有市场经济，资本主义也有计划控制”，“不要以为，一说计划经济就是社会主义，一说市场经济就是资本主义，不是那么回事，两者都是手段，市场也可以为社会主义服务”。邓小平于 1992 年 1 月至 2 月在视察南方期间发表的重要讲话，更是明确回答并解决了长期困扰人们思想的许多重大认识问题。针对一段时间以来姓“社”姓“资”的争论，邓小平说：“改革开放迈不开步子，不敢闯，说来说去就是怕资本主义的东西多了，走了资本主义道路。要害是姓‘资’还是姓‘社’的问题。判断的标准，应该主要看是否有利于发展社会主义社会的生产力，是否有利于增强社会主义国家的综合国力，是否有利于提高人民的生活水平。”邓小平的南方谈话极大地解放了人们的思想，从而为私营经济发展扫清了思想障碍，打破了困扰人们的姓“社”姓“资”的思想禁锢。

第三节　社会主义市场经济体制的确立与发展

从改革初期提出大力发展商品经济，到党的十二大提出“计划经济为主、市场调节为辅”，十二届三中全会提出“有计划的商品经济”，再到十四大提出“社会主义市场经济”，既反映出思想认识不断深化和发展的过程，也集中体现了改革开放以来，我们党对计划与市场关系问题探索的科学成果，标志着社会主义市场经济体制目标模式的确立。同时，“以经济建设为中心”的党的基本路线的确立，破除了姓“资”还是姓“社”的“左”的干扰，进一步确定了中国经济体制改革发展的方向。

一、社会主义市场经济体制的确立

1992年10月，党的十四大明确提出，中国经济体制改革的目标是“建立社会主义市场经济体制”，以此为标志，中国经济体制改革又迈入了新的发展阶段。党的十四大还从理论上论述了这一新体制的各项重大原则，其主要内容包括：

第一，计划经济不等于社会主义，市场经济不等于资本主义。计划和市场都是资源配置的手段，尽管它们采取的方式和功能不同，但这并不代表社会基本制度的特征，不属于基本制度的范畴。

第二，社会主义市场经济体制是一种既有计划又有市场的经济体制。与计划经济和有计划商品经济不同的是，在社会主义市场经济体制下，对资源配置起基础性作用的不再是无所不包的计划而是市场，即社会主义国家宏观调控下的市场。

第三，社会主义市场经济体制是同社会主义基本制度结合在一起的，是社会主义的经济体制。这一体制“在所有制结构上，以公有制包括全民所有制和集体所有制经济为主体，个体经济、私营经济、外资经济为补充，多种经济成分长期共同发展，不同经济成分还可以自愿实行多种形式的联合经营”；国家将通过建立现代企业制度、培育市场体系等一系列措施，使“国有企业、集体企业和其他企业都进入市场，通过平等竞争发挥国有企业的主导作用”。

二、社会主义市场经济体制的主要内容

建立社会主义市场经济体制，就是要使市场在国家宏观调控下对资源

配置起基础性作用。1993 年 12 月，党的十四届三中全会做出的《中共中央关于建立社会主义市场经济体制若干问题的决定》（以下简称《决定》），全面系统阐述了建立社会主义经济体制的基本框架和改革策略。该《决定》要求“加快计划体制改革，进一步转变计划管理职能。国家计划要以市场为基础，总体上应当是指导性的计划”，为计划体制改革指明了总的指导思想。

（一）建立以间接手段为主的宏观经济调控体系

《决定》对如何转变政府职能、健全宏观调控体系，提出了明确的要求，对计划、金融、财政手段之间的分工协作和改革的方向做出了具体规定。转变政府管理职能，建立以间接手段为主的宏观经济调控体系，是社会主义市场经济体制的重要内容。

在财税体制改革方面，按照“统一税法、公平税负、简化税制和合理分权”的原则，通过建立以增值税为主体、消费税和营业税为补充的流转税制，统一内资企业所得税，建立统一的个人所得税制，扩大资源税的征收范围，开征土地增值税以及确立适应社会主义市场经济需要的税收基本规范等一系列内容，搭建起新的税收制度体系。同时在根据中央和地方事权合理确定各级财政支出范围的基础上，按照税种统一划分中央税、地方税和中央地方共享税，建立中央税和地方税收体系，初步建立了分税制财政管理体制的基本框架。

在金融体制改革方面，1993 年 12 月 25 日，国务院根据党的十四届三中全会精神做出了《关于金融体制改革的决定》，明确指出建立“强有力的”中央银行宏观调控体系，要建立“统一开放、有序竞争、严格管理”的金融市场。之后，1995 年的《中国人民银行法》确立了币值稳定乃央行首要职责，严禁央行向各级政府部门提供贷款。1995 年的《商业银行法》则要求强化统一法人体制，实行严格的授权授信制度，并确立了分业经营的原则，不准商业银行参与信托、保险、证券业务。

在计划体制改革方面，《决定》提出计划要以市场为基础，计划工作的任务，是合理确定国民经济和社会发展的战略、宏观调控目标和产业政策，搞好经济预测，规划重大经济结构、生产力布局、国土整治和重点建设。计划工作要突出宏观性、战略性、政策性。这与计划经济体制下的指令性计划有了根本的区别。同时还强调计划工作要综合协调宏观经济政策和经济杠杆的运用，明确了计划手段在宏观调控体系中的位置。计划工作的这些新的职能，是与确立企业的市场主体地位、转变政府职能的要求相适应的。

（二）建立统一、开放、竞争、有序的市场体系

统一、开放、竞争、有序的市场体系，是市场经济运行的基础。《决定》提出重点是发展生产要素市场，包括资本市场、货币市场、劳动力市场、房地产市场、技术市场和信息市场等。其中，关于资本市场和劳动力市场的提法，是第一次出现在中央的文件中。其实，抽去资本的剥削属性，其完全是投资品价值量的代表。资本流向哪里，生产要素就流向哪里。没有发达的资本市场，就不可能有资源的优化配置。劳动力市场的提出，在理论和实践上都是一个突破。劳动力是人的劳动能力，用于市场交换的是人的劳动能力的交换。劳动力的价值决定于智力和体力投资的成本以及劳动力的市场供求状况。在社会主义条件下，人的劳动能力的出让并不等于改变劳动者的主人翁地位。我国就业压力很大，只有通过发展劳动力市场，才能促进就业矛盾的解决。所以引入资本市场和劳动力市场的概念，必将对市场的发育和经济的发展产生深远的影响。

（三）建立现代企业制度

《决定》明确提出建设“产权清晰、权责明确、政企分开、管理科学”的现代企业制度是我国国有企业改革的方向。这一时期，改革的主要任务是引导国有企业确立与市场经济体制相适应的资本和产权的观念，建立现代企业制度，通过国有经济布局与结构战略性调整，初步解决国有经济“大而不强”的问题。

1994年11月，国务院批准了100家企业开始现代企业制度试点，另外还有2 343家地方企业进行试点。到1997年，100家中有93家转为公司制企业，其中多元股东持股的公司制有17家。地方试点企业中1 989家企业转为公司制企业，其中540家转为股份有限公司、540家转为有限责任公司、909家转为国有独资公司，这些公司制企业中71.9%的企业组建了董事会，63.9%的企业成立了监事会，总经理由董事会聘任的约占61%①。除了积极推进企业股份制改造、建立现代企业制度外，国家还启动了一系列改革措施，包括城市优化资本结构试点、积极推进试点城市国有企业兼并破产，降低切换有债务、分离企业办社会职能，“减员增效”、实施下岗职工再就业工程，实施“三改一加强”（改组、改制和改造有机结合及加

① 汪海波．中国国有企业改革的实践进程（1997～2003年）［J］．中国经济史研究，2005（3）．

强企业内部管理）等①。

（四）实行以按劳分配为主体，效率优先、兼顾公平的收入分配制度

在收入分配领域，《决定》提出："个人收入分配要坚持以按劳分配为主体、多种分配方式并存的制度""国家依法保护法人和居民的一切合法收入和财产，鼓励城乡居民储蓄和投资，允许属于个人的资本等生产要素参与收益分配。"这是党的重要文件首次明确提出"多种分配方式并存"，即将其他分配方式从补充的附属地位提升为与按劳分配并存的平等地位。《决定》还首次提出在处理公平与效率的关系问题上应坚持"效率优先、兼顾公平"的原则。1997 年党的十五大报告进一步指出："把按劳分配和按生产要素分配结合起来""允许和鼓励资本、技术等生产要素参与收益分配。"报告是对多种分配方式并存的分配制度的具体化，指出要努力形成按劳分配、按经营成果分配、按资分配、按技术分配等多元分配格局，使要素市场的供求关系逐渐成为个人收入分配的基础性调节机制。1999 年党的十五届四中全会通过的《关于国有企业改革和发展若干重大问题的决定》提出了"建立与现代企业制度相适应的收入分配制度，在国家政策指导下，实行董事会、经理层等成员按照各自的职责和贡献取得报酬的办法"，为深化国有企业分配制度改革开辟了新的思路。

（五）对外经贸体制改革的继续深化

按照统一政策、放开经营、平等竞争、自负盈亏、工贸结合、推行代理制的政策要求，外贸体制改革深化的主要内容有：建立与完善外贸宏观调控体系，实施人民币双轨汇率的并轨，实行单一的、有管理的浮动汇率制；强化外贸企业自负盈亏机制，取消各类外汇留成，同时实行银行结售汇制。进一步调整与完善出口退税政策和有利于出口发展的信贷政策，建立进出口银行，设立出口商品发展基金和风险基金。取消国有外贸企业普遍实行的承包制，代之以赋税制，按照现代企业制度改造国有外贸企业，积极推行股份制试点，推动企业开展一业为主、多种经营，走实业化、集团化、国际化、多元化的路子。这一时期，为了配合"复关"和加入世贸组织谈判，进口体制改革开始全面推进，成为改革的重点。我国加快市场开放步伐，进一步降低进口关税并规范关税和非关税措施。加快赋予有条件的生产企业、商业物资企业、科研院所和私营企业等外贸经营权，加快

① 黄群慧．"新国企"是怎样炼成的——中国国有企业改革 40 年回顾［J］．中国经济，2018（1）．

了外贸经营权由审批制向登记备案制过渡的步伐。充实与强化进出口商会、协会等中介组织的职能，健全与完善外贸协调服务体系。实行人民币在经常项目下的可自由兑换。

三、社会主义市场经济体制的发展与完善

1997年9月召开的党的十五大提出了我国今后社会经济发展的整体构想，指明了经济体制改革特别是国有经济体制改革的总体方案。党的十五大报告中对社会主义公有制理论作了精辟论述，主要包括：第一，坚持公有制为主体、多种所有制经济共同发展的基本经济制度，一切符合“三个有利于”的所有制形式都可以而且应该用来为社会主义服务。第二，要全面认识公有制的含义和主体地位。公有制占优势，既要有量的优势，更要重视质的提高。国有经济的主导作用，主要体现在控制力上。第三，公有制实现形式可以而且应当多样化，一切反映社会化大生产规律的经营方式和资本组织形式都可以大胆利用。股份制是现代企业的一种资本组织形式，“不能笼统地说股份制是公有还是私有，关键看控股权掌握在谁的手中”。要积极提倡劳动者的劳动和资本联合为主的股份合作制。第四，建立现代企业制度是国有企业改革的方向，要对国有大中型企业实行规范的公司制改革。培育和发展多元化投资主体，推动政企分开和企业转换经营机制。第五，把国有企业改革同改组、改造、加强管理结合起来，“抓大放小”，对国有企业实行战略性改组。以资本为纽带，通过市场形成有较强竞争力的大型企业集团。第六，积极推进各项配套改革，建立有效的国有资产管理、监督和营运机制，保证国有资产的保值增值，防止国有资产流失。

这一阶段经济体制改革以国有企业为中心环节，依据现代企业制度的特点、内涵、指导原则，中央和地方选择1 000多家有代表性的国有企业进行建立现代企业制度的试点，这些参加试点的国有大中型企业先后成立股份有限公司、有限责任公司或国有独资公司；许多全国性的行业总公司如中国石油天然气集团总公司被改组为控股公司，形成了一批以资本、技术为纽带，跨地区、跨行业的大型企业集团；许多小型全民所有制企业，通过改组、联合、兼并、租赁、承包经营和股份合作制、出售等形式进行了改革、改组。根据鼓励兼并、规范破产、下岗分流、减员增效和再就业工作的原则，积极推进企业转轨改制，促进了企业优胜劣汰竞争机制的建立，使国有经济战略布局逐步形成，使国有资本逐渐控制关系国计民生和

国民经济命脉的重要行业和关键领域。适应国有企业改制和国有经济布局及结构调整的需要，多种形式的国有资产监督管理体制探索在一些地方积极展开，取得了良好效果。

党的十五大以后，财政、税收、金融、外汇、计划和投融资体制改革继续向前推进。形成了以分税制为核心的新的财政税收体制框架，确立了以增值税为主体的流转税体系；加强了中央银行对货币供应的调控能力和对金融机构的监管职能，政策性金融与商业性金融开始分离；明确了以市场供求为基础，单一的、有管理的浮动汇率制度，实现了人民币在经常项目下可兑换；国家计划管理从总体上的指令性计划向总体上的指导性计划转变，推行项目法人制度、资本金制度和招投标制度，加强投资风险约束。市场流通领域的改革向纵深发展。商品市场进一步发展，要素市场逐步形成；取消了生产资料价格双轨制，进一步放开了竞争性商品和服务的价格；在健全市场规则、整顿市场秩序方面取得了新的进展。中国的经济体制改革经过十几年的艰苦跋涉，终于谱写出建立社会主义市场经济体制的新乐章。

2002 年 11 月，党的十六大报告指出，21 世纪前 20 年改革的主要任务是完善社会主义市场经济体制，即在 2020 年建成完善的社会主义市场经济体制和更具活力、更加开放的经济体系。2003 年 10 月，党的十六届三中全会通过的《关于完善社会主义市场经济体制若干问题的决定》对形成完善的社会主义市场经济体制提出了全面的要求。这一时期经济体制改革的主要特点为：一是改革紧紧围绕落实科学发展观和构建社会主义和谐社会的要求展开；二是体制创新和机制转换在促进经济结构调整、经济发展方式转变、社会和谐中的作用明显增强；三是改革更加注重深层经济社会问题和复杂利益关系的调整；四是更加注重各项改革的统筹协调和整体推进。

行政管理体制改革在这一阶段作为重点工作积极推进，强调要打造行为规范、运转协调、公正透明、廉洁高效的政府，着力推进政府职能的转变。政府的经济管理职能逐渐向社会管理和公共服务职能转变；政府机构改革有序进行，国务院新成立和组建了一些调节经济和监督管理机构，强化了一些监管部门的行政管理职能，健全了国有资产等部门的管理体制；加大了行政审批制度改革的力度，国务院有关部委分批取消和调整了约 1 800项审批项目。

国有企业改革步伐也不断加快，绝大部分国有大型企业股份制改革已经完成，均建立了比较完善的法人治理结构，政企分开、政资分开的现代企业制度和选人用人机制改革步伐加快，国有控股上市公司股权分置改革稳步推进；电力、电信、铁路、民航、烟草等垄断行业改革初见成效；国家设立了专门的国有资产监督管理局，加强了对国有企业特别是大型、特大型国有企业资产运营状况的监督管理。国有资本进一步控制关系国民经济命脉和涉及国家安全的重要行业和关键领域，国有经济的控制力、影响力和竞争力进一步增强；非公有制经济发展的体制环境进一步完善。降低非公有制经济的市场准入门槛，非公有资本被许可在法律法规未禁止的行业和领域经营；限制非公有制经济发展的法规和政策性规定得到清理和修订，对私有财产的保护写入《宪法》，使非公有制经济的发展有了法律和制度保障。

财税、金融、投资体制等方面的发展改革工作收效显著。公共财政体制得到加强，对增值税转型的试点和完善出口退税机制改革有序进行；加大了金融体制改革力度，加快推进国有商业银行股份制改造；对汇率形成机制的改革按预定规划推进；进一步缩小了政府投资的范围，极大地激发了企业投资的积极性，规范了投资审批制度。社会主义市场体系进一步完善，既增加了商品市场的种类和数量，又促进了土地、劳动力、技术、产权、资本等生产要素市场的进一步改革与规范，水、电、石油和天然气等重要能源资源价格正逐步体现其稀缺性特点。社会保障制度改革的力度加大。社会保障覆盖面逐步由城市扩大到农村，城镇基本养老保险制度已见雏形，基本医疗保险制度改革取得实质性进展，失业保险制度初步形成。

四、对社会主义市场经济体制的认识

在社会主义市场经济体制改革不断向前推进的过程中，经济体制改革的各个领域、各个方面都取得了卓有成效的重大进展，中国经济建设取得了辉煌成就，而这不仅为继续推进改革积累了宝贵经验，同时也极大丰富了理论界的学术研究，促进了不同的理论观点和学术思想的争鸣。随着中国经济体制改革与经济实践的不断发展，对社会主义市场经济体制的认识不断深化，新的认识与理论逐渐普及并在大多数人中达成共识。

（一）社会主义市场经济体制的建立

1992年10月建立社会主义市场经济体制作为中国经济体制改革的目标被提出后，学者们就展开了相关讨论。于光远提出，中国已经到了必须理直气壮地明确提出要建设社会主义市场经济体制、发展市场经济、掌握现代市场经济文化的时期[①]。薛暮桥认为，现在提出要建立社会主义市场经济体制，是由于这样的经济体制最有利于我国生产力的发展和人民生活的迅速改善。确认社会主义有计划商品经济就是社会主义市场经济，明确了改革的目标是要使市场机制对于整个国民经济的运行和社会资源的合理配置发挥基础性的调节作用，使市场调节成为社会资源配置的基础方式[②]。刘国光对社会主义市场经济进行了系统的理论说明。他指出，虽然计划和市场都是资源配置的手段，但市场经济是更为有效的经济运行机制；在市场经济的前面冠以“社会主义”，是为了强调中国以市场为取向的经济改革的目的和内容都是社会主义制度的自我完善，而不是照抄照搬西方市场经济[③]。宋醒民、李京文等学者进一步指出，建立社会主义市场经济体制是放开搞活的有效途径，是发展国际分工与协作的桥梁，是富国富民的道路。对于进一步解放生产力、发展生产力、推动中国社会主义建设事业将起重大作用[④]。

（二）社会主义市场经济体制建设的路径选择

自1993年中共十四届三中全会通过《关于建立社会主义市场经济体制若干问题的决定》，到2003年中共十六届三中全会通过《关于完善社会主义市场经济体制若干问题的决定》，十年时间改革最大的成就，就是初步建立了社会主义市场经济体制。在这之后，经济理论界又对如何完善社会主义市场经济体制进行了讨论。在《经济研究》编辑部组织发表的“学习十六届三中全会精神笔谈”文章中，张卓元认为，《中共中央关于完善社会主义市场经济体制若干问题的决定》为我国新世纪新阶段市场经济体制建设和制度创新指明了方向。其中，股份制和混合所有制成为公有制的主要实现形式，表明我国公有制特别是国有制逐步找到了一个与市场经济相结合的形式和途径。陈锡文认为，城乡二元经济结构是一种历史现象，任何国家在一定的发展阶段都难以完全避免。而我国过去实行的计划经济体制，又在相当大程度上固化了这种结构。要建立完善的社会主义市场经济体制，逐步改变城乡二元经济结构是题中应有之义[⑤]。刘树成认为，我们建立的社会主义市场经济体制，就是使市场在国家宏观调控下对资源配

① 于光远．社会主义市场经济主体论（札记）［M］．北京：中国财政经济出版社，1992.

② 薛暮桥．关于社会主义市场经济问题［J］．经济研究，1992（10）．

③ 刘国光．关于社会主义市场经济的几个问题［J］．经济研究，1992（10）．

④ 宋醒民．市场经济：社会主义经济体制的明智选择［J］．经济学动态，1993（4）；李京文．社会主义市场经济理论与实践［J］．市场经济研究，1993（1）．

⑤ 张卓元，郑新立等．深化改革，完善社会主义市场经济体制［J］．经济研究，2003（12）．

置起基础性作用。市场机制的引入，为社会主义制度下经济的发展增添了生机和活力；不断加强和改善宏观调控，有利于克服市场自发调节的缺陷，保持经济的健康发展。其他一些媒体发表的文章，也对此进行了探讨①。高尚全认为，我们已经建立了适应市场经济要求的宏观经济体制基本框架，但完善这一框架还面临十分艰巨的任务，要以制度建设为主要内容②。刘世锦等认为，如果将建设社会主义市场经济看作一个历史过程，目前只是处在这个过程的中期。在这样的起点上，今后的主要任务是，到2010年力争建成较为健全的社会主义市场经济体制，到2020年力争建成较为完善、趋于成熟的社会主义市场经济③。另一种建设思路则认为，价格和企业改革是建立社会主义市场经济体制的关键性问题。于树彬指出，在建立社会主义市场经济体制过程中，一方面要积极稳妥地推进价格改革，形成市场定价制度和合理的比价体系；另一方面要加快企业改革的步伐，尽快使企业成为适应市场经济要求的自主经营、自负盈亏的经济实体④。而刘诗白、董兆武等也提出了要重塑社会主义市场经济的微观主体，即使企业成为能对市场供求关系做出灵敏反应的，自主经营、自负盈亏、自我约束、自我发展的市场主体，特别是国营大中型企业。同时要完善市场结构，改革价格体制，真正使资源配置市场化⑤。

（三）社会主义市场经济的价值判断

在此过程中还出现了关于社会主义市场经济的价值判断，即有关好的市场经济与坏的市场经济的讨论。钱颖一提出，当今世界上既有好的市场经济，也有坏的市场经济，而后者多于前者。因此，建立一个好的市场经济，防止滑入一个坏的市场经济是我们应该认真思考的问题。应进一步深入研究市场与法治的关系，努力推动以法治为基础的现代市场经济体制的建立，真正建成一个好的现代市场经济⑥。吴敬琏认为，目前世界上实行市场经济的国家占了绝对多数，但是建立起规范的市场经济的国家并不多，计划经济国家进行市场化改革，弄得不好会掉进坏的市场经济的陷

---

① 刘树成．解读中央经济工作会议［J］．金融信息参考，2004（1）．

② 高尚全．为全面建设小康社会提供体制保障［J］．经济与管理研究，2003（12）．

③ 刘世锦．完善社会主义市场经济体制的目标和近期改革重点［J］．改革，2003（12）．

④ 于树彬．国有企业经营机制的转换与市场经济体制的建立［J］．黑龙江财专学报，1992（4）．

⑤ 刘诗白．论社会主义市场经济［J］．经济学家，1992（5）；董兆武．中国市场取向改革的进展、困惑和前景［J］．新疆社会经济，1993（1）．

⑥ 钱颖一．警惕滑入坏的市场经济——论法治的市场经济［J］．经济社会体制比较，2000（6）．

阱，而且这种情况发生的概率很高[①]。张曙光、周景彤则指出，市场经济的好坏在很大程度上取决于政府治理的能力，政府治理沿着与市场发展相一致的方向前进，治理能力不断提高，就会逐步建立起一个好的市场经济制度，反之则会走向坏的市场经济，因而政府治理的好与坏同样重要[②]。

与上述不同的是，樊纲提出，很多人批评市场化改革，或者认为现在的市场经济是坏的市场经济；其实，正因为市场是有缺陷的，才需要建立一些市场外的制度来弥补市场的不足，而这些制度的建立，需要有一个和市场经济发展相匹配、能够同我国现在经济发展阶段相适应的过程，而不是在我们这样一个有大量农业人口的发展中国家直接照搬美国、欧洲的福利制度和社会制度。在这个意义上，不应该有“好市场”或“坏市场”的观点[③]。

（四）社会主义市场经济体制改革的成败判断

2004 年左右，关于经济体制改革得失成败的争论迅速展开。在这场争论中，争论各方都从“三个有利于”的标准出发，对中国改革进行了全方位的检验和评价，大家都承认在改革过程中现实社会存在一些问题，但在探索问题产生的原因与解决办法时，则存在尖锐的分歧[④]。

一些人认为，社会不公和腐败横行根源在于政治改革滞后于经济改革[⑤]，政治民主进程落后于经济民主进程，这种局面使不受监督的垄断权力随时可以通过合法途径进入经济领域寻租，或者假借国家和全局名义为单位和集团捞取好处，由此造成了腐败和社会分配不公，破坏了社会的公平与正义。因此，他们强调，解决这些问题的根本途径是加快政治体制改革进程[⑥]，加速建设社会主义市场经济的政治基础和上层建筑，通过政治民主化来强化对政府权力的监督与制约，断绝政治权力与市场经济的联姻之路[⑦]。

相反观点则认为，当今社会不公的根源在于经济改革的市场化取向。

---

① 吴敬琏．建立一个法治的市场经济［J］．财政研究，2002（2）．

② 张曙光，周景彤．当前经济过热是政府过热［J］．学习月刊，2004（7）．

③ 樊纲．正确认识市场经济，市场无好坏之分［N］．北京日报．2007－07－04.

④ 高林远．改革开放 30 年三次思想交锋的回顾与启示［J］．四川师范大学学报（社会科学版），2008（5）．

⑤ 朱鸿亮．论政治体制改革滞后成为中国经济发展的头号制约因素［J］．经济问题探索，2001（06）．

⑥ 袁恩桢．经济体制改革呼唤政治体制改革［J］．探索与争鸣，2002（11）．

⑦ 唐杰，蔡增正．渐进式改革的博弈分析——兼论从经济体制改革到渐进式政治体制改革［J］．南开经济研究，2003（4）．

因为市场化改革坚持的是效率和竞争原则，鼓励和放纵强者对弱者的掠夺，形成了强者愈强、弱者愈弱的社会生态环境，由此必然产生社会不公和腐败现象。因此，解决社会不公必须坚持改革的社会主义方向，从根本上扭转改革的市场化取向。甚至有观点从极“左”意识形态出发，质疑改革的具体政策措施，进而全盘否定改革的必要性，提出停止改革回到计划经济时代的观点。

五、关于市场对资源配置起基础性作用的讨论

（一）计划与市场的关系

关于计划与市场的关系问题，始终是理论争论的焦点，同样也是中国经济体制改革的核心问题。党的十四大前后，理论界对此展开了激烈讨论。高尚全认为，计划经济和市场经济都是资源配置方式，不是区别社会主义同资本主义的标志①。赵石宝提出，市场经济只是由社会化商品经济所决定的一种经济管理体制或经济运行模式，把市场经济看作是一种经济制度，进而与资本主义画等号，显然在理论上是没有根据的②。熊映梧则认为，计划经济体制与市场经济体制是根本对立的，两者有原则区别；计划经济体制是20世纪初特殊政治经济条件的产物，市场经济体制是现代商品经济发展的必然产物，人类唯有通过充满残酷竞争的市场经济，才能达到共同富裕的彼岸③。对此，刘国光明确指出，市场经济和计划经济在不同的历史条件下都有成功亦有失败，各有千秋。但从总体效率的较量来看，现代市场经济已被证明是更为有效的经济运行机制，传统的计划经济已被证明敌不过现代市场经济。但对计划经济也不能一笔抹杀，它有着一定的适用范围，在一定的历史条件下，它是更有效的④。沈立人则指出，只有坚持计划与市场的内在统一或有机结合，即“计划市场化、市场计划化”，取两者之长、补两者之短，相互不可须臾分离，才能通过改革，建立起一种比较理想的经济运行新机制⑤。

① 高尚全．尽快建立社会主义市场经济新体制［J］．学习与研究，1992（10）．

② 赵石宝．对市场经济的理论思考［N］．光明日报，1992－08－01.

③ 熊映梧．社会主义与市场经济［J］．财贸经济，1993（1）．

④ 刘国光．谈谈社会主义市场经济——为什么要变计划经济为市场经济［J］．财贸经济，1992（12）．

⑤ 沈立人．坚持计划与市场的统一论——对当前流行的若干观点的商榷［J］．经济学家，1992（4）．

（二）政府与市场的关系

胡家勇借鉴现代西方经济学的理论指出，市场经济条件下必然存在的外部性问题、垄断问题、公共产品供给问题、收入分配差距拉大的问题，这些市场失灵问题或者市场经济的局限性，必然要求政府对市场经济进行适当的管制。但是，政府的干预也存在局限性和“失灵”问题，应当将政府干预限制在适当的范围内①。王树春更加全面地概括了政府在市场经济中的作用，他认为，政府作用主要包括以下三方面：一是界定和保护产权，规范和监督经济主体的行为；二是纠正市场失灵问题；三是对宏观经济进行调控。因此，中国在建立现代市场经济过程中的关键问题是要实现政府职能的转变②。郭树清对市场经济条件下政府干预的原则进行了讨论，他认为，政府干预的基本原则是完善市场，而不能扭曲或削弱市场。在从传统计划经济体制向市场经济过渡的过程中，政府尤其应当积极地培育市场，为市场机制发挥作用创造条件，努力克服市场缺陷，使资源配置得到优化③。上述研究工作，为在建立社会主义市场经济体制过程中正确处理政府与市场之间的关系提供了坚实的理论依据。

（三）资源配置中市场调节的基础性作用

对于市场在资源配置中的基础性作用，吴振坤进行了较为全面的阐述。他认为，市场的基础性作用有两层含义：一是针对市场经济中其他调节手段的作用。市场调节作用是基础性的，即基本的、决定性的。二是针对市场经济中宏观层次上的高层次的调节。市场是在微观层次上起基础性调节作用，直接支配企业的经济活动，使企业以一个独立的商品生产者和经营者的身份，面对市场，围绕市场。政府主要调控宏观经济运行，政府这种高层性的调节又必须以基础性调节为基础，因为政府宏观调控和计划指导，必须以市场为基础④。

关于市场调节的局限性和加强国家宏观调控的必要性问题，吴树青、胡乃武指出，市场调节的局限性主要表现在：市场调节不能自动地实现当前利益与长远利益、局部利益与整体利益的最佳结合；市场调节具有滞后性和不确定性；通过市场调节实现资源配置的帕累托最优状态要有一个很

---

① 胡家勇．市场缺陷与政府干预［J］．经济纵横，1994（1）．

② 王树春．现代市场经济与政府经济职能［J］．南开经济研究，2000（1）．

③ 郭树清．中国市场经济中政府的作用［J］．改革，1999（3）．

④ 吴振坤．社会主义市场经济几个基本理论问题［J］．科学社会主义，1994（1）．

长的过程①。吴振坤进一步指出，由于利益驱动的调节机制促使市场主体总是从利润目标出发，选择盈利大、见效快的部门或企业进行投资，难以对社会效益大而经济效益小的非营利性社会事业和设施进行投资倾斜，如生态平衡和环境保护问题等②，因而需要恰当的宏观调控去弥补市场调节的局限性。

在市场调节与宏观调控问题上，大多数学者认为，市场的调节生来具有局限性，需要国家在市场调节的基础上进行宏观调控。市场调节是起基础性作用的部分，宏观调控是起全局性作用的部分。这些论述的正确性已在我国社会主义市场经济建设的实践中被逐步证明。

第四节　新时代社会主义市场经济体制的发展与理论趋向

建设现代化经济体系，是以习近平同志为核心的党中央从党和国家事业全局出发，着眼于实现“两个一百年”奋斗目标，顺应中国特色社会主义进入新时代的新要求做出的重大战略决策部署。持续深化经济体制改革，既是完善现代化经济体系的应有之义，也是主动适应引领新常态、实现我国经济高质量发展的制度保障。

一、新时代社会主义市场经济体制的发展

2013年11月，党的十八届三中全会审议通过的《中共中央关于全面深化改革若干重大问题的决定》（以下简称《决定》）为新时代市场与政府的关系以及市场在资源配置中的作用指明了方向。《决定》指出：“经济体制改革是全面深化改革的重点，核心问题是处理好政府和市场的关系，使市场在资源配置中起决定性作用和更好发挥政府作用。”这是对党的十四大所提出的市场在资源配置中起基础性作用的继承和发展，也是我们党对于市场经济发展规律在认识上的进一步深化。

将市场在资源配置中起基础性作用修改为起决定性作用，虽然只有两字之差，但对市场作用是一个全新的定位，“决定性作用”和“基础性作用”这两个定位是前后衔接、继承发展的。使市场在资源配置中起决定性作用和更好地发挥政府的作用，二者是有机统一的，不是相互否定的，不

---

① 吴树青，胡乃武．关于深化改革的若干问题［J］．中国人民大学学报，1988（4）．

② 吴振坤．社会主义市场经济几个基本理论问题［J］．科学社会主义，1994（1）．

能把二者割裂开来、对立起来，既不能用市场在资源配置中的决定性作用取代甚至否定政府作用，也不能用更好地发挥政府的作用取代甚至否定使市场在资源配置中起决定性作用。

提出使市场在资源配置中起决定性作用，其实就是贯彻了问题导向。经过二十多年的实践，我国社会主义市场经济体制不断发展，但仍然存在不少问题，仍然存在不少束缚市场主体活力、阻碍市场和价值规律充分发挥作用的弊端。这些问题不解决好，完善的社会主义市场经济体制是难以形成的，转变发展方式、调整经济结构也是难以推进的。我们要坚持社会主义市场经济改革方向，从广度和深度上推进市场化改革，减少政府对资源的直接配置，减少政府对微观经济活动的直接干预，加快建设统一开放竞争有序的市场体系，建立公平、开放、透明的市场规则，把市场机制能有效调节的经济活动交给市场，把政府不该管的事交给市场，让市场在所有能够发挥作用的领域充分发挥作用，推动资源配置实现效益最大化和效率最优化，让企业和个人有更多活力和更大空间去发展经济、创造财富。

科学的宏观调控、有效的政府治理，是发挥社会主义市场经济体制优势的内在要求。更好地发挥政府的作用，就要切实转变政府职能，深化行政体制改革，创新行政管理方式，健全宏观调控体系，加强市场活动监管，加强和优化公共服务，促进社会公平正义和社会稳定，促进共同富裕。各级政府一定要严格依法行政，切实履行职责，该管的事一定要管好、管到位，该放的权一定要放足、放到位，坚决克服政府职能错位、越位、缺位现象。

二、市场在资源配置中起决定性作用的研究观点

理论界围绕“使市场在资源配置中起决定性作用”，就市场的资源配置作用及相关问题，尤其是新提法提出的背景、内涵和意义进行了广泛深入研究。

关于市场在资源配置中处于何种地位、应当发挥什么样的作用的问题，高尚全从国内关于市场的资源配置作用的三个认识阶段划分的角度进行了分析。第一个阶段的标志是党的十四大提出的“市场在社会主义国家宏观调控下对资源配置起基础性作用”的提法，确认了市场的资源配置功能，明确了经济体制改革的方向。第二阶段是以党的十六大提出“在更大程度上发挥市场在资源配置中的基础性作用”为标志，市场在资源配置中的基础性作用的范围和程度不断扩大，党的十八大在此基础上提出将社会

主义市场经济的内涵进一步拓展为更大程度更广范围发挥市场在资源配置中的基础性作用。第三个阶段是党的十八届三中全会，修改了政府和市场关系的定位，将市场在资源配置中的“基础性作用”提升为“决定性作用”①。张卓元分析了提出市场在资源配置中起决定性作用的原因，主要是要解决三个问题：第一个问题就是要解决政府直接配置资源过多，对微观经济活动干预过多的问题，特别是事事都要审批，名目繁多；第二个问题要解决市场的公平竞争环境的问题；第三个问题就是非公有制经济没有很好、平等的待遇，对非公经济实行一些歧视性的政策，出现了一些玻璃门、弹簧门或者旋转门②。郑新立则从历史和实践的角度提出，改革开放的实质，就是从培育市场主体、完善市场体系、发展商品经济着手，推行市场取向的改革变迁。改革开放以来，我国生产力所取得的巨大进步，首先应归因于市场经济的发展，而由市场决定资源配置则是市场经济的最一般规律。改革开放的实践已经证明，那些市场配置作用发挥得比较好的领域，其资源配置效率都有了明显提高，其发展也充满活力；而那些市场配置作用被限制的领域，对资源的配置能力明显偏低，其发展严重缺乏活力，犹如死水一潭。他认为，党的十八届三中全会明确提出的“使市场在资源配置中起决定性作用”这一提法，是对十四大提出的市场在资源配置中起基础性作用的继承和进一步发展，可以说是对市场经济规律认识上的又一次新的飞跃③。

对于市场作用由“基础性”改为“决定性”的意义，曹立、王明扬认为，从“基础性作用”到“决定性作用”的转变是市场地位的定位发生了“质”的变化，是党的十八届三中全会的一个重大理论亮点。对市场的新定位，源于对市场经济运行规律的深层次认识，源于对现实问题的深刻把握，是全面深化改革的必然要求，也体现了党中央坚定不移深化改革的决心④。顾钰民指出，使市场在资源配置中起决定性作用和更好发挥政府作用，标志着我们对完善社会主义市场经济体制的认识在理论上的深化，也符合现代经济发展的实际。更好发挥政府作用和使市场在资源配置中起决

① 高尚全．社会主义市场经济完善的新进程［N］．北京日报，2013－11－25.

② 张卓元．中国社科院学部委员张卓元谈中国经济改革：确立发展新逻辑［EB/OL］．http：//fangtan. people. com. cn/GB/147553/371733/index. html，2013.

③ 吴秋余，许志峰．市场经济规律认识的新飞跃———专访中国国际经济交流中心常务副理事长郑新立［N］．人民日报，2013－12－06.

④ 曹立，王明扬．市场定位：从“基础性作用”到“决定性作用”——党的十八届三中全会的一个改革新亮点［J］．求知，2013（12）.

定性作用二者并行不悖。市场在资源配置中起决定性作用并不意味着政府无所作为，政府在经济活动中发挥的作用比计划的作用更加重要和突出。处理好政府和市场的关系，从更高的层次上说明，只有更好发挥政府作用，才能使市场更充分地对资源配置起决定性作用①。当前，我国社会主义市场经济体制已经建立，市场化程度大幅提升，对市场规律的认识和驾驭能力也不断提高，宏观调控体系更为健全，对这个问题从理论上做出新表述的主客观条件已经成熟，因而应该在完善社会主义市场经济体制上迈出新的步伐。

由于市场在资源配置中所发挥作用的变化，政府与市场的关系也将会相应发生调整，尤其是《决定》中明确指出处理好政府和市场的关系是核心问题，因而学者们也针对二者的关系形成了不同的观点，主要涉及两方面问题：各自角色与有效性。

顾钰民认为，从计划和市场的关系转向政府和市场的关系，标志着对完善社会主义市场经济体制理解的深化，也更符合现代经济发展的实际②。对于《决定》中的新提法，吴敬琏认为，关于政府和市场关系的新定位，有两个要点："使市场在资源配置中起决定性作用"和"更好发挥政府作用"。要对政府和市场关系进行重新定位，正确的方向应该是沿着完善社会主义市场经济体制的改革道路前行，而不能沿着强化政府权力的道路前行③。赵振华也认为，当前政府深化改革的战略重点，要由以前的国企转向政府，要由直接干预微观经济主体，转变为调控和监督市场；要由以前的过多行政手段干预经济为主，转变为主要依靠经济和法律手段，辅之以必要的行政手段；要由以前审批和资源配置为主，转变为服务和创造良好环境为主④。

在部分学者关注市场的决定性作用这一维度之外，另一部分学者则将重点放在强调政府在政府与市场关系中的主导性作用这一维度。张宇认为，政府和市场都是历史和社会的范畴，其性质、地位和相互关系均处于不断动态变化的过程之中，会因不同历史阶段和社会制度而形成巨大差异。现代的市场经济与古典经济时代的市场经济大为不同，政府的作用早

---

① 顾钰民．市场在资源配置中从基础性作用到决定性作用的理论深化［J］．思想理论教育导刊，2014（4）．

② 顾钰民．对经济体制改革核心问题的深化认识［J］．经济纵横，2013（2）．

③ 吴敬琏．坚持政府和市场关系的准确定位［N］．北京日报，2013-11-25.

④ 赵振华．我国经济体制改革重点要由国企转向政府［N］．中国经济时报，2013-10-28.

已不是单纯的“守夜人”角色，而是广泛介入了社会经济的各个领域，政府经济协调能力的强弱，是决定一国之国际地位和国际竞争力的决定性因素，那种“大市场、小政府”的早期自由主义理想，早就已经是历史遗迹了。尽管从市场交易和市场竞争的角度而言，政府的角色确实是裁判员和服务员，而不是运动员，但如果换个角度，从经济发展、国际竞争和完善社会主义制度这一更重要的角度看，政府的角色则大大超越了裁判员和服务员，成了重要的组织者、推动者和参与者，可以说是主导性的力量①。胡钧认为，理论界一些人由于对社会主义市场经济体制的内涵缺乏理论认识，错误地解释为市场在资源配置上起根本性、主导作用，政府、计划的作用则是弥补市场缺陷。这种认识没有弄清谁是矛盾的主要方面，谁是矛盾的次要方面，把政府与市场的地位和作用弄颠倒了，这非常不利于完善社会主义市场经济体制，阻碍科学发展观的贯彻。更好发挥政府作用，必须把颠倒了的关系再颠倒过来，确立根据科学发展观要求制定的经济社会发展规划在资源配置上的主导地位②。还有部分学者则持政府和市场两者各有所长各有所重的观点。林毅夫认为，有效的市场，政府也积极有为，是突破中等收入陷阱的国家共同的经验。全世界发展中经济体绝大多数长期陷于低收入陷阱、中等收入陷阱，最主要的原因就是没有处理好政府和市场的关系③。

三、社会主义市场经济体制理论研究趋向

党的十九大报告明确提出“经济体制改革必须以完善产权制度和要素市场化配置为重点，实现产权有效激励、要素自由流动、价格反应灵活、竞争公平有序、企业优胜劣汰”。这一目标要求是在“使市场在资源配置中起决定性作用和更好发挥政府作用”的新实践基础上，进一步深化了对社会主义市场经济规律的认识，进一步坚定了社会主义市场经济的改革方向，同时也明确了未来一段时期内加快完善社会主义市场经济体制的重点任务。

虽然当前关于社会主义市场经济体制的相关理论的发展已取得了巨大成就，但是这一理论仍是不成熟、不完善的，特别是从学理的角度看，社

---

① 张宇．科学认识政府和市场关系——社会主义市场经济的视角［N］．光明日报，2013－06－07.

② 胡钧．政府与市场关系论［J］．当代经济研究，2013（8）．

③ 林毅夫．经济转型离不开“有为政府”［N］．人民日报，2013－11－26.

会主义市场经济体制理论的发展仍落后于时代和实践的要求。一方面，目前的理论发展很大程度上易受各种热点问题和对策研究的影响，基础理论研究较为薄弱；另一方面，部分研究范式是通过套用西方经济学的理论框架，分析中国的改革发展实际，这种情况必然会使得分析研究的结果不仅有偏差，在实践中也会产生不良影响。因此，关于社会主义市场经济体制的理论研究应当紧密围绕经济体制改革的目标要求展开深入探索。

在新时代发展并完善社会主义市场经济体制，不是一般地去完善，而是要能够同有效地推动供给侧结构性改革这一经济工作的主线相结合。在此过程中，就应从以下两方面着手探索加以解决。

一是关于完善产权制度的研究，以实现产权的有效激励。现代产权制度是社会主义市场经济体制的基石。完善产权制度是党的十九大报告确定的深化经济体制改革的重点之一。归属清晰、权责明确、保护严格、流转顺畅是现代产权制度的基本特征，其核心是产权保护。完善产权制度要着力加强产权保护。以公平为核心原则，依法保护各种所有制经济的产权和合法利益，依法保护各种所有制经济组织和自然人财产权。只有夯实这一基础，才能实现各种所有制经济依法平等使用生产要素，公平参与市场竞争。

二是关于推进要素市场化配置的研究，以实现要素的自由流动。加快建设和完善要素市场，是深化经济体制改革的又一重点。我国现代市场体系建设已取得长足进步，但与商品和服务市场相比，要素市场建设相对滞后，成为制约劳动力、土地、资金、技术、信息等要素自由流动的主要障碍之一。对于劳动要素，应当深化劳动力市场改革，以完善劳动就业法律制度为抓手，打破城乡、地域、行业分割和身份、性别歧视，依法保障平等就业，实现劳动力在城乡之间自由流动。对于资本要素，应当深化资本市场改革，把为实体经济服务作为金融体制改革的出发点和落脚点，全面提升金融服务能力和水平，同时加强宏观审慎管理制度建设，加强功能监管和行为监管，守住不发生系统性金融风险的底线，促进多层次资本市场健康发展。

第五章　价格改革理论

价格是市场机制的核心。在这种意义上，可以说，价格体制的变迁，即从计划价格向市场价格的演变过程，实质上就是中国 40 年的市场化过程。与苏东国家采取的“管住货币，放开价格”的改革战略（即“一夜之间”由计划转向市场）不同，中国在价格体制改革上选择的是渐进式改革。回溯整个价格体制改革历程，虽然市场化的趋势贯彻改革始终，但是，不同时期对于价格改革起点、改革步骤、改革路径以及改革中出现的问题如通货膨胀问题的认知与解决，都曾在学术界引起理论上的激荡。这些不同学术观点的碰撞，特别是来自经济实践的挑战，直接或者间接影响了决策者的改革思路，有时甚至决定着价格改革的战略部署和推进速度。

第一节　改革开放前的探索

一、市场价格让位于计划调拨

中华人民共和国建立之初，原来的市场价格机制继续在国民经济中发挥着支配性作用。由于此前国民政府长期实行通货膨胀政策、新中国成立初期国家财政困难而货币发行过多、市场投机加剧等原因，仅在 1949 年春到 1950 年春就发生了 4 次大的价格波动。物价猛涨、市场波动加剧，不利于社会生产的顺利进行和国民经济的恢复，导致流通秩序紊乱和各阶层人民生活的不稳定。在此背景下，当时既采取了紧缩货币、监督市场、打击投机资本等类似现代宏观经济调控的做法，同时通过统一全国财政收支、统一物资调动和统一全国现金管理等办法逐步开始价格的直接干预与计划化。在不到一年的时间里就遏制了旧中国连续 12 年的恶性通货膨胀，这样重大的胜利被毛泽东评价为“不下于淮海战役”①。

① 苏星．新中国经济史［M］．北京：中共中央党校出版社，1999：121.

到1952年国民经济恢复任务完成，通过没收官僚资本并将其改造为国营经济，初步确立了国营经济在国民经济中的领导地位。但“私人资本主义经济和个体经济的比重大，从全国来看，占支配地位的还是市场经济，国营经济主要是通过市场供求体现其领导地位”①。换言之，市场价格仍然在资源配置过程中发挥着主要作用。然而到了“一五计划”之后，特别是随着1956年对农业、手工业和资本主义工商业的社会主义改造基本完成，包括全民所有制经济和集体经济在内的社会主义公有制经济已经占到国民收入的93%，占到工业总产值的98.8%，占到社会商品零售总额的92.4%。多种经济成分并存的经济结构基本上转变为单一的公有制经济。与所有制公有化相适应的高度集中的计划经济体制也初步形成。原来国家调拨和市场价格的“双轨”基本上变成了直接计划和物资调拨“一轨”。到1956年，国家计委直接计划下达指标的产品达到380多种，计划分配的物资达到532种，通过市场渠道供应的钢材占钢材供应的比重只有8.2%。农产品采购计划部分占采购总额的比重达到70%左右②。这意味着，市场价格已经被以指令性计划、物资统一调拨、统购包销为特征的计划体制所代替。

在此过程中，面对经济运行过程中出现的短缺、矛盾、经济比例关系失衡等问题，决策层对于市场价格配置资源问题的特殊意义也有所认识。毛泽东在1956年发表的《论十大关系》著名报告、1957年2月发表的《关于正确处理人民内部矛盾》讲话中，都明确认识到，国家对国民经济统得过多过死造成了工人、农民和地方生产积极性下降，需要下放权力，调动他们的积极性。1956年党的八大报告甚至采纳了陈云提出的意见，即“在社会主义的统一市场里，国家市场是它的主体，但是附有一定范围内国家领导的自由市场，这种自由市场是在国家领导之下，作为国家市场的补充”③。尽管如此，此后发生的“大跃进”、人民公社化，再到“文化大革命”，使得计划体制虽历经短期“收放”调整但始终未受到根本触动，市场价格只在城乡居民消费的缝隙中存在，大部分产品的价格实际上充当着物资调拨的记账功能。

---

① 苏星．新中国经济史［M］．北京：中共中央党校出版社，1999：237.

② 苏星．新中国经济史［M］．北京：中共中央党校出版社，1999：250－251.

③ 陈云．陈云文选：第三卷［M］．北京：人民出版社，1995：13.

二、计划经济是否需要遵循价值与价格规律

中国在落后的生产力基础上开始的社会主义经济建设既需要理论的指导，也需要及时对经济实践成功经验和失败教训进行反思和理论概括。与之相适应，中国的经济理论和经济建设就是在理论与实践的相互印证过程中发展的。新中国成立之初，指导我国社会主义经济建设的思想无疑是马克思主义与中国实际相结合的产物，但是一个现成的经验借鉴则是社会主义苏联。当时苏联不仅建成了高度集中的计划经济体制，而且总结概括出了一套反映社会主义计划经济体制的理论体系，其表现之一便是斯大林的《苏联社会主义经济问题》（1952）。此后，1954年斯大林亲自指导苏联科学院经济研究所编写了《政治经济学教科书》，1955年第一版在中国翻译出版。该书很快成为指导包括中国在内的社会主义国家经济建设的重要指导思想之一。书中否定价格的本来含义，认为“社会主义的商品生产和流通仅限于个人消费品。劳动力不是商品，因此，工资不是劳动力的价格。社会主义的货币是计划国民经济、计算和监督商品生产和商品流通的工具。在商品流通中起决定作用的是国营和合作社形式的市场，其价格是有计划地规定的”①。

既然随着计划经济体制的确立，价格由国家计划制定，国民经济生活中起调节作用的价格以计划价格为主，那么，在社会主义经济中的计划价格制定和执行与商品经济条件下的价值规律是否还有关系？也就是说，计划价格的基础是什么？对这一客观现实提出的理论问题，虽然存在苏联教科书提供的答案，但是中国学术界基于经典理论和中国实际提出了一些不同的解答，实际上突破了《苏联社会主义经济问题》的框架。

1956年，时任国家统计局副局长的孙冶方先后发表《把计划和统计放在价值规律的基础上》《从总产值谈起》等文章，明确提出要把计划建立在价值规律基础上的观点。他认为，价值规律就是商品的价值由生产商品的社会平均必要劳动时间决定的规律。由于社会主义和共产主义社会也需要计算社会平均必要劳动时间，因而价值规律依然存在。在社会主义制度下要把计划放在价值规律的基础上，把商品经济条件下的盲目自发的规律变成自觉掌握的规律②。这样，社会主义计划经济也要自觉运用价值规律

① 吴敬琏．当代中国经济改革：战略与实施［M］．上海：上海远东出版社，1999：23.

② 孙冶方．把计划和统计放在价值规律的基础上［J］．经济研究，1956（6）.

的看法就被提到了空前的高度。1957 年，顾准在《试论社会主义制度下的商品生产和价值规律》一文中，明确了社会主义计划经济仍然要遵循价值规律。在他看来，社会主义经济是计划经济，其优点在于能够避免资本主义生产的无政府状态。但是，社会主义同样必须严格核算所费劳动与有用效果之间的关系。这样，全社会必须有统一的经济计划，与此同时，每个企业都要进行经济核算。所以，社会主义经济是计划经济和经济核算的矛盾统一体。实行经济核算，就要通过价格结构调节生产与流通。价格自然必须以价值为基础。这意味着，实行经济核算制的计划经济存在价值和价格。究其原因，在顾准看来，是因为社会主义生产虽然直接表现为生产使用价值，但是由于社会分工，个别产品的劳动消耗与社会平均必要劳动时间还不一致，由此决定了产品的个别价值和社会价值之间存在矛盾，这是社会主义计划经济也存在价值范畴的根本依据。既然社会主义生产仍然是价值生产，价值规律就依然发挥制约作用，价值规律就支配着价格的运动，无论是计划规定价格，还是经济核算制度自动调节价格，都要受到价值规律的制约。这样，社会主义计划经济特有的价值与价格的背离才不会太远，供需才能得到平衡。在当时的历史背景下，顾准成为第一个倡导在市场价格基础上对社会主义经济运动进行研究的经济学家①。

同一时期，仲津（于光远）认为，在社会主义制度下，价值规律和社会主义基本经济规律、国民经济有计划发展的规律相互作用，有时一致，有时也可能出现不一致的地方。关于价值规律和国家规定的计划价格的关系，他认为，产品价格是根据国家制定的价格政策，同时考虑供需状况，有目的地使它同价值一致或使它同价值发生程度不同的背离。在价格形成和运行过程中，价值规律的作用表现在：第一，尽管价格是国家规定的，但是价格是不能完全脱离价值的；第二，当价格和价值发生背离的时候，价值规律就会依据价格同价值背离的情形发生这样或那样的作用，产生这样或那样的结果；第三，在社会主义制度下，价格变化长期的总趋势是向着价格接近价值的方向前进②。薛暮桥指出，国家在决定商品价格的时候，要慎重考虑价值规律的作用，价值对于价格的决定作用表现在三个方面：①商品的价格主要决定于它本身的价值；②货币是衡量价值的尺度，货币价值的变化会引起商品价格的变化；③商品供求关系也在一定程度上影响

① 顾准．顾准文集［M］．贵阳：贵州人民出版社，1994：11－50.
② 仲津．社会主义制度下价值规律的作用问题［J］．经济研究，1958（2）．

商品价格。在他看来，国家制定价格政策的出发点有三个：一是价格政策要有利于促进生产发展，便利物资交流；二是有利于安定人民生活，合理调整各阶层人民生活水平，巩固工农联盟，并且保证国家得到适当的积累；三是有利于巩固和发展社会主义经济，特别是有利于社会主义计划市场，限制和打击私商的投机活动[①]。孙冶方在1961年发表的《关于等价交换原则与价格政策》一文中，具体分析了价格与价值背离的原因，并指出，等价交换的原则必须贯彻执行，价格政策必须以等价交换的原则为依据[②]。

三、计划价格与生产价格有关系吗?

马克思主义政治经济学原理告诉我们，在高度发达的资本主义经济条件下，价值会转化为生产价格，价值规律相应转化为生产价格规律。中国的社会主义经济建设是在半殖民地半封建的基础上开始的，小农、手工生产等落后的生产方式与建立在社会化分工基础上的大规模生产并存，在这样的背景下，价值是否会转化为生产价格？与这些相适应，国家制定的计划价格能否建立在生产价格的基础上？在此问题上，孙冶方认为，社会主义社会既然承认利润按照资金计算而不仅仅是按照产品成本计算，就必然承认生产成本即以部门平均成本加上平均资金利润率计算利润的基础地位，同时也只有承认了生产价格才能贯彻投资效果的计算[③]。杨坚白与孙冶方的观点一致，认为“社会主义经济是社会化的大规模经济。它是以劳动的高度社会结合、社会劳动分工的深化和社会生产各部门间的紧密联系为特征的。我们的社会再生产是在统一的计划指导下进行的；社会资金的来源是由国家经过统一的再分配而集中起来的；社会资金的使用是由国家根据社会需要而进行统一分配的；而在现代化生产中，劳动技术装备程度的高低，从而劳动生产率的高低，又是同资金占用量的多少分不开的。在这种情况下，每个部门都要先从社会总资金中领取国家分配给它的资金，然后才能进行生产。那么，各个部门在生产之后，除为社会提供一定数量的、满足社会需要的产品之外，也比例于占用社会资金的多少，为社会提

---

① 薛暮桥．价值规律和我们的价格政策［J］．红旗，1963（7）．

② 孙冶方．关于等价交换原则和政策［A］．//孙冶方经济文选［M］．中国时代经济出版社，2010.

③ 孙冶方．论价值——并试论“价值”在社会主义以至于共产主义政治经济学体系中的地位［J］．经济研究，1959（9）．

供相应的剩余产品。这不仅符合社会、国家和全体人民的利益，也无损于各个部门本身的利益。也唯有这样，才能保证社会资金的节约使用，促进社会再生产的不断扩大、国民收入实物量最大限度地增长，从而保证社会需要的进一步的满足。所有这些，不正是表明以生产价格为依据的价格形成，是内在于社会主义经济本身的客观要求吗?"①

一些人不同意这种观点，他们认为，社会主义价格的形成基础只能是价值，而不需要任何其他的转化形态。例如，何桂林等认为，平均利润和生产价格，完全是资本主义社会生产关系的产物，是资本主义经济特有的范畴；社会主义企业不是各自为政、相互竞争的经济集团，因此，就不会有体现竞争关系的生产价格。不仅如此，在他们看来，各部门的资金利润率实际上是没有可比性的，如果硬让它们成为可比的（按生产价格定价），那除了使价格不能真实地反映出产品的社会劳动消耗外，对于社会主义经济的发展起不到任何作用②。戴园晨也认为，国民经济有计划发展与将平均资金利润率作为经济的自动调节器存在矛盾，因为个别企业的赢利和整个社会的需要并非等同，在社会主义经济中，资金和利润并无必然联系③。

何建章等在批驳上述观点的基础上，进一步论述了社会主义经济中生产价格的合理性及其重要意义。在他们看来，社会主义经济中生产价格的形成，是受物质技术条件（主要是对劳动者的物质技术装备程度）在社会主义生产过程中起着日益重要的作用和社会主义社会化大生产的经济条件制约的。因此，为了在经济上承认物质技术条件在社会主义经济中的作用，要求价值转化为生产价格，以便通过生产价格使国民经济各部门创造的剩余产品，不是完全按照各部门活劳动耗费的多少，而是按照各部门的物质技术条件即资金占用量的多少进行分配。这样，物质技术条件好、资金占用量较多的部门，将获得较多的利润，体现了社会承认这些部门在提高社会劳动生产率方面的贡献。他们还论证了利用生产价格规律，在促进技术进步、协调部门关系、提高经济效益等方面的作用④。

与企业产品定价直接相关的一个问题是，生产资料特别是全民所有制

① 杨坚白．国民经济平衡和生产价格问题［J］．经济研究，1963（12）．

② 何桂林，薛仲章，彭贞媛．生产价格不能成为社会主义价格形成的基础［J］．经济研究，1964（4）．

③ 戴园晨．评生产价格和平均资金利润率论［J］．经济研究，1964（9）．

④ 何建章，张玲．试论社会主义经济中的生产价格［J］．经济研究，1964（5）．

企业生产的生产资料是否是商品、是否有价格，进而价格是否以价值规律为基础。按照苏联社会主义政治经济学教科书，全民所有制企业间调拨的生产资料是物资而不是商品，它虽然保留了商品的形式，具有价值进而价格的外表，但是实质上已经超出了价值规律的作用范围。一些学者据此认为，国营企业虽然彼此独立，但是并不归不同的所有者所有，因此它们不是为了交换而生产，所生产的生产资料不是自由买卖的对象，而是由国家统一地有计划地进行生产和分配，因此不再是商品，只是为了估价和经济核算才保留了价值形式，也就是保留了商品形式①。漆琪生则将国营企业间交换的生产资料具体分为三类，其中计划调拨的物资由于只接受国家指令计划的严格控制，因此这部分生产资料的商品性异常微弱；国家统一收购的产品商品性较大；企业自产自销的产品商品性最大②。

与此同时，也有一些学者跳出了苏联范式的框架，探讨了生产资料的商品属性及其价格问题。例如，1957 年，南冰和索真认为，从各个国营企业之间的相互关系来看，它们本来都是属于全民所有即国家所有的，它们之间的相互关系是社会主义全民所有制经济的内部关系。但是，在实行经济核算制条件下，各个企业都在经济上、业务上具有了独立性。各个国营企业还要彼此当作不同的相对独立的经济单位来相互对待，还要“亲兄弟，明算账”。所以，生产生产资料的企业和需用生产资料的企业之间的相互关系就还必须采取由一个企业把生产资料卖给另一个企业的关系。这种生产资料在国营企业之间的买卖关系，正是反映了特殊的商品关系③。他们还探讨了生产资料的价格问题，认为价格是否高于价值，虽然可以作为衡量生产资料价格水平高低的标准，但是更重要的是要看其对于经济生活和经济实践的影响④。骆耕漠则认为，成本构成生产资料价格的基础。生产资料价格是否合理，不仅取决于价格和价值的关系，更重要的是取决于社会主义基本经济规律和国民经济有计划按比例发展规律在各种具体情况下的具体要求⑤。

---

① 王思华．我对社会主义制度下商品生产和经济法则的几个问题的一些看法［J］．经济研究，1959（1）．

② 漆琪生．社会主义制度下商品的实质和特征［J］．经济研究，1959（5）．

③ 南冰，索真．论社会主义制度下生产资料的价值和价值规律的作用问题［J］．经济研究，1957（1）．

④ 南冰，索真．论生产资料价格问题［J］．经济研究，1957（2）．

⑤ 骆耕漠．关于生产资料的低价政策问题［J］．经济研究，1957（3）．

四、农产品价格和工农业产品价格剪刀差

与工业生产资料主要由国营企业生产并根据国民经济计划在不同部门间调拨不同，农产品由分散在全国各地的农民生产，即使实行包括粮油等农产品统购统销的政策，但在部分地区、部分环节也一直存在农民利用余粮进行的贸易，例如，一些乡镇集市就一直存在。由于农产品不仅是人们必不可少的基本生活资料，还是部分工业的重要原材料，因此，农产品的价格形成及其高低不仅直接影响着人们的生活，而且，当时利用工农业产品价格“剪刀差”促进工业积累与国民经济发展的方式已经出现。这些问题无疑都引起了学界的重视。

关于农产品的价格，主要是围绕由什么等级的土地和生产条件决定而展开的问题。余霖（薛暮桥）认为，农产品价格应该按照它们的平均劳动消耗决定，而不是按劣等地的劳动消耗定价。因为如果后者决定农产品价格，工业部门的生产成本就将显著提高，盈利将减少[①]。刘光杰认为，农业生产既然和工业品一样由国家计划调节，不存在自由竞争，也不受平均利润的调节，因而不应该根据劣等地农产品定价，不允许农产品有虚假的社会价值存在，否则会加重国家和消费者的负担，而且在工农业产品之间形成一种事实上的不等价交换[②]。与这种观点相反，汪涛和粟联认为，即使在社会主义条件下，也存在产生级差地租的自然和经济条件，因此制定农产品价格时必须考虑级差地租，按照劣等地生产条件下生产农产品的劳动耗费（部门成本）和合理利润制定农产品的收购价格。这是一种客观的必然性[③]。介于两种观点之间的一种观点认为，社会主义农产品价格应该按照中、劣等土地的平均生产条件来决定，这样，与按照中等地和劣等地农产品定价相比，优等地和劣等地生产的农产品价格不至相差太大，这样，经营这两种土地的农业经营者的积极性不仅不会受到影响，反而会促进他们发展生产的积极性[④]。

关于当时已经显现出来的工农业产品价格的“剪刀差”问题，孙冶方认为，在一定时期内，国家可以有意识地利用工农业产品价格的“剪刀差”来增进工业积累和对国民收入实行再分配。但是，这种价格“剪刀

---

① 余霖．级差地租和我们的价格政策［J］．经济研究，1964（6）．

② 刘光杰．我国社会主义制度下农产品社会价格的决定问题［J］．江汉论坛，1962（6）．

③ 汪涛，粟联．关于社会主义级差地租产生原因的探讨［J］．经济研究，1962（2）．

④ 谢佑权．关于农产品价格的决定问题［J］．中国经济问题，1962（6）．

差”是农民负担的一种隐蔽税收，它的隐蔽性使得国家和农民都不清楚农民到底为国家积累做出了多大的贡献，因此，要逐步实现工农业产品的等价交换，改变农民向国家积累的这种隐蔽形式，转而实行农业税①。

这些正确主张虽然为改革计划经济体制和计划价格提供了初步的理论依据，但是，在当时的时代背景下却遭到了批判，甚至被戴上修正主义的帽子。从1965年以后直到“文化大革命”，正常的理论探讨被中断了。

第二节 价格改革的启动：以调为主

一、价格改革的启动：以农产品为突破口

由于长期实行高度集中的计划经济体制，特别是对农产品执行统收统销政策，我国农业生产发展极其缓慢，1951—1976年，我国粮食生产每年只增加1.8%，每人平均食用油产量甚至出现下降，1953年为2.5公斤，到1976年降到了2公斤。1957—1977年，每个农民每年收入仅增长2元。另一方面，工农业产品比价不合理、不利于农产品的价格“剪刀差”现象极为严重。1975年左右，农产品价格低于价值的幅度达到25%～30%，工业品价格高于价值的幅度则达到15%～20%。农产品价格偏低，有些地区农产品价格甚至低于成本，这必然严重影响农民的利益，农民的生产积极性和扩大再生产的能力严重不足，收入增长缓慢。为了缓解农产品供应不足的窘境，当时国家甚至不得不从国外进口农产品②。对于农业人口占总人口比重达80%、农产品及其加工品占消费品供应总额70%左右的中国而言，农业发展如此缓慢、农民温饱问题都无法解决的情形显然是不能持续的，尤其是经过十年动乱，到了1976年，国民经济实际上已经到了崩溃的边缘③。面对严峻的农业、农村和农民问题，1977年，邓小平指出：“从长远来说，要注意农村问题。随着工业生产的发展，要逐步缩小‘剪刀差’。将来要考虑提高粮价。”④ 1978年，党的十一届三中全会决议明确，必须集中主要精力把农业尽快搞上去，并制定了提高农产品收购价格、缩

---

① 孙冶方．关于等价交换原则和价格政策［A］．//孙冶方文集选［M］．北京：中国时代经济出版社，2010.

② 成致平．价格改革三十年［M］．北京：中国市场出版社，2006：640.

③ 成致平．价格改革三十年［M］．北京：中国市场出版社，2006：616.

④ 中共中央文献研究室．邓小平年谱［M］．北京：中央文献出版社，2004：241.

小价格“剪刀差”的决策。1979 年开始了农村家庭联产承保责任制为核心的经济体制改革。与此同时，国家有计划地以调整价格结构为主要改革方式，大幅度提高农产品收购价为核心的价格改革也正式开始，该过程一直持续到 1984 年。这一时期的价格改革主要包括以下内容。

首先，为了改变不合理的农产品价格结构，大幅提高农副产品收购价格。1979 年，粮食统购价格提高了 20%，超购部分在此基础上再加价 50%，其他主要农产品收购价格也适当提高。先后 6 次进行较大规模的价格调整。其中包括：提高粮食、油料、棉花、糖料等 18 种农产品收购价格，比上年平均提价 24.8%，销售价格没有变动。增加了国家的价格补贴，使价格“剪刀差”明显缩小，增加了农民收入，对农业增产起到了重大的促进作用。提高猪肉、牛肉、羊肉、禽类、鲜蛋、牛奶、水产品、蔬菜 8 类副食品收购价格和零售价格 30% 左右；1981 年提高烟酒厂销价格；1982 年放开工业品中 100 种小商品价格，以后逐年扩大放开品种范围；1983 年提高棉布价格，同时降低了涤棉布和部分轻工业品的价格，有升有降调整纺织品价格。调整了煤炭、化肥、水泥等部分生产资料的价格。

其次，这一阶段，在价格管理体制方面做了某些探索性的改革，主要是从 1980 年起，对三类农副产品和完成交售任务的一、二类农产品价格由国家定价逐步放开，扩大议价购销比重；中央对地方下放了部分价格管理权限，分三批逐步放开了小商品价格和部分农产品（主要是三类土特产品）的价格，对部分机电产品试行浮动价格，允许企业在国家规定的幅度内自主灵活定价①。

二、价格改革目标和路径的论争

这一时期实施的以调为主的农产品价格改革，表面上反映为提高农产品国家收购价格、缩小工农业产品价格剪刀差，但是实质上反映了对于高度集中的计划经济体制的反思以及对市场调节作用的再认识。1978 年的理论务虚会议上，孙冶方重申了他的“千规律，万规律，价值规律第一条”的思想，强调即使计划经济也必须遵循客观的价值规律。当年 10 月，胡乔木在中央经济工作会议上的讲话中，强调搞经济工作必须按经济规律办

① 刘家声．社会主义市场价格新体制［M］．兰州：甘肃人民出版社，1995：15.

事。按照经济规律办事，就是按价值规律，按供求规律办事①。显然，这里对供求规律的重视在一定程度上已经超出了计划经济体制范围。1979年，邓力群在国家经委企业管理研究班上的讲话中也提道："我国现在的经济是商品经济……发展商品经济，就要尊重商品经济的规律，按照价值规律办事，这是发展商品经济的前提和基础"。"整个生产领域都应该进行商品生产。""消费资料是商品，生产资料也是商品。""计划和价值规律不是相互矛盾的，而是可以相互协调的。"②

在决策界寻求突破计划经济体制束缚、推进市场调节功能的同时，学术界相当一部分学者认可计划和市场相结合，社会主义经济是商品经济的观点。卓炯第一个尖锐地批评了"计划经济为主，市场调节为辅"的观点。在他看来，"以计划经济为主、市场调节为辅的问题，实质上还是把计划经济和市场对立起来，好像计划经济是排斥市场的，而市场经济是没有计划的。这种看法也是不符合马克思的基本原理的"③。刘明夫也提出，我国社会主义经济是社会主义商品经济④。刘家声对于传统计划经济下的"计划第一，价格第二"的提法和做法提出了尖锐的批评，认为"计划第一，价格第二"的提法使人容易轻视价值规律及价格的作用，容易把价值规律的作用看作是次要的、可有可无的，容易忽视价格工作，从而造成许多恶果。主要有：①影响国民经济的有计划按比例发展；②助长了不讲经济核算的做法；③造成了产销脱节、产品积压；④助长了经济工作中的官僚主义、命令主义和瞎指挥⑤。但是，对于二者关系也存在不同的看法。董辅礽就计划调节和市场调节的关系提出："我自己认为调节只能是一个调节，而不是两个调节，就是有计划利用市场来调节。计划调节是借助市场进行的，不是无计划的、无政府主义的。"⑥

1979年3月，陈云在名为《计划与市场问题》的讲话提纲中谈道："六十年来无论苏联或中国的计划工作制度中出现的缺点：只有'有计划按比例'这一条，没有在社会主义制度下还必须有市场调节这一条。所谓市场调节，就是按价值规律调节，也就是经济生活中的某些方面可以用

---

① 胡乔木．按照经济规律办事，加快实现四个现代化［N］．人民日报，1978-10-06.

② 邓力群．商品经济的规律和计划［J］．经济研究参考资料，1979（118）．

③ 卓炯．破除产品经济，发展商品经济［J］．学术研究，1979（4）．

④ 刘明夫．社会主义经济的经济形式［J］．经济研究，1979（4）．

⑤ 刘家声．对"计划第一、价格第二"提法的商榷（未定稿），1979.

⑥ 董辅礽．关于经济改革［A］．经济体制改革研究：上［M］．北京：经济科学出版社，1994：40-42.

‘无政府’，‘盲目’生产的办法来加以调节。”“整个社会主义时期经济必须有两个部分：①计划经济部分（有计划按比例的部分），这部分是基本的、主要的部分；②市场调节部分（即不作计划、让它根据市场供求的变化进行生产，即带有‘盲目’性调节的部分），这部分是从属的、次要的，但又是必需的。……忽视市场调节部分的一个后果是忽视价值规律。”[①] 这一提纲指出了在保持国民经济有计划按比例发展的同时，要利用反映市场供求关系的市场调节促进社会主义经济发展的功能。尽管如此，直到1982年，国家基本上还是实行计划经济为主、市场调节为辅的体制模式。

关于计划和市场关系的争论自然影响了对于价格形成机制的看法。有些学者主张“市场调节”，认为价格要反映供求关系的变化，在市场交换中自发形成。也就是说，将市场价格体制作为价格改革的目标模式。调整价格和影子价格、浮动价格等只能作为过渡形式加以利用。他们认为，由于改革之初价格结构严重扭曲，因此，为避免一下子全面放开价格带来利益关系的剧烈变动和增强价格改革的可控性，需要采取逐步调整价格的办法，参考影子价格及利用浮动价格等，这是无可非议的。但要看到，调整价格有其固有的缺陷，调价可能使一时的价格关系顺一些，但因为没有改变价格形成机制，过不了多久，由于供求关系等因素变化，原来比较顺的价格关系又不顺了，出现新的扭曲。所以，单靠调整价格是永远理不顺价格关系的。只有实现价格形成机制的转换，即放开价格让市场调节，建立市场价格体制，才能从机制上保证理顺价格关系，保证形成比较合理的价格结构[②]。

80年代中期，理论界推荐测算影子价格，有的经济学家夸大影子价格的作用，企图通过采用决策价格体系来理顺价格关系。尽管理论界出现了“价格水平的确定要更多考虑市场调节”的声音，例如，1982年8月举行的“苏联东欧经济体制改革座谈会”，就用了大量时间讨论“计划调节和市场调节”问题。但是，这一阶段对价格水平如何确定存在较大分歧，而且当时无论在理论上还是现实政策上，“计划调节”都战胜了“市场调节”。

---

① 中国经济体制改革研究会编写组．中国改革开放大事记（1978—2008）［M］．北京：中国财政经济出版社，2008（20）．

② 张单元．评近年来关于价格改革若干问题的争论［J］．中南财经政法大学学报，1987（4）．

第三节 价格改革的深入：价格双轨制与价格闯关

经过5年左右的价格调整，到了1984年，农业总产值同1979年比较，增长了67.5%，工业总产值增长了66.6%。农民人均年收入达到355元，比1978年的134元增长了1.6倍。这在一定程度上促进了“短线”产品的生产，原来行业间、产品间很不协调的状况开始有了改善。在国民经济恢复性增长特别是农业迅速发展的同时，由于价格体系存在的结构性矛盾，如统购价格与市场价格的矛盾，工农产品、工业产品内部、服务业等不合理比价没有得到根本性解决，出现了几个新问题：一是通货膨胀。在提高农副产品购销价格的同时，为了保障城镇职工实际工资和生活水平不变，相应提高了职工的价格补贴。这两者无疑都提高了价格水平。二是主要农产品的购销价格倒挂，造成政府财政负担加重。当时实行的政策除了统购价格以外，对于愿意卖给国家的粮食实行不低于统购价的超购价收购。从1979年到1984年，随着农业的发展，这部分按照超购价收购的粮食占比由37%上升到了71%。在城镇的销售则低于购价，比如1公斤粮食要赔0.2元。这样，粮食超购价收购再加上之外的其他农产品价格补贴，导致财政补贴负担由1978年的324亿元上升到1984年的2 092亿元。三是由于政府统购包销压抑了市场渠道，出现了卖粮难问题。1984年粮食丰收超过4亿吨大关后，这一问题加重了。四是不同商品之间比价不合理的问题没有得到根本改观。同类产品比价不能有效反映产品的质量和技术差异；工业制成品和原材料价格差异较大，后者远低于前者；第三产业部分行业收费偏低；原来认为调得比较合理的比价，不出几年又回归至原来的状况，即出现了所谓“比价复归”。例如，工农产品的比价指数（反映“剪刀差”大小的一种数据），1979年比上年缩小了14.2，两年以后又恢复到1978年的状态。这表明仅仅依靠调整价格，并不能真正理顺价格关系。换言之，价格改革的思路需要进一步探讨。

一、莫干山会议与价格双轨制（1984—1988）

在此背景下，特别是经济体制实行“计划经济为主，市场调节为辅”的特定历史时期，一些学者依据包括西方经济学在内的理论，对价格改革方式进行了深入探讨。例如，张维迎在发表于国务院技术经济研究中心“内部资料”《专家建议》的《以价格体制的改革为中心，带动整个经济体制的改革》一文，首次提到了双轨制价格的概念。在他看来，“价格体制改革的具体办法，可以参照农副产品价格改革的办法，实行双轨制价格，旧价格用旧办法管理，新价格用新办法管理，最后建立全新的替代价格制度。与价格调整相比，价格改革是一个连续的逼近过程。问题不在于第一步是否达到合理，而在于每一步是否都在趋向合理”[①]。为了将改革的探索引向深入，为中共即将召开的十二届三中全会制定经济体制改革战略提供决策参考，一些中青年经济学者决定召开一次“中青年经济科学工作者学术讨论会”。在当时，由中青年经济学者民间主办这样一个全国性的学术会议是非常困难的，于是采取了由《经济学周报》《经济日报》《世界经济导报》《经济效益报》《中国青年报》《中国村镇百业信息报》《中国青年》杂志以及中央人民广播电台、浙江省社会科学院和浙江省经济研究中心等10家单位联合发起的方式，将会议名称定为“全国首届中青年经济科学工作者学术讨论会”。会议于1984年9月3日至10日，在浙江省德清县莫干山召开，因此又被称为“莫干山会议”。这次会议坚持“以文选人”的原则，选择文章不讲学历、职务、职称和关系，从1 300篇文章中选出124篇文章，其作者作为代表参会。会议对价格改革、对外开放、企业改革、金融体制改革和农村经济问题等多个议题进行了集中讨论。其中，关于价格改革战略问题是讨论最热烈、也最富有成果的专题[②]。

虽然与会学者都意识到价格体系改革的必要性和紧迫性，但是，围绕价格改革的目标和改革路径形成了三种观点。一种观点以国务院价格研究中心的田源为代表，他们坚持劳动价值论是价格的基础，认为社会主义价格体制既不是全面管制的价格，也不可能是完全自由的价格体制。“价格改革的目标模式大致是：以计划价格为主体，其中包括统一定价和浮动价格，其他的不适合纳入计划价格的放开为自由议价”[③]。他们坚持以计划价格为主体的同时，要放开部分价格。就价格改革的方式，他们认为：“改革不合理价格体系的对策，自然应该是除了那些可以放开的价格以外，通过有计划地调整价格的办法，逐步解决。”国家能够有计划地调整解决价格体系中初级工业品和消费品价格不合理的问题，因此应该“大步调整”。

---

① 转引自张曙光．中国经济学风云史：上卷［M］．八方文化创作室，2016：444－445.

② 张卓元，等．新中国经济学史纲（1949—2011）［M］．北京：中国社会科学出版社，2012：180.

③ 田源、陈德尊．关于价格改革思路的思路［N］．经济日报，1984－09－29.

周小川、楼继伟和李剑阁在提交会议的论文《价格改革无需增加财政负担》中，主张“小步快调”，认为要不断校正价格体系，减少价格改革过程的震动，逐步逼近市场均衡价格。这种观点一般被称之为“调放结合，以调为主”的思路，又被称之为“调派”。

另一种观点则以张维迎为代表，他们以西方经济学的“均衡价格理论”为基础，认为中国经济体制改革的基本目标是将计划建立在价值规律的基础上，导入市场机制。因为市场机制的核心是价格，价格体制的改革过程实际上就是市场机制的形成过程。与前一种主张以“调”为主的价格改革思路相反，张维迎提出，改革价格体制，就是有计划地放活价格管制，逐步形成灵活反映市场供求关系的平衡的价格体系①。由于这种观点更为侧重放开价格，所以被称之为“调放结合，以放为主”的思路，又被称为“放派”。

会后，由田源执笔发表在 1985 年《经济研究参考资料》第 52 期上的《附件 1：价格改革的建议之一》一文，对这两种观点进行了概括，指出当时价格改革主要想解决两个问题，一是以提高采掘工业品价格为中心，改革工业品价格体系；二是以解决农产品价格倒挂和补贴过多为中心，调整消费品价格和公用事业收费。围绕这些问题，第一种主张“调放结合，以调为主”的思路，认为能源、原材料等短线工业品价格应由国家统一调整，加工工业品，价格可分别实行浮动价、议价和自由价。具体调整方法又分为小调和中调两种路径。第二种主张坚持“调放结合，先放后调”的思路，认为先取消供求平衡或者供过于求的部分加工工业品，如一般机械、轻工、纺织品等的指令性计划，放开其价格，实行浮动价或议价；同时逐步取消平价供应的煤、钢材等的指令性计划。

在上述两种观点激烈交锋的过程中，产生了主张“调改结合”的第三种观点，这种观点的代表人物是华生、何家成、张少杰、高梁和蒋跃。他们认为：“价格改革完全可以而且应当利用当前生产资料自销比例扩大、价格松动这一不可逆转的改革趋势，因势利导，有意识地破除各种行政干预和对非统配物资流通的价格管制，国家物资企业参与市场经营，真正建立除物资调拨系统外的生产资料市场，使牌价外的多价归一，造成市价平稳下浮态势。在此基础上通过国家有计划地内调牌价向上，使两者靠近，达到价格体系的合理化，进而形成统一计划价、浮动价、指导价、自由价

① 张维迎．价格改革体制是改革的中心环节［N］．经济日报，1984－09－29.

各司其职、协调运动的价格管理新体制。”① 通过客观上已经形成的生产资料双轨价格，自觉利用双轨价格使计划价格和市场价格逐步靠拢，在过程中，逐步缩小生产资料的计划统配的物资部分，扩大市场自由调节的部分，最后达到两个价格统一。他们的观点集中体现在由华生执笔、同样发表在 1985 年《经济研究参考资料》第 52 期的《附件 2：价格改革的建议之二》中。该附件指出，价格改革面临着价格体系（即比价）的调整和价格管理体制本身的改革（即缩小固定价、扩大浮动价和自由价比重）的双重任务。总体价格改革思路应该坚持因势利导，外改内调的原则，“进一步扩大工业品进入市场的比重，真正建立除物资调拨系统外的物资市场。……各级物资部门也要实行双轨制……真正形成指令性计划与指导性计划分别控制的双轨制市场”②。

会后，价格讨论组主持人徐景安执笔撰写了《报告之一：价格改革的两种思路》，并送到了中共中央领导的手中。华生就生产资料双轨制的价格改革思路向中央领导张劲夫进行了专门汇报。1984 年 9 月 20 日，张劲夫做出批示：“中青年经济工作者讨论会上提出的‘价格改革的两种思路’，极有参考价值。”10 月 10 日，赵紫阳批示：“‘价格改革的两种思路’很开脑筋。总题目是如何使放调结合，灵活运用；因势利导，既避免了大的震动，又可解决问题。广东的从改物价管理体制入手，江苏乡镇企业走过的路，协作煤价的下浮，及粮棉油大量搞超购价的结果带来了比例价，都实质上是放调结合的成功事例。”1984 年 10 月，中共十二届三中全会《中共中央关于经济体制改革的决定》指出：价格体系的改革是整个经济体制改革成败的关键。强调在调整价格的同时，必须改革过分集中的价格管理体制，逐步缩小国家统一定价的范围，适当扩大有一定幅度的浮动价格和自由价格的范围，使价格能够比较灵敏地反映社会劳动生产率和市场供求关系的变化，比较好地符合国民经济发展的需要。这就对中国价格体系和价格管理体制的改革确定了一个粗略的目标，首次把价格改革提到了应有的重要地位，市场力量的作用大大增强了。

1984 年 12 月 24 日，中共中央书记处批复同意《国务院物价小组关于 1985 年价格改革方案的汇报提纲》。1985 年 1 月，国家物价局、国家物资局发布《关于放开工业品生产资料超产自销产品价格的通知》。4 月 12 日，

---

① 华生，何家成，蒋跃，等．论具有中国特色的价格改革道路［J］．经济研究，1985（2）．

② 张曙光．中国经济学风云史：上卷［M］．八方文化创作室，2016：454 - 455.

国家物价局局长成致平在电视讲话中公布了1985年的价格改革方案，指出："1985年价格改革的基本方针是：放调结合，小步前进。就是放活价格与调整价格相结合，走小步子，稳步前进。"至此，莫干山会议提出的"放调结合"的思路被决策层采纳。到1986年年底，国家计委下达的工业指令性计划产品从120种下降到60种，国家统配物资由256种下降到26种。农副产品、工业消费品和生产资料实行浮动价和市场价的比重分别达到65%，55%和40%。计划价格与市场价格并存的价格双轨制成为这一时期中国资源配置的基本方式。这是"中国转型中产生的创造性的制度，具有既增进效率又是帕累托改进的独到特征"①。

那么，一种商品的运动，为什么要接受计划和市场两种机制的调节？原因是复杂的。从表面上看，这是渐进式价格改革引起的体制现象，是计划价格模式转向市场价格模式必然采取的过渡形式；从深层看，这是生产力水平较低，商品不够丰富，存在着短缺，不得不采取的一种办法。在这种条件下，如果放弃计划价格，全部实行市场价格，必然出现价格总水平的全面持续大幅度上升，价格改革就无法进行下去，整个国民经济将陷入混乱②。换言之，价格双轨制避免了经济混乱和恶性通货膨胀③。因为价格双轨制允许价格在一个较长时期内逐渐上升，同时，它通过鼓励生产的方式减缓了供给方面的通货膨胀压力④。具体而言，当面临双规制价格时，"企业无论是增加或减少生产产品或投入品，其增减变化部分的价格实际是按市场价格计算的。也就是说，企业计划外每增产一个单位的产品，就可以获得一份按市场价格出售这部分产品的收益；而每节约一个单位的原材料耗费，就等于少到市场买一份市价原材料，从而也等于按市价获得一份节约收益。于是，企业在进行生产决策时，可以按市场价格而不是按牌价对自己的增产和节约进行评价。这也就同时意味着，市场价事实上已对企业的边际产出和投入发生了决定性作用，通过这种边际作用，形成了调整短期供求的信号和影响力量"⑤。通俗地讲，"以双轨制为特征的'边界改革'的经验正在于，国有部门在计划外边界上通过对价格信号做出反应

---

① 热若尔·罗兰. 转型与经济学［M］. 北京：北京大学出版社，2002：148.

② 杨圣明，李军. 价格"双轨制"的历史命运［M］. 北京：中国社会科学出版社，1993：17.

③ 姚洋. 作为制度创新过程的经济改革［M］. 上海：格致出版社，2008：177.

④ 姚洋. 作为制度创新过程的经济改革［M］. 上海：格致出版社，2008：184.

⑤ 刁新申. 价格：双轨制的作用和进一步改革的方向［A］. //中国经济体制改革研究所综合调查组. 改革：我们面临的挑战与选择［M］. 北京：中国经济出版社，1986：47－48.

去捕捉获利机会要比突然被私有化的国有部门去对经济扭曲和短缺做出反应更迅速”①。结果，它使中国实现了从经济计划向市场调节的相对平稳转变②。

二、一次激进式并轨实验——1988 年“价格闯关”

伴随着生产资料价格双轨制的实施，无论是工业生产资料还是农副产品，国家定价、国家指导价的范围都在缩小，市场调节的部分在不断加大。与 1985 年相比，1988 年，在社会商品零售总额中，国家定价的比重由 47% 下降到 28.9%，国家指导价和市场调节价的比重由 19% 和 34% 上升到 21.8% 和 49.3%。在农产品收购总额中，国家定价的比重由 37% 下降为 24%，国家指导价和市场调节价的比重由 23% 和 40% 变为 19% 和 57%③。一段时期内，价格双轨制促进了生产的发展，提高了农民的收入，不断引导产品结构和消费结构趋向合理化，也使得计划外的市场机制逐步培育起来。但是，由于“价格结构还不尽合理，部分基础产品价格偏低，少数主要商品购销价格倒挂；价格管理体制的改革尚未完成，价格形成机制不完善”等原因④，也引发了一系列问题：一是双轨价格存在的差价诱发计划内低价产品转计划外高价格获利的“官倒”“私倒”和寻租问题盛行，不仅扰乱经济秩序、造成经济混乱，而且推动了价格上涨。例如，冷轧薄板、铝、纯碱和烧碱每吨平均市价比计划价格高 4.3，3，2.1 和 4.2 倍。铝锭每吨国家定价 4 000 元，最高限价 6 800 元，但是经过倒买倒卖之后，加工企业购买市价达到 16 500 元⑤。二是价格双轨制特别是原材料价格的提高，加上同期固定资产投资摊子过大和货币供应量增速明显，通货膨胀日益加剧。全国零售物价总指数连年上升，1984 年为 2.8%，1985 年上升到 8.8%，到 1988 年猛增至两位数达到 18.5%。通货膨胀成为社会普遍关注的问题。三是价格体系存在的痼疾即比价不合理重新反弹甚至恶化，价格的结构性矛盾未能得到根本解决，计划价格和市场价格的并轨未能实现，有些产品的价格差异甚至短期内出现了扩大。1988 年，工业品中的生产资料价格上升 13.7%，生活资料价格上升了 17.2%。1989 年，全

① 张军．“双轨制”经济学：中国的经济改革（1978—1992）［M］．上海：上海三联书店，2006：286.

② 姚洋．作为制度创新过程的经济改革［M］．上海：格致出版社，2008：177.

③ 张卓元．论中国的价格改革［J］．安徽大学学报，1992（2）．

④ 成致平．价格改革三十年［M］．北京：中国市场出版社，2006：650.

⑤ 张曙光．中国经济学风云史：上卷［M］．八方文化创作室，2016：557.

国零售物价指数上升17.8%，农副产品收购价格上升15%，农村工业品零售价格上升了18.7%[①]。1989年与1987年比，重要生产资料出厂价格计划内外价差率（计划外价格高出计划内价格的百分点），统配商品煤由122.9%扩大到263.1%，扩大了140.2个百分点；电解铜由4%扩大为12.1%，扩大了108.1个百分点；铝锭由39.5%扩大为98.3%，扩大了58.8个百分点；统配木材由14.9%扩大为19.7%，扩大了53.8个百分点[②]。

针对经济体制改革和国民经济发展中出现的问题，一些学者开始反思改革的路径问题甚至质疑价格改革的优先性和中心地位。换句话说，改革的突破口和出路是不是不在价格？价格双轨制造成的结构性矛盾和通货膨胀问题，特别是由于后者直接影响国民经济的发展和人民的生活水平与感受，引起了极大关注。理论界的纷争构成了当时价格体制改革的一个重要理论背景。

第一，价格体制改革在整个经济体制改革中的地位问题。厉以宁认为，经济体制改革的关键不是价格改革，而是所有制改革，应该以所有制改革为主线，由承包制走向股份制，然后再分阶段改革价格，随后达到全面放开价格，由双轨价格变为单一市场定价。他从改革产生的心理效应、试点可能性、主动性、改革后果等多个方面阐释了所有制改革相对于价格改革的优先性[③]。同时以北京大学课题组的名义强调指出，以所有制改革为主线是从中国国情出发的。这是因为，“我国经济处于非均衡状态，即市场不完善，信息不畅通，资源短缺，价格不能起到充分调节经济的作用。在这种非均衡体系中，主要应使企业变为自主经营、自负盈亏的商品生产者，使企业成为独立的法人，成为真正的企业。另外，政府的行为是非理想化的”[④]，无法将价格调整到应有的水平。

对于这种看法，当时出现了诸多不同意见，其中，张卓元对厉以宁提出的理由逐条进行了反驳，比如，厉以宁认为，价格改革给人们带来负面的心理效应的看法与实际并不相符[⑤]。张卓元坚持价格改革在经济体制改革中的关键地位。在他看来，“我们改革传统的经济体制，是要实现向有

---

① 成致平，价格改革三十年［M］．北京：中国市场出版社，2006：651.

② 马凯．我国价格改革历程中值得认真总结的一页［J］．价格理论与实践，1992（2）．

③ 厉以宁．先改价格还是先改所有制［J］．价格理论与实践，1987（1）．

④ 厉以宁．价格改革为主还是所有制改革为主［J］．金融科学，1988（2）．

⑤ 张卓元，边勇壮．价格改革仍然是经济体制改革的关键［J］．成本与价格，1987（1）．

计划的商品经济的转化。而在有计划的商品经济的运行中，价格的导向作用将具有决定性的意义。这样，建立合理的价格体系，就成为建立合理的生产和消费模式、实现社会经济效益最大化的关键。正是在这个意义上，实行价格改革，以便建立合理的价格体系，自然就成为整个经济体制改革的关键"①。吴敬琏等也坚决反对企业改革的单项突进，认为自主经营、自负盈亏的企业不能与竞争性的市场相割裂而存在。任何改革离开了价格、财政、税收的配套政策，都无从谈起②。由于价格扭曲，信号失灵，市场机制无法有效地发挥作用，企业作为独立的市场主体要求的市场环境无法形成，无法引导资源的有效配置，因此整个经济体制改革应该以价格改革为中心，辅之以财政、税收和金融等方面的配套改革，为改革提供宽松的经济环境，企业改革则可以稍后一些③。

介于这两种观点之间的看法则主张价格改革与企业改革不存在谁先谁后的问题，而是应该协调进行。戴园晨认为，理顺价格和提高企业对价格信号做出反应的灵敏度，是一环套一环地联系着的，所以提出价格是经济体制改革的关键是欠妥的。如果想排列价格改革与所有制改革的位次，那么，在价格扭曲的状况下，不可能使企业都做到自主经营和自负盈亏，因此，片面强调所有制改革优先也是行不通的。张维达认为，价格改革是经济体制改革的有机组成部分，整个经济体制改革是一项配套改革的系统工程。因此，价格改革必须和财政、税收、工资和经济杠杆改革相配套，与宏观调控能力、计划体制、企业经营方式改革协同进行④。1987 年 12 月，刘国光在国家体改委的一次研讨会上提出“双向协同，稳中求进”的改革思路。与主张单纯以价格改革为中心或单纯以所有制改革为关键的改革思路不同，“稳中求进”的改革思路主张按“企业—所有制改革和市场—价格改革”的“双向协同”配套原则，稳步地、渐进地推进。

第二，通货膨胀成因与治理问题。由于 1988 年下半年经济过热现象的出现，通货膨胀问题成为宏观经济理论研究的热点，形成了通货膨胀研究

① 张卓元．评近年来关于价格改革若干问题的争论［J］．中南财经政法大学学报，1987（4）．

② 吴敬琏．关于改革战略选择的若干思考［J］．经济研究，1987（2）．

③ 吴敬琏，周小川，等．中国经济体制改革的整体设计［M］．北京：中国展望出版社，1987：3－24.

④ 张维达．价格改革中几个问题的反思［J］．价格理论与实践，1987（3）．

的第一次高潮[①]。黄达在《财政信贷综合平衡导论》一书中讨论了通货膨胀问题[②]。在他看来，通货膨胀是由于现实流通中的货币量大于流通中实际需要的货币量而发生的，他强调要保持物价的基本稳定[③]。1985年，王隆昌发表在《金融研究》第10期的《价格改革与通货膨胀》一文专门讨论了中国通货膨胀问题。此后出现的一系列文章和著作对通货膨胀的概念、成因、测度方法、效应等进行了全面探讨。对于国内出现的通货膨胀给出了多种理论解释，诸如货币增长量过快论、政策失误论、供给不足论、总需求膨胀论、收入膨胀论、结构失衡论、制度因素论、周期波动论、预期因素论、流通秩序混乱论等[④]。在学术争论过程中，围绕通货膨胀的效应和政策出现了反对通货膨胀政策和主张利用通货膨胀刺激效应的两种主张。

前一种观点认为，通货膨胀无益且有害。刘国光提出，1985年以来的物价持续上涨，在相当大的程度上是由货币供应过量和币值下降所引起的。他不同意那种认为改革时期，尤其是经济进入振兴阶段后，经济发展速度快一点，社会总需求必然超过社会总供给，通货膨胀性的物价上涨不可避免，对物价总水平不必控制的观点。相反，他认为通货膨胀对强迫储蓄、增加积累的效应很小，同减少的正常储蓄相比得不偿失[⑤]。总的来看，通货膨胀会造成以下问题：一是由于通货膨胀性的物价上涨，原先那种不合理的价格体系难以得到根本改变，甚至有所加剧，比如农业和某些原材料工业在改革初期由调价得到的好处重新失去，它们的发展遇到了新的困难。二是物价的持续上涨和计划内外双重价格并存，造成生产、流通和经济核算中的种种紊乱，在价格频繁变动和比价紊乱的情况下很难考核和促进经济效益的提高。三是由于通货膨胀性物价上涨的热点，常与生活必需品价格的提高相联系，由此影响到人们的实际生活水平，还影响到人们多年辛苦积攒的储蓄保值问题。四是造成国家财政补贴日巨，已有不堪负担之苦。五是在物价持续上涨和多重价格并存的格局下，经济生活有许多空

① 张曙光．宏观经济理论［A］．//张卓元．论争与发展：中国经济理论50年［M］．昆明：云南人民出版社，1999：330－349.

② 张曙光．中国经济学风云史：上卷［M］．八方文化创作室，2016：558.

③ 黄达．财政信贷综合平衡导论［M］．北京：中国金融出版社，1984.

④《经济研究》编辑部．中国社会主义经济理论问题争鸣1958—1989［M］．北京：中国财政经济出版社，1991：187－199.

⑤ 刘国光．正视通货膨胀问题［N］．经济日报，1988－04－05.

隙成为不正之风的风源，败坏改革的声誉，并带来社会不安定的因素①。由于“这种通货膨胀性的物价上涨就像吸鸦片一样，一吸上瘾就不容易戒掉，所以在一开始发现苗头时，就应该努力设法控制，不使经济被它拖入歧途”。所以，“治理通货膨胀往往带来某些短痛，不治理则会带来损害整个经济机体的长痛，长痛不如短痛，问题在于抉择”②。

在刘国光的文章发表后，薛暮桥写信给刘国光支持他的观点，指出：“要下决心在两三年的时间内停止通货膨胀，即货币增值功能幅度不超过社会生产总值的增长，不能在这上面再加物价指数。如果加上物价指数，即决定下一年的物价上涨幅度不会小于上一年，这是很危险的。”“那种认为停止通货膨胀会引起生产萎缩，无论在理论上或实践上，都是毫无根据的。”③ 此后，他在《光明日报》发表文章，提出有必要用一切办法来加强宏观调控，恢复社会总需求和总供应的平衡，使增发货币额不超过国民生产总值的增长幅度④。马宾反对用通货膨胀积累资金的观点，认为通货膨胀使企业生产经营环境不稳定，企业不能集中注意力于提高劳动生产率，而是忙于囤积原材料，提高价格，劳动者也不能安心工作⑤。朱苏臻则提出通货膨胀短期内通过“货币幻觉”可以对经济增长起到刺激作用，但是在预期到的情况下，通货膨胀就不再可能成为经济增长的推动力，相反只能造成物价和工资的螺旋式上涨⑥。李运奇认为，中国实施通货膨胀政策容易落入三大陷阱，即资源短缺、社会承受能力弱和滞后负效应与腐蚀性，所以根本不适合中国国情⑦。

这里有必要提及使得中国学术界认识到通货膨胀严重后果的另一次重要会议，即 1985 年 9 月召开的著名的巴山轮会议。这次由政府支持在巴山轮游轮上举行的会议，主要由学者参加。除了国内学者外，还邀请到了科尔奈、诺贝尔经济学奖获得者詹姆斯·托宾等著名国外学者与会，会议得出的一个主要结论是：通货膨胀的负面效应不容忽视，它甚至可能成为改革推向深入的障碍。

---

① 董焕亮．刘国光谈遏制通货膨胀［J］．改革，1988（4）：38－42.

② 刘国光．正视通货膨胀问题［N］．经济日报，1988－04－05.

③ 转引自张曙光．中国经济学风云史：上卷［M］．八方文化创作室，2006：569.

④ 薛暮桥．通货膨胀与物价上涨［N］．光明日报，1988－06－30.

⑤ 马宾．不能用通货膨胀来积累资金［N］．人民日报，1988－05－13.

⑥ 朱苏臻．走出货币幻觉的“怪圈”，探求经济增长的引擎［J］．金融研究，1987（12）：14－20.

⑦ 李运奇．论通货膨胀理论和政策的时空约束［J］．经济研究，1987（6）：40－45.

1988年4月26日，吴敬琏和李剑阁给国务院发展研究中心提交了一份名为《控制需求，疏导货币，改革价格》的研究报告。在报告中他们提出，尽管宏观经济改革思路上存在“过量供应货币，行政控制价格”；“改革价格，不改变扩张性货币政策”和“管住货币，放开价格”三种选择，但是，在当前情况下，用价格管制的办法难以维持，第二种办法则可能引发严重的通货膨胀。所以，根据第二次世界大战后联邦德国和日本等国的经验，“管住货币，放开价格”是“唯一可能成功的选择”[①]。

但是，部分学者不仅认为通货膨胀不可避免，甚至提出可以利用温和通货膨胀为深化改革提供相对宽松的环境，以最终促进经济增长。例如，有一种观点认为，从当时世界各国普遍存在一定通货膨胀的情况来看，在经济体制改革过程中，新旧体制并存必然导致一定的温和型通货膨胀，这种温和的通货膨胀不仅不可避免，而且是现代经济运行中的正常现象[②]。从中国的实践来看，消费膨胀呈现出刚性，特别是预算外资金向工业特别是加工工业集中，加剧了产业结构和投资结构失衡[③]。这时候，通过发行货币实行通货膨胀政策，征收通货膨胀税，可以为发展基础产业积累资金，也有助于达到抑制消费、调整结构、抑制物价的目的[④]。不仅如此，通货膨胀和经济增长是一种两难选择，当二者发生冲突时，通货膨胀应当服从经济增长。为了促进经济增长，可以容忍一定程度的通货膨胀，谨慎地利用总量政策对生产的刺激作用，同时，利用经济杠杆调节日积月累造成的结构性矛盾，在生产不断发展的情况下，通过增加供给稳定或者降低通货膨胀率[⑤]。新华社记者程万泉在1988年4月8日《人民日报》上发表的《物价上涨的原因及平抑物价的对策——首都经济理论工作者的意见》，在概括来自国务院发展研究中心、国家计委、中国经济体制改革研究所、中国社会科学院等首都科研单位学者意见的基础上，总结道：“经济理论工作者认为，导致物价上涨的原因十分复杂，仅仅用总需求大于总供给和货币发行量过多来解释是不够的。”“如果片面强调‘稳定物价’，损害了

---

① 吴敬琏、李剑阁．控制需求，疏导货币，改革价格［M］．世界经济导报，1988-05-31；吴敬琏．吴敬琏自选集［N］．太原：山西经济出版社，2003：127-133.

② 何道锋、段应碧、袁崇法．论我国近年来通货膨胀的发生机制和结构表现［J］．经济研究，1987（11）．

③ 王文宁．论通货膨胀与经济增长［J］．金融研究，1986（8）．

④ 王建．如何认识当前的物价问题［N］．光明日报，1988-07-09.

⑤ 王松奇．促进还是促退：通货膨胀功能及对策的再思考——兼与丁鹄、朱苏臻、李运奇同志商榷［J］．金融研究，1987（11）．

经济增长，人民生活也无法提高。”文章得出了倾向于国家计委王建意见的结论性观点，“宏观政策的重点应是保增长”，而且“应当利用通货膨胀为调整产业结构积累资金，同时抵消掉一部分企业行为的短期化和收入分配倾向于消费的不利影响”①。

尽管存在反对通货膨胀的不同意见，但是一段时期内“通货紧缩有害论”和“通货膨胀无害论”还是占了上风，而且后一种观点得到了决策者的认同和采纳。实际上，早在1985年，邓小平就有了完全放开价格的想法，7月11日他在听取中央负责人汇报经济情况时指出：“物价改革是个很大的难关，但这个关非过不可。不过这个关，就得不到持续发展的基础。”1988年5月19日又谈道：“理顺价格，才能加快改革步伐。……不解决物价问题，就不能放下包袱轻装前进。”② 1988年5月16—19日，中央政治局常委会召开会议研究价格改革问题，决定制定五年物价、工资改革方案，并成立了以姚依林为主任的物价改革委员会，负责制定物价、工资改革方案。25—27日，中央十多个部委领导开会，通报关于价格改革问题，会议邀请了刘国光和吴敬琏参加。与会各部委领导都同意常委的决定，即进行“物价闯关”。但是，刘国光和吴敬琏提出了不同意见。刘国光认为，由于连续几年用通货膨胀政策刺激经济增长，人们的通货膨胀预期正在形成，从年初开始，各地已经发生了零星的抢购风潮，如果立即进行价格改革，势必促使通货膨胀预期完全形成，爆发全面的抢购风潮。鉴于此，应当先用一两年时间治理好经济环境，再进行价格改革。赵紫阳不同意刘国光的意见。他说，你们这些经济学家思想就是有框框，以为高速度一定会有高通胀，要求先治理，后放开价格。他以韩国为例，说韩国就是打“时间差”，先通胀，后治理，实践证明这是成功的经验。吴敬琏赞同刘国光的意见，但是认为可以相对缩短治理的时间。尽管发生了激烈争论，但是“价格闯关”的决策不可能再更改③。

5月30日，在中央政治局扩大会议上，赵紫阳明确讲到：“政治局常委和财经领导小组对当前经济形势进行了分析，认为总的形势是好的，安定团结，生产增长较快，财政收入增加，经济实力迅速增强。但问题不

---

① 程万泉．物价上涨的原因及平抑物价的对策——首都经济理论工作者的意见［N］．人民日报，1988-04-08.

② 邓小平．邓小平文选：第3卷［M］．北京：人民出版社，1993：262-262.

③ 彭森，陈立，等．中国经济体制改革重大事件：上［M］．北京：中国人民大学出版社，2008：315-316.

少，特别是物价上涨……看来，改革已到关键时刻。……现在形势有如逆水行舟，不进则退，退是没有出路的……必须像小平同志讲的，冒点风险，迎着风浪前进，闯过难关。这关闯过了，就可以出现新的局面。”① 这一方面意味着决策层对中国经济形势达成了共识，另一方面表明“价格闯关”政策进入了讨论和征求意见阶段。

与此同时，国家体改委召开经济体制改革中期规划讨论会，讨论迫在眉睫的物价改革问题，以期达成改革共识，为高层决策征询建设性意见。6月1日下午，李鹏接见与会人员，吴敬琏、王珏、厉以宁、张卓元、吴树青5位教授做了发言，5位学者均支持进行物价改革。尤其是吴敬琏、张卓元，不仅支持进行价格改革，而且提出了比较切实可行的对策，同时还着重阐述了价格改革的宏观环境及配套措施问题，主张稳步推进。厉以宁赞成价格改革，同时仍然强调企业改革的中心地位，同时提出了防止银行挤兑的五项措施。但是，对于价格改革方式，当时仍然存在不同看法。例如，茅于轼认为：“完成价格改革不是一年半载的事。现在应该出台的，恐怕主要应该是取消几十种商品的价格双轨制。”林毅夫也谈到，只有不失时机地抓住价格这个“交结点”，下决心过好这一关，建立城乡新的利益结构，启动新的调节机制，我们才能走出“死胡同”。但是，物价改革“一步到位”是不现实的。

1988年6月5—9日，国务院常务会议讨论《关于价格、工资改革的初步设想和配套措施》。7月，作为价格放开的信号，国务院宣布放开名烟名酒价格。8月中旬，中央政治局北戴河扩大会议通过了《关于价格、工资改革的初步方案》，该方案决定从1989到1993年五年时间进行物价和工资改革，“总的方向是，少数重要商品和劳务价格由国家管理，绝大多数商品价格放开，实行市场调节，有些商品价格逐步接近国际市场价格，以转换价格形成机制，逐步实现‘国家调节市场、市场引导价格’的要求”。8月19日，《人民日报》发表中央政治局会议公报，标志着“价格闯关”决策文件正式出台。

到了8月下旬，针对抢购风蔓延炽盛、愈演愈烈的情况，国务院几次召开小范围会议，研究市场物价形势，商量刹住抢购风的对策。8月30日，李鹏主持召开国务院第20次常务会议，讨论和分析当时的市场和物价

① 房维中．在风浪中前进——中国发展与改革编年纪事：第11分册［A］．内部资料，1988：153－161.

形势。会议重提“稳定经济，深化改革”的方针，并特别申明：价格、工资改革初步方案中所讲的“少数重要商品和劳务价格由国家管理，绝大多数商品价格放开，由市场调节”，指的是经过5年或更长一点时间的努力才能达到的长远目标。会议发出《关于做好当前物价工作和稳定市场的紧急通知》，提出要稳定物价，压缩固定资产投资规模，控制社会集团购买力，清理整顿公司和非银行金融机构，切实做好粮、棉、油的收购工作，确保合同订购任务的完成；整顿市场秩序，坚决取缔和打击哄抬物价、囤积居奇、投机倒把、中间盘剥等行为。“价格闯关”由此中断。

第四节　市场价格体制的确立与价格边际性改革

此后一直到1991年，治理经济环境、整顿经济秩序、抑制通货膨胀，成为宏观经济的总基调，价格改革进入短暂的调整和巩固时期。在此期间，为了抑制价格的过快上涨，1988年10月，国务院颁布《关于加强物价管理严格控制物价上涨的决定》，核定主要农业生产资料综合零售价，对计划外生产资料严格执行最高限价。1989年11月，党的十三届五中全会通过《中共中央关于进一步治理整顿和深化改革的决定》，明确规定要逐步降低通货膨胀率，全国零售物价上涨幅度逐步下降到10%以下。虽然短时期内通过强化农产品计划价格，对计划外生产资料实行最高限价，规定名烟酒价格的上下浮动率，对所有重工业、轻工业品实行最高限价等办法，造成“价格双轨制”一度重新得到强化，但是，在通货膨胀受到明显抑制、市场趋于平稳的情况下，特别是1989年以后，有计划分步骤地调整了5大类20多个系列的产品价格，其中包含适当提高国家定价偏低的粮、棉、糖料收购价格，两次提高统配煤价格，三次提高原油价格，两次提高铁路货物运价以及提高铁路、水路、航空客运票价，特别是提高了25年未做调整的粮油统销价格。而且初步建立和健全了价格总水平的监测和调控体系，以及某些重要商品的储备制度、价格调节基金制度①。到1991年，国家物价局颁布的价格管理目录，规定中央管理的重工业生产资料和交通运输价格由737种减少到89种；农产品价格由40种减少到9种；轻工商品由41种减少到22种；保留物资收费1种②。

---

① 马凯．中国价格改革20年的历史进程和基本经验［J］．价格理论与实践，1999（1）．

② 温桂芳．价格改革30年：回顾与反思［J］．财贸研究，2008（11）．

一、价格并轨——市场价格体制的确立

1992年，邓小平视察南方并发表重要谈话后，中国确立了社会主义市场经济体制改革目标。十四届三中全会通过的《中共中央关于建立社会主义市场经济体制若干问题的决定》就价格体制明确指出："推进价格改革，建立主要由市场形成价格的机制。"由此开始，中国的价格体制改革开始摈弃计划价格思维，进入创建市场价格体制时期，期望实现"生产资料双轨制"最终并为"市场一轨"。为了尽快建立市场价格体制，一方面，加快了生产资料价格"双轨制"的并轨。除个别省份外，在1992年广东率先放开粮食收购价格的基础上，当年年底，20个省（区）先后放开了粮食收购价格；放开了统配煤和部分水泥的价格；到1993年底，97%以上的钢、铁产品价格和绝大多数机电产品价格已放开。1993年，国家统配物资品种由1992年的12种减少为11种，实行国家优先订货的生产资料也由1992年的6种减少为4种。在价格结构方面，1993年，提高了成品油、铁路、电力、木材、铜和锌等的价格。在社会商品零售总额中，1993年市场价格的比重，由1991年前的50.3%上升到93.8%；在农产品收购总额中，由51.6%上升到87.5%；在工业生产资料销售总额中，由36.4%上升到81.1%①。

与此同时，传统计划控制价格的调控方式，开始向综合运用财政、金融、法制等手段调节供求总量、控制价格水平的方向转变，由直接行政性控制向以经济手段为主，直接调控与间接调控相结合、以间接调控为主的调控体系方向转变。初步建立了用于平抑市场物价的粮食、棉花、食糖等重要物资的政府储备制度；若干省市还实行了重要商品的价格调节基金制度；1998年5月1日《价格法》以及《关于商品和服务实行明码标价的规定》《关于制止牟取暴利的暂行规定》等一批法律法规出台。

这样，中国的市场价格体制初步建立起来。

二、价格改革的深入

然而，市场价格体制的确立，并不意味着中国价格改革的完成，而是表明中国大部分实物商品和劳务价格已经市场化，也就是说，所谓狭义的价格改革基本完成。但是包括生产要素价格市场化的广义价格改革仍然在

---

① 刘树杰. 中国价格改革的历程［J］. 中国物价，1998（4）.

进行①。这主要表现在：

一是缩小国家定价的产品范围，推进生产要素价格的市场化，扩大市场机制的作用。2001 年 7 月，国家计委颁布修订后的中央定价目录，将中央管理的定价项目由 1992 年定价目录规定的 121 种进一步压缩为包括重要的中央储备物资、国家专营的烟叶、食盐和民用爆破器材、部分化肥、部分重要药品、教材、天然气、中央直属及跨省水利工程供水、军品、重要交通运输、邮政基本业务、电信基本业务、重要专业服务 13 种。不仅先后放开中央储备粮食收购价和棉花的购销价，而且开始为部分重要生产要素价格的市场化积极创造条件。改革成品油和天然气价格形成机制，2006 年 3 月，坚持与国际市场接轨的前提下，建立起既反映国际市场石油价格变化，又考虑国内市场供求、生产成本和社会各方面承受能力等因素的石油价格形成机制；建立天然气价格与替代能源价格挂钩调整的机制；确立发售电价格市场化、国家控制输配电价格的电价模式。按照电力需求侧管理要求，推行峰谷电价等分时电价制度。取消电煤限价，由供需双方根据市场供求情况自主协商定价。改革交通运输价格机制，民航国内航空运价改为政府指导价，扩大航空运输企业定价自主权，将民航国内航空运输价格由政府定价改为政府指导价；对省、自治区内，及直辖市与相邻省、自治区之间已经与其他运输方式形成竞争的短途航线，由航空公司独家经营的航线，部分以旅游客源为主航线等三类航线实行市场调节价。放开港口收费管理，对港口装卸作业费、堆存费实行市场调节价。统一机场收费项目。缓解铁路运输价格体系矛盾，研究铁路运价定期调整机制和民航国内航线旅客运输燃油附加与成品油价格的联动机制，建立公路客运价格、出租车运价与成品油价格联动机制。积极解决民生价格问题，减少政府定价药品目录，增加实行政府定价或政府指导价的药品品种数量；完善经济适用住房价格构成和价格管理原则，以及廉租住房租金的管理形式和构成。对于饮用自来水、城市污水、排污和生活垃圾、物业服务收费实行政府指导价和市场调节价等②。

到了 2006 年，我国已经形成以市场调节价为主，市场调节价、政府定价和政府指导价三种价格形式并存的价格体系。其中，在社会商品零售总额中，市场调节价、政府定价、政府指导价所占比重，在 1978 年分别为

---

① 张卓元．中国价格改革 30 年［J］．经济纵横，2008（12）．

② 国家发展和改革委员会价格司．可贵的探索、成功的实践——近五年价格工作概述［J］．价格理论与实践，2008（3）．

3%，97%，0变为2006年的95.3%，2.8%，1.9%；在农产品收购总额中，三者所占比重从1978年的5.6%，92.2%，2.2%变为2006年的97.1%，1.2%，1.7%；在生产资料销售总额中，三者所占比重从1978年100%的政府定价到2006年改变为92.1%，5.6%，2.3%①。

二是进一步理顺少数由国家定价的产品的价格关系。2003年以来，18次调整成品油价格，2次提高天然气价格；2005年和2006年，两次实施煤电联动，将全国销售电价平均每千瓦时提高了5.02分，对维护电力企业正常生产经营、促进资源合理利用发挥了积极作用。2003—2007年，先后9次出台了药品价格调整方案，调整了约1 400种药品价格。从2007年春运开始，实行铁路旅客列车票价不上浮、各地公路客运票价不加成政策。推动两家移动通信运营企业对移动电话标准资费用户实行单向计费方式，降低移动电话国内漫游话费上限标准，等等②。

三是完善价格调控体系。2001年初，国家计委印发《关于进一步做好物价工作的意见》，提出要将以定调价为主的模式转变到“定规则、当裁判”上来，关注重点转向制定价格政策、法律法规制度、宏观调控措施，维护公平竞争的市场秩序。综合运用多种价格调控手段，引导企业行为。利用税收优惠政策引导企业对价格做出合理的反应，例如，对化肥生产用电和天然气实行价格优惠，免征化肥生产环节增值税；提高出口关税税率，开征临时出口关税，控制化肥、焦炭、钢材、粮食等的出口。注意发挥行业协会、商会等中介组织作用，引导企业加强“价格自律”。

三、要素价格市场化：一个无法规避的最后障碍

笼统地说，市场是由商品市场和要素市场构成的统一体。商品价格体系与要素价格体系的整体性、互补性和共生性决定了商品价格和要素价格最终都应该是市场形成价格，而不能长期将二者割裂开来。目前社会消费品零售总额、农副产品收购总额和生产资料销售总额中，市场调节的比重均在98%以上。但是与国有企业改革的严重滞后一样，要素价格的市场化落后于中国经济体制改革的整体进程。这样一个可以说是作为标志中国市场化价格改革是否完成的重大问题不能不引起学术界的讨论。我国要素价

① 中国价格协会课题组．敢于变革　敢于创新　推进价格改革深化——价格改革30年的回顾与展望［J］．经济研究参考，2008（50）．

② 国家发展和改革委员会价格司．可贵的探索、成功的实践——近五年价格工作概述［J］．价格理论与实践，2008（3）．

格市场化滞后表现在：①要素市场双轨甚至多轨并存。例如，既存在公开、透明的规范证券市场，又有不规范的地下融资要素市场。土地市场中有城乡二元的市场分割，又有城市中通过招拍挂等市场手段和通过协议出让或其他渠道获得的土地并存。城乡户籍壁垒导致的二元市场分割，成千上万的劳动力在公开的劳动力市场外自发、无序流动，城市中的劳动力又因为所有制身份而具有不同的市场要求和待遇。交易所和银行间债券市场的参与主体、交易品种和托管清算均未实现统一。②要素市场价格失真导致资源配置扭曲。劳动力、金融资产和资源价格针对不同对象的人为压低、割裂，造成要素价格扭曲和资源错配。这种要素价格市场化的滞后造成了一系列问题，包括：一是长期的二元劳动力市场尤其是人为压低的“农民工”劳动力价格，导致由劳动密集型产业向资本密集型产业的结构升级进展缓慢①。二是由于要素价格低廉，企业更多采用粗放型生产方式，减缓了全要素生产率的提高速度，甚至影响中国向自主创新发展战略的转变②。三是不健全的市场要素价格传导到商品市场，造成商品价格不能完全反映稀缺要素的成本价格，结果部分商品供给过剩，加大了供给侧结构性改革的难度。四是针对国有企业和非国有企业、为国内生产和出口企业实施的差异化要素价格，引发了企业竞争的不对等性与市场紊乱，也导致出口效率下降③。五是要素价格扭曲导致企业之间乃至社会不同群体之间的财富转移④。鉴于此，一些学者建议，应该加大要素市场化的力度，特别是在要素属性上有所突破。认为现阶段不仅仅劳动力是私有的，其他生产要素有相当部分也是私有的，如物质资本、技术、管理等。这些要素相比劳动要素都是稀缺的。依据要素市场供求状况安排的分配机制，不仅能把稀缺的要素充分动员起来，还能促进资本积累和人力资本积累，增加稀缺资源的供给⑤。

总的来看，价格改革特别是要素市场化的改革仍然需要向纵深推进，正如2007年党的十七大报告所言，要加快形成统一开放、竞争有序的现代

---

① 谭洪波．中国要素市场扭曲存在工业偏向吗？——基于中国省级面板数据的实证研究［J］．管理世界，2015（12）．

② 罗德明，李晔，史晋川．要素市场扭曲、资源错置与生产率［J］．经济研究，2012（3）．

③ 施炳展，冼国明．要素价格扭曲与中国工业企业出口行为［J］．中国工业经济，2012（02）．

④ 张曙光，程炼．中国经济转轨过程中的要素价格扭曲与财富转移．世界经济，2010（10）．

⑤ 洪银兴．完善产权制度和要素市场化配置机制研究［J］．中国工业经济，2018（6）．

市场体系，发展各类生产要素市场，完善反映市场供求关系、资源稀缺程度、环境损害成本的生产要素和资源价格形成机制。按照国家的价格改革战略部署，一些领域的价格市场化进程得到了推进，比如，污水处理收费和水资源费征收制度普遍建立，非居民用水超定额加价制度全面实施，居民用水阶梯式水价制度逐步施行，水价在试点的基础上逐步提高。上网电价、销售电价等方面的改革不断推进。2009 年，根据国际市场油价变化情况，国家有升有降地调整了成品油价格，其中 3 次有控制地提高了成品油价格，2 次下调成品油价格。但是，由于 2007—2008 年和 2010—2011 年两次通货膨胀，为了遏制价格上涨，政府暂停了价格的结构性调整。例如，2007 年，出于资源价格形成机制改革、能源和公共服务品价格调整会释放部分隐性通货膨胀的考虑，为了避免价格水平进一步上升，当年年底前，原则上不准出台新的政府调价项目，同样也曾暂缓电力价格调整政策的出台，直到 2011 年 11 月，才集中出台电价调整政策①。因此，直到 2013 年，诸如利率、汇率、电力等一些重点领域和关键环节价格改革还需深化，政府定价范围还在某种程度上有些越位，政府定价制度需要进一步健全，生产要素价格的市场化程度有待提高，市场主体的价格行为有待进一步规范②。

第五节　价格改革的成效与反思

一、正在破解的价格改革“难题”

面对依然需要改革的价格议题，2013 年党的十八届三中全会通过的《中共中央关于全面深化改革若干重大问题的决定》指出，要完善主要由市场决定价格的机制。凡是能由市场形成价格的都交给市场，政府不进行不当干预。推进水、石油、天然气、电力、交通、电信等领域价格改革，放开竞争性环节价格。政府定价范围主要限定在重要公用事业、公益性服务、网络型自然垄断环节，提高透明度，接受社会监督。完善农产品价格形成机制，注重发挥市场形成价格的作用。2015 年，中共中央国务院《关于推进价格机制改革的若干意见》（以下简称《意见》）再次重申，价格

---

① 王元，刘志成．十七大以来价格调控政策及其效果［J］．中国物价，2012（9）．

② 张卓元．继续推进重点领域价格改革攻坚的指针［N］．人民日报，2015－10－19．

机制是市场机制的核心，市场决定价格是市场在资源配置中起决定性作用的关键，并且规定了具体的改革任务与时间表。《意见》提出了农产品、能源、交通运输、环境、医疗、公用事业和公益性服务六大领域价格改革任务，到2017年，竞争性领域和环节价格基本放开，政府定价范围主要限定在重要公用事业、公益性服务、网络型自然垄断环节。到2020年，市场决定价格机制基本完善，科学、规范、透明的价格监管制度和反垄断执法体系基本建立，价格调控机制基本健全。党的十九大报告提出，经济体制改革必须以完善产权制度和要素市场化配置为重点。实现产权有效激励、要素自由流动、价格反应灵活、竞争公平有序、企业优胜劣汰。按照该战略部署，中国的价格改革正在克难攻坚，“最后一公里”正在被打通。

第一，继续大幅压缩政府定价范围，实现凡是能由市场形成的价格都交给市场的目标。2015年10月下旬，国家发改委发布了新修订的《中央定价目录》，定价范围大幅缩减，种类由13种（类）减少到7种（类），约减少46%。具体定价项目由100项左右减少到20项，约减少80%。各省级价格主管部门也相继制定出台了本省（自治区、直辖市）的地方定价目录。地方定价目录约20类，平均压减了约50%。从产业看，随着2015年国家放开烟叶收购价格，我国农产品价格已全部由市场形成。2016年第一产业的价格市场化程度达到100%；第二产业的市场化程度为97.37%，比2012年提高1.77个百分点。由于国家先后放开了电信资费和部分交通运输、邮政、建设项目服务价格，2016年第三产业的市场化程度比2012年大幅提高5.40个百分点，达到了95.90%①。经过40年的改革，由市场决定价格的商品和服务已经达到97%以上，市场已经在资源配置过程中发挥着主导性作用②。

第二，电力、石油和天然气等能源价格体制改革取得了重要进展。在电力价格改革方面，按照“准许成本加合理收益”原则核定输配电价的改革试点于2016年扩大到各个省份。2017年实现了省级电网全覆盖。在销售电价方面，放开跨省电能交易价格，实行由送受双方协定电价制度。实施煤电价格联动机制。在电价执行方式上，根据国家发改委发布《关于完善两部制电价用户基本电价执行方式的通知》，基本电价计费方式变更周

---

① 国家发改委．价格改革加快推进我国价格市场化程度超过97%［OL］．http：//www.gov.cn/xinwen/2017－07/26/content_5213533.htm

② 许光建，丁悦玮．深入推进价格改革着力提升“放管服”水平——十八大以来价格改革的回顾与展望［J］．价格理论与实践，2017（5）．

期由按年调整改为按季调整，电力用户选择按最大需量方式计收基本电费的，最大需量核定值变更周期从现行按半年调整改为按月调整，电力用户也可以根据企业实际需要选择对其最有利的计费方式，从而减轻了大工业用户的基本电费负担。在石油方面，2016 年年初，国家完善国内成品油价格机制，并进一步推进市场化改革。综合考虑国内原油开采成本、国际市场油价长期走势以及我国能源政策等因素，设定成品油价格调控下限。建立油价调控风险准备金，放开液化石油气价格，简化成品油调价操作方式。调控下限的设定，稳定了大宗商品价格预期，缓解了国内 PPI 下行压力，避免价格大幅波动对市场的影响，有利于保障我国石油供应安全。在天然气方面，2013 年放开页岩气、煤层气、煤制气等非常规天然气价格；2014 年 9 月放开液化天然气气源价格；2015 年 4 月放开除化肥企业外的直供用户用气价格；2016 年，先后放开化肥用气价格，明确储气设施相关价格由市场决定，并在福建省开展门站价格市场化改革试点；2017 年，明确所有进入交易平台公开交易的气量价格由市场交易形成。改革后，占国内消费总量 80% 以上的非居民用气价格实现由市场主导形成，其中 50% 以上完全由市场形成，30% 左右实行“上浮 20%、下浮不限”的弹性机制。上海石油天然气交易中心于 2016 年 11 月正式运行，同年，交易量突破 150 亿立方米，占全国天然气消费总量的比重达到 8% 左右；2017 年 9 月，交易中心开展了国内首次管道天然气竞价交易。交易中心运行以来，对衔接供需双方、形成合理市场价格发挥了重要作用。重庆石油天然气交易中心也已经于 2017 年 1 月 12 日揭牌成立①。

第三，药品和医疗服务价格改革进展顺利。从 2015 年 6 月 1 日起，取消除麻醉和第一类精神药品外的 2 000 多种药品政府定价，通过完善药品采购机制，制定医保支付标准，强化价格行为监管等综合措施，引导药品价格主要由市场竞争形成，逐步建立以市场为主导的药品价格形成机制。目前仅剩余 40 多种麻醉和第一类精神药品实行政府指导价管理，继续由政府控制价格。从 2012 年开始，指导各地按照建机制、控费用、调结构、强监管的原则，加强价格与医疗、医保、医药等政策联动，通过取消药品加成、调整医疗服务价格、改革收付费方式、强化费用控制和落实政府办医责任等综合措施，协同推进改革，并建立了改革联系示范点制度，确定了

---

① 国家发改委. 锐意进取　善谋善为　石油价格改革行稳致远——党的十八大以来石油价格改革纪实［OL］. http://www.gov.cn/zhuanti/2017-10/22/content_5233639.htm.

7个试点城市。目前，公立医疗机构医疗服务价格改革已经全面推开。对于取消药品加成后公立医院减少的合理收入，主要通过调整医疗服务价格进行补偿，补偿比例基本上在80%～90%。2014年3月，出台了放开非公立医疗机构医疗服务价格、鼓励社会办医的政策措施，明确非公立医疗机构提供的所有医疗服务价格实行市场调节，由非公立医疗机构按照公平、合法和诚实信用的原则合理制定①。

第四，推进居民用电、水和气的阶梯定价制度。除新疆、西藏以外，其他省区市已全面实施居民阶梯电价制度。至2016年年底，全国设市城市阶梯水价制度已基本建立。新的价格机制引导、重塑着市民用水习惯，培养节水意识。据统计，近5年来全国城市用水人口增长了近15%，用水总量仅增长11%②。2014年3月20日，国家发展改革委印发了《关于建立健全居民生活用气阶梯价格制度的指导意见》，要求所有通气城市均应建立居民生活用气阶梯价格制度。截至2015年12月底，已通气的30个省（自治区、直辖市）中，除重庆、新疆外的28个省（自治区、直辖市）均已建立阶梯气价制度。

第五，继续调整运输业价格结构。2015年，从铁路、公路货运相互替代竞争日益明显的实际出发，改变传统上主要依据运输成本定价的方法，建立按照与公路货运替代运输方式保持合理比价关系原则制定铁路货运价格的机制，分步理顺了国铁货物统一运价。建立运价浮动机制，增强价格弹性。国铁货物运输由实行政府定价改为政府指导价，允许铁路运输企业以国家规定运价为基础，在上浮不超过10%、下浮不限的范围内自主确定具体运价水平。放开竞争性领域和环节价格。2016年1月和6月，分别将高铁动车组一、二等座及普通旅客列车软座、软卧票价交由铁路运输企业依法自主制定，使票价实行市场调节的铁路旅客比重达到54%左右。民航价格逐步市场化。2016年，将800公里以下航线、800公里以上与高铁动车组列车平行航线旅客票价交由航空公司依法自主制定。改革后，民航国内航线旅客票价市场化率提高到35%左右。优化政府指导价机制。2014年，对继续实行政府指导价的国内航线旅客票价，取消下浮幅度限制，赋予航空公司更大的票价浮动空间。放开港口竞争性服务收费。将港口集装

① 国家发改委．十八大以来价格改革成就专题报告之七：攻坚克难　奋力前行　全面实施医药价格改革［OL］．http：//www.gov.cn/xinwen/2017-10/22/content_5233687.htm.

② 国家发改委．分类施策　因地制宜　水资源价格改革稳步推进——党的十八大以来水资源价格改革纪实［OL］．http：//www.gov.cn/zhuanti/2017-10/22/content_5233668.htm.

箱、外贸散货装卸作业，国际、国内客运和旅游船舶港口码头作业等劳务性收费，船舶垃圾处理、供水等船舶供应服务收费，理货服务费，引航机构引领海上移动平台航行的技术服务收费，由此前分别实行政府指导价、政府定价统一改为市场调节①。

第六，提高资源环境价格，反映资源环境的真正市场成本。在完善污水处理收费政策方面，建立城镇污水处理费动态调整机制、企业污水排放差别化收费机制、与污水处理标准相协调的收费机制，健全城镇污水处理服务费市场化形成机制，逐步实现城镇污水处理费基本覆盖服务费用，探索建立污水处理农户付费制度。在健全固体废物处理收费机制方面，建立健全城镇生活垃圾处理收费机制，完善危险废物处置收费机制，全面建立覆盖成本并合理盈利的固体废物处理收费机制，完善城镇生活垃圾分类和减量化激励机制，加快建立有利于促进垃圾分类和减量化、资源化、无害化处理的激励约束机制，探索建立农村垃圾处理收费制度。在建立有利于节约用水的价格机制方面，深入推进农业水价综合改革，完善城镇供水价格形成机制，全面推行城镇非居民用水超定额累进加价制度，建立有利于再生水利用的价格政策，保障供水工程和设施良性运行，促进节水减排和水资源可持续利用。在健全促进节能环保的电价机制方面，完善差别化电价政策、峰谷电价形成机制以及部分环保行业用电支持政策，充分发挥电力价格的杠杆作用，推动高耗能行业节能减排、淘汰落后企业，引导电力资源优化配置，促进产业结构、能源结构优化升级和相关环保业发展。同时，鼓励各地积极探索生态产品价格形成机制等各类绿色价格政策。加强污染物的在线监测，提高排污费收缴率。开展挥发性有机物排污收费试点。推进排污权核定、使用费收取和交易价格等管理制度和排污权有偿使用、交易制度的运行②。

此外，不断研究改进国家定价的产品和服务的方法，强化对价格的监督检查，加强对价格的监管，动用反垄断法矫正企业的垄断价格行为，维护市场价格机制配置资源的功能。

尽管如此，时至今天，在价格领域仍然存在一些有待解决的问题：一是利率、汇率、证券价格等金融市场改革需要深化，市场主体竞争程度不

---

① 国家发改委．十八大以来价格改革成就专题报告之六：系统谋划 探索创新交通运输价格改革取得积极进展［OL］．http：//www. gov. cn/zhuanti/2017 –10/22/content_ 5233682. htm.

② 新华社．2020年我国将基本形成有利于绿色发展的价格机制［OL］．http：//www. gov. cn/xinwen/2018 –07/02/content_ 5302935. htm.

足，资源配置功能尚未完全释放出来；二是一些领域虽然经过多年改革，但是仍然有待取得突破。例如在能源价格方面，国内成品油价格还未完全放开，80%以上的油源来自中石油、中石化、中海油三家公司，竞争不充分①。环境服务价格方面，排污费、污水处理费的收费标准不到位，收缴率偏低。排污权有偿使用制度的政策法律法规体系有待进一步完善，时限和价格不均衡的问题突出。交通运输服务价格方面，铁路客运票价体系结构尚不合理，民航票价弹性有待进一步增加，邮政资费结构过于复杂。公用事业和公益性服务价格方面，养老机构成本较大，如没有政府补贴和扶持，发展难度较大，部分机构收费行为不规范，损害消费者权益。医疗服务项目名义价格偏低，实际支付费用偏高，以项目为主的医疗服务价格管理方式需要进一步完善。三是国内市场价格与国际市场价格的接轨办法也需改进和完善。四是政府价格行为亟待规范。政府的价格行为包括政府定价和管理价格两个方面。在这两方面，目前仍然存在一些有待解决的问题，包括：制定的商品或服务价格由于信息不对称难以完全反映企业的生产成本；政府定价的透明性和公正性尚不够高；政府监管价格依然主要依赖行政命令的方式，相对而言，经济性的市场化激励滞后。

二、中国价格体制改革的经验与教训

（1）市场价格是市场经济体制的核心，价格的自由程度反映了中国市场经济体制的完善程度。所以，中国的价格市场化改革过程就是市场经济体制的建立和完善过程。从中国的改革历程来看，价格改革领先于国有企业改革和社会主义市场经济体制的明确提出，从而成为市场经济体制改革的先导，成为打破计划体制大一统的突破口，也为国有企业改革提供了外部市场压力。在此意义上，中国40年的经济体制改革进程中，价格体制改革发挥着关键性的突破作用。

（2）价格体制改革的不竭动力源于决策者和理论界对于计划价格核算功能大于信号功能，难以有效缓解长期“短缺经济”的认知与反思。在传统计划经济体制下，中央计划者虽然在制定数量型指标和划拨价格时，要考虑生产部门内部及其与消费需求的平衡，但是指令性计划一旦层层下达到企业，企业根据生产和需求的变化而适时调整的余地就变得非常小。换

① 许光建，丁悦玮．深入推进价格改革着力提升“放管服”水平——十八大以来价格改革的回顾与展望［J］．价格理论与实践，2017（5）．

言之，行政划拨价格在企业内部、企业之间乃至部门间的作用仍然主要起核算功能而非反映供需变化的信号功能。由于僵化的计划价格无法引导企业根据需求的变动而生产，必然造成生产滞后于需求的“短缺经济”。随着部分生活资料价格的放开和允许企业在满足计划的前提下根据市场价格而生产，生活资料部门迅速发展起来，但是，生活资料价格与生产资料计划价格之间的矛盾显现出来，所以价格改革重点又逐步转移到生产资料价格上，一段时间实行了部分生产资料同时实行计划价格和市场价格的所谓“价格双轨制”。当生产资料“价格双轨制”造成价格机制扭曲、通货膨胀、市场秩序混乱、生产资料浪费、寻租与腐败等问题时，随着对于价格改革认识的深化，又逐步实现“双轨”向“市场形成价格一轨”的并轨。到现在，除了自然垄断行业、公共服务业、部分要素和少数稀缺资源实行国家定价或者指导价外，市场自发形成价格成为主导的价格形式。所以，中国价格改革40年就是不断纠错、不断更新观念、不断解放思想的40年。

（3）中国的价格改革采取了渐进式推进的方式，走过了一条调整、逐步放开到完全市场化和与国际市场价格接轨的道路；或者说是循着消费品价格改革、生产资料价格改革、要素价格改革的顺序进行的①。按照诺贝尔经济学奖获得者、奥地利学派代表人物哈耶克的观点，“没有一个全知全能的管理者能够及时掌握分散发生的有关千百万种资源相对稀缺程度的知识，它们只能通过价格体系的中介才能有效率地传递到全社会，使有关人员能够取得做出决策所必需的信息”②。按其逻辑，所有的产品，包括各种要素价格的市场化，是市场之所以能有效配置资源的关键。

中国的价格改革历程表明，不同行业甚至同一行业同一种产品也可以存在包括计划价格和市场价格在内的多种不同价格，更不用说不同行业多重价格构成的复杂价格体系的多样性。中国之所以没有从一开始就采取“管住货币、放开价格”的激进式改革战略，是因为随着国家战略转向以经济建设为中心，尽管国民经济各个行业都亟须改革和恢复，但是相对而言，改革之初农业短板尤其是粮食供应不足问题极其严峻，成为阻碍经济发展甚至影响社会稳定的重大问题。在此背景下，实行家庭联产承包责任制的同时，通过调整农副产品收购价格调动农民的生产经营积极性，增加农产品供给就成为价格改革的突破口。另一方面，当时国有经济改革尚未

① 林毅夫，蔡昉，李周．中国的奇迹：发展战略与经济改革（增订版）［M］．上海：上海三联书店，1994：167.

② 哈耶克．个人主义与经济秩序［M］．北京：北京经济学院出版社，1989：75－86.

开始，计划价格在全社会仍然占主导地位，这样，即使农业领域的价格改革也不会冲击到整个社会占主导地位的计划经济。也就是说，计划经济为主、市场调节为辅的价格改革战略在当时仍旧是一种主导性思路。此后价格改革思路依然具有渐进式的特征，无论消费品、生产资料还是要素价格改革，一段时期内都是在计划价格外引入市场价格，然后计划价格调整的部分越来越小、市场调整的部分相应不断扩大，最后逐步并轨为唯一的市场价格。这样的价格改革战略和过程，无疑不利于发挥价格体系的互补性、联动性功能，也在一定程度上影响了市场资源配置功能。但是，改革开放以前中国长期实行的计划价格，已经形成了一定的既得利益集团，如果采取完全放开价格的改革方式，风险会非常大。这些风险主要包括：

首先，激进的价格改革可能面临来自国有企业、城镇居民等既得利益集团的抵制。国有企业是计划规定的低要素、原材料价格政策的受益者，企业领导往往和政府官员有密切联系，而且雇佣着大量工人，从而抵制价格改革的力量非常强大。城镇居民则长期享受着低消费品价格的权利，相对于农民而言组织成本低，与政府官员联系也比较密切，因而也容易形成抵制利益集团。

其次，价格完全放开引发的经济动荡和结构性变革，可能造成短期内经济下滑甚至长期经济衰退。作为社会主义国家的领导者，中国共产党维持社会经济制度不变的信念不允许这样的事情发生。鉴于此，价格改革采取了“在计划内调整，让计划外生长”的双轨制渐进过渡方式①。由于遵循计划轨和市场轨的企业分别实行“高价进高价出、低价进低价出”的原则，国有企业不反对市场价格的改革，不仅如此，市场价格还为计划价格改革提供了参照系，特别是随着计划价格调节范围的收缩以及与市场价格差异的缩小，来自计划价格的固有利益变得不再重要。“换句话说，如果从扭曲价格到市场价格之间的鸿沟过宽，以致一步不能够跨越，便有落沟的危险”②。所以，价格改革选择了“分两步跨越了同一条鸿沟”③。

(4)，中国的价格改革是在与国有企业改革，财政体制、金融体制等各项经济体制改革互动中有序推进的，而不是就价格改革而改革的单一

---

① 林毅夫，蔡昉，李周．中国的奇迹：发展战略与经济改革（增订版）［M］．上海：上海三联书店，1994：279.

② 林毅夫，蔡昉，李周．中国的奇迹：发展战略与经济改革（增订版）［M］．上海：上海三联书店，1994：279.

③ 林毅夫，蔡昉，李周．中国的奇迹：发展战略与经济改革（增订版）［M］．上海：上海三联书店，1994：278.

过程。

始于20世纪70年代末80年代初的经济体制改革是一个庞大的系统工程，既涉及微观市场主体的塑造、市场价格的培育、市场体系建立等资源配置模式的转型，也涉及财政、金融等宏观管理方式的转变，价格改革只是该改革系统中的工程之一。任何一项单一的改革似乎都难以达到整个经济体制改革的预期目标，而且还可能因为没有其他环节的配套改革而归于失败。1988年“价格闯关”之所以失败的一个重要原因就在于，由于国有企业改革滞后，价格双轨制条件下的不合理比价复归，同时财政体制和金融体制改革没有跟上，没有能够抑制通货膨胀。尽管如此，中国价格改革整体而言取得的成功就是考虑了价格改革与其他各项改革的配套性和整体性的结果。改革伊始，在计划价格外引入市场价格，无疑支持了农村实行的家庭联产承包责任制和在城市对企业实行的放权让利改革，因为高于计划价格的市场价格强化了农民和国有企业经理在满足计划指标外为市场生产的追求利润最大化动机，从而也促成了其他激进的深化农业经营体制和国有企业的改革。反过来，国有企业改革也有助于计划价格向市场价格的并轨，因为随着企业为市场生产得到的利益大于为计划生产而得到的好处，国有企业也会促使政府加快计划价格的改革步伐。随着20世纪90年代中期国有企业改革的推进和企业办社会职能的消减，原有实行的低生产要素、低资源价格的计划价格才逐步向市场价格并轨。

就金融体制改革与价格改革的关系而言，一方面利率市场化既是金融体制改革的核心，又是价格改革的一部分，因为没有利率的市场化，作为市场价格体系核心之一的货币金融市场就存在缺陷。另一方面，货币政策通过金融市场能够为价格改革提供稳定的物价条件。在1983年实行“拨改贷”后，由于国有企业主要通过低息贷款获得政府补贴，因此，政府一段时间内没有将利率市场化提上日程，而是维持了低于市场均衡水平的利率，当然同时也阻碍了金融机构多元化和商业化改革的推进。同样，价格改革与财政体制改革也相互制约、相互促进。从1980年财政体制的“分灶吃饭”，到1988年的“财政大包干”，再到1994年规范中央和地方财税关系的分税制等行政分权特征明显的财税体制改革，由于赋予了地方政府更大的财政自主权，各地竞相引进和培育非国有经济，引起非国有经济的崛起。由于非国有经济不受计划经济的束缚而主要或者完全为了市场生产，这意味着市场价格的作用范围不断扩大，计划价格的调节作用同时在收缩。不仅如此，面对来自非国有经济的竞争，国有经济适应市场价格的外部压力和内在动力也逐步得到加强，从而为最终实现计划价格向市场价格的并轨提供了条件。当然，行政分权也一度造成了行政分割、地区封锁、诸侯经济等不利于全国市场一体化的后果。

纵观改革开放40年的中国价格改革历程和价格改革理论，可以发现，在改革的不同阶段，几乎所有的经济学理论都找到了自己的应用场所。但是中国价格理论研究无疑主要源于中国价格改革的实践，同时又用于指导中国的价格改革进程。其中，马克思和恩格斯的经典理论引领了中国价格改革的突破与推进。20世纪二三十年代的社会主义大论战无疑对于部分学者反思计划价格的弊端和社会主义市场价格的可行性具有启发价值。苏东经济体制改革的成功经验和失败教训以及包括科尔奈、兰格、克鲁斯等在内的苏东学者对传统计划模式的深入剖析为我国部分学者对比认识计划价格和市场价格的优缺点提供了借鉴。20世纪90年代中期后的部分学者，将新古典经济学、凯恩斯经济学和新制度经济学等几乎各种经济学理论运用于包括价格改革在内的中国转型实践，甚至构造出了中国特色的转型经济学。40年的价格改革实践和理论探讨积累了正反两个方面的经验，归结为一点就是，社会主义市场价格机制是价格体制改革的目标。凡是能够由市场形成价格的，要尽可能创造条件让市场发挥作用，否则就会导致价格扭曲和市场配置资源的低效率。当前，绝大部分产品、服务和要素价格已经放开并与世界市场接轨，有些大宗产品诸如原油、钢铁、天然气和煤炭等，由于我国市场需求巨大，因而具有影响世界市场价格的力量。总的来看，我国社会主义市场价格体系已基本形成。但是像资源、环境和服务等领域的价格仍然不能反映供需的变化，需要进一步改革。同时，不同行业的市场价格、垄断价格、政府指导价和政府定价等价格体系仍然存在尚未理顺的地方；价格管理的经济性和激励性手段运用不够。这些问题表明，价格体制改革的任务尚未完成，仍然需要学术界运用新的理论和范式去研究探讨，为中国的价格深化改革和价格理论提供新的指导和启迪。

第六章　收入分配改革理论

改革开放40年来，中国收入分配理论随着社会主义经济建设实践的发展而不断创新完善，形成了有中国特色的社会主义收入分配理论体系。从其研究的内容来看，主要沿着三条主线进行：一是对社会主义分配制度，按照马克思主义的按劳分配理论，结合改革开放后的社会主义商品经济发展，最终提出按劳分配与按生产要素分配相结合的分配制度；二是对收入分配的公平与效率的不断探讨；三是随着西方收入分配理论与研究方法的引入，结合中国居民收入状况，从多角度开展的居民收入分配研究，重点探讨中国居民收入差距的演变、成因及其治理。

第一节　从单一按劳分配到按劳分配与按生产要素分配相结合

按劳分配制度是马克思主义设想的关于社会主义社会的单一分配方式。然而，中国的社会主义脱胎于半殖民地半封建社会，生产力发展从来没有达到马克思恩格斯所设想的条件，因此，马克思按劳分配制度也经历了一个中国化过程。从1956年形成的传统按劳分配制度，经过不断探索，尤其是在改革开放后，最终确立了按劳分配和按生产要素分配相结合的分配制度，形成了具有中国特色的社会主义分配制度。

一、马克思主义经典作家的按劳分配理论

19世纪的空想社会主义者圣西门最早提出了按劳分配的想法[①]。傅立叶则认为，每个人劳动收入的多少应以他的劳动数量为基础，并提出劳动报酬应以劳动种类为标准[②]。欧文设想在公社里每个人都要“各尽所能”地劳动，而公社“对于劳动和知识，一般是按照所耗费的时间给酬的”[③]。

1875年，马克思更加明确地把未来共产主义社会区分为“共产主义社

① 圣西门．圣西门选集［M］．北京：商务印书馆，1962.

② 傅立叶．傅立叶选集［M］．北京：商务印书馆，1963.

③ 欧文．欧文选集［M］．北京：商务印书馆，1963.

会第一阶段”和“共产主义社会高级阶段”。他指出，共产主义第一阶段，“每一个生产者，在作了各项扣除之后，从社会方面领回的，正好是他所给予社会的。他给予社会的，就是他个人的劳动量”。共产主义高级阶段，“在迫使人们奴隶般地服从分工的情形已经消失，从而脑力劳动和体力劳动的对立也随之消失之后；在劳动已经不仅仅是谋生的手段，而且本身成了生活的第一需要之后；在随着个人的全面发展，他们的生产力也增长起来，而集体财富的一切源泉都充分涌流之后……社会才能在自己的旗帜上写上：各尽所能，按需分配”①。后来，他们又指出：“分配的方式会随着社会机体本身的特殊方式和随着生产者的相应的历史发展程度而改变。”马克思恩格斯只是大致指出了未来社会个人消费品分配的总方向，他们从来“不打算把什么最终规律强加给人类”。

马克思恩格斯基于劳动价值论，提出了社会主义社会将实行按劳分配的思想，但并没有使用“按劳分配”一词。列宁在领导俄国革命的实践中，把马克思所说的共产主义的第一个阶段称为社会主义，并把按劳分配强调为社会主义的一个基本特征。他在《国家与革命》中将按劳分配具体化，并概括了按劳分配的原则——不劳动者不得食，等量劳动领取等量产品，同时强调必须借助国家和社会的力量保证，对劳动量和消费量实行严格的统计和监督，主张实行奖励制、计件工资制等。

二、改革开放前的社会主义分配制度理论发展

毛泽东思想是马克思主义中国化的第一个伟大成果，按劳分配思想是毛泽东思想的重要组成部分。反对平均主义，实行按劳分配是毛泽东的一贯思想。在社会主义建设时期，毛泽东指出：“我们也必须首先检查和纠正自己的两种倾向，即平均主义倾向和过分集中倾向。所谓平均主义倾向，即是否认各个生产队和各个个人的收入应当有所差别。而否认这种差别，就是否认按劳分配、多劳多得的社会主义原则。”②

这一时期，随着生产资料私有制的社会主义改造基本完成，社会主义公有制的建立和发展，中国经济理论界开始了对按劳分配理论的研究探讨。探讨主要集中在以下几个方面。

---

① 马克思，恩格斯．马克思恩格斯选集：第3卷［M］．北京：人民出版社，1995：305－306.

② 毛泽东．毛泽东文集：第8卷［M］．北京：人民出版社，1999：11.

（一）关于按劳分配的依据

喻新良认为，按劳分配是“由生产资料公有制决定的”，“产品的分配原则，始终是以生产资料所有制的形式为转移，有什么样的所有制，就有什么样的分配方式”①。薛暮桥提出，按劳分配是“由公有制和生产力水平决定的”。他指出：“产品的分配制度是由生产资料的所有制决定的……而生产资料所有制的改变，又决定于生产力的发展水平。”② 于伍认为：“社会主义社会按劳分配原则的依据不是别的，而是劳动力本人私有制。”③

（二）关于按劳分配原则的性质

骆耕漠认为：“按劳分配原则有这样两重属性，一是有它的平等性，是无产阶级法权或社会主义法权；二是有它的不平等性，又是资产阶级法权。”④ 刘庆堂、张玉璞认为：“按劳分配原则只有一重属性，它是无产阶级法权。”⑤ 漆琪生、李石泉等人则认为：“按劳分配具有资产阶级法权的性质，这是旧社会留给新社会的一块痕迹。”⑥

（三）关于劳动力所有制

于伍和骆耕漠等认为：“存在劳动力所有制范畴。”⑦ 柯宗瑞认为：“社会主义劳动力所有制具有两重性质：既归劳动者个人所有，又归社会所公有。”⑧ 王学文提出：“在社会主义的全民所有制中，带有部分的劳动个人所有制的因素……社会为了承认这种所有者的所有权，就要以全民所有的消费品与个人所有的劳动相交换。”⑨ 李广远则认为：“根本不存在劳动力所有制这个范畴。”⑩ 谷书堂认为：“劳动力所有权是私有制社会的产物，在社会主义条件下，劳动力所有权已消灭了。”⑪

---

① 喻新良．试论社会主义社会存在商品生产的原因［N］．大公报，1957-01-27.

② 薛暮桥．社会主义社会的按劳分配理论［N］．人民日报，1959-10-23.

③ 于伍．试论社会主义社会的劳动力所有制形式［J］．新建设，1962（6）.

④ 骆耕漠．论按劳分配原则的两重性［N］．大公报，1962-04-06.

⑤ 刘庆堂、张玉璞．按劳分配原则是无产阶级法权［J］．江汉学报，1963（4）.

⑥ 李石泉．按劳分配原则具有资产阶级法权性质——与刘庆堂、张玉璞商榷［J］．江汉学报，1963（9）.

⑦ 于伍．试论社会主义的劳动力所有制［J］．新建设，1962（6）；骆耕漠．关于生产关系的几个理论问题的研究［N］．光明日报，1962-01-23.

⑧ 柯宗瑞．浅论社会主义制度下劳动力所有制的性质问题［N］．天津日报，1962-06-06.

⑨ 王学文．社会主义制度下的商品关系与价值规律［J］．经济研究，1959（5）.

⑩ 李广远．“劳动力所有制”的提法能够成立吗？［J］．新建设，1962（8）.

⑪ 谷书堂．也谈劳动力所有权问题［N］．天津日报，1962-06-20.

（四）关于在实践中如何贯彻按劳分配

1957 年，顾准提出了“使劳动者的物质报酬与企业盈亏发生程度极为密切的联系”的观点，“实行经济核算制，就有可能利用价格与工资率，调节劳动者的报酬”①。1962 年，施修霖提出“按企业的综合经营效果提取奖金”②；李云提出计件工资是最能体现按劳分配的形式③。沈志远提出，在社会主义历史阶段内，“按劳分配制度势必经历一个不断完善、不断巩固和发展的过程”。“片面地强调政治挂帅而忽视群众的物质利益，也会影响群众的积极性……正确贯彻按劳分配原则、坚持社会主义的分配制度，本身就是政治挂帅的一个重要方面”④。

毛泽东和经济理论界关于按劳分配的思想，为社会主义分配制度建设积累了经验。“文革”之前，学术界对马克思按劳分配理论的性质、合理性及其在我国社会主义建设中如何贯彻等问题做了有益的探索，提出了不少有价值的观点。从按劳分配的社会实践来看，新中国成立后相当长的时间内，以按劳分配为核心的合理分配机制事实上没有得到贯彻落实，存在着严重的平均主义倾向。在实行按劳分配的过程中，如何正确处理个人利益与国家利益、集体利益之间的关系，如何正确处理当前利益和长远利益之间的关系，如何正确处理积累与消费之间的关系等现实问题也留给我们反思和教训。

三、改革开放以来的社会主义分配制度理论发展

十一届三中全会以后，我党“拨乱反正”，党的领导集体立足于中国社会主义初级阶段的基本国情，洞察经济社会发展的新变化和新需要，在继承马克思主义收入分配思想的基础上，实事求是，与时俱进，创新、发展和完善了我国的社会主义分配理论，建立起按劳分配与按生产要素分配相结合的分配制度。这一过程也伴随着经济理论界的锐意探索，大体经历了以下几个阶段。

（一）反对平均主义，贯彻落实按劳分配原则

改革之初，学界和政界对此前僵化的“按劳分配”原则进行反思，为改革做理论准备。1977 年 2 月，北京的几个经济研究单位和大学共同发起

---

① 顾准．试论社会主义制度下的商品生产和价值规律［J］．经济研究，1957（3）．

② 施修霖．关于企业奖励制度的若干问题［N］．大公报，1962－05－14.

③ 李云．对计件工资的一些看法［J］．经济研究，1959（5）．

④ 沈志远．关于按劳分配的几个问题［N］．文汇报，1962－08－30.

召开了经济理论讨论会，首先揭发批判“四人帮”在按劳分配方面的谬论。在当年4月、6月、10至11月间举行了三次按劳分配问题的理论讨论会。三次研讨会的重要论文后来陆续发表在《人民日报》和《经济研究》等报刊上。其中最具代表性的是苏绍智和冯兰瑞合作撰写的《驳姚文元按劳分配产生资产阶级的谬论》。该文对按劳分配做了正本清源的解读，但因为是驳论，所以全文以驳斥极“左”的绝对平均主义分配思想为主。1978年3月28日，邓小平同国务院政治研究室负责人谈话时指出：“按劳分配就是按劳动的数量和质量进行分配。根据这个原则，评定职工工资级别时，主要是看他的劳动好坏、技术高低、贡献大小。政治态度也要看，但要讲清楚，政治态度好主要应该表现在为社会主义劳动得好，做出的贡献大。处理分配问题如果主要不是看劳动，而是看政治，那就不是按劳分配，而是按政分配了。总之，只能是按劳，不能是按政，也不能是按资格。”① 同时，邓小平同志认为，按劳分配总体而言是为了一个目的，就是鼓励大家上进。这样，1978年5月8日《人民日报》特约评论员在《人民日报》公开发表了题为《贯彻执行按劳分配的社会主义原则》的文章。该文较为集中地体现了这一时期按劳分配讨论的主要观点：按劳分配不是资产阶级法权，不会产生资产阶级，不会出现两极分化；为计件工资制和奖金正名；强调物质利益原则，提出兼顾国家、集体、个人三者关系。该文受时代的局限，仍提出了政治挂帅的口号，但值得注意的是另一个和收入分配看起来无关的思想：提高经济管理水平。这意味着，当时不仅要考虑如何根据按劳分配原则把“蛋糕”分好，更要考虑如何通过按劳分配激发劳动者积极性从而把“蛋糕”做大。

在党的十一届三中全会闭幕会上，邓小平发表了《解放思想，实事求是，团结一致向前看》的讲话，指出：“在经济政策上，我认为：要允许一部分地区、一部分企业、一部分工人农民，由于辛苦努力成绩大而收入先多一些，生活先好起来。一部分人生活先好起来，就必然产生极大的示范力量，影响左邻右舍，带动其他地区、其他单位的人们向他们学习。这样，就会使整个国民经济不断地波浪式地向前发展，使全国各族人民都比较快地富裕起来。”② 随后，十一届三中全会的公报也明确指出：“人民公社各级经济组织必须认真执行各尽所能、按劳分配的原则，多劳多得，少

① 邓小平．邓小平文选：第2卷［M］．北京：人民出版社，1994：332.

② 邓小平．邓小平文选：第2卷［M］．北京：人民出版社，1994：152.

劳少得，男女同工同酬。加强定额管理，按照劳动的数量和质量付给报酬，建立必要的奖惩制度，坚决纠正平均主义。”① 1984 年 10 月，党的十二届三中全会通过了《中共中央关于经济体制改革的决定》（以下简称《决定》）。《决定》提出：“按劳分配的社会主义原则将得到进一步的贯彻落实……鼓励一部分人先富起来的政策，是符合社会主义发展规律的，是整个社会走向富裕的必由之路。”② 1986 年 9 月，中共第十二届六中全会通过的《关于社会主义精神文明建设指导方针的决议》指出：“我国还处在社会主义的初级阶段，不但必须实行按劳分配，发展社会主义的商品经济和竞争，而且在相当长历史时期内，还要在公有制为主体的前提下发展多种经济成分，在共同富裕的目标下鼓励一部分人先富裕起来……就应当肯定由此而来的人们在分配方面的合理差别。”③ 纵观这一时期党的相关文献可知，党和国家领导人深刻认识到按劳分配的重要性，而真正贯彻落实按劳分配，就必须打破平均主义，让一部分人、一部分地区先富裕起来。认识到社会主义初级阶段必然是公有制为主体下，发展多种经济成分，而发展多种经济成分，就必然要求多种分配形式。

针对先富带动后富可能带来的贫富差距问题，在 1985 年 3 月的全国科技大会上，邓小平即席发表《一靠理想二靠纪律才能团结起来》的讲话，指出：“社会主义的目的就是要全国人民共同富裕，不是两极分化。如果我们的政策导致两极分化，我们就失败了；如果产生了什么新的资产阶级，那我们就真是走了邪路了。”④ 同时他认为，我国生产资料公有制的主体地位，决定了收入分配必然以按劳分配为主体，这就消除了产生两极分化的根源，从而能够避免两极分化，但有必要制定和执行正确的分配政策来进行调节。

（二）以按劳分配为主体，其他分配形式为补充和多种分配方式并存

随着我国经济体制改革的深入，公有制为主体、多种所有制形式并存的局面开始出现。所有制的多样性令按劳分配原则的适用性受到质疑。尽管一个发展了的按劳分配原则已经可以解释改革中出现的部分新兴事物，如承认科技是一种劳动，从而认可了知识作为一种劳动参与分配的权利；

---

① 中国共产党第十一届中央委员会第三次全体会议公报［N］. 人民日报，1978－12－24.

② 中共中央文献研究室. 十二大以来重要文献选编：下［M］. 北京：人民出版社，1988：1180－1181.

③ 关于社会主义精神文明建设指导方针的决议［M］. 北京：人民出版社，1986.

④ 邓小平. 邓小平文选：第 3 卷［M］. 北京：人民出版社，1993：110－111.

又如将个体经营者收入划定为劳动收入，从而使之符合按劳分配原则等。但三资企业和私营经济的出现以及社会主义市场经济的确立都对继续坚持按劳分配原则提出了挑战，因雇佣劳动带来的收益如何匹配按劳分配原则成为一个重大的理论问题。这一方面挑战着传统的社会主义按劳分配原则，另一方面也成为按劳分配原则中国化的契机。

党的十三大提出了社会主义初级阶段理论，并在此基础上明确提出："社会主义初级阶段的分配方式不可能是单一的。我们必须坚持的原则是，以按劳分配为主体，其他分配方式为补充。"① 并进一步指出，各种合法的除按劳分配外的劳动收入、资本收入、经营收入等也得到允许和保护，对以非法手段牟取暴利的，要依法严厉制裁。这一理论突破了我国原来单一的按劳分配制度，各种合法的资本收入、经营收入等也得到允许和保护。党的十四大继续坚持了十三大的收入分配理论，江泽民在党的十四大报告中明确提出："在分配制度上，以按劳分配为主体，其他分配方式为补充。"② 党的十四届三中全会制定的《中共中央关于建立社会主义市场经济体制若干问题的决定》（以下简称《决定》）在我国收入分配理论方面做了进一步的继承和发展。《决定》指出："个人收入分配要坚持以按劳分配为主体、多种分配方式并存的制度……劳动者的个人劳动报酬要引入竞争机制，打破平均主义，实行多劳多得，合理拉开差距。坚持鼓励一部分地区一部分人通过诚实劳动和合法经营先富起来的政策，提倡先富带动和帮助后富，逐步实现共同富裕。"③

中国经济改革的不断深入以及经济的快速增长，一方面带来非公有制经济的发展，非公有制企业所有者存在对其所有企业的收益权；另一方面，居民收入出现了剩余，从而存在私人投资的可能，这些投资带来的投资收益显然也不完全符合劳动报酬的定义。此外，某些具有特别才能的个人会以技术参股的方式获得收入，也有管理者通过承包制、年薪制等获得其管理才能的收益。如何使用按劳分配原则解释这些收益成为摆在理论工作者面前的新情况、新问题。因此，从20世纪80年代中后期开始，随着多种所有制形式的出现，如何贯彻执行和解读按劳分配原则成为理论界争

---

① 赵紫阳．沿着中国特色的社会主义道路前进［N］．人民日报，1987－11－04.

② 江泽民．加快改革开放和现代化建设步伐夺取中国特色社会主义事业的伟大胜利［N］．人民日报，1992－10－12.

③ 中共中央关于建立社会主义市场经济体制若干问题的决定［N］．人民日报，1993－11－17.

论的一个焦点问题。在初期的讨论中，因为存在明显的意识形态限制，所以辩护的色彩比较重。当时的一些主流观点是将应归属于资本、技术和管理的要素收入解释为劳动收入。比如，通过讨论活劳动和物化劳动等重新定义劳动收入，进而提出活劳动和物化劳动共同创造价值的观点。而另一派则将这些劳动以外的要素收入全部解释为“按资分配”，混淆了技术、管理和资本要素之间的关系。这两种说法无论如何都是偏颇的，都过分地掺杂了意识形态色彩而忽视了技术和管理等非劳动要素的作用。也有不少学者思想比较解放，对社会主义商品经济条件下的分配制度进行了适应经济发展实际的探讨，主要集中在以下方面。

（1）关于社会主义商品经济条件下按劳分配的特点。理论界比较一致地认为，①在整个社会中，实行按劳分配的范围是不全面的，仅限于公有制范围内。朱元珍指出：“多种经济成分和多种经营方式并存，限制了按劳分配的作用范围。”[①] ②按劳分配必须以社会必要劳动量作为分配的依据。③按劳分配必须通过商品货币形式来实现。④在实行按劳分配中，企业处于很重要的地位。佐牧认为：“国有制企业成为相对独立的分配单位。”[②]

（2）关于以按劳分配为主体的多种分配方式。首先，关于多种分配方式存在的经济条件，理论界比较一致的观点是：①以公有制为主体的多种所有制并存。②公有制内部存在全民所有制和集体所有制两种形式及其自身所有权和经营权的分离。③商品经济的发展。其次，关于多种分配方式的分类，理论界有学者分为两类：“一是按劳分配，二是非按劳分配”或者“按资分配与按劳分配”；[③] 有学者分为三类：“按劳分配、按经营成果分配、按资金分配”[④]；有学者分为五类：“按劳分配、按资分配、按经营成果分配、直接地劳动收入、按劳动力价值分配的收入。”[⑤]

（3）关于按生产要素分配。社会主义商品经济实践推动了按生产要素分配理论的提出。改革开放以前，由于追求生产资料的完全公有制，在分配制度上，把按劳分配作为社会主义的唯一原则，而把按生产要素分配等同于“萨伊三要素论”加以批判。改革开放后，首先在农村实行家庭联产

---

① 朱元珍．试论商品经济条件下按劳分配的实现模式［J］．中国劳动科学，1987（12）．
② 佐牧．怎样认识商品经济条件下企业的分配权［N］．光明日报，1985－01－06．
③ 佐牧．社会主义初级阶段按劳分配理论讨论会观点综述［J］．经济纵横，1987（12）．
④ 郭元晞．有计划商品经济条件下的个人消费品分配［J］．中国社会科学，1986（5）．
⑤ 晓亮．社会主义初级阶段的个人收入分配［J］．经济纵横，1987（6）．

承包责任制，客观上出现了生产要素参加分配的现实。1984年，张文敏、余大章的文章指出："各承包户按承包量计算的土地及其质量虽然大体一样，但由于各户对土地的投资不同，因而土地的产量不同，形成的级差收益也不相同。所以，在'剩下是自己的'分配原则下，承包户的产品量和收入量取决于他们投入生产的劳动量和资金。也就是说，生产投资参与了产品的分配。""另外，由于承包办法不同，也会出现每个劳动力占有的土地数量的差别。在这种情况下，生产资料的数量、质量更加明显地决定了承包应得产品数量，每个劳动力的产出量与劳动投入量的比例，则因户而异。"① 随着个体、私营、港澳台、外资等多种经济成分的出现和发展，客观上已经出现了按生产要素分配的情况。公有制经济的股份制改造，对股东的分配也必然要按生产要素分配。1988年，谷书堂、蔡继明论证了按生产要素分配的必要性，并最早提出了按劳分配与按生产要素分配结合的观点。他们认为："由于社会主义初级阶段还存在着多种所有制成分，还存在着商品生产和商品交换，国家、企业和个人都还具有相对独立的经济利益，国民收入中的积累与消费的比例、劳动者的现实利益与长远利益和个人需要与公共需要的选择等还不能完全由国家统一规定，企业和个人还都具有不同程度的收入分配和积累的自主权，所以，还不能完全实行按劳分配。社会主义初级阶段的分配原则是按贡献分配，也就是按各种生产要素在社会财富的创造中所做出的实际贡献进行分配。社会主义初级阶段的各种收入都是按贡献分配的形式——工资是根据劳动的贡献而给予劳动者的报酬；薪金是根据经营管理的贡献而给予企业家的报酬；利息、股息和红利等是根据资金或资本的贡献而给予资产所有者的报酬。各种生产要素的贡献是由各生产要素的边际收益决定的。而各种收入的决定，又是通过市场机制实现的。在社会主义初级阶段，只有贯彻按贡献分配的原则，才能确保机会均等，提高效率，实现资源的最优配置，促进社会生产力的迅速发展。"② 一些经济学家不赞成他们的观点，展开了热烈讨论，但随着社会主义市场经济体制改革目标模式的确立，按生产要素分配得到党中央文件的确认。按生产要素分配固然符合经济运行的实际需要，但未能界定如何确定各种生产要素的贡献大小，这不能不说是上述理论存在的一个缺憾。

---

① 张向敏，余大章．对农业家庭联产承包责任制分配性质的探讨，关于按劳分配问题——全国第五次按劳分配理论讨论会论文选编［M］．北京：人民出版社，1984.

② 谷书堂，蔡继明．按贡献分配是社会主义初级阶段的分配原则［J］．经济学家，1989（2）．

（4）关于按劳分配在企业的具体实现问题。1980 年，蒋一苇提出了“两级按劳分配”的理论。他认为：“目前经济管理体制最大的弱点，在于企业与企业之间‘吃大锅饭’，搞平均主义。这个大的按劳分配不解决，而只是在企业内部搞个人按劳分配，可以说是本末倒置了。其原因正由于我们把按劳分配只是简单地理解为按个人贡献大小进行分配，没考虑到个人劳动只有通过企业产品（或劳务）才能转化为社会劳动，因此也没有考虑到按劳分配首先是按企业集体贡献大小的分配问题。”所以必须实行“社会对企业集体实行按劳分配，企业内部对劳动者也实行按劳分配，使劳动者从物质利益上关心集体和个人的劳动成果”。蒋一苇认为，要全面地贯彻物质利益原则，“必须使群众对个人的和整体的物质利益都能看得见，摸得着，看到个人利益与整体利益‘水涨船高’的直接联系”，“使广大劳动群众直接感受到个人的物质利益，既取决于个人的劳动能力与贡献，也来自集体的劳动成果，还来自国家经济的发展”①。蒋一苇的观点引起了热烈争论，赞同蒋一苇的观点认为，在商品经济条件下，全民所有制经济实行按劳分配分为两级进行。首先是国家对企业实行按劳分配，其次是企业对劳动者实行按劳分配，且第一级分配是第二级分配的基础。反对的观点认为，在商品经济条件下，全民所有制经济实行按劳分配只是在企业内部进行的。此外，还有学者提出了除本分成制，即企业从销售收入中扣除消耗的生产资料（除本）后，再从净产值中扣除了工资以外的一切费用，包括交给上级管理部门的管理费用、工商税等，余下的部分作为企业的纯收入，按规定的比例在企业和职工之间分成。其理论依据是马克思在《哥达纲领批判》中指出的“每一个生产者，在作了各项扣除之后，从社会方面正好领回他所给予社会的一切”②，以及在社会主义条件下，集体所有制企业生产资料是集体财产，劳动者是企业的主人，劳动力也就不再是商品了③。除本分成制只适用于小型的股份合作制企业，其成本概念只限定在生产资料上，不符合商品经济发展的要求，很快就销声匿迹了。

（5）关于社会主义商品经济条件下的工资改革。一种观点认为，社会主义商品经济条件下，劳动力成为商品，只能按劳动力价值分配，按劳分

---

① 蒋一苇．关于按劳分配的几个问题［N］．工人日报，1980－03－21；蒋一苇．试论全面的物质利益原则［N］．人民日报，1980－07－14.

② 马克思，恩格斯．马克思恩格斯选集：第三卷［M］．北京：人民出版社，1972：10－11.

③ 张静．“除本分成”问题的讨论综述［J］．东岳论丛，1985（2）．

配规律不复存在，工资改革的方向是工资由市场来决定。而另一种观点则认为，社会主义商品经济条件下，按劳分配规律仍然存在，但是实现方式产生新的特点。

这一时期我国分配制度理论的发展具有以下几个显著特点。

（1）突破了单一的按劳分配形式，明确提出“以按劳分配为主体，其他分配方式为补充”，这是与中国经济结构变化相适应的一种与时俱进。党的十四届三中全会又提出“以按劳分配为主体、多种分配方式并存的制度”的提法，将十四大“以按劳分配为主体，其他分配方式为补充”的提法上升到“制度”层面。提法的变化表明中国公有制的主体地位决定这种新的分配制度必须保证按劳分配的主体地位不能动摇，同时这种新的分配制度也强调非按劳分配方式是社会主义分配制度的内在组成部分，而不是整个分配制度之外的附属物。当然实行这样一种分配制度，是由中国目前生产力发展水平及所有制性质和结构所决定的。马克思主义认为，生产方式决定分配方式，“消费资料的任何一种分配，都不过是生产条件本身分配的结果”。就是说，一个社会采取什么样的分配方式，取决于该社会的生产力状况，取决于所有制性质和结构。中国是在生产力比较落后的基础上建立起社会主义制度的。中国的基本经济制度是公有制为主体、多种所有制经济共同发展，由此决定了以按劳分配为主体，多种分配方式并存的分配制度。

（2）首次承认了非劳动收入的合法性，并得到允许和保护，这极大地调动了广大人民群众劳动生产和投资的积极性。

（3）提出了按生产要素分配理论。按生产要素分配理论是中国社会主义收入分配制度理论的最大创新成果，为中国社会主义市场经济分配制度的创新和改革提供了新的理论依据。

（三）以按劳分配为主体和与按生产要素分配相结合

党的十四届三中全会确立了社会主义市场经济体制，收入分配制度理论需要进一步突破，以适应社会主义市场经济发展的需要。党的十五大报告指出：“坚持按劳分配为主体，多种分配方式并存的制度”，“把按劳分配和按生产要素分配结合起来”，“允许和鼓励资本、技术等生产要素参与收益分配。”[①] 这是中国在分配制度理论上的又一次具有深远意义的突破，

---

① 江泽民. 高举邓小平理论伟大旗帜把中国特色社会主义事业全面推向二十一世纪［N］. 人民日报，1997-09-14.

不仅体现出社会主义市场经济的本质，而且充分发挥了社会主义制度的优越性。当然，我们必须首先明确按生产要素分配不是资本主义特有的经济现象，而是市场经济运行的客观规律。而且实践已经和正在证明，坚持按劳分配与按生产要素分配相结合的分配原则，在分配关系上能更直接、充分地体现我国现阶段所有制结构的多元化，体现公有制实现形式的多样化，有利于调动广大劳动者投入劳动的积极性；有利于调动各要素所有者继续投入要素的积极性，从而实现二者的有机结合，使社会再生产得以顺利进行①。按劳分配和按生产要素分配相结合对于保持中国经济的稳定快速增长起到了积极的作用，但不得不看到，在“效率优先，兼顾公平”的指导思想下，按生产要素分配也使我国的收入分配出现了一些不利于收入均等化的变动，即“蛋糕”做得越来越大，但分给居民和劳动者的份额却相对较少，而在居民部门内部，也存在分配越发不均的情况。

党的十六大提出：“确立劳动、资本、技术和管理等生产要素按贡献参与分配的原则，完善按劳分配为主体，多种分配方式并存制度。”② 十六大报告将“按生产要素分配”的提法改为“确立劳动、资本、技术和管理等生产要素按贡献参与分配的原则”，这一收入分配原则，是对马克思主义关于社会主义收入分配理论的创新，是适应社会主义市场经济体制的建立和完善，适应以公有制为主体，多种经济成分并存的必然选择，它一方面将生产要素进行了明确的细化，另一方面在劳动价值论的基础上肯定了生产要素参与分配的合法地位。按照马克思主义的观点，劳动是创造价值的源泉。不论是体力劳动还是脑力劳动，不论是简单劳动还是复杂劳动，一切为我国现代化建设做出贡献的劳动，都是光荣的，都应该得到承认和尊重。同时，资本、技术和管理等生产要素，都参与了社会财富的创造，应当参与收益分配，根据它们在商品生产中贡献的大小取得相应的报酬。

2005 年 10 月，中共十六届五中全会通过了《中共中央关于制定国民经济和社会发展第十一个五年规划的建议》（以下简称《建议》），《建议》指出：“完善按劳分配为主体、多种分配方式并存的分配制度，坚持各种生产要素按贡献参与分配。”③ 党的十七大报告指出：“合理的收入分配制

---

① 邓海潮，刘晶．社会主义个人收入分配理论和制度的六大历史性突破［J］．中国特色社会主义研究，1999（4）．

② 江泽民．全面建设小康社会，开创中国特色社会主义事业新局面［N］．人民日报，2002－11－18.

③ 中共中央关于制定国民经济和社会发展第十一个五年规划的建议［N］．人民日报，2005－10－19.

度是社会公平的重要体现。要坚持和完善按劳分配为主体、多种分配方式并存的分配制度，健全劳动、资本、技术、管理等生产要素按贡献参与分配的制度。”① 党的十七大对社会主义收入分配理论又有创新，提出“坚持和完善按劳分配为主体的分配制度”，“健全生产要素按贡献参与分配的制度”。一方面强调坚持按劳分配为主体；另一方面，肯定了市场经济下各种生产要素参与财富创造和财富分配的合理性，有利于调动要素所有者的积极性、主动性与创造性，同时防止两极分化，达到最终实现共同富裕。其次，提出“合理的收入分配制度是社会公平的重要体现”，并且提出经国民收入分配领域从直接的物质收入领域扩展到社会保障、公共服务，对特殊人群的救助，以及农村各种医疗、低保等方面，还提出了让“基本公共服务均等化”，“使全体人民学有所教，老有所得，病有所医，老有所养，住有所居”的新目标。这是对收入分配内涵以及共同富裕思想的创新。

党的十八大报告指出：“要坚持社会主义基本经济制度和分配制度”，“千方百计增加居民收入。实现发展成果由人民共享，必须深化收入分配制度改革，努力实现居民收入增长和经济发展同步、劳动报酬增长和劳动生产率提高同步，提高居民收入在国民收入分配中的比重，提高劳动报酬在初次分配中的比重……完善劳动、资本、技术、管理等要素按贡献参与分配的初次分配机制，加快健全以税收、社会保障、转移支付为主要手段的再分配调节机制。深化企业和机关事业单位工资制度改革，推行企业工资集体协商制度，保护劳动所得。多渠道增加居民财产性收入。”② 十八大报告在坚持分配制度的同时，强调了要实现发展成果由人民共享，必须深化收入分配制度改革，完善生产要素按贡献参与分配的初次分配机制，健全再分配机制。

2013年2月3日，国务院批转发展改革委、财政部、人力资源社会保障部三部委联合提出的《关于深化收入分配制度改革的若干意见》时指出：“收入分配制度是经济社会发展中一项带有根本性、基础性的制度安排，是社会主义市场经济体制的重要基石……当前，我国已经进入全面建成小康社会的决定性阶段，按照党的十八大提出的千方百计增加居民收入

---

① 胡锦涛．高举中国特色社会主义伟大旗帜为夺取全面建设小康社会新胜利而奋斗［N］．人民日报，2007-10-25.

② 胡锦涛．坚定不移沿着中国特色社会主义道路前进为全面建成小康社会而奋斗［N］．人民日报，2012-11-18.

的战略部署，要继续深化收入分配制度改革，优化收入分配结构，调动各方面积极性，促进经济发展方式转变，维护社会公平正义与和谐稳定，实现发展成果由人民共享……我国仍处于并将长期处于社会主义初级阶段，当前收入分配领域出现的问题是发展中的矛盾、前进中的问题，必须通过促进发展、深化改革来逐步加以解决……深化收入分配制度改革，是一项十分艰巨复杂的系统工程，不可能一蹴而就，必须从我国基本国情和发展阶段出发，立足当前、着眼长远，克难攻坚，有序推进……深化收入分配制度改革，要坚持共同发展，共享成果。倡导勤劳致富，支持创业创新，保护合法经营，在不断创造社会财富、增强综合国力的同时，普遍提高人民富裕程度。”

党的十九大报告指出：“坚持按劳分配原则，完善按要素分配的体制机制，促进收入分配更合理、更有序”，“鼓励勤劳守法致富，扩大中等收入群体，增加低收入者收入，调节过高收入，取缔非法收入。”“拓宽居民劳动收入和财产性收入渠道。”“坚持在经济增长的同时实现居民收入同步增长、在劳动生产率提高的同时实现劳动报酬同步提高。”“履行好政府再分配调节职能，加快推进基本公共服务均等化，缩小收入分配差距。”① 十九大报告系统梳理了完善分配制度的内容，指明了改革努力的方向，为今后一个时期中国改进和完善分配制度提出了基本原则。

在这一阶段，经济理论界对社会主义分配制度的探索主要集中在按劳分配和市场经济是否兼容、市场经济条件下按劳分配的特点、按生产要素分配、按劳分配和按要素分配如何结合等问题上。

（1）关于按劳分配与市场经济是否兼容。经济理论界有两种相反的观点：主流观点认为，按劳分配和市场经济可以兼容，而且在市场经济条件下才能真正实现按劳分配。张宇指出：“按劳分配在市场经济条件下是可能和现实的，应当把按劳分配的本质和按劳分配的实现形式区别开。从马克思非市场型的按劳分配发展成为市场型按劳分配不是对按劳分配本质的否定，而是在市场经济条件下更好地实现了按劳分配原则。”② 相反的观点认为：“按劳分配与市场经济绝不能相容，非此即彼。”③

---

① 习近平．决胜全面建成小康社会夺取新时代中国特色社会主义伟大胜利［N］．人民日报，2017－10－18.

② 张宇．市场、平等与按劳分配——对按劳分配理论的再认识［J］．中国特色社会主义研究，1999（6）.

③ 丛松日．按劳分配与按劳动力价值分配［J］．经济·社会，1997（2）.

（2）关于市场经济条件下按劳分配的新特点。理论界继续沿着20世纪80年代商品经济条件下按劳分配的特点进行探讨，基本上认同以下观点：①按劳分配的主体是企业而不是社会；②劳动者所得、按劳分配收入量的多少，不再仅仅取决于劳动者个人提供劳动量的多少，而且还取决于劳动者所在的企业联合劳动所形成价值量的大小；③按劳分配通过商品货币形式来进行；④按劳分配在劳动者个人收入分配中居于主体地位，而不是全部地位。①

（3）关于按生产要素分配。对此问题，学者们就谷书堂、蔡继明在1988年提出的按生产要素分配进行了激烈争论，争论的焦点在于如何看待按生产要素分配的问题。这是改革开放以来对按劳分配原则的又一次重要的理论争鸣。争论主要建构在劳动价值论的基础上，重点围绕劳动和生产要素谁创造价值以及谁应该参与价值分配等展开。对此，国内学术界有两种典型观点：一是认为价值创造不决定价值分配；二是认为价值创造是价值分配的直接依据。大多数学者比较认同价值创造不决定价值分配的观点。他们认为，价值创造涉及的是生产领域，主要解决的是谁创造价值以及创造多少价值的问题，并且主要决定于生产力；而价值分配涉及的是分配领域，主要决定于生产关系，它只确定创造出的价值如何分配，而不管价值是由谁创造的。由此他们提出，按要素分配的理论依据不应该也没必要到劳动价值论中去寻找②。虽然基本观点相同，但不同学者立论的依据和思路有所不同。其代表性观点有：

第一，所有制决定论，即所有制形式决定分配方式。逄锦聚认为，我国社会主义初级阶段实行的基本经济制度是以按劳分配为主体、多种分配方式并存的分配制度，所有制是根本性决定因素③。吴树青认为，社会主义初级阶段的所有制结构以公有制为主体，多种所有制共同发展，决定了在分配方式上，也必然是按劳分配为主体，多种分配方式并存④。

第二，要素产权论，即生产要素的所有权决定分配。杨万铭认为，生产要素参与分配的前提是对生产要素拥有产权。按要素分配就是承认要素

---

① 黄玉抒．市场经济下按劳分配问题的一点思考［J］．南昌职业技术师范学院学报，1997（2）．

② 王敏．对一种按生产要素分配的理论依据的评析与再思考［J］．重庆教育学院学报，2003（2）．

③ 逄锦聚．关于价值论、劳动价值论与分配理论的一些思考［J］．南开经济研究，2001（5）．

④ 吴树青．深化制度改革的几个理论问题［J］．思想理论教育导刊，2003（9）．

产权拥有者凭借要素的产权取得相应收入的权利①。殷如宏认为，生产要素参与分配实质上是生产要素的所有者以产权参与分配，用其所有获其所获②。

第三，要素贡献论，即按生产要素在财富创造中的实际贡献进行分配。如蔡继明认为，社会主义的分配原则就是在社会必要劳动所创造的价值基础上按各种生产要素在价值形成中所做出的贡献进行分配，或简称按贡献分配③。谷书堂在《社会主义经济学通论》中也提出，社会主义的分配原则，就是在社会必要劳动所创造的价值基础上，按各种生产要素在价值形成中所做的贡献进行分配④。

第四，要素产权和要素贡献结合，共同决定分配。沈卫平认为，我国现行的按生产要素贡献分配的实质，是要素所有权和要素贡献的结合，其中，要素所有权是生产与分配最终产品的经济基础，即决定个人收入分配的经济基础；要素贡献则是检验按要素分配合理性的衡量标准⑤。孙咏梅认为，要素所有权作为生产关系的一个范畴，影响了要素经营权与收益权，它是按要素分配的经济基础。要素贡献作为生产力发挥作用的结果，决定了社会产品的最终分配。按“要素分配”的实质是“要素所有权”与“要素贡献”的结合⑥。与价值创造不决定价值分配的观点相对立，少数学者认为，价值创造是价值分配的直接依据，价值创造决定价值分配。但在对价值的理解上，存在两种不同的看法：一是要素价值论，即要素创造价值而参与分配。如晏智杰认为，在需求既定条件下，财富和商品的源泉与其价值的源泉必然是一致的，它们都是由包括劳动、资本、技术、管理和自然资源等要素共同创造的，财富多元论在这种条件下也就是价值多元论⑦。陆立军也认为，生产要素参与分配的直接依据是生产要素的价值贡献。按生产要素分配就是按生产要素价值分配，即各种收入来源于生产诸要素在价值形成和价值增值过程中所起的作用⑧。二是劳动价值论，即劳动创造价值从而决定分配。何雄浪认为，在社会主义经济中，按劳分配与

---

① 杨万铭．要素产权分配论：“倒 U”假说的超越［J］．社会科学研究，2004（5）．

② 殷如宏．论按生产要素分配原则在不同社会的表现［J］．江西农业大学学报，2004（2）．

③ 蔡继明．论非生产要素参与分配的价值基础［J］．经济研究，2001（12）．

④ 谷书堂．社会主义经济学通论［M］．北京：高等教育出版社，2000.

⑤ 沈卫平．我国现行收入分配制度的理论依据辨析［J］．深圳大学学报，2004（5）．

⑥ 孙咏梅．“要素所有权”与“要素贡献”［J］．经济学家，2003（3）．

⑦ 陈淮，樊纲等．专家学者纵论深化收入分配制度改革［J］．劳动保障通讯，2003（11）．

⑧ 陆立军．论社会主义社会的劳动和劳动价值［J］．经济研究，2002（2）．

按要素分配是本质与现象、内容与形式的关系，是按劳分配因市场关系而转化为、表现为按要素分配，而不是在同一层面上并列或“主辅结合”的关系。在社会主义条件下，按劳分配与按要素分配有着共同的理论基础——马克思劳动价值论①。其实，马克思在《资本论》中详细阐述了价值的来源：“作为价值，一切商品都只是一定量的凝固的劳动时间。”② 这样，就排除了劳动以外的任何生产要素在价值创造中的作用，认为价值中不包含一个物质的原子。既然各种生产要素不参与价值创造，那么按要素分配的理论依据不应也不能从劳动价值论中找到。同时，认为各种生产要素共同创造价值从而参与分配的观点也值得商榷，它根本否定了马克思的科学价值理论。

（4）按要素分配与按劳分配的关系。理论界的争论有三种主要观点：①按要素分配包括按劳分配。如汪海波认为，中国改革实践已经开始证明并将继续充分证明，否定按劳分配也像否定计划经济一样，不仅不会否定社会主义的本质和优越性，而能进一步发挥其本质和优越性③。徐谦认为，社会主义市场经济体制下只能实行按生产要素分配的个人收入分配机制。至于有人主张，社会主义市场经济中应该继续实行按劳分配的原则，应该以按劳分配为主体，他认为，如果这里所指的按劳分配是传统社会主义计划经济体制下的按劳分配，那么是根本行不通的，它既不会带来效率，也不能实现社会公平；如果这里的按劳分配指的是按劳动力要素分配，那么“按劳分配为主体”的提法既没有必要，也不能成立④。②按劳分配和按要素分配不能相互替代。赵伟认为，按劳分配不等于按劳动力要素分配，它并非按生产要素的一个子部分，前者和生产资料的公有制相联系，后者和生产资料的非公有制相联系。而作为分配领域的制度措施，它们所遵循和实践的效率与公平原则有着不同的含义⑤。吴宣恭认为，完全公有的企业基本实行按劳分配，私有企业按要素分配。在混合所有制经济中一部分实行按劳分配与按要素分配相结合；另一部分基本上按要素分配，如中外合

---

① 何浪雄，李国平．论劳动价值论、按劳分配与按要素分配三者之间的逻辑关系［J］．经济评论，2004（2）．

② 马克思．资本论：第一卷［M］．北京：人民出版社，1975：53.

③ 汪海波．论建立现代分配制度［J］．国家行政学院学报，2004（2）．

④ 徐谦．社会主义市场经济条件下的个人收入分配机制［J］．武汉理工大学学报，2003（1）．

⑤ 赵伟．按生产要素分配与共同富裕［J］．经济评论，2004（6）．

资企业、私人控股企业等[①]。③按劳分配包含按要素分配。如刘解龙认为，生产要素的配置是劳动组合，生产要素创造价值实质上是配置生产要素的劳动创造价值，按要素分配实质上是按配置生产要素的劳动进行分配。这是按劳分配与按生产要素分配可以结合的价值理论基础，也是劳动价值论的一种新的解释力[②]。

这些理论探讨和争鸣中的一些有价值的观点被主流意识形态所接纳和吸收，并渐渐形成按生产要素分配的分配原则，该原则成为社会主义市场经济中以按劳分配为主体、多种分配形式并存的分配原则的一个重要补充，即社会主义公有制实行按劳分配，而在非公有制经济中实行按生产要素分配。中国在对社会主义市场经济下分配制度的一系列探索、创新和改革的基础上，最终全面提出了实行按劳分配为主体、多种分配方式并存，把按劳分配与按生产要素分配相结合的中国特色收入分配制度理论，使中国的分配制度全面适应了社会主义市场经济发展的需要，调动了各类生产要素和市场主体的积极性，极大地促进了中国生产力的发展。针对多种分配方式、按生产要素分配带来的收入差距扩大问题，政府强调了深化收入分配制度改革、完善要素分配的体制机制，并提出了一系列政策路径。

四、社会主义收入分配制度理论需要进一步研究的问题

（一）按生产要素分配与按劳分配的关系

按生产要素分配与按劳分配在概念上是否是一个，目前尚有不同的看法。有的学者认为："按劳分配与按生产要素分配的关系是本质与现象、内容与形式的关系，是按劳分配因市场关系而转化为、表现为按生产要素分配。"[③] 有的学者持不同看法，认为："我国现阶段的按劳分配，是包括在现阶段的按生产要素分配当中的。二者的关系，首先是包含与被包含的关系。"[④] 在讨论中，有学者不同意以上观点，认为："不能把按劳分配与劳动作为生产要素参与分配等同起来。"因为"按劳分配只存在于公有制经济中，劳动者得以主人翁的身份而不是仅仅作为劳动要素的提供者参与生产和分配的。而按生产要素分配要以私有制经济的存在为前提。在私营

---

① 吴宣恭．关于"生产要素按贡献分配"的理论［J］．当代经济研究，2003（12）．

② 刘解龙．现代劳动论研究三大使命［J］．财经理论与实践，2003（1）．

③ 周为民，陆宁．按劳分配与按要素分配——从马克思的逻辑来看［J］．中国社会科学，2002（4）．

④ 杨欢进．马克思逻辑中的按生产要素分配——兼与周为民、陆宁商榷［J］．当代经济科学，2004（1）．

企业和外资企业中，劳动者不是主人，他们的劳动只是作为生产要素之一参与生产和分配。因此，不应把按劳分配纳入按生产要素分配之中”①。根据马克思的按劳分配理论，按劳分配与按生产要素分配并不是内容与形式的关系。

（二）按劳分配为主体与要素按贡献或供求参与收入分配的关系

按劳分配是社会主义分配原则。公有制为主体、多种所有制经济共同发展的社会主义初级阶段基本经济制度确立以后，按劳分配为主体、多种分配方式并存的基本分配制度也就得到了确认。这是中国特色社会主义政治经济学的重大理论突破。生产要素参与收入分配是基于生产要素私人（或不同的所有者）所有的背景提出的，目的是要让一切劳动、知识、技术、管理、资本的活力竞相迸发，让一切创造社会财富的源泉充分涌流。就多种生产要素参与收入分配来说，各种生产要素的报酬由各自的生产要素市场决定。这些提法表明，包括劳动在内的各种生产要素参与收入分配不再完全按其投入分配，而是按各种要素的“贡献”，并且还要按各自要素市场的供求来决定。由此提出的问题是，按劳分配如何在这种收入分配体制中实现主体地位。

就要素市场供求对分配的影响来说，各个要素按贡献参与收入分配，资本、劳动力、技术、管理等生产要素的报酬分别在各自的生产要素市场上决定，各种要素的市场供求关系，客观地体现在要素价格比例上。其效果是最稀缺的要素得到最节约的使用并且能增加有效供给，最丰裕的要素得到最充分的使用，其对于有效地配置和使用生产要素起的积极作用是十分明显的。显然，要素参与分配，从总体上说是符合发展社会生产力这个社会主义本质要求的。由于多种要素充分发挥作用而增加了社会财富，劳动者绝对收入也较前明显增加。这也是符合劳动者利益的。

再就不同要素的贡献来说，在各种生产要素参与收入分配的情况下，不同的人拥有的要素存在很大差别。允许一部分人先富起来意味着储蓄能力强的、技术水平高的、经营能力强的，致富能力也强。再加上这些要素的叠加，非劳动要素收入和劳动报酬的差距明显扩大。因此提出的理论问题是，如何体现按劳分配为主体。这里需要说明的是，所谓按劳分配为主体是指在公有制企业中实行按劳分配，而在非公有制企业中实行按非劳动

① 卫兴华.《马克思政治经济学原理》修订版的体系结构和理论构思［J］. 教学与研究，2003（7）.

要素投入分配。还要指出的是，按劳分配为主体是在可分配收入中劳动报酬在数量上为主体，还是在多种分配方式中收入的较大部分采用按劳分配。

按劳分配的社会主义性质表现为消灭了对劳动者的剥削。在确定当前阶段按劳分配为主体时需要明确，正如生产资料所有制可能混合一样，生产要素也是混合的。就是说，劳动投入不仅涉及直接生产过程中的劳动者的劳动，也包括不在生产现场但对生产起作用的技术人员、管理人员的劳动，其中也包括企业经营者从事的经营活动，即使是直接劳动者，也不完全只是简单的劳动力支出，也可能拥有技术等要素。通常讲的人力资本在马克思主义经济学中就是指的这种复杂劳动。基于这种考虑只要坚持两个原则：一是复杂劳动得到更高的报酬，以体现劳动贡献；二是劳动报酬增长与劳动生产率提高同步，这样就能在收入分配总量上体现按劳分配为主体。

实际上，现在讨论按劳分配为主体更多的是关注生产一线的劳动者的报酬在收入中所占比重呈明显下降趋势的问题。这涉及体现社会公平正义的要求，缩小收入差距问题。在这方面需要明确的是，首先，在初次分配阶段就要根据社会主义要求处理好公平和效率的关系，不能忽视劳动的复杂程度不高的劳动者在企业效率提高中的贡献。其次，根据马克思主义经济学原理，社会主义社会之所以实行按劳分配，原因是劳动还是谋生的手段。作为谋生手段，劳动报酬的增长不只是限于劳动者的劳动贡献，还应该包含体现谋生要求的内容。谋生的范围就是必要劳动的范围。必要劳动的范围有历史的和道德的因素。随着社会的进步、文化的发展，劳动者的必要劳动范围也在扩大，相应的劳动报酬也有增长的趋势。最后，从社会主义的公平观考虑，劳动收入的差距主要由各自拥有的包括技术等方面的要素差异所致。因此通过教育公平等途径缩小各个分配主体所拥有的要素差异，坚持机会的公平，分配结果的差距也可能缩小①。

第二节　从效率优先到更加注重公平

公平与效率的关系，一直是国内外理论界热烈讨论的课题。在人类社

---

① 洪银兴．十八大以来需要进一步研究的几个重大政治经济学理论问题［J］．南京大学学报，2016（2）．

会发展进程中，公平与效率一直是人们追求的两大目标。而在现代社会，它们又成为社会收入分配的核心问题。如何才能达到二者的统一，无论在理论上还是在现实中，都是需要深入研究探讨的问题。

一、公平与效率的对立统一

马克思主义坚持结果公平的公平效率观，它认为有公平才有效率，只有坚持生产资料占有意义上的公平和等量劳动获得等量收入意义上的公平，劳动者的积极性才能充分调动起来。马克思主义之所以有这样的认识，是因为它依据劳动价值理论和辩证唯物主义的认识论及方法论。马克思主义者认为，商品的价值是由劳动创造的，只有劳动者才有权占有他的劳动价值。资本家占有剩余价值是对劳动者的剥削，是收入分配上的不公平。只有实现生产资料占有上的公平，才能避免资本剥削劳动的现象。生产资料公有，劳动者有同等的权利把他的劳动力同生产资料相结合，劳动产品就只能按劳分配，即等量劳动获得等量收入。从认识论和方法论的角度来讲，马克思主义的生产资料占有意义上的公平和等量劳动获得等量收入意义上的公平是有充分理论依据的，逻辑上无懈可击。

二、改革开放前毛泽东关于公平与效率的思想

毛泽东把社会公平作为社会主义的本质特征和意识形态加以肯定。在公平与效率之间，就根本倾向而言，毛泽东较为关注的是社会公平问题。他把社会主义中国的价值目标取向界定为公平，以公平作为中国经济和社会的发展方式。他从社会主义的收入平等原则与中国古代农民起义的均贫富、等贵贱思想出发，结合中国经济发展的状况构建了一个公平分配优先、均中求富的社会经济发展方式。但是，如何在公平与效率之间保持必要的平衡，根据当时的实际做出最佳选择，毛泽东并没有做好，他向往社会公平，期望在实现最大程度公平的同时达到最高效率，但由于在公平的目的与其实现手段上的混同和矛盾，他忽视了公平与效率二者的矛盾运动，结果事与愿违，牺牲了效率，形成贫穷状态下的平均主义。“平均主义”“大锅饭”盛行，不仅没能保证社会公平的真正实现，而且在事实上否定了按劳分配、多劳多得的基本权利和社会主义的分配原则，损害了劳动者的积极性、创造性，损害了国民经济的健康发展和经济效率的提高。

三、改革开放以来在实践中不断发展的公平与效率的关系

（一）国家收入分配政策中公平与效率关系的发展

作为改革开放的总设计师，在邓小平眼里，效率是首位的。邓小平深刻总结了毛泽东在处理公平与效率关系问题上的失误，他关于公平与效率思想的新贡献主要表现在以下两个方面：其一，同生产发展的一定历史阶段相联系，提出了实现公平与效率高层次统一的任务。邓小平同志在《中国共产党全国代表会议上的讲话》中强调指出："我们为社会主义奋斗，不但是因为社会主义有条件比资本主义更快地发展生产力，而且因为只有社会主义才能消除资本主义和其他剥削制度所必然产生的种种贪婪腐败和不公正现象。"其二，提出了实现效率与公平高层次统一的基本思路：一是坚持"效率优先，兼顾公平"的原则；二是坚持以按劳分配为主的分配制度；三是贯彻让一部分人先富起来逐步实现共同富裕的大政策；四是解决社会分配不公问题，防止两极分化。

1987 年 10 月，党的十三大报告指出，社会主义的分配政策是："既要有利于善于经营的企业和诚实劳动的个人先富起来，合理拉开收入差距，又要防止贫富悬殊，坚持共同富裕的方向，在促进效率的前提下体现公平。"报告初步提出了"效率优先，兼顾公平"的收入分配指导原则①。1993 年 11 月，中共十四届三中全会《关于建立社会主义市场经济体制若干问题的决定》提出了社会主义市场经济体制下分配体制的框架，首次明确提出了"效率优先，兼顾公平"的原则：劳动者的个人劳动报酬要引入竞争机制，打破平均主义，实行多劳多得，合理拉开差距；提倡先富带动和帮助后富，逐步实现共同富裕；建立多层次的社会保障体系，重点完善企业养老和失业保险制度，建立统一的社会保障管理机构。"效率优先，兼顾公平"原则的提出，反映了党中央对效率与公平问题在认识上的深化：一方面要鼓励先进、引进竞争、促进效率，以促进经济发展；另一方面要合理拉开收入差距，防止贫富悬殊，坚持共同富裕的方向，在促进效率提高的前提下体现社会公平。这一原则在实际执行过程中，更多地将公平置于效率之后，更多地考虑了效率优先，对兼顾公平考虑不够。因此，这一指导方针在促进我国经济较快增长的同时，也在一定程度上带来了 20 世纪 90 年代以来我国收入差距的持续扩大。

---

① 赵紫阳．沿着有中国特色的社会主义道路前进［M］．北京：人民出版社，1987.

党的十五大报告指出："把按劳分配和按生产要素分配结合起来，坚持效率优先、兼顾公平，有利于优化资源配置，促进经济发展，保持社会稳定。依法保护合法收入，允许和鼓励一部分人通过诚实劳动和合法经营先富起来，允许和鼓励资本、技术等生产要素参与收益分配。取缔非法收入，对侵吞公有财产和用偷税逃税、权钱交易等非法手段牟取利益的，坚决依法惩处。整顿不合理收入，对凭借行业垄断和某些特殊条件获得个人额外收入的，必须纠正。调节过高收入，完善个人所得税制，开征遗产税等新税种。规范收入分配，使收入差距趋向合理，防止两极分化。"报告坚持了"效率优先，兼顾公平"的原则，加快经济发展，在发展中解决问题仍然是优先选择，但对收入差距的过快扩大保持了警惕，特别强调了打击非法收入，整顿不合理收入，以及加强税收调节等措施，以促进社会公平①。

党的十六大报告提出："坚持效率优先、兼顾公平，既要提倡奉献精神，又要落实分配政策，既要反对平均主义，又要防止收入悬殊。初次分配注重效率，发挥市场的作用，鼓励一部分人通过诚实劳动、合法经营先富起来。再分配注重公平，加强政府对收入分配的调节职能，调节差距过大的收入。规范分配秩序，合理调节少数垄断性行业的过高收入，取缔非法收入。以共同富裕为目标，扩大中等收入者比重，提高低收入者收入水平。""建立健全同经济发展水平相适应的社会保障体系，是社会稳定和国家长治久安的重要保证。"十六大报告在坚持"效率优先，兼顾公平"的同时，提出了初次分配注重效率，再分配注重公平，反映了发展作为第一要务的同时，面对过大的收入差距，更加注重公平的政策方向②。

党的十七大报告提出了构建"和谐社会"，并指出："合理的收入分配制度是社会公平的重要体现……逐步提高居民收入在国民收入分配中的比重，提高劳动报酬在初次分配中的比重。着力提高低收入者收入，逐步提高扶贫标准和最低工资标准，建立企业职工工资正常增长机制和支付保障机制。创造条件让更多群众拥有财产性收入。保护合法收入，调节过高收入，取缔非法收入。扩大转移支付，强化税收调节，打破经营垄断，创造机会公平，整顿分配秩序，逐步扭转收入分配差距扩大趋势。"和谐的基

---

① 江泽民. 高举邓小平理论伟大旗帜，把建设有中国特色社会主义事业全面推向二十一世纪［M］. 北京：人民出版社，1997.

② 江泽民. 全面建设小康社会，开创中国特色社会主义新局面［M］. 北京：人民出版社，2002.

础必须是公平，反过来和谐也是公平的表现形式。因此，“和谐”是社会主义公平观的最新理论创新。十七大报告还首次明确提出了“初次分配和再分配都要处理好效率和公平的关系，再分配更加注重公平”，不但意味着“效率优先，兼顾公平”更加偏重效率的分配政策向更加注重公平的分配政策转变，而且也反映出仅仅依靠再分配政策的调节难以抑制过大的收入差距。中央提出了“更加注重社会公平”的要求，但必须要明确的是，报告强调的是在经济发展的基础上更加注重社会公平，而不能以维护和促进社会公平正义为由，阻碍经济发展；只有在经济发展的基础上更加重视社会公平，才能实现公平与效率的有机统一。我们既不能靠牺牲效率来谋求所谓的公平，也不能靠牺牲公平来谋求所谓的效率，而应该在效率中求公平，在公平中促发展①。

党的十八大确立了“到2020年实现全面建成小康社会宏伟目标”，解决收入分配不公、共享发展和共同富裕就自然成为收入分配政策的新的指导原则。十八大报告指出：“共同富裕是中国特色社会主义的根本原则。要坚持社会主义基本经济制度和分配制度，调整国民收入分配格局，加大再分配调节力度，着力解决收入分配差距较大问题，使发展成果更多更公平惠及全体人民，朝着共同富裕方向稳步前进。”报告重申和再次强调了一直以来的社会公平追求，进一步明确了公平与效率的关系：“初次分配和再分配都要兼顾效率和公平，再分配更加注重公平。”进一步凸显了公平在收入分配中的重要性。2013 年 2 月 3 日，国务院批转了发展改革委、财政部、人力资源社会保障部制定的《关于深化收入分配制度改革的若干意见》指出：“坚持注重效率、维护公平。初次分配和再分配都要兼顾效率和公平，初次分配要注重效率，创造机会公平的竞争环境，维护劳动收入的主体地位；再分配要更加注重公平，提高公共资源配置效率，缩小收入差距。坚持市场调节、政府调控。充分发挥市场机制在要素配置和价格形成中的基础性作用，更好地发挥政府对收入分配的调控作用，规范收入分配秩序，增加低收入者收入，调节过高收入。”十八届三中全会也将实现社会公平正义作为改革关键点。习近平在《切实把思想统一到党的十八届三中全会精神上来》中指出：“‘蛋糕’不断做大了，同时还要把‘蛋糕’分好”，以促进社会公平正义。与此同时，习近平还将共享发展上升

① 胡锦涛. 高举中国特色社会主义伟大旗帜 为夺取全面建设小康社会新胜利而奋斗［M］. 北京：人民出版社，2007.

为国家发展理念，并指出“共享发展注重的是解决社会公平正义问题”①。

党的十九大报告指出：“保证全体人民在共建共享发展中有更多获得感，不断促进人的全面发展、全体人民共同富裕。”“促进收入分配更合理、更有序。鼓励勤劳守法致富，扩大中等收入群体，增加低收入者收入，调节过高收入，取缔非法收入。坚持在经济增长的同时实现居民收入同步增长、在劳动生产率提高的同时实现劳动报酬同步提高。拓宽居民劳动收入和财产性收入渠道。履行好政府再分配调节职能，加快推进基本公共服务均等化，缩小收入分配差距。”报告重申和强调了继续推进发展成果共享，实现共同富裕的道路，进一步体现了对社会公平的高度重视②。

（二）经济理论界对公平与效率关系的研究

1986年，周为民和卢中原率先提出了“效率优先，兼顾公平”的原则，他们认为：“以必要的稳定机制所实现的社会公平，配合社会的效率目标，以某种程度的结果均等补足机会均等的不完全和弱化它的某些消极影响。也就是说，效率目标与市场动力机制是为主，公平目标与社会稳定机制是为宾，无论如何不可喧宾夺主。这是由我国经济与社会发展的客观要求决定的正确选择。这种目标调整与机制转换将给社会心理承受力带来严峻的考验。在它的实现过程中难免要出现某些摩擦、震动。如果我们将因此付出一定代价的话，那么这也是为完成改革而必须支付的成本。……更为重要的是，在实现了目标调整与机制转换以后，我们将基本奠定有中国特色的、充满生机和活力的社会主义经济体制的基础，走出社会主义经济的‘两难境地’，协调地实现社会经济的多重目标。因此，效率优先，兼顾公平，必将是人民所欢迎的通向繁荣的权衡。”③ 他们意识到了效率优先可能带来的社会稳定问题，但同时认为这一问题可以通过发展来解决。与此同时，更多的研究者也倾向于“效率优先，兼顾公平”这一分配原则，并进一步深入探讨，提出“以公平促进效率，以效率实现公平”的观点，认为应“坚持以提高效率来实现更高水平上的公平，而不是以平均主义来维持低水平上的‘公平’”④。该原则后来被吸收进党的文件而成为20

---

① 胡锦涛．坚定不移沿着中国特色社会主义道路前进　为全面建成小康社会而奋斗［M］．北京：人民出版社，2012.

② 习近平．决胜全面建成小康社会　夺取新时代中国特色社会主义伟大胜利［M］．北京：人民出版社，2017.

③ 周为民，卢中原．效率优先、兼顾公平——通向繁荣的权衡［J］．经济研究，1986（3）．

④ 金碚．以公平促进效率以效率实现公平［J］．经济研究，1986（7）．

世纪 90 年代我国收入分配政策的重要指导方针。

改革开放步入 20 世纪 90 年代以后，社会各群体之间收入差距迅速扩大，社会问题增多，有可能造成对经济持续增长和社会稳定的破坏。在这一经济背景下，如何处理公平与效率的关系，经济理论界大多数坚持了“效率优先，兼顾公平”的取向。厉以宁认为，效率与公平尽管都是要达到的政策目标，但它们全都不是具有根本性质的社会目标。发展经济和建设文化，不就是为了提高人们的物质文化生活水平吗？在社会主义条件下，可以把实现共同富裕视为力求实现的社会目标，效率与公平作为政策目标是服从于这一社会目标的。共同富裕的实现是一个过程，这需要以经济文化的高度发展为基础。没有丰富的产品和劳务供给，就谈不上不断提高人们的物质文化生活水平，也谈不上实现共同富裕。效率之所以应当放在优先地位，正是因为没有效率或效率低下，生产力就发展不了，产品与劳务的供给就不可能充裕，因而无论从哪种意义上来理解公平一词，公平都是实现不了的。就以公平等同于机会均等来说，假定效率不增长，生产力不发展，机会均等的实现仍会遇到困难。“兼顾公平”的含义显然是指兼顾机会均等条件下收入分配的协调，而绝不是指收入分配或财产分配的均等。同时，还应当注意到，机会均等的实现是一个过程。在法律、法规上可以明确规定机会的均等，但在实际经济生活中，机会的不均等只能逐步减少，机会均等也只能逐步实现。这样，机会均等条件下的收入分配的协调也只可能通过政府的各方面的措施而逐步实现。从这个意义上说，只有把效率放在优先位置上，兼顾收入分配的协调，才有利于整个社会经济的健康发展，才能使人民的物质文化生活水平不断提高①。杨伯舫等认为，人类发展的历史表明，公平的结果毫无例外地造成“均贫”而非“均富”。在以发展生产力为根本任务的社会主义初级阶段，“效率优于公平”的命题是千真万确的，也是唯一可行的，效率优于公平是社会主义市场经济的基本要求……但它必须以社会公正与社会保障为前提。正是如此，探讨效率与公平关系的意义不在于如何设计防止贫富分化或平均主义的程度方案，而在于如何维护社会公正及建立社会保障体系②。也有学者提出不同观点，如王绍光认为，公平与效率应该并重，“中国如果不控制收入差距的扩大，不仅会造成很多其他的问题，甚至会引起中国经济的负增长。差

---

① 厉以宁．效率与公平先后次序对政策制定的意义［J］．经济研究参考，1996（1）．

② 杨伯舫，郑方辉．效率优于公平的理论思考［J］．开放时代，1995（4）．

距扩大的关键不在于经济差距的扩大，而在于没有公共政策来缩小差距。由于指导思想是‘效率优先，兼顾公平’，重点又仅仅放在头四个字上……（20世纪）70年代末，干多干少一个样，那时确实要强调效率，不能过分地强调公平。但我现在觉得效率和公平不可偏废，到哪一个阶段该调整政策就得调整。中国政府现在需要建立再分配机制，包括城乡之间、地域之间、社会集团之间等的再分配机制”①。

进入21世纪以来，我国经济获得了更为快速的增长，但同时收入差距也更加扩大，社会矛盾更加突出。经济理论界对收入分配不公平的根源进行了反思，更加深入地探讨了公平与效率的关系，越来越强调公平的重要性。

（1）收入分配不公的根源。关于收入分配不公的根源，理论界进行了激烈的交锋，形成了两派截然不同的观点。一派观点认为，收入分配不公的根源在于市场化或者市场化过程，以刘国光、程恩富、吴宣恭等为代表。他们认为，生产要素分配决定收入分配，不同的所有制关系决定不同的收入分配制度，生产资料的社会占有是实现效率与公平统一的重要保障。刘国光等人认为，“效率优先”，忽视公平，在一定程度上扩大了收入差距②。程恩富（2010）指出，劳动报酬占比下降的首要因素是所有制结构的变动。私人资本的逐利性必然极力压低工资③。吴宣恭进一步指出，“私人企业主惊人收入和巨大财富与普通劳动者收入和财产的差别”是“过度剥削的结果，其制度根源是资本主义私有制”④。据此，该派学者主张通过加强社会主义公有制经济来解决分配不公和收入差距过大问题。刘国光等人指出，仅仅从分配和再分配领域着手，不能从根本上扭转贫富收入差距扩大的问题。还需要从所有制结构，从财产制度上直面这一问题。所以改革收入分配制度，扭转贫富差距扩大的趋势，应采取必要的政策措施，保证以公有制为主体、按劳分配为主的两个为主原则的真正落实。另一派观点认为，收入分配不公的根源在于权力经济，以吴敬琏、张维迎、李实等为代表。吴敬琏认为，初次分配扭曲的原因包括产权界定不清晰、地方行政垄断和寻租腐败⑤。张维迎提出，体制的不确定性、政策的不确

---

① 王绍光．不应再提效率优先了［J］．领导决策信息，1998（6）．

② 刘国光，汪文庆等．改革开放新时期的收入分配问题［J］．百年潮，2010（4）．

③ 程恩富，胡靖春．论我国劳动收入份额提升的可能性、迫切性与途径［J］．经济学动态，2010（11）．

④ 吴宣恭．分配不公的主要矛盾、根源和解决途径［J］．经济学动态，2010（11）．

⑤ 吴敬琏．缩小收入差距不单靠再分配［J］．理论学习，2011（8）．

定性和政府行为的不确定影响收入分配①。李实等也持类似的观点。据此，该派学者主张，加强市场分配机制的功能，引入竞争机制，减少政府干预来解决收入分配问题。主要措施包括：①改变粗放型经济增长模式，依靠知识、技术创新和劳动效率；②构建更加公平的市场，深化垄断部门改革，减少政府对资源的控制和对市场准入的限制，通过企业之间的平等竞争实现资源的有效配置；③继续推行全面的政府管理体制改革，建立透明的政府资源配置和运作机制，完善政府监督机制和问责机制；④优化政府支出结构，实现公共服务的均等化，完善社会保障体系。

（2）“效率优先，兼顾公平”的调整。刘国光指出：“不能迷信‘效率优先，兼顾公平’的口号，不能视其为市场经济分配的唯一准则。我国这一提法的准确性、时效性，仍可以有讨论的余地。‘效率优先，兼顾公平’的原则在分配上提供激励机制，意在把‘蛋糕’做大，让一部人在诚实劳动和合法经营的基础上先富起来，以支持和带动整个社会走向共同富裕。现在这一原则已实行一段时期，一部分人确实先富起来了，其中既有靠诚实劳动或合法经营致富的，也不乏通过非正当途径发财的，但在支持和带动社会中低收入阶层共同富裕的效应上不甚显著，甚至有因失业、下岗等原因而致绝对收入水平下降者。由于把公平放在从属地位，社会收入底层生活即使受到关注，也只能处于被照顾的境地。农民义务教育经费长期得不到解决，失学辍学现象不断发生即是明证。由于提倡效率优先，不少地方追求微观经济效益，在生产建设中片面追求机械化、自动化，不适当地处置资本与劳动的替代关系，对发展中小企业、民间企业、第三产业不利，会加重失业的压力。有些地方长官好大喜功，劳民伤财，有了把公平置于‘兼顾’即‘次之’地位的盾牌，‘更不重视公平，守住民众不闹事的底线就可以了’。在这样的背景下，基尼系数逐年迅猛上升，就不奇怪了。”他认为，经过20多年的改革与发展，我国经济总量、国家综合经济实力大大增强，已有一定的物质基础和能力逐步解决多年来累积形成的贫富差距问题。也就是说，突出提出和解决邓小平提出的问题，进一步重视公平问题的时机条件已基本成熟。因此，应“逐步淡出效率优先，兼顾公平的口号，向实行效率和公平并重的原则过渡”。同时他还提出：“把公平置于兼顾的次要位置欠妥，初次分配也要注意公平。”② 张呈祥认为：

---

① 张维迎．市场化改革与收入分配［J］．资本市场，2008（3）．

② 刘国光．刘国光文集：第10卷［M］．北京：中国社会科学出版社，2006：583.

"在我国目前已基本实现了一部分人、一部分地区先富起来的目标后，社会成员之间收入差距拉大的矛盾日益突出，今后如何实现共同富裕的目标，需要继续把握和处理好效率与公平的关系问题。特别是在基本实现一部分人先富起来的目标后，体现公平显得愈来愈重要。在建设社会主义市场经济体制的过程中，要逐步形成市场注重效率、政府注重公平的格局。"① 王伟光认为："发展生产力是社会主义的根本任务，共同富裕、和谐公正是社会主义的本质要求，就是既要做大蛋糕，又要分好蛋糕，解决好发展和公平这两大问题。分配是个大问题，在发展起来以后要解决好分配问题，如果分配问题解决不好，不能共同富裕，就不是社会主义。现在看来，如何分好蛋糕，解决好社会公正问题，是必须面对的严峻现实问题。共同富裕的问题已经非常急迫地摆在全党和全国人民面前。"②

也有的学者持有不同观点。黄泰岩认为，应当仍然坚持"效率优先，兼顾公平"的分配原则，这是实现我国经济快速发展的基本战略，绝不能因为短时期内收入差距的扩大而从根本上动摇这一发展战略。因为我国是一个发展中的大国，各地区发展又很不平衡，经济基础相当薄弱，既面临在市场化改革过程中诱发的各种社会矛盾，又面临着世界经济全球化和科技革命、知识经济的挑战，求生存求发展的压力特别巨大，而且改革开放中出现的矛盾也只有通过发展才能解决，只有坚持发展是第一要务，才能增强经济竞争实力和提升国际地位。收入分配应放到经济发展的框架中设定，效率优先具有不可替代的作用。但是在坚持效率优先的前提下，对公平与效率的关系可以进一步组合和深化③。

综上所述，"效率优先，兼顾公平"的观点是在中国特定的历史条件下形成的，当时社会主义市场经济体制正处于形成过程中，这一观点顺应了这一历史发展趋势。因此，它在当时具有一定的合理性与意义。但这种把经济效率放在第一位，把社会公平放在第二位，兼顾一下的提法，只适用于社会主义初级阶段的一段时期，不适用于初级阶段的整个时期。我国现阶段收入分配差距已经过大，社会不公平造成许多矛盾紧张与社会不和谐现象，很多隐患可能随时出现。如果继续把社会公平放在"兼顾"的第

---

① 张呈祥．注重公平也是注重效率——再论走向共同富裕过程中的效率与公平问题［J］．长白学刊，2000（5）．

② 王伟光．走共同富裕之路是发展中国特色社会主义的战略选择［J］．红旗文稿，2012（1）．

③ 黄泰岩．构建公平与效率关系的新结构［J］．求是，2003（11）．

二位，必然会使发展进程走形，无法满足绝大多数社会成员的基本需要，同时也会使发展失去最为重要的动力，很可能造成一系列严重威胁社会安定与经济发展的后果。学术界一些学者在公平与效率关系上的观点，对于“效率优先，兼顾公平”观点的不足进行了修正。有的学者不是笼统地对公平与效率的先后顺序给出一种说法，而是将公平与效率统一起来，试图寻找途径使二者相互促进，共同发展。有的学者则针对现阶段我国社会发展状况，提出适合中国国情的观点。

在处理公平与效率的关系时，要结合中国的实际，特别是在新时代中国改革开放深化的关键时刻，我们要正确地把握公平与效率的关系，处理好它们的关系，促进中国经济稳定增长和社会和谐。这是一个值得深入研究的问题。

四、公平与效率关系需要进一步研究的问题

在公平与效率关系的研究上，突出的前沿性问题主要有以下一些。

（一）中国的社会主义公平观

中国正处在社会主义初级阶段，这一国情使得我们的公平观变得复杂了。社会分配公平问题带有明显的价值判断，不同的公平观对分配格局的性质的结论也不相同。国内学术界对于公平的界定呈现出多样化的特点：①以厉以宁为代表的学者认为，公平既包括机会的均等、合理的收入差距，也包括培育一种认同感；②以吴敬琏为代表的学者认为，公平包括机会的平等和结果的平等；③以蔡继明等为代表的学者认为，公平也可称作公正，是对财富分配状况的一种价值判断，它反映着人们对不同的平等与效率组合的好恶和取舍。“把提高效率同促进公平结合起来，初次分配要处理好效率与公平的关系”。这两个公平是指公平本身，即公平或正义。“再分配要处理好效率与公平的关系，再分配要更加注重公平”。这两个公平是指平等，主要是指结果平等，即收入平等。④还有观点认为，公平涉及道德、政治、经济等方面，具有多层次的内涵。

理论界不少学者在讨论社会分配公平问题时所持公平观并不相同，有些甚至是带着双重公平观进行论战，带来公平与效率关系的不少争议和分歧。因此，把握公平概念的含义也就成为正确理解公平与效率关系的关键。

首先，公平并非只是结果的平等。有关公平与效率对立的观点某种程度上是将公平等同于结果的公平。公平不等于收入均等或收入平均，尽管

结果的平等往往被当作公平的重要内容和标准，但公平还包含分配规则、分配过程的公平，结果的公平仅仅涉及分配公平的一个方面。如果公平所指是分配规则、分配过程的公平，那么公平与效率之间完全可以兼容，甚至可以说公平是效率的前提条件。当然，公平有符合正义、公正的公平，也有不符合正义、公正的公平，不同条件下的公平与效率的关系是存在差别的，但这是另一个问题。从公平与效率本身的关系而言，无法得出公平与效率对立的逻辑结论。

其次，公平不等于机会均等。机会均等是人类社会的理想目标，也是人类社会始终应该追求的目标，不过并不能说有了机会均等，就有了公平。如果分配规则、分配结果不公平，即使存在着机会公平，分配也是不公平的。从整个社会而言，实质上的公平几乎永远不可能实现，因为在现实中，个人之间存在多种差异，必然造成个人所面临的机会总是不同，其获取收入或积累财产的机会因此也不一样，所以，所有的人“处于同一条起跑线上”实际上只能是作为社会尽最大努力去实现的目标，而不可能是现实状态。基于实质上的机会均等难以实现，社会追求的现实目标应该是形式上的均等，即在以人与人之间的差异客观存在的前提下，努力缩小机会差异，实现规则的公平。

其三，公平不仅仅是规则的公正平等，公平的核心内容是规则公正平等。但是，在现实生活中，由于社会成员的资源禀赋条件存在差异，即便是在社会制度规则公正平等的条件下，也可能会导致人们在待遇上差别的扩大，而社会成员待遇差别过大，很难说这个社会是公平的。因此，公平应该包括社会成员所享受的待遇的公平。

我们可以利用社会主义制度的优越性，根据我国目前的现实发展状况，打造新的社会主义公平观。在新公平观的指导下，以社会的首次分配为突破口，同时加大对国民二次分配的调整，以更快地实现社会公平，早日实现共同富裕。

（二）公平与效率关系理论的统一性

公平与效率是否具有统一性？

首先，公平与效率是人类社会不同的价值追求，两者并不存在逻辑依存关系。两者一体既无法在逻辑上论证，也不是现实。公平与效率的内涵和外延不同，各自的决定因素、实现条件、衡量标准、发挥的作用也不同，在现实中，有公平、无效率和有效率、无公平的现象大量存在。虽然公平与效率都是人类应该努力追求的目标，但不能因此就认为两者的内在关系就是“一体”的。如果两者之间真是一体关系，那么有关的理论争议也就没有必要了，在现实中，两者之间也就不存在任何矛盾了。

其次，公平与效率并非是无条件的对立关系。分配公平包括分配机会、分配规则、分配过程、分配结果的公平等多个方面，分配机会、分配规则、分配过程的公平即便不是效率提高的条件，也应该有利于提高效率，从这些方面来看，我们很难得出公平与效率相对立的结论。至于分配结果的公平是否会损害效率，则依条件而定，如果分配机会、分配规则、分配过程都是公平的，在人们的劳动贡献也相等的情况下，分配结果的公平应该不会与效率相对立；但在分配机会、分配规则、分配过程公平的条件下，如果人们的劳动贡献存在差异，分配结果的公平则会抹杀劳动者的贡献差异，这种公平就会形成对劳动投入的负激励机制，由此会损害效率。由此看来，公平与效率的对立只存在于特定条件之下。

最后，公平与效率的统一也不是无条件的。人类社会的效率既来自激励，也来自强制。有激励，无强制，效率潜能不可能充分发挥出来；有强制，无激励，效率提高难以持续。分配公平与否主要是从激励方面影响效率。分配机会、分配规则、分配过程的公平与效率之间可以构成统一的关系，但是分配结果的公平与效率之间是否构成统一的关系，则取决于具体的条件。至于效率提高是否增进公平，则取决于社会制度的性质和具体安排。总的来看，公平与效率之间并不必然存在“有公平就有效率，有效率就有公平”的关系。

总之，公平与效率之间的关系非常复杂，理解两者关系的复杂性对于处理两者的关系是有益的。笼统地说，公平与效率的关系是既对立又统一，两者之间既有相互排斥的一面，又有相互统一、相互促进、相互依存的一面，但要制定出处理两者关系的合理的政策，则需要针对不同的条件、领域、环节、层面、水平进行更深入的研究，辨明到底在哪些条件、领域、环节、层面、水平两者相统一，或者相对立①。

（三）构建评价分配公平与经济效率的指标及其测度方法

目前学者提出的分配公平的评价指标主要针对分配结果公平，几乎没有涉及分配起点公平与分配过程公平。就起点公平的评价指标而言，现有相关研究很少考虑基础教育公平度、就业公平度、公共卫生公平度、公共

---

① 曾国安，胡晶晶，李少伟．公平及其与效率的关系：研究进展与思考［J］．经济纵横，2009（3）．

基础设施公平度、公共资源公平度等。现有相关研究很少涉及再分配公平的评价指标，很少考虑社会救助、社会保险、社会福利等社会保障体系形成的差异及其公平度。在现有的分配公平评价指标中，主要涉及客观评价指标，很少考虑社会成员对分配公平的心理认知和主观感受，缺少主观评价指标。对经济效率的评价多数采用生产效率指标，很少考虑生态效率指标。如何从初次分配公平和再分配公平、生产效率和生态效率视角设计科学合理的分配公平与经济效率的评价指标，这是需要进一步探讨的理论问题。

对于分配公平的测度，经济理论界往往采用分配结果的测度方法（如基尼系数、泰尔指数等），很少研究起点公平、过程公平以及再分配公平的测度方法，很少将初次分配公平与再分配公平结合起来研究分配公平测度方法；注重客观评价，很少从主观维度提出分配公平的测度方法。对经济效率的测度主要针对生产效率，很少将生产效率与生态效率结合起来进行测度。如何从主观与客观、初次分配公平与再分配公平多个维度提出分配公平的测度方法，如何从生产效率与生态效率两个维度提出经济效率的测度方法，以便对中国现阶段的分配公平与经济效率进行综合评价与比较，这是需要进一步加强研究的问题①。

此外，影响公平与效率关系及其变化的变量，公平或效率的代价，社会主义市场经济条件下协调公平与效率的优越性等问题，也需要加强研究，以更好地服务于中国收入分配政策的科学制定。

第三节　中国居民收入分配差距变动及其治理

居民收入分配一直是收入分配研究领域的一个重要课题。从古典经济学到新古典经济学、从凯恩斯主义到新凯恩斯主义，学者对此领域的长期研究，产生了许多重要的学术成果，对认识经济运行规律、深入宏观政策的制定及运行效果评估都产生了很大的影响。随着改革开放的推进，中西方学术交流的不断加强，西方收入分配理论和研究方法也被国内学者学习借鉴，用于研究中国的居民收入分配问题，并取得了一系列理论突破。

一、中国居民收入差距变化趋势存在“倒U”形吗?

关于居民收入差距变动趋势，美国著名经济学家、诺贝尔经济学奖获

① 孙敬水，林晓炜．分配公平与经济效率问题研究进展［J］．经济问题，2016（1）．

得者西蒙·库兹涅茨在1955年发表的《经济发展与收入不平等》的论文中，提出了收入分配状况随经济发展过程呈倒U形的假说，即随着经济的发展，收入分配差距状况经历“先恶化，后改进”的过程。在库兹涅茨倒U形曲线假说的基础上，陈宗胜在1991年出版了国内第一部收入分配实证研究专著《经济发展中的收入分配》，依据中国发展的实际情况，考虑到中国公有制经济改革的特殊国情，提出了陈氏倒U形曲线学说，以此来解释自1980年以来及未来中国收入分配的发展规律。收入差距的长期趋势在公有制经济发展过程中呈现倒U形格局，即在经济发展的初期阶段（低收入和中下收入）收入差距逐步上升，在较高阶段（中上收入阶段以后）转而下降，就是对这一规律的总结。同时，他利用基尼系数和全国居民人均收入数据，对我国1981—1999年总体收入差距进行了实证研究，结果表明总体收入差距沿假定的倒U形曲线前半段呈阶梯形上升，进而提出了“阶梯变异论”，认为收入分配差距的变化趋势是长期呈倒U形变化，短期则存在阶梯变异的波动①。尹恒、龚六堂、邹恒甫运用一个政治经济模型，分析在经济、政治均衡时，收入分配不平等与经济增长间的关系，认为存在着一定程度的库兹涅茨倒U形关系②。王韧、王睿运用两部门模型对中国居民1978—2000年的收入分配变动进行了实证分析，认为城镇化过程中中国居民收入差距的变动基本符合“倒U假说”的推定，并指出城乡差距是这一现象的根本原因③。王小鲁、樊纲使用1996—2002年我国30个省、直辖市、自治区的年度数据，通过面板数据模型方法，对收入差距进行分析，认为城镇和农村基尼系数的变动趋势在数学意义上具有库兹涅茨倒U形曲线的特性，而城乡收入比只近似具有上升段的特征，下降阶段不能确证④。

也有学者的研究不支持中国收入分配变化趋势的“倒U形”变化。1993年中国社会科学院经济研究所课题组李实、赵人伟、张平等基于他们的全国性居民收入调查发表了研究成果《中国居民收入分配研究》。经济

---

① 陈宗胜．经济发展中的收入分配［M］．上海：上海三联书店、上海人民出版社，1991；陈宗胜．关于收入差别倒U曲线及两极分化研究中几个方法问题的建议［J］．中国社会科学，2002（5）．

② 尹恒，龚六堂，邹恒甫．收入分配不平等与经济增长：回到库兹涅茨假说［J］．经济研究，2005（4）．

③ 王韧、王睿．二元条件下居民收入差距的变动与收敛——对我国“倒U”假说的存在性检验［J］．数量经济技术经济研究，2004（3）．

④ 王小鲁，樊纲．中国收入差距的走势和影响因素分析［J］．经济研究，2005（10）．

所课题组随后又在1995年和2002年进行了两次全国性居民收入调查。这些实证研究成果揭示了中国居民收入分配状况及其变化，抓住并描述了中国居民收入分配过程中的一些主要问题，如城乡差距、地区差距以及行业收入差距等问题。他们用不同省份的农村住户分组资料，计算了相应的基尼系数，用含有85个样本的数据对库兹涅茨“倒U形曲线”进行拟合，没有从经验上支持库兹涅茨假说①。杨俊、张宗益利用两个时期的跨省截面数据对库兹涅茨“倒U形假说”进行了验证，从实证分析中得出，改革开放以来，中国的收入分配差距上升并非由经济发展决定，不能给予库兹涅茨“倒U形假说”前半段的支持②。罗青以城镇居民收入分组排序中中间60%的人口作为研究对象，通过对2000年省际横截面数据的实证研究，发现中间阶层的收入份额表现出下降的趋势，其检验拒绝了库兹涅茨假说③。吴栋认为，在市场经济条件下，收入差距会随着经济增长而扩大，不存在库兹涅茨所谓的“倒U形曲线”。吴光炳认为，中国城乡收入差距是呈W形曲线变化，它不能单纯用经济增长来解释④。2012年，李实的研究认为：“当前，中国收入分配格局变化特征主要表现为：农村内部居民收入差距的扩大趋势有所放缓，城镇内部的实际收入差距加速扩大，城乡之间收入差距处于高位徘徊，全国收入差距仍持续而缓慢地扩大。导致收入差距缩小的一些因素，或者不具有长期持续性，或者其影响还不足以抵消导致收入差距扩大的因素的影响。”“对于最近三四年收入差距的变化，虽然有学者认为会进一步扩大，我们的基本判断是全国收入差距处于一个相对稳定状态。面对上述情形，国内一些学者提出了中国收入差距出现了‘库茨涅兹转折点’。‘库茨涅兹转折点’意味着收入差距出现了由不断扩大向不断缩小趋势的转变。但从一些导致收入变化的因素来看，目前做出‘肯定’的判断还为时过早。”⑤

这些实证研究虽然存在观点的分歧，但促进了相关研究的深入开展，对于了解中国收入分配的真实状况以及收入差距的变化趋势有着非常重要

① 李实，赵人伟，张平．中国经济改革中的收入分配变动［J］．管理世界，1998（1）．

② 杨俊，张宗益．中国经济发展中的收入分配及库兹涅茨倒U假说再探讨［J］．数量经济技术经济研究，2003（2）．

③ 罗青．城镇中等收入居民相对收入水平的实证研究——以省际横截面数据检验库兹涅茨假说［J］．山西财经大学学报，2005（4）．

④ 肖力，朱巧玲，杨艳红．第五届全国政治经济学年会观点综述［J］．经济学动态，2004（1）．

⑤ 李实．理性判断我国收入差距的变动趋势［J］．探索与争鸣，2012（8）．

的影响，也为中央制定和调整收入分配政策和方针提供了经验证据。

二、中国居民收入分配差距扩大的原因研究

改革开放以来，中国经济增长迅速而不平衡，地区之间、城乡之间、农村内部、城镇内部、行业之间以及总体收入差距均出现较为快速的扩大，理论界所分析的影响收入分配的因素多种多样，这里仅就比较一致的重要因素归纳如下。

（一）收入分配地区差距的综合原因

这方面的研究主要集中于通过对数据的计量方法研究来考量导致地区收入分配差距的原因，从而为政策决策层提供具有参考价值的信息。其中，对经济发展和经济增长的作用、经济改革的作用和政府政策的作用三个方面的研究发现，在经济发展方面，第一，非国有部门的发展导致的人员结构的变化对居民收入分配特别是对职工收入影响显著；第二，农村非农产业经济的发展是导致农村内部收入差距扩大的一个非常重要的因素；第三，财产积累效应对收入分配的影响因财产性质不同而不同但影响显著，例如在自有房产方面，农村自有房产的折算租金缩小了农村收入差距的效应，与之相反，城镇居民自有房产的折算租金具有扩大城镇收入差距的效应。在经济改革方面，企业改革、劳动力流动、灵活的工资制度与教育收益率、住房改革等方面都对居民收入的分配产生了重要的影响。在政府政策作用方面，通过对两项政策的研究发现：第一，在农副产品价格政策方面，国家对农副产品价格的控制会直接影响农村居民收入增长的幅度，从而进一步影响城乡之间收入差距甚至农村内部收入分配的变动；第二，税收政策的收入分配效应方面，中国的个人税收的再分配功能不仅在弱化，而且有强化收入不均等的趋势①。另外，通过对资本、劳动力、人力资本等生产要素在各地区间配置与流动状况的考察，同时把制度变革和结构变化等因素融入模型来考察对地区经济差距变化的影响，可以发现：第一，改革开放期间，市场导向的外商直接投资以及民间资本流动使资金大量持续地流向东部，同时长期以来享受的外资优惠政策，加速东部地区经济增长的情况下加剧了东部地区与中、西部地区的收入分配差距；第二，银行业改革，发展区域性金融机构，改善中小企业的融资环境，农村劳动力从中西部向东部地区流动等因素，有利于缩小地区间人均收入的差

① 李实，赵人伟．中国居民收入分配再研究［M］．北京：中国财政经济出版社，1999.

距，同时也有利于提高效率；第三，人力资本存量、要素生产率、城市化程度三方面的全面差距是中西部地区和东部地区经济发展存在差距的重要因素，从而也导致东部地区和中西部地区收入分配方面的全面不平衡①。

（二）市场化

中国的经济改革其实就是计划经济体制不断地向市场经济体制转型的过程，由此，市场化程度对居民收入分配差距的影响分析也成为热点。通过运用人均国内生产总值、人均收入及基尼系数波动和与之相对应的经济体制改革的分析，对农村居民来说，其劳动力收入和家庭经营收入两项的基尼系数贡献率较高，由此民营经济更为活跃的东部地区具有更多的农村劳动力就业机会和本地农村家庭经营机会，即市场化程度较高的东部农民收入与中西部地区存在较大差距。对城镇居民来说，除国有经济部门的工资收入外，其他收入来源对基尼系数的贡献不断增大。近年来城镇居民人均收入的省际差距扩大，主要是非国有经济部门在就业和收入来源中作用的增强而形成的②。在利用1979—2003年相关数据进行基于扩展的索洛模型的收敛分析过程发现：第一，改革开放以来，中国不同地区在不同时期显示出不同的增长特征，在1979—1991年各地区的增长呈现收敛，但在1992—2003年地区经济趋于发散；第二，东中西三大地区之间不存在所谓的俱乐部收敛，但一旦控制住物质资本投资率、人力资本积累率和人口增长率，中国的地区经济呈现显著的条件收敛。由此也证实了一个重要假说，即中国地区差距的扩大与各地市场化进程的快慢密切相关。具体来说，国有经济比重、城乡差距和财政赤字水平对地区经济增长产生负面影响，而对外开放度和优惠政策则对经济增长产生明显的正向推动作用③。由此可见，对外开放度和优惠政策占优势的东部地区的经济增长比中西部地区增长快，由此带来的居民收入水平也比中西部高，在全国体现为地区间的居民收入分配差距。

（三）社会保障制度

市场经济天然地追求效率，而社会保障制度天然地追求社会公平。社会保障项目，例如，养老保险、医疗保险、失业保险等通过改变当前居民收入的结构来影响居民的储蓄和消费行为，同时也实现了对居民收入的再分配功能。中国城乡居民的社会保障水平依然不高，现阶段社会保障的供

---

① 王小鲁，樊纲．中国地区差距的变动趋势和影响因素［J］．经济研究，2004（1）．

② 林毅夫，蔡昉，李周．中国经济转型时期的地区差距分析［J］．经济研究，1998（6）．

③ 陆云航．市场化与中国地区差距［J］．财经问题研究，2005（11）．

给与城乡居民的需求严重不相适应，与国家财力的持续增长也不相适应。首先，社会保障责任划分不清，责任分担机制并不明晰，这构成了社会保障制度健康发展的障碍。一种制度的合理设计一定是责任清晰的。但社会保障主体各方的责任边界却并不清楚。历史责任、现实责任、政府责任如何划分？民间、社会和市场的责任是什么？中央政府与地方政府的责任如何划分？责任划分不清既影响了新型社会保障制度的建设与发展，也影响了政府及其他各方承担责任，更影响了各级政府在社会保障方面责任的合理分担。社会保障制度本身就是为了化解不安，提升生活稳定感和安全感，但现行制度的有效性不高，有的还存在重大的缺陷。例如，失业保险促进就业的功能得不到有效发挥；最低生活保障制度让人很容易陷入贫困陷阱；医疗保险制度令人不满意，甚至正在加速推进的农村合作医疗制度同样存在着农民受惠少的问题。其次，社会保障的作用之一就是通过再分配的方式将高收入者的一部分收入转移给低收入者，保护社会弱势群体的权益。但是，当前中国的社会保障与转移支付常常具有逆向调节的作用，其结果是扩大了收入的差距。目前，中国的社会保障实行“社会统筹与个人账户相结合”的筹资模式。社会统筹是由政府出面，按照社会统一的标准和原则，依法将分散在各部门、各企业的资金，通过统一的方式和途径集中起来，统一调度，统一分配使用，其基本功能是收入再分配。个人账户是权益明确划归个人的基金制账户，它发挥强制性储蓄和保险功能。个人账户缴费率越高，收入之间的分配差距就越大。

（四）财税政策的税收负担

税收是政府收入的重要来源，税收对经济效率和收入分配都有着重要作用。按照通常的归类，税收可以划分为直接税和间接税。直接税是对所得和收入征税，如个人所得税和企业所得税；间接税是对市场的交易行为征税。不同税种以不同方式在经济活动中流转，任何税收都是收入从个人向政府的转移，从而最终影响着人们的福利。中国目前的税收体系以间接税为主体，例如，增值税、消费税，而以所得税为主的直接税比例虽然逐年提高，但还不能成为政府财政收入的主要来源。因而间接税对中国收入分配的影响也是税收负担对收入分配影响研究的主体。有关研究表明，整个间接税在居民收入中的比例是累退的，从而中国以累退性的间接税为主的税制结构恶化了居民的收入分配①。

---

① 刘怡，聂海峰．间接税负担对收入分配的影响分析［J］．经济研究，2004（5）．

（五）灰色收入

当前，制度缺陷造成的灰色收入在中国的国民收入分配中扮演着重要的角色。灰色收入在国民收入初次分配中导致劳动、资本、技术等要素配置的扭曲，直接影响微观经济主体运行效率和宏观未来经济的发展。在国民收入再分配领域，灰色收入造成国民收入的逆向再分配，把本该用于低收入居民的资金通过非正当途径转移到权力相关者手中，进一步扩大了收入差距和分配不公。灰色收入在国民收入分配中的影响主要是中国制度设计的缺陷造成的，主要体现在：一是因财政管理程序透明度低，管理不严，通过部门渠道分配到地方的部分存在严重的管理漏洞和各级政府部门的预算外收费造成公共资金流失；二是企业在贷款过程中为维持与金融机构的“良好借贷关系”而对每笔贷款正常利息之外额外付费等造成的金融腐败情况严重；三是各地部分党政官员在行政许可和审批中的大量寻租行为；四是在土地征用开发过程中的土地收益流失；五是垄断行业借助政府赋予的垄断权力，长期获取较其他行业更高的收入和利润，导致垄断与非垄断行业间收入分配差距的不断扩大及居民收入不平等程度的不断加剧①。由于垄断在中国的社会经济中是一个非常明显的现象，而且其对收入分配不公的影响也是很显著的，所以对它的研究文献很多，但囿于现在的政治经济的发育程度，整体来说没有一个根本的解决途径。国家垄断经营企业凭借其垄断地位获得的差额利润，并没有上缴国家财政或转为国有资本金，而是直接或变相地转化为职工收入和福利，造成行业间收入差距过大。越是垄断性的行业，工资管理越是失控。这是一个结构性的问题，只要这个结构还存在，不仅改善收入分配情况较为困难，而且也会导致公共资产的严重流失。

三、治理中国居民收入分配问题的政策研究

就中国的收入分配问题治理而言，仅依靠初次分配或再分配都难以达到预期目标，所以很多文献在强调初次分配的基础性作用的同时，都注重要完善再分配体制以弥补初次分配的不足。初次分配作为市场分配，其着重点是效率，在分配的公平性上难免有缺陷。再分配作为政府分配，其着重点是公平。理想的收入分配框架应该是一个立体性的构架，运用市场这只无形的手和政府这只有形的手来达到公平和效率的统一。另外，从社会

① 王小鲁．灰色收入拉大居民收入差距［J］．中国改革，2007（7）．

不同群体来看，农民总体上是中国的最大低收入群体，提高农民收入是缩小中国过大收入差距的核心。经济转轨过程中的制度不完善，产生的大量非法非正常收入，是引起收入差距、社会矛盾的关键，需要重点加以治理①。

（一）完善初次分配机制

完善劳动、资本、技术、管理等要素按贡献参与分配的初次分配机制。实施就业优先战略和更加积极的就业政策，扩大就业创业规模，创造平等就业环境，提升劳动者获取收入的能力，实现更高质量的就业；深化工资制度改革，完善企业、机关、事业单位工资决定和增长机制；推动各种所有制经济依法平等使用生产要素、公平参与市场竞争、同等受到法律保护，形成主要由市场决定生产要素价格的机制。

（二）加快健全再分配调节机制

加快健全以税收、社会保障、转移支付为主要手段的再分配调节机制。健全公共财政体系，完善转移支付制度，调整财政支出结构，大力推进基本公共服务均等化。加大税收调节力度，改革个人所得税，完善财产税，推进结构性减税，减轻中低收入者和小型微型企业税费负担，形成有利于结构优化、社会公平的税收制度。全面建成覆盖城乡居民的社会保障体系，按照全覆盖、保基本、多层次、可持续方针，以增强公平性、适应流动性、保证可持续性为重点，不断完善社会保险、社会救助和社会福利制度，稳步提高保障水平，实行全国统一的社会保障卡制度。

（三）建立健全促进农民收入较快增长的长效机制

坚持工业反哺农业、城市支持农村和多予少取放活方针，加快完善城乡发展一体化体制机制，加大强农惠农富农政策力度，促进工业化、信息化、城镇化和农业现代化同步发展，促进公共资源在城乡之间均衡配置、生产要素在城乡之间平等交换和自由流动，促进城乡规划、基础设施、公共服务一体化，建立健全农业转移人口市民化机制，统筹推进户籍制度改革和基本公共服务均等化。

---

① 按照国务院部署，2010 年 10 月发展改革委、财政部、人力资源社会保障部等有关部门成立专门工作小组，在以往长时间研究的基础上，深入开展收入分配制度改革问题研究。国务院领导同志多次听取专题汇报，并主持召开部门、专家学者和地方负责人座谈会，广泛听取各方意见。国务院常务会议两次进行专题讨论。最后，三部委联合制定了《关于深化收入分配制度改革的若干意见》，国务院于 2013 年 2 月 3 日批转该文件，要求各地区、各部门认真贯彻执行。中国居民收入分配问题的治理，主要以此为依据。

（四）推动形成公开透明、公正合理的收入分配秩序

大力整顿和规范收入分配秩序，加强制度建设，健全法律法规，加强执法监管，加大反腐力度，加强信息公开，实行社会监督，加强基础工作，提升技术保障，保护合法收入，规范隐性收入，取缔非法收入。

四、中国居民收入分配需要进一步研究的理论问题

随着中国经济发展进入新时代，经济增长速度放缓，收入分配领域也更加注重公平，习近平总书记就民生问题多次发表重要讲话，这些都为中国居民收入分配提出了需要进一步深入研究的问题。

（一）中等收入陷阱

目前，国内关于“中等收入陷阱”问题的研究很多，为人们认识“中等收入陷阱”的内涵与特征，中国面对的“中等收入陷阱”风险，介绍国外经验方面起到了积极作用，提高了应对能力。但在很多方面还有待提高：一是理论的深度不够。现有研究还局限在对含义的简单重复介绍上，对“中等收入陷阱”生成的理论机制、主要影响变量及其关系揭示不足。二是多学科交叉研究有待加强。“中等收入陷阱”是一个综合性问题，除经济学外，还涉及政治、文化、管理、社会等多方面内容，需要社会学、管理学等多学科的支撑，因此，需要以经济学为基础，结合其他学科拓宽和加深研究。三是须提高预测性。现有研究尚没有对中国陷入“中等收入陷阱”的可能性和走出“中等收入陷阱”的时间等给出有理有据的分析。四是空间尺度的差异性研究不够。中国区域差异较大，发展程度不一，在“中等收入陷阱”中的阶段也不同，理应采取的对策也不可能相同。五是措施的可操作性研究不够。目前还缺乏应对“中等收入陷阱”的综合性、权威性的政策设计。

（二）精准扶贫

扶贫是社会主义的本质属性和全面建成小康社会的现实需要。党的十八大以来，习近平就精准扶贫工作提出了一系列新思想、新观点、新论断，特别是针对精准扶贫工作提出了精准扶贫、精神扶贫，以及对精准扶贫动力机制和考核机制的创新，形成了新时期中国精准扶贫战略思想。贯彻习近平的精准扶贫思想，对于全面建成小康社会、实现伟大中国梦具有重要意义。目前的研究主要来源于领导讲话和政府文件，更多体现在经验探索和工作实践上，研究尚不够深入，存在着精准扶贫理论研究指导性不强、精细化研究缺乏、精准扶贫创新不足等问题。为此，学界要在精准扶

贫思想的指导下，集中对精准扶贫的理论阐释与实践探索，进行理论创新和体制机制创新，为国家决策提供科学的参考依据。

（三）共同富裕

共同富裕是社会主义的重要本质，走共同富裕之路是发展中国特色社会主义的战略选择。党的每一代领导集体都提出了共同富裕思想，不少学者对毛泽东、邓小平、胡锦涛、江泽民等领导人的共同富裕思想开展了研究。党的十八大以来，以习近平同志为核心的党中央领导集体，根据时代和实践的要求，在充分吸收前人共同富裕思想的基础上，进一步发展了社会主义的共同富裕思想。习总书记共同富裕思想以人民为中心，以中国现实问题为导向，以精准扶贫、城乡一体化建设和中国梦为主要内涵，坚持和促进了社会公平正义，为新时期实现全面建成小康社会奋斗目标奠定了坚实的思想基础。但是从有关研究成果来看，关于共同富裕的问题，高水平的研究成果较少，有些学者只是满足于对共同富裕理论进行文献解读，或对现有材料进行一般的梳理和解释，低水平重复性劳动成果较多，创新性研究成果较少。另外，还存在一些误区。其一，把共同富裕理论与邓小平共同富裕理论等同起来。其二，在对邓小平的共同富裕理论进行研究时，大多停留在社会主义本质层面，或者局限在经济学领域，没有把它作为经济、政治、文化、社会和自然协调发展的过程或结果，更没有提高和拓展到整个中国特色社会主义理论体系的高度。结合新时代共同富裕思想，在以下方面需要进一步加强研究：一是进一步研究马克思、恩格斯、列宁、斯大林的共同富裕思想，以及马克思主义经典作家的共同富裕思想与中共领导人共同富裕思想的逻辑联系，要从马克思主义发展史的角度对共同富裕思想和习近平共同富裕思想之间的关系进行纵向研究；二是要进一步研究以习近平同志为核心的新一届中央领导集体对共同富裕理论的发展与创新；三是要进一步研究共同富裕在社会主义价值目标中的地位；四是要进一步研究中国特色社会主义理论体系对马克思主义共同富裕思想的发展与创新，阐明共同富裕思想在全面建设小康社会中的实践导向功能和实现历程。

（四）全球视野下的收入分配

增长是否可以带来分配的改善？从国际上来看，不少国家和地区同时实现了增长与分配改进，但从中国的实践来看，这一结论受到质疑。因此，加强该问题的国别个案和比较研究，探寻相关经济规律和政策绩效，可以为中国提供国别借鉴。随着经济全球化的发展，在生产要素的跨国流动和冲击条件下，经济增长与收入分配的关系也应是进一步研究的重点。另外，如果全球化和技术进步会加剧21世纪初期的不平等状况的话，那么再分配问题将会像20世纪60年代和70年代一样，再次成为讨论的焦点。理论研究的任务便是从以往的再分配实践中总结经验教训，以便为中国政府决策提供一种讨论框架和多种再分配模式的优先次序。

（五）收入分配和发展政策的分解

在收入分配和发展领域，许多重要的政策问题总是分开出现的。因此，如果在发展过程中贫困总指数有所下降的话，实际的政策常常变成因发展致贫的人们的困境。未来的研究需要更加关注这些分解效应。类似地，如果个人之间的收入不平等状况没有改变（或者有所改善），各种群体之间的收入分配可能会影响到实际的政策。便利的分解技术的运用强化了不平等测度的个人主义倾向，因而忽视了群体之间的不平等问题，这需要在未来的研究中给予更多的关注。

（六）家庭内部和性别的收入分配

直到20世纪80年代中期，家庭内部和性别上的收入分配和发展问题在研究文献中均未得到足够的重视。但是在最近10年中，受到增长政策的影响，诸如家庭内部分配、筛选模型、不平等和贫困的分解技术、贫困的代际传递等问题被提了出来。例如，许多政策可能会受到性别差异的影响，因此，按性别的不同而制定的政策对改善分配状况和促进增长均有好处。

第七章　对外开放理论

20 世纪 70 年代末期，在国内外环境发生巨变的前提下，中国打开封闭多年的国门，开启逐渐融入经济全球化的历史进程。经过 40 年的不断改革与开放，对外经济合作在中国经济发展中发挥着越来越重要的作用。改革开放之初，面对经济全球化，中国还是一位观望者、彷徨者，抱着尝试的心态开启对外经济合作，以期达到辅助中国社会主义经济建设的作用。时隔 40 年之后，面对反经济全球化的浪潮，中国成为全球经济合作与开放的引领者。这期间，中国对外开放政策经历了怎样的变化？学术界进行了哪些重大争论？这是本章讨论的内容。

第一节　闭关自守与自力更生

在一段相当长的时期里，在对外经济关系方面，我国实行的是一种闭关自守的经济发展战略，或者说是一种自给自足的经济发展战略。这种发展战略追求的目标是在资金、技术、劳动力、生产资料、市场等方面实现尽可能全面的自给自足，尽可能减少利用外部资源，即使在有限范围内利用，也是为了提高国内自力更生的能力，将来尽可能用国内的资金、技术、劳动力、生产资料、市场加以替代。

中国之所以执行这种闭关保守的经济发展战略，主要源于两个因素：一是新中国建立后所面临的国际经济与政治环境；二是“四人帮”对自力更生方针的歪曲。

新中国建立初期，中国并非计划实行闭关自守、自给自足的经济发展战略，而是愿意积极发展同外国的经济交往。1949 年 6 月 15 日，毛泽东在《新政治协商会议筹备会上的讲话》中就指出：“中国人民愿意同世界各国人民实行友好合作，恢复和发展国际间的通商事业，以利发展生产和繁荣经济。”① 可见，发展同外国的经济关系本是新中国的一项基本政策。但是，这项基本政策在实行中遇到了阻碍。

1950年10月，美国和一些西方国家对中国实行封锁禁运，中国失去了同许多国家发展经济交往的国际条件。中美贸易中断，中国同其他西方国家的贸易以及从后者引进新技术受到极大限制，中国更没有可能从西方取得进行经济建设的资金，而只能发展同苏联和东欧国家的经济关系。1954年日内瓦会议后，国际经济关系有了一些变化，中国同一些西方国家的贸易有了恢复和发展，但是总体有限。1960年，苏联政府单方面决定撤走在中国帮助工作的专家，撕毁了合同，停止科学技术合作。中苏关系的破裂，使中国的国际经济关系极度恶化，迫使我们不得不更加强调依靠自己的力量从事经济建设以便实现自给自足。

1966年至1976年的“文化大革命”期间，由于“四人帮”错解自力更生与对外经济合作的关系，中国的对外经济合作被人为地受到进一步的限制。“四人帮”对毛泽东革命外交路线和社会主义对外贸易的方针政策，像他们对党的其他各项方针政策一样，尽可能歪曲和篡改。按照“四人帮”的说法，“我国的进口是‘崇洋媚外’，出口是‘出卖主权’，危机时进口是‘给资本家输血送氧’，景气时进口是‘给资本家捧场’”②。总之，在“四人帮”的阻挠下，中国在1968年至1971年中断了新技术的引进和对外贸易合作。1972年中日建交和中美两国签署《上海公报》，1975年中国同欧洲共同体建立正式关系，使得国际经济关系朝着好的方向发生了大的变化，中国同外国的经济交往有了发展。然而，在“四人帮”肆虐的政治理念下，中国无法有效地利用这种新形势下有利的国际经济关系。

综上所述，在前述恶劣的国际经济关系和“四人帮”对自力更生的方针歪曲的背景下，使我们产生了一种完全依靠自己力量建设、自给自足的经济思想，并导致实行闭关自守的经济发展战略。“四人帮”横行期间，他们甚至把出口自然资源说成是卖国行为，把借用外国贷款看作是丧权辱国、接受外国控制，更谈不上允许外国到中国投资和与中国合作办企业，共同开发自然资源了。

上述两方面因素共同作用的结果，使得中国在相当长的时间里逐渐走向闭关自守的、自给自足的经济发展战略。在实行闭关自守、自给自足的

---

① 毛泽东．毛泽东选集：第4卷［M］．北京：人民出版社，1991：1466.

② 北京外贸学院国际贸易问题研究所理论组．自力更生的方针与平等互利的原则不容歪曲——痛斥“四人帮”破坏社会主义对外贸易的罪行［J］．国际贸易问题，1976（4）.

经济发展战略下，我们曾把对外贸易的任务或作用归结为“互通有无”“调剂余缺”，这就是说，在出口方面，国内生产的产品只有在有了剩余时才出口，或者通过紧缩国内消费量的办法出口，而出口则只是为了偿付进口，从国外换取国内暂时不能生产或生产数量不足的产品。进口只是为了补充国内生产之不足，以便促进国内生产，逐步减少以至代替进口，因此，凡是国内能生产的就少进口或不进口。对外贸易对于一个国家的经济自然起着“互通有无”“调剂余缺”的作用，这是不能否定的，但把对外贸易的作用仅仅归结为此，则反映了闭关自守、自给自足的经济发展战略的思想。按照这种理论，对外贸易的唯一目标是满足国内的需要，从而排斥了对外贸易在节约社会劳动、提高社会劳动生产率中的作用，排斥了在对外贸易中对盈利的考虑。如果把对外贸易的作用局限于“互通有无”“调剂余缺”，以满足国内市场的需要，那就不必进行成本与收益的比较，就不会从盈利的考虑出发根据国际市场的需要积极发展出口和进口。这显然会把中国的对外经济关系，特别是对外贸易局限在非常狭小的范围内，从而束缚它的发展，这正是中国对外贸易不能更快发展的原因之一。

第二节 1978—1992：自力更生为主，对外经济合作为辅

1978 年 12 月，中共十一届三中全会确立以经济建设为中心，实行改革开放，从此拉开中国改革开放的序幕。1982 年 9 月，中共十二大进一步提出：“实行对外开放，按照平等互利的原则扩大对外经济技术交流，是我国坚定不移的战略方针。”“扩大对外经济技术交流，目的是增强自力更生的能力，促进民族经济的发展，而决不能损害民族经济。”① 1984 年 10 月，中共十二届三中全会通过的《中共中央关于经济体制改革的决定》明确指出：“十一届三中全会以来，我们把对外开放作为长期的基本国策，作为加快社会主义现代化建设的战略措施，在实践中已经取得显著成效。今后必须继续放宽政策，按照既要调动各方面的积极性、又要实行统一对外的原则改革外贸体制，积极扩大对外经济技术交流和合作的规模，努力办好经济特区，进一步开放沿海港口城市。利用外资，吸引外商来我国举办合资经营企业、合作经营企业和独资企业，也是对我国社会主义经济必

① 胡耀邦．全面开创社会主义现代化建设的新局面［M］．北京：人民出版社，1982.

要的有益的补充。”[①] 1987年10月，中共十三大报告继续肯定对外经济合作的方向：“进一步扩大对外开放的广度和深度，不断发展对外经济技术交流与合作。今后，我们必须以更加勇敢的姿态进入世界经济舞台，正确选择进出口战略和利用外资战略，进一步扩展同世界各国包括发达国家和发展中国家的经济技术合作与贸易交流，为加快我国科技进步和提高经济效益创造更好的条件。”“中外合资企业、合作经营企业和外商独资企业，也是我国社会主义经济必要的和有益的补充。应当切实保护国外投资者的合法利益，进一步改善投资环境。”[②] 1992年10月，党的十四大提出：“必须大胆吸收和借鉴世界各国包括资本主义发达国家的一切反映现代社会化生产和商品经济一般规律的先进经营方式和管理方法。国外的资金、资源、技术、人才以及作为有益补充的私营经济，都应当而且能够为社会主义所利用。”由此来看，这一阶段，尽管对外经济合作在中国经济发展中的作用不断得到肯定，但总体而言，关于对外经济合作的定位一直是中国社会主义经济建设的有益补充。这一时期对外开放主要体现在以下几个方面：一是对外开放理念的形成；二是以兴建经济特区为突破口，打造吸引外商投资的环境；三是吸引出口型外商投资，大力发展加工贸易；四是推进外贸与外汇管理体制改革，增强本土企业出口创汇能力[③]。

一、对外开放的时代背景

20世纪70年代末，中国的外部条件和内部条件都朝着有利于对外开放的方向变化。从外部条件看，中国所面对的政治环境和经济环境发生了重大变化。

（一）国际环境

众所周知，自20世纪50年代初开始，中国就受到以美国为首的西方国家的封锁禁运，无法进入西方市场；20世纪60年代中苏同盟破裂，中国从苏联获取资金和技术的途径也中断了。在这个时期，即使中国领导人有利用外部资源发展自己的愿望，也不具备这样的条件。70年代初，形势发生重大变化，中美关系解冻，中国同日本、西欧等发达国家全面建交，中华人民共和国在联合国的席位也得到恢复，在很大程度上，经过毛泽东、周恩来的努力，中国通向西方的道路已经开通。1978年，中国外交又

---

① 中共中央关于经济体制改革的决定［M］．北京：人民出版社，1984.

② 赵紫阳．沿着有中国特色的社会主义道路前进［M］．北京：人民出版社，1987.

③ 隆国强．构建开放型经济新体制［M］．广州：广东经济出版社，2017：2－6.

在两个方面取得重大突破：一是中日缔约；二是中美建交。至此，对外开放的政治平台形成，中国获得了进入世界主体市场的通道。

从经济的视角来看，20 世纪 70 年代末，工业化国家出现了结构调整和产业转移的趋势。据出国考察团带回来的情况，资本主义国家正处于萧条时期，产品、技术、资本都过剩，“急于找出路”。仅欧洲就有多达 5 000 亿美元的游资。无论日本还是西欧国家，都争相同中国谈贸易，争相借钱给中国。不仅愿意借钱，发达国家面临产业升级，都在寻找新的生产基地，把失去优势的劳动密集型产业转移出去。具有丰富廉价劳动力和巨大潜在市场的中国，很自然地进入了它们的视野。

（二）国内环境

从内部条件看，中国国内政治开始转型。过去几十年的封闭，除了外部因素以外，也有国内政治的原因。社会主义与资本主义两极对立的意识形态，使中国越来越倾向于自我封闭。到了“文化大革命”时期，激进的孤立主义宣传甚嚣尘上，任何扩大对外经济交往的主张都有可能被指责为“崇洋媚外”。1976 年年底以后，随着“四人帮”的垮台，这种阻力消除了。实现现代化成为国内政治的首要目标。大规模引进国外先进技术和成套设备的方案，就是作为完成这个大计划的措施提出来的。

1977 年 7 月 26 日，中央政治局听取并讨论了国家计委《关于引进新技术和进口成套设备规划的请示报告》。11 月 18 日、23 日和 25 日，中央政治局连续三天听取并讨论国家计委《关于经济计划的汇报提纲》，扩大引进成为汇报会上讨论的焦点之一。国家计委的报告提出 10 项政策措施，第一条是整顿企业，第二条就是引进新技术，足见引进新技术在完成未来规划中的重要地位。当时，中国领导人的雄心很大，国家计委提出要在五年到八年的时间内，把我们急需的国外先进技术拿到手。华国锋、叶剑英、邓小平、李先念、聂荣臻、徐向前、方毅等高层领导人都表露出进一步扩大引进的急切心情。1978 年 2 月 9 日，邓小平在出席中共中央政治局讨论《政府工作报告》的会议时说：“引进技术的谈判，要抢时间，要加快速度”，“多争取一年时间都合算”。从当时的现实看，要在 20 世纪末实现现代化的宏大目标，大规模引进先进技术几乎是唯一可行的选择。当时中国大部分技术设备还是以 50 年代从苏联引进的 156 个项目为基础，苏联的技术和设备在当时就不是先进的，几十年来又逐步老化，多数企业只能在封闭的环境下“复制古董”。恰恰在这 20 年间，世界科学技术和现代化的发展突飞猛进，中国与世界先进水平的差距迅速拉大。中国领导人很清楚这种状况，1977 年，邓小平就提出要“实行‘拿来主义’”，要“把吸收外国先进技术作为实现四个现代化的起点”。

给对外开放决策的最终形成以巨大推力的是 1978 年兴起的出国考察潮。这一年中国政府派出了众多代表团出国考察，这些考察团看到的和带回来的信息，对中国领导层的思想冲击很大。没有想到当代世界现代化发展到如此程度，中国与发达国家之间的发展差距会如此之大！出国考察归来，差距感和落后感十分强烈。当然，这种发展差距并没有使中共领导人气馁，相反，所有出国考察人员回来后信心更足了。日本和西欧国家都急于同中国做生意，争相表示愿意借钱给中国。这是过去可望而不可即的有利时机，促使中国领导人下决心迅速扩大引进新技术和成套设备的规模。

二、关于对外经济合作定位的讨论

关于中国改革开放初期对外经济合作的认识，季崇威发表于 1981 年 11 月 6 日《人民日报》上的文章《利用外资的几个认识问题》具有代表性。这篇文章认为：“长期以来，我国基本上自给自足，把进出口贸易看成只是国际间单纯互通有无的手段。似乎进口的东西少了，才是自力更生，进口东西多了，自力更生的程度就会减少。有些同志主张出口的东西愈少愈好，进口的东西也愈少愈好。这些认识都是不符合国际贸易的客观规律和我国整体经济利益的。一个国家自力更生的程度，不能简单地以进出口货物的多少及其在国民经济中所占比重的大小来衡量。我们扩大对外经济贸易活动，把进口和出口结合起来，把利用外资、引进技术设备和发展进出口贸易结合起来，以自己的长处，通过扩大交换，弥补自己的短处，获取更好的经济效果，这是积极地贯彻自力更生的方针。”① 此前袁文祺曾指出：“充分利用国际分工，大力发展对外贸易和其他形式的对外经济联系，社会主义国家就能以较少的劳动耗费获得较大的经济效果。从这个意义上来说，对外经济关系是社会主义国家高速度发展国民经济的一个杠杆，这是社会主义国家需要对外贸易的主要原因。但是，这绝不意味着社会主义经济增长的高速度主要取决于国外市场与国际分工，而是说要在自力更生地建设一个独立自主的社会主义经济体系的前提下，对于对外经济关系包括对外贸易的地位和作用应当给予正确的评价。”② 1983 年，董

---

① 季崇威．利用外资的几个认识问题［N］．人民日报，1981－11－06.

② 袁文祺，戴伦彰，王林生．国际分工与我国对外经济关系［J］．中国社会科学，1980（1）．

辅礽教授进一步指出："考虑比较成本以取得比较利益并不是我们在实行对外开放和发展对外经济关系中唯一必须遵循的原则。参与国际分工是发展对外经济关系的前提，而参与国际分工正是为了从这种分工中实现社会劳动的节约，提高劳动生产率，取得比较利益。为此就要进行利益的比较：生产和出口那些对自己最有利或者不利程度较小的产品，进口那些自己不能生产或者自己生产最不利或者由自己生产其不利程度较大的产品。这就是说要参与国际分工，发展对外经济关系就必须考虑比较成本和比较利益。"① 总而言之，社会主义国家利用国际分工是基于客观经济规律的要求，绝不是权宜之计，而是对社会主义革命和建设具有战略意义的事情。不仅今后数十年内在实现社会主义四个现代化的过程中有这个问题，而且只要国家还未消亡，国际分工就将作为一个客观的经济范畴而继续存在②。在这些主流观点的推动下，中国对外开放的基本方略基本确定，但在具体合作方式上争议不断。

（一）利用外资的争议

利用外资作为中国对外开放的重要内容，其发展历程与中国对外开放的发展历程基本一致。改革开放前，中国利用外资主要是少量的外国政府贷款。改革开放以后，吸收外商直接投资开始起步。1979 年及随后几年陆续颁布的《中华人民共和国中外合资经营企业法》《中华人民共和国中外合作经营企业法》《中华人民共和国外商投资企业法》及其实施细则等法律法规，构成了中国吸收外资的制度基础和法律框架。1986 年，国务院颁布了《关于鼓励外商投资的规定》，对外商投资设立产品出口企业和先进技术企业给予更为优惠的待遇，随后又制定了一系列配套法规，并采取了相应鼓励措施，改善了投资环境，推动了吸收外资的发展。

在改革开放初期，关于外资在中国经济发展中主要发挥怎样的作用，学术界的观点较为一致。1980 年，何新浩发表的文章《积极利用外资加速经济发展》指出："外资在整个国民经济中只是处于从属地位，而且有些关键部门是限制或禁止外资直接经营的，这就保证了在积极利用外资的同时，经济命脉得以牢牢地掌握在我国人民手中。""利用外资，有利于补充建设资金的不足，有利于引进先进技术和设备，有利于促进新兴工业的建

---

① 董辅礽．关于实行对外开放的经济发展战略问题［J］．经济问题探索，1983（1）．

② 袁文棋，戴伦彰，王林生．国际分工与我国对外经济关系［J］．中国社会科学，1980（1）．

立，有利于增加就业，有利于扩大出口。”① 季崇威进一步指出，利用外资必须采取积极稳妥、量力而行、循序渐进的方针。与半殖民地半封建时期相比，中国是在坚持独立自主的条件下利用投资，决不接受不平等不合理的侵犯我国主权的条件。只要我们保持清醒的头脑，坚持平等互利的原则，制定和认真执行吸收外资的法令政策，就不但不会影响我国的独立自主，而且将增强我国的经济实力②。对此，董辅礽明确指出：“我国经济的对外开放是一种在以内向发展为主的基础上的对外开放。作为一个拥有十亿人口、丰富自然资源的大国，我们的建设资金必须而且只能以国内的积累为主，采取各种形式利用外国的资金（包括外国资金在我国国内投资、中外合办企业等）对我国经济建设是重要的，但只能起补充的作用。我国发展经济所需的资源大部分可以由国内的开发和生产来满足，国外资源的进口在国内的需要中只占极小的比重，而我国出口的资源也只能占生产量的小部分。引进外国的先进技术是重要的，但更重要的是要在学习外国先进技术的基础上开发适用于我国情况的新技术。”③ 然而，相较于理论界对外资作用认识的相对一致，实践层面争议不断。

1. 深圳特区的争论

建立经济特区是中国对外开放的突破口，旨在创造一个对外商直接投资富有吸引力的投资小环境④。20世纪80年代初期，经党中央、国务院批准，我国沿海地区的深圳、珠海、汕头和厦门相继成立经济特区。然而，就在深圳的蛇口工业区机器轰鸣、劈山填海之际，有位抗战时期曾在这里打过游击的老战士泪流满面，痛心疾首地说：“革命先烈得来的土地，给你们一下子卖掉了。”可见，由于长期以来“左”的思想的束缚和传统的计划经济体制的影响，闭关自守的思想尚未根本改变，许多人难免会对经济特区和引进外资表示疑虑，担心特区会变成旧中国的“租界”和殖民地。由于鸦片战争以来帝国主义列强对中国的欺凌让所有中国人刻骨铭心，人们难免会把特区与租界联系起来，说什么“辛辛苦苦几十年，一夜回到解放前”。这种心态不只是老同志有，相当一部分干部群众也怀有类似的疑问，而且在相当长的一段时间内都还存在。

1982年上半年，上海《文汇报》以醒目的标题，刊登了《旧中国租

---

① 何新浩．积极利用外资加速经济发展［J］．国际贸易问题，1980（2）．

② 季崇威．利用外资的几个认识问题［N］．人民日报，1981－11－06．

③ 董辅礽．关于实行对外开放的经济发展战略问题［J］．经济问题探索，1983（1）．

④ 隆国强．构建开放型经济新体制［M］．广州：广东经济出版社，2017：5－6．

界的由来》一文。这篇文章从旧中国租界的形成谈起，借古讽今，其寓意是显而易见的。这显然是在影射特区把土地有偿提供给外商使用有变成旧中国“租界”之嫌。这篇文章在当时颇具代表性，它表明了一些人对中国的对外开放政策和发展外资经济的忧虑和疑惧。同年 4 月，某报又在《读史札记》栏目上登载了《痛哉！〈租地章程〉》，提醒人们：“外国侵略者通过历次《租地章程》大肆掠夺中国领土和主权的惨痛事实……对于已经站起来的中国人民来说，它是不可忘记的一页。”与其说这些言论是在提醒人们勿忘国耻，不如说是借题发挥，不赞成甚至反对中国搞经济特区。另外，人们议论较多的还有：特区是经济特区，政治上特不特呢？1981 年 7 月，中共中央、国务院批转的《广东、福建两省和经济特区工作会议纪要》明确提出：“这些疑问是没有根据的。我国特区是经济特区，不是政治特区。特区内全面行使我国家主权，这和不平等条约产生的租界、殖民地在性质上根本不同。”可见中国在创办特区之初就已明确了特区的性质。

然而，当时党内仍有人对特区不放心。特区成立不久，在经济迅速发展的同时也出现了一些问题。对于这些问题，是通过深化改革来加以解决还是以此否定特区，便成为问题的焦点。1982 年 2 月末，针对这些问题，中央书记处在北京召开了广东、福建两省座谈会。针对人们对沿海经济特区未来发展前途的忧虑，胡乔木在座谈会上解释说，那些外国租界本来不是条约明文规定的，而是糊里糊涂地上了外国人的当，愈陷愈深，最后成了国中之国。陈云在文件上批示：此件发全国各省市。对于经济特区，要警惕这类问题。

对于这些质疑，经济学界的主流观点认为：“深圳与我国其他地区相比，并没有任何特殊的政治历史条件，它只是我们国家主动划出的一块土地，在这块土地上为了发展对外经济关系，实行具有某种特殊性的经济政策，采取某种特殊性的措施，从而使这个地区获得‘特区’的这种质的规定性。因此，深圳特区就不是什么‘政治特区’，不是社会经济制度方面的特区，而只是经济政策方面或者经济体制方面的特区，或者简单地说只是经济特区。”“特区建设的经济学根据之一就是我国政府根据社会主义建设和我国的利益，利用这些地区地理上的特点，按照预定的目的（如出口、创汇、引进先进技术、增加劳动力就业机会等）在这一地区实行某些特殊的经济政策和进行具有现代化水平的建设以获得某种特殊的经济效益。”“外国或客商通过向我国输出资本，在我国办企业，把我国劳动者创造的价值拿走一部分，这不能不是资本主义的剥削。只不过这种资本主义的活动是在社会主义国家的土地上，在社会主义国家某种管辖下进行的，而且就我们国家整个经济建设的进程来说，只要条件得当，对我们还是有利的。”“引进的目的是为了我国社会主义建设的利益，为了我国社会的需要。它的性质不是国家资本主义的，而是社会主义的。”① 在深圳试办经济特区，除了为国家增加外汇收入，扩大劳动就业，繁荣本地区的经济外，更为重要的，是通过特区建设，以加快我国四个现代化建设的步伐。如果我们能充分利用经济特区的优越地理位置，实行特殊政策、灵活措施，以优惠的待遇，把外资、外国的先进技术和管理企业的经验引进来，先在特区的范围内，学习和消化别人的好东西，并在实践的基础上创建一整套适合我国国情的经济管理和行政管理体制，这不仅能为全国经济建设积累资金，提供经验，培养人才，而且也使经济特区真正成为进行全国经济管理体制改革的一个突破口，其意义更为深远②。总之，“吸引外资是一种手段，建设特区的根本目的是利用特区有利的地理位置和特殊的政策及灵活变通的措施，引进先进、适用的技术设备和科学的管理方法，进行消化吸收，加快特区的经济发展步伐，并积极向内地转移，促进内地科学技术的进步”③。香港和外国一些关心我国经济建设的专家也认为：“深圳经济特区是中国迈向四化建设的一项实验，其成败对中国未来数十年的经济发展策略将有深远的影响。”深圳经济特区进行改革的尝试，都将促进中国经济的高效率和合理化。

从国家政策层面，1984年春节期间邓小平到广东、福建等地视察，在几个特区挥笔题词，肯定了特区开放的经验。他不顾有的同志怕口子开得太大的忧虑，明确指出：除现在的特区以外，可以考虑再开放几个点增加几个港口城市，如大连、青岛。于是就出现了沿海14个开放城市，中国对外开放的步伐进一步加快。

随着时间的推移，人们的认识也在悄然发生变化，在摆脱了旧的观念的束缚之后，对外开放政策逐渐得到了越来越多的人的认同和理解。经济特区迅速崛起的事实也消除了人们以前的种种疑虑。

2. 洋浦风波

党中央将开放城市扩大至14个，为深圳特区的争论画上圆满的句号。

---

① 于光远．谈谈对深圳经济特区几个问题的认识［J］．经济研究，1983（2）．

② 方生．对特区经济几个问题的认识［J］．深圳大学学报，1984（创刊号）．

③ 丁大公，卞俊峰，张立民，江小涓．深圳经济特区考察报告［J］．陕西财经学院学报，1984（3）．

然而，时隔四年之后，一种利用外资新模式的出现在国内引起又一次争论。1988 年 4 月，海南建省，并成为中国最大的经济特区。海南省政府根据本省的实际情况，参考国际通行的商业惯例，提出了引进外资，由外商成片开发，设立洋浦经济开发区的大胆设想，即“洋浦模式”。所谓“洋浦模式”是指“引进外资、成片承包、系统开发、综合补偿”的利用外资进行开发建设的方式，即在洋浦地区划出 30 平方公里区域，由外商成片承包、系统开发，承包者在服从区域总体规划的前提下，组织外国资本进行从基础设施建设到科技开发和工商企业的生产经营①。在开发区内，投资者能独立自主地进行生产经营活动，政府只对涉及国家主权的外事、边防、海关、税务、治安等方面进行管理。同时，通过低地价、低税收、低工资等优惠条件，允许和鼓励承包者在利润丰厚的部门如金融、贸易、旅游、服务业及加工业等进行经营活动，用其超额利润补偿投资者在回收期长的部门投资的损失。

1988 年 6 月，海南省政府与熊谷组（香港）有限公司达成初步协议。协议确定，海南在洋浦半岛上划出 30 平方公里的土地作为开发区，其土地使用权一次性出让给熊谷组（香港）有限公司，期限为 70 年；区内一切基础设施建设及招商全部由外商负责。毫无疑问，像洋浦这样大面积的土地使用权出让，并且由外商投资成片开发，其面积之大，期限之长，灵活度之高，无疑是新中国成立以来对外开放的最高程度的举措。这一消息在《人民日报》披露后，立刻引起国内外舆论的广泛传播。海外舆论把洋浦的这一开发模式看成是中国政府在改革开放政策上的重大突破。

然而，对外开放，不仅仅意味着经济上的面向世界，同时也需要冲破封闭的观念藩篱。十年前，深圳的蛇口工业区初建时，也曾经历过“卖国”“租界”的风风雨雨；十年后，历史似乎又在洋浦重演。洋浦开发区是参照国际惯例来设计和运作的，但是，在 20 世纪 80 年代后期，这种做法却不能为国人所接受。这种模式遭到了有些人的公开指责，不少人将“土地大面积承包给外商”与殖民时代丧权辱国的“租界”联系起来，甚至将两者画上等号，以致酿成“洋浦风波”。

1989 年 3 月，全国政协七届二次会议在北京召开。1989 年 3 月 25 日，在全国政协七届二次会议上，曾于 2 月中旬带队到洋浦考察的全国政协委员、中国科协副主席张维等五位代表对“洋浦模式”突然发难，一迭连声

---

① 杜俊仪．论“洋浦模式”［J］．特区经济，1992（7）．

地痛斥：洋浦低价出让土地，“在中国本土上出现新租界”，“将成为中国近代史上新国耻”，“何异引狼入室，开门揖盗”。张维等人义愤填膺的发言，在政协委员中激起强烈共鸣，200多位政协委员联名反对开发洋浦[①]。不久，“洋浦风波”迅速波及全国，并且在日本、美国等国家以及香港、澳门地区引起强烈的反响。上海《解放日报》率先对此做了详尽报道，围绕着出租外商土地70年、由其成片开发的“洋浦模式”是否是“卖国行为”、是否吃亏等问题展开了激烈的争论[②]。持异议者斥之为“出卖主权”“变为殖民地”，担心成为“新的租界”，有的人说：“干这种丧权辱国之事的人，一定会被钉在历史的耻辱柱上，而受人唾骂。”[③] 但支持者认为，“洋浦模式”有利于大规模吸引外资，有利于推行行之有效的管理办法，有利于管理水平的提高，有利于推行国家间发展广泛的经济合作关系。只有如此，才能真正成为海南特区经济超前发展的窗口。这种大面积的成片承包、系统开发，可以放手推行国际上行之有效的管理办法，大规模地引进国外资本、技术和装备，进行现代化生产经营和技术更新；提供更广泛地与国际财团、国际资本联系的机会，直接参与国际分工，加入国际大循环。

在海南干部群众困惑为难、国内外舆论沸沸扬扬、外商望而却步之际，党中央和邓小平等领导同志明确支持洋浦开发。针对1989年3月发生的“洋浦风波”，邓小平同志明确批示：“海南省委的决策是正确的，机会难得，不宜拖延。”在随后的两年间，党和国家领导人多次到洋浦视察，并一再声明党中央、国务院支持海南引进外资开发洋浦。1990年5月16日，江泽民在视察时明确指出：引进外资成片开发，纯属商业行为，不存在损害中国主权问题。这场风波最终在党中央及邓小平等同志的干预下得以平息[④]。1992年3月9日，国务院正式批准设立“洋浦经济开发区”。洋浦开发区以及备受争议的“洋浦模式”得以确立。

（二）关于对外贸易作用的认知

改革开放前，外贸的作用被简单化为互通有无，调剂余缺。说到底，就是从使用价值角度来看待外贸的作用。比如，柯阳认为：“我国对外贸

---

① 张德昌，滕利贵．邓小平批示推动洋浦开发建设［OL］．海南史志网，http://www.hnszw.org.cn/data/news/2014/11/75281/.

② 详细可参阅《解放日报》1989年3月30日第二版。

③ 鞠璋．“洋浦风波”与“洋浦模式”［J］．国际经济合作，1991（10）．

④ 中共中央文献研究室．回忆邓小平：下［M］．北京：中央文献出版社，1998.

易的作用，主要就是在国际劳动分工的基础上通过对外互通有无或交流经济技术等，一方面充分实现我国出口商品的国际使用价值和国际价值，换取必要的进口商品的国际使用价值和国际价值；另一方面实现利用国际劳动分工提高我国劳动生产率的好处，从而加速发展我国社会生产力，促进国家经济建设，满足人们物质文化生活需要，调动人们劳动积极性，巩固和发展社会主义制度，加强维护世界和平，促进人类进步的物质力量和精神力量。"① 20 世纪 80 年代初，有学者提出了要重视外贸在价值交换方面的作用，要从国民经济盈利性角度看外贸。与此相关，要重新认识外贸的经济效益。

首先，学界主流的观点认为，发展对外贸易是社会主义经济建设的必要组成部分，有利于提升中国的劳动生产率。随着生产力的发展，世界上没有哪一个国家能够拥有发展本国经济所需要的全部资源，能够掌握世界所有的先进技术，任何国家都必须与其他国家开展贸易合作。积极发展对外经济关系，是所有实现现代化的国家采取的发展路径②。

其次，对外贸易在社会主义经济建设中处于从属的地位。例如，董辅礽指出："我国有一个庞大的国内市场，这个市场的庞大需要必须主要依靠国内生产的产品来满足，进口一些外国产品特别是国内不能生产或生产不足的产品是必要的，但在我国市场的总供给量中只能占很小部分。国内生产的产品应该以国内市场为主体，发展向国际市场出口的产品是很重要的，应努力提高出口产品在国内生产总值中的比重，但这个比重不可能是大的。"③

再次，在确定对外贸易是中国社会主义建设必要组成部分的前提下，学术界对于我国对外贸易发展的战略存在争议。20 世纪 80 年代初期开始，一些专家就认为，采取进口替代政策，可以较少受到国际市场波动的影响，利于安定，适合国情；可继续实行保护政策，促进民族工业的发展；在现有的生产水平下，推行出口导向有困难；实行进口替代的战略，发展国内生产，逐步取代从国外进口工业品，特别是日用工业消费品；实行进口替代为主的战略，通过引进一大批工业项目，建立国家工业体系，积累经验，为继续推行进口替代奠定基础。但另一些学者认为，进口替代战略

---

① 柯阳．谈谈对外贸易是否增加价值的问题［J］．世界经济，1987（6）．

② 袁文棋，王建民．重新认识和评价对外贸易在我国国民经济发展中的作用和地位［J］．国际贸易，1982（1）；陈慕华．打开对外经济贸易的新局面［J］．国际贸易，1982（11）．

③ 董辅礽．关于实行对外开放的经济发展战略问题［J］．经济问题探索，1983（1）．

过于强调保护国内市场，无法有效利用两个市场、两种资源，必然限制外贸对国民经济发展的促进作用。因此，应加大出口导向战略的分量。王建提出的国际大循环理论有很大影响。该理论的要点是：①充分利用我国人力资源丰富的优势，在沿海地区大力发展劳动密集型产业，大搞来料加工和进料加工。②沿海加工业坚持两头在外、大进大出，就是把生产经营的两头（原材料和销售市场）放到国际市场上去，以解决沿海与内地在这两个方面的矛盾。③主张依次按照劳动密集型产业、基础工业和基础设施、资金密集型产业、附加价值高的重加工业、农业的发展顺序[①]。国际大循环理论引起了广泛的讨论，赞成者有，反对者也有。这一新的思路受到当时中央领导同志的重视，对政策形成起到了积极作用。石水认为，国际大循环构想，顺应传统产业海外转移浪潮，通过发展劳动密集型产业，走“外向型”经济发展道路，为中国农村工业化提供了一把金钥匙，为中国重工业高级化的资金积累开辟了一条财路，使开放成为连接发展与改革的纽带[②]。

最后，就对外贸易如何促进我国经济的发展提出实质性建议。例如，季崇威、袁文祺指出，要提升对外贸易宏观经济效益，需要做到以下几点：第一，按照比较优势的原则安排进出口商品结构；第二，对外贸易的企业和相关部门应从国家的整体利益出发，遵照对外贸易的国民经济盈利性原则，运用各种经济杠杆，以保证外贸宏观经济效益的实现；第三，必须改进外贸的计划工作和经营管理方法；第四，必须大力提高中国出口商品的质量，改进花色品种和包装，针对国际市场的需要，适销对路，以提高卖价，增加收汇[③]。陈德照、谈世中则指出，在实行对外开放时，必须注意保护民族工业。我国的民族工业还相对弱小、相对落后，如果不加以必要的保护，把它置于外国垄断资本商品倾销的强大冲击之下，民族工业便得不到应有的发展，会永远处于落后的状态。设置各种关税和非关税壁垒，保护本国工业的发展，是各发达国家惯用的手法。然而，在保护民族工业的同时，我们一定要采取切实措施，提高产品质量，降低产品成本，增加产品的花色品种，努力提高中国商品的竞争能力，有计划地使中国商

---

① 王建．选择正确的长期发展战略——关于“国际大循环”经济发展战略的构想［N］．经济日报，1988-01-05.

② 石水．国际大循环与沿海发展战略［J］．中共山西省委党校学报，1988（2）．

③ 季崇威，袁文祺．大力提高经济效益，扩大外贸新局面［J］．国际贸易，1983（3）．

品到国外市场的激烈竞争中去接受考验，以此促进民族经济的发展①。可以采取利用外资与进出口贸易相结合，工贸结合、技贸合结，国外需要的品种款式与我传统工艺相结合等方式，可推动有些落后行业的现代化，为扩大出口、增加劳动就业闯出一条新路子②。

总的来说，这一时期，引进外资与对外贸易相结合，扩大了出口。沿海省市的服装工业，通过利用外资，引进了各种先进的缝纫设备，装备了成百条生产流水线，提高了产品质量，增加了花色品种，增强了在国际市场的竞争能力，从而扩大了出口③。1978 年，中国进出口规模只有 206 亿美元；1988 年，中国进出口规模首次突破 1 000 亿美元大关，在改革开放后的第一个十年间，进出口总额增长了 5 倍。1991 年，中国进出口规模继续扩大，总金额达到 1 357 亿美元，从 1978 年至 1991 年，进出口总额年均增长速度达到 15.6%。其中，出口额从 1978 年的 97.5 亿美元增长到 1991 年 719.1 亿美元，增长了 6.37 倍，年均增速达到 16.6%。

第三节　1993—2007：充分利用两种资源、两个市场

对外开放初步尝试的结果表明，对外经济合作对于中国特色社会主义市场经济的建设与发展具有积极的推动作用，成为中国经济发展的重要引擎。1993 年年底，党的第十四届三中全会提出："坚定不移地实行对外开放政策，加快对外开放步伐，充分利用国际国内两个市场、两种资源，优化资源配置。积极参与国际竞争与国际经济合作，发挥我国经济的比较优势，发展开放型经济，使国内经济与国际经济实现互接互补。"④ 1995 年 4 月，在为《中国利用外资基础知识》一书所做的序中，江泽民指出，吸收外资对中国产生了积极作用，"一是有利于弥补国内建设资金的不足；二是有利于引进先进技术，促进产业升级；三是有利于吸收先进企业的经营管理经验；四是有利于创造更多的就业机会和增加国家的财税收入；五是有利于促进对外贸易和对外经济合作的发展；六是有利于社会主义市场经济体制的建立和完善"。1997 年 9 月，在党的十五大上，江泽民进一步将

---

① 陈德照，谈世中．实行对外开放是我国坚定不移的战略方针［J］．国际贸易，1983（5）．

② 季崇威．利用外资和中国经济发展的关系［J］．社会科学，1982（2）．

③ 季崇威，张培基．怎样利用好外资［J］．世界经济与政治内参，1982（9）．

④ 中共中央关于建立社会主义市场经济体制若干问题的决定［M］．北京：人民出版社，1993.

外资等非公有制经济的地位明确为“是我国社会主义市场经济的重要组成部分”，指出其对满足人们多样化的需要、增加就业、促进国民经济的发展有重要作用①。2002年，党的十六大又进一步指出其对充分调动社会各方面的积极性、加快生产力发展具有重要作用。在对外经济合作的作用认识不断深化的同时，中国的区域开放也在不断扩大，进一步提升了对外经济合作与国内经济发展之间的互动作用，充分利用了两种资源、两种市场。

这一阶段，中国对外开放的成就主要体现在以下几个方面：第一，深化外贸体制改革，落实“入世”承诺，以大开放促大改革，启动区域经济合作，提出自由贸易战略，货物贸易与服务贸易并举，对外贸易快速增长，贸易大国地位确立。第二，着力打造全方位开放格局。中国对外开放的空间布局由沿海地区快速向沿边、沿江和内陆中心城市推进。2000年，国家实行西部大开发战略，制定了更加优惠的政策，鼓励外商向中西部地区投资。第三，特殊经济区体系不断丰富，保税区、边境经济合作区、出口加工区、国家级高新技术产业开发区纷纷设立。1992年10月，上海浦东新区成立，标志着国家级新区作为承担国家重大发展和改革开放战略任务的综合功能区的问世。第四，利用外资跃上新台阶，以产业导向为特点的外商投资政策体系基本建立，“引进来”与“走出去”相结合，跨境投资大国地位初步形成。第五，实行汇率并轨，推动人民币汇率形成机制改革，经常项目实现完全可兑换。在取得这些对外经济合作成果的同时，下面几个问题成为学术界争论的焦点。

一、入世谈判

自1971年中国恢复在联合国的合法席位后，相继参加了联合国系统几乎所有的国际组织，但却直到1986年才申请涉足关贸总协定（世界贸易组织前身）。其原因如下：一方面是中国对关贸总协定的认识有一个发展的过程。关贸总协定体现的自由贸易精神是以市场经济为基础的，这在20世纪70年代显然与中国的意识形态和经济体制有所冲突；另一方面，当时中国的对外经济，包括对外贸易在整个国民经济发展中的作用不大，在世界贸易中的地位更是微不足道。所以，不论是对中国还是对关贸总协定，

---

① 江泽民．高举邓小平理论伟大旗帜，把建设有中国特色社会主义事业全面推向二十一世纪［M］．北京：人民出版社，1997.

中国参加与否都无关紧要①。1978 年中国启动改革开放，与世界的经贸联系日益加强。实行改革开放后的几年间，对外贸易改变了以往仅仅是调剂余缺和获取外汇手段的功能，对外经济贸易在国民经济中的地位日益提高，已逐渐成为国民经济中一个不可缺少的重要组成部分。同时，由于世界各国经济的相互渗透、相互依存、相互融合日益加深，任何一个国家都很难脱离世界经济体系而单独繁荣，中国与关贸总协定的联系大大增强。因此，在这样的情势下，中国提出"复关"要求也是势在必然。1982 年 11 月中国获得"关贸总协定观察员"的身份，可以出席缔约方的年度会议。1986 年 1 月 10 日，关税及贸易总协定总干事邓克尔应邀访华，当时的国务院总理代表中国政府正式向他表示，中国希望恢复自己在关贸总协定中的缔约国地位。1986 年 7 月 10 日，中国驻日内瓦联合国办事处常驻代表团钱嘉栋大使向关贸总协定总干事邓克尔提交了中国政府关于恢复中国在关贸总协定中席位的申请。中国的"入关"申请递交之后，国内学术界对"复关"可能对中国经济发展造成的影响进行了广泛的讨论。

当重返关贸总协定的谈判不断深入时，社会各界各种担忧不断。例如，"一旦中国恢复关贸总协定缔约国地位之后，中国的民族工业就被推入了国际市场的竞争中，经受严峻的考验。一些企业会因此而立即受益，但对更多的企业而言，却将受到程度不一的冲击"②。总的来讲，当时对入世后可能发生地对我国民族企业造成影响的担忧具体表现为：中国企业面对大量外资企业的进入而面临生存危机；在失去关税和非关税保护的条件下，中国企业在国内市场的竞争环境恶化，产品的市场占有率下降；中国的新兴产业发展可能受到抑制；中国企业的经营人才和技术人员流失，中国企业成为外资企业的人才培训基地；中国民族企业的就业率会受到冲击，下岗压力会更严重③。对此，有的学者指出，中国的发展和改革，仍然需要由对外开放推动，形成良性互动而不是恶性互动。国内某些经济部门也以保护民族工业为名，反对中国加入世贸组织，实际上它们只是片面地站在本部门的立场上，并未站在全民族的立场上，这就必然延误中国的改革和发展。中国的对外开放和改革，是以国际标准为自己的坐标系的，中国的经济和社会，需要和国际社会全面接轨。中国人有自信和能力，学习和掌握世界各国的先进经验。从根本上讲，我们不会吃亏，而只能在与

---

① 马建春．"复关"与中国的外贸体制改革［J］．世界经济研究，1995（1）．
② 华勇，王伟，张于．中国，准备好了吗？——复关备忘录［J］．决策探索，1993（5）．
③ 田春华．入世：中国民族企业的出路［J］．国际商务研究，1999（5）．

国际社会接轨的过程中，消除掉自己的缺点，取得更大的发展。目前中国最为迫切的，是深化国内体制改革，完成产业结构调整，利用有利时机发展经济。而承认国际规则，加入国际社会，所受到的压力是暂时的，从根本上讲有利于我们推进改革和经济发展，从而符合中国的国家利益①。徐滇庆更是发出了“入世之后究竟谁是狼?”的评论，认为中国当时在国际市场上的竞争力优势主要来自廉价的劳动力和土地资源。它同时具备两个条件：工资水平低，劳动生产率高。而且，这些优势将在很长一段时间内存在②。

对此，学术界的主流观点认为，尽管面临各种挑战，但“入关”对中国而言，总体利大于弊。例如，张磐认为，重返关贸总协定，不仅是中国对外开放政策的重要组成部分，同时也是推动中国对外开放向纵深发展和加速对外开放进程的契机。复关的实质内容是关税的大幅度削减和大量非关税措施的取消，这意味着中国工业将直接面对来自国际市场的竞争；意味着许多尚未充分发展起来的工业将经受来自国际市场的严重冲击；意味着中国经济在近期内将面临严峻的挑战，需要付出一定的代价。但从长远看，开放市场不仅是对外开放的必然要求，也将有利于中国工业扬长避短、优化结构、优胜劣汰、提高质量，并走出国门，参与竞争③。龙永图指出，尽管入关将使企业面临更复杂、更激烈也更无情的国际竞争，但许多发展中国家的经验表明，没有一个国家因为入关而导致民族工业的衰落和破产，入关的过程成了它们经济改革和产业结构调整的“催化剂”，促使企业变得更有竞争力④。道理很简单，每个国家都有海关“守关”，还有一套国内的法律“保驾”。更重要的是，在市场经济中，企业适者生存，竞争和淘汰的结果，总会产生一批有活力的企业推动整个经济的发展，并使整个产业结构合理化⑤。薛荣久认为，申请“复关”促使中国充分参与国际分工，能够扬长避短，发挥优势，实现经济互补，节约社会劳动，提高经济效益⑥。“入世”将加速中国社会主义市场经济体制的发展与完善，

---

① 杨帆．从GATT到WTO：加入国际规则符合中国国家利益［J］．中国国情国力，1997（4）．

② 徐滇庆．入世之后究竟谁是狼?［N］．华夏时报，2002-01-23.

③ 张磐．“复关”与中国的对外开放［J］．国际技术经济研究学报，1994（1）．

④ 龙永图．“万事俱备只欠东风”——中国外经贸部部长助理龙永图再论复关［J］．瞭望新闻周刊，1994（45）．

⑤ 龙永图．中国“复关”面临的挑战与对策［J］．中国工业经济研究，1994（4）．

⑥ 薛荣久．中国经济对外开放与“复关”［J］．国际贸易问题，1995（12）．

有助于发现市场经济的真谛，形成具有中国特色的市场经济文化价值道德观，使中国传统的市场经济文化在创新中走向世界①。

从更加具体的影响来看，伍尧田（1999）②、萧灼基（2000）③ 等学者给予了分析。分析指出，中国“入世”，经济既面临发展的机遇，也面临严峻的挑战，一些行业和企业将受到较大冲击。但审时度势，权衡利弊，加入世贸组织（WTO）对中国利大于弊，积极作用是主要的。第一，加入WTO有利于改善中国出口贸易的国际条件，扩大出口。据测算，中国加入WTO，每年将提高国内生产总值3个百分点。第二，加入WTO有利于中国在平等的条件下参与世界市场的经济竞争。一方面，中国可以作为正式成员，参加WTO国际贸易规则的决策过程，在与WTO成员方发生贸易争端时，可以作为平等成员由WTO的仲裁机构处理，享受平等的待遇，避免受到不公正的处罚，维护中国的合法权益；另一方面，有利于中国反对美国等主要贸易大国对中国纺织品等出口商品不同程度的贸易歧视措施，迫使它们减少和取消这些措施。第三，加入WTO给外商以国民待遇，使外商享受与中国投资者同等的权利，能够鼓励更多的外商来中国投资，并通过利用外资，引进高新技术和现代管理经验，加强与国际市场的联系。第四，加入WTO有助于深化国企改革，提高企业素质。改革与开放是互相促进的，加入WTO，中国企业将面临国外厂商的激烈竞争。如果管理体制不改革，企业素质不改善，产品质量不提高，就将被淘汰出局。这种激烈的竞争，加大了国企改革的外部压力，增强了国企改革的紧迫感，有利于加快国企改革的步伐。第五，加入WTO有利于提高人民生活水平。加入WTO后，中国进口关税税率将逐步降低，一些进口商品的价格将有所下降；同时加入WTO，扩大了出口，增加了外商直接投资，也有助于缓解就业压力。国务院发展研究中心政策模拟的结果显示，如果中国从1998年开始逐步实现各项加入WTO的承诺并在2005年全部完成，在2005年，中国的实际GDP和以希克斯均等差异度量的社会福利收入将分别提高1 955亿元人民币和1 595亿元人民币（1995年价格），占当年GDP的1.5%和1.2%。在GDP上所获得的巨大收益主要源于根据比较优势而重新配置资源所导致的效率的提高。如果进一步考虑到由于贸易自由化所导致的生产

① 薛荣久．“入世”在中国社会主义市场经济文化形成与发展中的作用［J］．国际贸易问题，1999（11）．

② 详细参见茅杰．中国加入WTO的十大好处［J］．知识经济，1999（6）．

③ 思萌．萧灼基谈：中国加入WTO意义重大［J］．中外企业家，2000（1）．

率的提高，中国的效率收益将更大。在该情景下，从 1998—2010 年年均 GDP 增长率将比不加入 WTO 提高近一个百分点，导致 2010 年实际 GDP 与基准情景相比约提高 13%[①]。

另外，有部分学者认为，相比对中国宏观经济发展的直接影响而言，入世更重要的意义在于对中国经济体制改革的影响。史晋川认为，舆论界普遍强调入世对产业的冲击，对体制的影响研究不够。在尚未真正全面开放的情况下，应充分重视体制改革，若做不好，产业保护的过渡期结束后对产业的冲击会更大，所以对体制的影响是第一位的，尤其是服务业没有什么技术上的冲击，就是体制问题[②]。张幼文更是一针见血地指出，中国加入 WTO 的核心问题是开放的制度化。开放的制度化是把开放政策稳定化和规范化。开放的制度化并不是简单照搬发达国家的开放体制，而是按照 WTO 的规则完善我国的开放政策。经过这种完善，开放政策也就不再只是政策性质，而是制度性质的了。开放制度化导致外来投资的增加和分工的深化，推动了结构的进步。与政策型开放相比，在开放经济条件下要素的流动更加充分，因此结构的进步更快，来自外部动力的作用更加显著[③]。

然而，当时一种流行的观点认为，上述好处是就长期而言的，短期来看，入世对中国弊大于利。对此，厉以宁等分析指出："这个观点是错误的。应该说，中长期毫无疑问是利大于弊，短期同样是利大于弊。以开放促改革，开放是不能掺假的，但改革可能有假，表面上叫改革，实际上维持原状，甚至是倒退。加入 WTO 后，必须进一步开放，改革必须来真的。过去说'狼来了'，'狼'真的来了，不能再用假改革来糊弄人了。企业受到冲击怎么办？不要紧，兵书上有句话：'置之死地而后生。'企业非改不可，改了才有前途。所以从这种意义上说，加入 WTO，近期是利大于弊的。我们讲了多年政府职能的转换，究竟转换了多少？加入 WTO 后，包括政府职能转换也必须来真的，而且越快越好，不然就适应不了。政府职能的转换，实际上就是从审批制逐步过渡到注册制，由政府直接干预企业改变到政府为企业服务，这个转变是巨大的。可见加入 WTO 无论中长期

① 国务院发展研究中心课题组．中国加入 WTO 后的政策模拟研究［J］．政策，2000（2）．

② 叶芳，赵生仙．"加入 WTO 对中国经济的影响"学术研讨会综述［J］．浙江社会科学，2000（1）．

③ 张幼文．加入 WTO 与中国开放型市场经济［J］．社会科学，2000（9）．

还是短期都是利大于弊的。”①

总而言之，纵观发展中国家加入世贸组织的经验教训是：入世本身并不会产生经济奇迹，正像它不会带来经济灾难一样。它只是为各国更广泛更深入地参与国际经济活动提供了一套公平的竞争规则。能否抓住机遇，则取决于各国政策运用这些规则的能力，特别是能否根据本国的实际情况，制定正确的发展战略、产业政策以及进行有效的宏观经济管理。随着中国经济体制改革的深入进行，我们越来越相信，迎接入世挑战的过程，就是促进中国的市场经济体制不断完善的过程，就是加速中国经济贸易长期、稳定地发展，使中国经济成为世界经济中最富活力的组成部分的过程。中国入世后的经济发展成就有力地证明了这一点。另外，需要指出的是，尽管入世对中国宏观经济总体利好成为学术界的共识，然而，对于各个产业的影响却并不相同，这也成为产业界代表人士争论的焦点。

二、丰富利用外资的方式，提高利用外资的质量

1992 年，邓小平视察南方并发表重要谈话，明确了大胆利用外资是一项全新的事业。邓小平指出：“从深圳的情况看，公有制是主体，外商投资只占 1/4，就是外资部分，我们还可以从税收、劳务等方面得到益处嘛！多搞点‘三资’企业，不要怕。只要我们头脑清醒，就不怕。我们有优势，有国营大中型企业，有乡镇企业，更重要的是政权在我们手里。有的人认为，多一分外资，就多一分资本主义，‘三资’企业多了，就是资本主义的东西多了，就是发展了资本主义，这些人连基本常识都没有。”② 此后，中央明确了积极合理有效利用外资的方针，在扩大规模的同时，拓宽利用外资领域，采取更加灵活的方式，引导外资投向基础设施、工业、农业和部分服务业，中国吸收外资进入了高速发展的新时期。

（一）外资引进与民族工业的发展

1992 年邓小平南方谈话之后，吸收外资出现爆发性增长。在这一时期，我国利用外资有了一些新的特征，其中尤其令人瞩目的是外商投资的主体中，大型跨国公司明显增加。投资方式也发生了阶段性的根本变化，即由 20 世纪 80 年代前期以合作经营为主，80 年代中期以合资经营为主，到 90 年代以后，外商兼并购买我方效益较好的中型骨干企业成了投资热

---

① 厉以宁．“入世”后企业怎样提高竞争力［J］．经济学家，2000（4）．

② 东方风来满眼春　邓小平“南巡讲话”公开报道前后［OL］．http：//dangshi. people. com. cn/GB/16895785. html.

点。他们将整体并购、部分并购、增资扩股等形式为主转向控股经营或独资经营；投资目的也由追求近期效益为主转向力争形成产业规模，引领和控制中国市场为主[1]。“三资企业”与国内经济已由互补关系转变成竞争大于互补的关系，从而对我国国民经济的长远发展产生了不利影响。这些问题主要表现在：一是外商投资结构不合理，不利于中国提高经济增长质量和地区经济均衡发展；二是外商投资企业抢占中国市场；三是外商控股企业越来越多；四是多数外商投资企业没有技术开发能力；五是许多国产名牌在合资和竞争中丧失；六是外商投资企业偷漏避税行为严重[2]。在此背景下，社会各界开始担忧外商投资与中国民族企业发展之间的关系。

1996年，王洛林教授在《中国工业经济》编辑部组织召开的利用外商直接投资与发展民族工业研讨会上开宗明义地指出：“我们国家实行对外开放、引进外资的政策已经十几年了。在这十几年中间，在引进外资的问题上虽然曾经出现过各种看法和议论，但把引进外资和发展民族工业的关系作为一个突出的问题提出来，而且围绕这个问题展开争论，似乎还是第一次。其原因有两点：第一，由于外商投资企业在一系列工业部门中已经占据了相当重要的地位，因此和这些工业部门的民族工业企业的竞争日益激烈。第二，由于在民族工业中居主导地位的国有工业企业面临一系列的困难，它们在同外商投资企业竞争的过程中往往处于不利地位，有的甚至在竞争中被挤垮。”[3] 对于这个问题，学者的争论主要从以下几个方面展开。

第一，造成民族工业发展困境的原因是什么？有学者指出，由于利用外资中存在的盲目性、无政府状态和任意扭曲互惠互利的原则等现象，中国各地政府单方面地长时期地给外商以惠和利，已经损害了民族工业的利益[4]。另外一些学者将民族工业发展困境归咎于外商企业强大的竞争力与控制力：一是跨国公司选择中国行业“排头兵”进行合资，使国内技术开发能力下降，部分原有名牌退出市场。跨国公司一般选择中国具有一定实力、活力和效益较好的国有企业作为合作伙伴，这些企业原来都具有一定的技术开发能力，有些是国内同行业技术开发能力最强的企业。合资以

---

① 罗元铮．积极利用外资与保护民族工业并行不悖［J］．民主，1997（11）．

② 张铭．当前我国利用外商直接投资的问题及原因［J］．中国工业经济，1996（9）．

③ 王洛林，正确处理利用外资和发展民族工业的关系［J］．中国工业经济，1996（9）．

④ 王文敏，吴海涛．发展民族工业与利用外资战略的重新定位［J］．中央财经大学学报，1997（9）．

后，由于外方控股，拥有决策权，大多取消了原有企业的技术开发机构，而利用跨国公司本部的研究开发机构提供技术，这样就大大削弱了中国自主进行技术开发的能力，形成对国外技术的依赖。相当一部分跨国公司要求合资企业使用它们的品牌，迫使我方名牌产品退出市场。二是外商投资企业对国内一些尚未成熟的但具备一定竞争优势的企业造成冲击。以往十多年中，一些行业通过引进技术，在国内市场激烈竞争的推动下，产品的技术档次和质量水平迅速提高，在国内外市场上都有较强的竞争力。然而，由于发展时间较短和国内经济体制的约束，即使是国内的优势企业，与国际大跨国公司相比，竞争力仍有差距，国际跨国公司带来的冲击使一些未合资的优势企业处境更加困难，改变了正在进行的产业重组过程①。然而，有学者指出，对于经营困境，国内企业本身的问题应当占主导地位。过去我们有些企业的名牌产品实际上产生于计划经济条件下，它的出名更多是由于当时中国物质的匮乏②。而今天相当多的企业，尤其是国有企业，负担过重、经营不活、机制僵化、产品开发能力弱、更新速度慢、经济效益低，即使没有外商投资企业的竞争，许多企业如果不加快改革步伐，也很难生存下去③。相反，外商直接投资的进入，带来了市场竞争的机制，加快了国内企业的觉醒，促进了国内企业改革，使得结构不合理的、多余的企业和技术水平落后的产品面临淘汰，无形中促进了企业结构和产品结构的调整。

第二，市场是否换来技术？1982 年，中共提出“以市场换技术”的外资利用方针，旨在加速中国经济对外开放的步伐。此后，中共一方面摆脱了市场开放影响外汇收支平衡和保护民族工业的思想包袱，另一方面对“以市场换技术”的定位越来越具体，不断地制定和完善相关的政策措施，外资随之成为中国经济增长的主引擎之一。在这一过程中，外商根据中方提供的优惠政策选择是否进入中国投资；中方根据外商投资质量与是否转让先进技术来决定让出市场的尺度，“以市场换技术”的方针构成中国与外商动态博弈的利益基础。“以市场换技术”政策的提出是否符合国情，实施效果如何，是学者们争论的一个焦点。持支持态度的学者提出中国的国情决定了要“以市场换技术”，它缩小了中国与发达国家的技术差距。因为技术引进比自行研发成本低、见效快，并可为自主创新积累经验；外

① 江小涓．当前利用外资中存在的问题及若干政策建议［J］．中国工业经济，1996（9）．
② 曹建明．我对“外资冲击民族工业”论的观点［J］．探索与争鸣，1998（1）．
③ 钟正岩．正确认识我国利用外资与保护民族工业的关系［J］．管理世界，1998（1）．

商投资的技术比出售的技术先进，并解决了中国缺乏外汇的困难。但主流的观点认为，“以市场换技术”政策并不成功。江小涓指出，较大比例的市场由外方控股的合资企业占领，但出让市场并没有换回先进技术和增加出口能力。在一部分行业中，国内主要大企业基本上都已合资，多数由外方控股。跨国公司纷纷在中国设立独资控股公司，统筹管理其在中国的投资业务，它们在中国进行战略布点，分割市场，产销网向全国延伸。合资企业在站稳之后，又通过扩股、再合资、兼并、收购等方式，进一步扩大对中国市场的占有率。这些企业的扩张能力很强，某些市场将由外资企业占大部分份额已成定局。然而，我们让出了很大份额的国内市场，却没有得到相应的先进技术和扩大出口能力，产品几乎全部销往国内市场①。熊性美认为，许多外方控股的合资企业，实际上不过是设在我国的散件组装点。而外商在关键技术的转让、新产品研制和市场的营销渠道等方面相当苛刻，在国外已经淘汰了的产品在中国市场仍能够赚取较高的利润，同时外方又力图保持与中方的技术差距，防止产品出口从而在国际市场上与它们本国的产品展开竞争。“市场换技术”的结果是丢了市场，也没得到核心或关键技术。利用外资有时事与愿违，变成了被外资所利用②。

第三，面对民族工业发展的困境，如何对外资政策做出调整？金碚指出，引进外资并非只是引进一种可以为我所用的资源，而实际上同时也引进了国际竞争的一种最激烈的形式，引进了一只要在市场竞争中与中国的民族工业一争高低以至大口吞食中国民族工业领地的“怪兽”。市场经济的一条基本规则是：天下没有白吃的宴席，一切依赖于交换。用“帮助”“友谊”之类的美好语言来粉饰资本的天性，不是无知就是愚蠢。不过，更愚蠢的是，因为担心或惧怕外国资本的“侵略”本性而拒绝引进和利用外资。在现代市场经济条件下，资本是发展生产力的“第一推动力”，“一切生产力都表现为资本的生产力”。从某种意义上说，拒绝引进外资和利用外资，就是拒绝先进的生产力。所以问题不在于是否要引进外资，而在于如何才能真正有效地利用外资，使外国资本在获得自身利益的同时，确实成为促进中国经济发展的有利因素③。扩大对外开放程度，提高吸收外商投资的水平，是今后相当长时期内国家的一项大政方针。从世界经济发

---

① 江小涓．当前利用外资中存在的问题及若干政策建议［J］．中国工业经济，1996（9）．

② 熊性美．论利用外资和对民族工业的适度保护［J］．改革，1997（3）．

③ 金碚．处理好引进外资和发展民族工业关系的关键是增强我国产业的国际竞争力［J］．中国工业经济，1996（9）．

展看，外商投资规模大小与本国经济自主性并不存在线性关系。只要我们确立正确的外资战略和具体的产业导向，进一步拓宽融资渠道，采取灵活多样的引资方式，推行投资多元化，优化产业结构，加强宏观监管等种种有效手段，完全可以实现引进外资与经济自主性的双重目标。限定外资规模，既不符合中国加速经济发展的总体目标，也不符合市场经济的发展规律，与中国现阶段经济发展水平也不吻合，在实践中更难以操作。

在思路上，部分学者认为，作为一个发展中国家，需要在引进外资的过程中对民族工业加以适当保护，但并不是为了保护它的落后状态，而是为了保护它在一些重要工业部门中的主导地位①，应对国内市场的部分产品实行适度保护。对中国国内市场的保护不能是全面的，而只能是有条件的和有选择的。竞争优势、产业类别和技术潜力是三个鉴别标准。为实行保护而选择的依据应是那些已经具有或最有可能获得国际竞争优势的国内产品以及对于维系下一世纪国家竞争命运有重要影响的高科技产业②。

在具体保护策略上，主流的观点认为，不宜采取“一刀切”和片面化的政策，而要采取结构化的调整措施。第一，逐渐减少优惠政策，给外商投资企业以国民待遇③。第二，国家政策引导，依据行业的不同性质和对国家安全的不同影响制定不同的产业安全政策，完善产业政策法规，促进产业结构调整④。第三，建立有效的外资管理体系，改变吸引外资工作中重引进、轻管理的问题。第四，尽快制定反垄断法，防止外资垄断式经营，保持市场的竞争活力。除此之外，张上塘还指出，为了维护国家整体利益，需要加强对跨国公司投资战略及经营行为影响的研究。也可以根据国际惯例及中国国情，设立权威的国家经济安全预警体系，综合考虑跨国公司对中国经济安全的影响，这样可以从国民经济发展战略高度，积极、合理、有效地吸收跨国公司来华投资，也可以据此制定鼓励性和限制性结合的全新策略，把吸收外商投资纳入规范化、法制化轨道⑤。

在上述争论的社会背景下，1997 年年底，党中央、国务院召开了全国利用外资工作会议，总结了 20 年来中国吸收外资的经验，提出了扩大对外

---

① 王洛林．正确处理利用外资和发展民族工业的关系［J］．中国工业经济，1996（5）．

② 熊性美．论利用外资和对民族工业的适度保护［J］．改革，1997（3）．

③《利用外资与发展民族工业》课题组．兴利除弊——实现利用外资与发展民族工业的高度统一［J］．理论学习与研究，1997（2）．

④ 陶士贵．从韩国经验看中国如何在利用外资中保护民族工业［J］．对外经贸实务，1997（9）．

⑤ 张上塘．吸收外商投资促进我国工业发展［J］．中国工业经济，1996（9）．

开放、提高利用外资水平的指导思想。1998年4月14日，中共中央、国务院出台《关于进一步扩大对外开放，提高利用外资水平的若干意见》（以下简称“6号文”）。“6号文”指出，我们要以更加积极的姿态进一步扩大对外开放，提高利用外资水平。适应经济持续增长的需要，保持利用外资的一定规模，使吸收外商直接投资继续处于发展中国家的前列。引导外资投向，调整引进外资结构，为提高国民经济素质和效益服务。坚持“以市场换技术”的方针，加大引进高新技术产业和先进适用技术的力度，推动产业升级。促进解决经济和社会发展的突出矛盾，创造更多的就业机会，弥补资源不足。坚持国际收支基本平衡，保持必要的外汇储备。正确处理扩大对外开放与独立自主、自力更生的关系，维护国家经济安全①。然而遗憾的是，“6号文”并没有取消外资的超国民待遇，继续执行以“市场换技术”的方针政策，这为中国对外经济合作后续面临的问题埋下了伏笔。

（二）外资的“超国民待遇”及产业安全之争

2001年中国加入世界贸易组织（WTO）后，在外资政策上开始清理各项法律法规，以对接WTO。中国按照承诺开放了包括金融、电信、建筑、分销、法律、旅游、交通等在内的众多服务领域，在WTO分类的160多个服务贸易部门中，开放了104个，占62.5%，接近发达成员108个的平均水平。中国共制定、修订、废止了3 000余件法律、行政法规和部门规章，同时，加强知识产权保护，投资环境进一步完善。在吸收外资的具体方式上，江泽民提出“积极探索采用收购、兼并、投资基金和证券投资等多种方式利用外资，提高利用外资的质量”。2002年，在党的十六大报告中，他指出：“通过多种方式利用中长期国外投资，把利用外资与国内经济结构调整、国有企业改组改造结合起来。”为落实这一要求，2003年和2007年，国家先后两次修订外商投资产业指导目录，在《利用外资“十一五”规划》以及2007年、2008年的《关于全国吸收外商投资工作的指导性意见》中都明确提出鼓励外商投资高新技术产业，鼓励先进制造业、节能环保产业和现代服务业利用外资，大力发展服务外包产业，推动世界著名跨国公司将其一定规模的服务外包业务转移到中国。同时，严格

① 中共中央国务院关于进一步扩大对外开放，提高利用外资水平的若干意见（中发〔1998〕6号）. 1998-04-14.

控制外商投资高污染、高能耗和资源性产业领域①。对外商投资企业开放的行业不断增加，给予国民待遇。在政策利好和中国经济快速增长的推动下，中国的利用外资规模不断增加。

然而，加入 WTO 以后，中国经济形势逐渐转变，2004 年在应对经济过热中，关于利用外资的争论再次响起，其中最为核心的一个问题是外资事实上所享受的“超国民待遇”优惠政策是否还有必要？

比较有代表性的观点认为，外资所享受的“超国民待遇”给中国经济发展带来了诸多负面效应，应该进行适当的调整。这些负面效应体现在：一是控制中国市场，实施市场垄断与不正当竞争；二是强化技术控制，维持其高进入壁垒；三是浪费了稀缺的资金资源，影响了中国产业的平衡发展；四是造成内资处于不平等地位，滋长了经济行为中的腐败②。中国加入 WTO 前后，完善了大量的法律、行政法规，当前中国的外商投资环境有了根本的改善，已经成为外资投资的热点地区之一。外资企业不会因对引进外资政策改革，调整企业所得税税率而轻易放弃在中国的投资。

但另外一些观点认为，不宜过于强调取消“超国民待遇”一刀切的做法。中国的特殊国情使得外资在有些方面受到低国民待遇，给外商必要的优惠政策也是改善中国产业内部中、外资企业竞争环境的需要。比如中国国有企业仍然存在着政企不分的现象，行政机构对国有企业的不必要干预和过度保护同时并存，因此外资企业在很多情况下难以与国有企业平等竞争，贸然取消对外商投资企业的优惠政策势必影响外商投资的意愿，影响外资流入。而且积极吸引外资并给外资必要优惠是世界各国正在努力推动的事情。如果中国断然拒绝给外资以优惠，必然在世界范围的大博弈中处于劣势，将不利于中国经济的持续发展。从长计议，按照市场经济的要求，实行按照产业、区域设置投资优惠政策，而非按照经济成分实行不同的投资政策待遇，将是发展方向③。对此，林毅夫进一步明确指出，现在资金已经不再是中国经济发展的主要瓶颈，因此，外资政策应该改为以吸引国内所没有、对中国经济发展至关重要的高新技术为主要目的。具体来讲，应该实行“两税合一”，统一内外资企业的所得税税率和税收政策，取消现在对内外资企业实行差别待遇的政策，并代之以对不同技术标准的

---

① 王子先．中国对外开放与对外经贸 30 年［M］．北京：经济管理出版社，2008：133－134.

② 王聪丽，李建明，外资超国民待遇政策政策该叫停了［J］．上海企业，2005（8）．

③ 桑百川．中国利用外资进入新阶段：实践与论争［J］．开放导报，2005（3）．

行业实行差别待遇的政策。在取消对外资企业的“超国民待遇”后，并非就不能再鼓励对中国经济发展具有重要意义的外资企业投资，其实只要把行业准入和高新技术标准的门槛定明确，仍然可以给需要鼓励的外资以优惠①。

与此同时，2006年，一场历时四年的国企改制与国际化并购充满争议——“贱卖”“恶意收购”“威胁经济安全”的声音充斥其中。徐工和凯雷合资的每一步、谈判交易的每一处细节、协议文本上的每一个字，都被人们拿到聚光灯下仔细审视。由此进一步引发了社会各界对外资影响中国经济安全的所谓“引狼入室”说的争论。

一种观点认为：“随着中国加入WTO，对外资限制降低且某些地方政府盲目地引进外资，在带来收益的同时，也使得国家经济在丧失某些主权，严重威胁着国家经济安全。”“在鼓励大量引进外资的同时，也必须对某些重要行业的外资并购进行限制，例如装备制造业、金融业、能源业、矿产开采业等，国家只有牢牢抓住这些关键行业，并完善相关法律法规和体制，才能在任何情况下都能稳定和发展国家经济，减小外资对于中国经济命脉的影响。”② 另一种观点认为：“笼统地认为外资并购装备制造业骨干企业会威胁国家经济安全过于夸大其词。”③ “外资并购只是全球通用的吸收FDI的一种形式，并且是一种行之有效的市场手段。并购并不一定构成行业垄断，并购本身也不会危及行业安全和经济安全，关键是加强审查和监督。”④

还有观点认为，外资的过度并购对中国企业的自主创新有强烈的抑制作用。一方面，在中国从事研发活动的外资企业多数从事适应性研发活动。外资设立研究机构主要是进行新产品的本地化研究。而高新技术、关键技术、核心技术仍掌握在外方手中，并不轻易向中国转让，创新能力仍在外资公司母国。另一方面，中国企业的自主创新总体上仍处于起步阶段。一些企业可能经过长期艰苦努力才建立起自己的自主创新体系和知识产权体系，如果被外资利用资本优势而收购，整个企业的自主创新体系必将被瓦解。在此过程中，首当其冲的将是那些具有自主创新潜力的科技型

---

① 林毅夫．对我国当前外资外贸政策的思考［J］．三江论坛，2007（3）．

② 巫才林，李鑫．反思外资并购行为——外资并购对中国经济的负面影响及底线分析［J］．集团经济研究，2007（24）．

③ 桑百川．外资并购的分歧与评价［J］．国际贸易，2007（7）．

④ 彭立立．看待外资并购防范两种倾向［J］．中国外资，2007（6）．

中小企业。科技型中小企业是自主创新的源泉，如果外资对科技型中小企业实行大规模并购，中国的自主创新能力势必受到严重影响①。

同并购问题相比，与经济安全更密切的一个问题是垄断问题。外企初入中国时，大部分选择与中方合资。合资企业作为中国外商投资主流形式近20年，而这种形式在国外则很少见。1997年，中国外商独资企业合同利用外资首超合资企业；1998年起独资企业实际利用外资赶超合资企业，至2001年新批独资项目已比合资项目多出七成，投资额更是翻番。1995年前后，在中国经济“软着陆”期间，围绕着外商是否垄断了中国市场有过较大规模的争议②。在中国按照加入WTO承诺全面开放市场之后，垄断的问题重新被推到风口浪尖。外商大规模涌入中国，各个行业的“外商独资化”现象频现，外资对中国龙头企业并购案件也逐渐增加了国人的焦虑。2004年，围绕着汽车等行业又开始了对于垄断问题的大规模争论。某些专家认为，垄断不等于市场份额的集中，不能单纯以市场份额来判断垄断。跨国公司具有竞争优势，并购中国龙头企业后存在着垄断市场的可能性。但目前并未形成跨国公司垄断的局面。另外，也有政界、理论界人士认为，外资将逐渐以“独资化”为基础，一次投入大量资金占领市场，并以兼并形式逐步吞并本地企业，最终形成垄断势力，威胁国家经济安全。中国应该对外资并购国内企业采取保护措施，但是这种保护措施应该是政府与市场相结合的。更有企业界人士认为，垄断中国市场是外资进入的最终目的。因此，一种具有代表性的观点指出，反垄断原则应当成为对待外资行业进入的首要原则，尤其是在涉及外资并购行为时。当前在国内市场并购行为的增多实际上反映了国内经济发展进入一个新阶段，并从总体上有助于国内经济结构调整和经济效率提高。但是，外资企业与国内企业一样都天然有着通过并购走向行业垄断的倾向，而且在一些具体行业中这种倾向有可能演变为现实或接近现实的局面。因此，赋有维护市场经济公平有序竞争使命的政府应当坚持反垄断原则，在审视内外企业并购行为时，以垄断倾向和现实可能性作为评判标准。这种实践已在世界上绝大多数工业化国家流行，中国经济政策发展的方向也应当如此。因为这才是最符合国民经济利益和政策公正性的实践，也符合世界贸易组织所倡导的“国民

① 林璟．加强外资并购的反垄断规制［M］．宏观经济管理，2007（3）．

② 王子先．中国对外开放与对外经贸30年［M］．北京：经济管理出版社，2008：233－234.

待遇”精神①。

在这样激烈争论的背景下，凯雷—徐工、舍弗勒—洛阳轴承等几起重大跨国并购案迟迟未获中国政府批准。2006年8月8日，商务部等六部委令2006年第10号公布《关于外国投资者并购境内企业的规定》。一系列的迹象似乎都表明，中国对外资的政策走向不明朗。2006年9月7日在厦门召开的“2006跨国公司座谈会”受到全球广泛关注。这是吴仪副总理第六次主持召开跨国公司座谈会，听取跨国公司代表对改善中国投资环境、进一步扩大在中国的投资并优化投资结构的想法。来自84家跨国公司的140位代表出席，其中绝大多数是全球总裁、亚太区总裁、大中华区总裁或他们的副手。这些企业中有53家公司位列世界500强。同时在座的还有国务院18个部门的负责人。在这次座谈会上，吴仪副总理指出：“对外开放是中国既定的基本国策，外资利用功不可没，中国吸引外资的政策不会变，也不会动摇。”但同时也强调：中国将更加注重优化外资结构，提高吸收外资的质量和水平；中国将积极创造条件承接国际服务外包；中国将更加重视改善投资环境，依法保护境内外投资者合法权益；中国将坚定地实施互利共赢的开放战略，加强与各国的经贸合作，实现与世界各国共同发展；中国将进一步加强与国际多边和区域经济组织的合作，继续促进和推动贸易与投资便利化进程，共同营造有利于实现各国共同发展与繁荣的国际环境。

2007年8月30日，《反垄断法》颁布，同时《关于外国投资者并购境内企业的规定》不断得以完善。另外，2007年3月《企业所得税法》颁布，统一了内外资企业所得税制度，意味着外资“超国民待遇”走向终结。2008年1月1日起实施的《企业所得税法实施条例》，统一了内外资企业的工资薪金支出税前扣除政策。2008年1月1日起施行的《耕地占用税暂行条例》，在有关纳税人范围的规定中增加外商投资企业和外国企业。2009年1月1日起，外商投资企业、外国企业和组织以及外籍个人，包括港澳台资企业和组织以及华侨、港澳台同胞，将依照《房产税暂行条例》缴纳房产税。自2010年12月1日起，中国统一内外资企业城市维护建设税和教育费附加制度，对外商投资企业、外国企业及外籍个人征收城市维护建设税和教育费附加。至此，内外资企业税制实现了全面统一，外资企业在税收政策上享受的“超国民待遇”被彻底终结。中国利用外资进入新

① 贺力平，蔡兴．中国引进外资的趋势、动向和政策调整［J］．开放导报，2006（6）．

阶段。

三、实施“走出去”的开放战略

在积极引进外资的同时，中国也酝酿各种政策引导内资企业“走出去”。“走出去”一词是1997年12月4日，江泽民接见全国外资工作会议代表时正式提出的：“我们不仅要积极吸引外国企业到中国投资办厂，也要积极引导和组织国内有实力的企业走出去，到国外投资办厂，利用当地的市场和资源。引进来和走出去，是我们对外开放方针的两个紧密联系、相互促进的方面，缺一不可。”2000年，江泽民在利用国内考察、召开重要会议等各种重要场合，论述了“走出去”的战略思想。随后，“走出去”战略思想被列入国家发展规划，《国民经济和社会发展“十五”计划纲要》提出，鼓励能够发挥中国比较优势的对外投资，扩大国际经济技术合作的领域、途径和方式。党的十六大报告更加明确提出，坚持“引进来”与“走出去”相结合的方针，全面提高对外开放水平。

（一）关于“走出去”战略的方向和原则

中国企业“走出去”的总体战略要考虑走出去的主导产业和行业、走出去的主体企业、走出去的国际化步骤等问题①。“走出去”政策应有利于中国国民经济的可持续发展，有利于产业结构的调整②。成思危提出，在目标选择上，近期目标主要是寻求资源或寻求市场；在行业性选择上，要考虑资源性投资的安排、发挥传统产业的优势、跟踪发达国家的高技术产业；在区位选择上，传统产业要选择华人较多的国家或地区，资源开发型要选择资源丰富的国家或地区，高技术产业型要选择科技发达、战略资产好的国家或地区③。也有学者将“走出去”分为四个层次：商品输出层次、资本输出层次、综合能力的输出和“中国标准”的输出④。李文锋认为，中国企业国际化的状况分为四种：企业在经营机制上实现了与国际惯例接轨，其目标市场是国际市场，大多数三资企业和一部分非国有企业属于这种情况；企业机制实现了转变，但重点面向国内市场；经营机制没有根本性转变，但面向的是国际市场，一些生产企业的海外子公司属于这类；企

---

① 赵伟等．中国走出去——政府政策取向与典型案例分析［M］．北京：经济科学出版社，2004.

② 李钢．国际对外投资政策与实践［M］．北京：中国对外经济贸易出版社，2003.

③ 成思危．中国境外投资的战略与管理［M］．北京：民主与建设出版社，2001.

④ 王玉梁．中国：走出去［M］．北京：中国财政经济出版社，2005.

业经营机制仍是传统的，目标市场是国内市场或地区市场。因此，企业走出去，也是一个制度创新、建立现代企业制度的问题①。培养中国跨国公司达到世界级水平，需要合理化、集约化、集群化和国际化这样的发展战略②。

（二）关于中国是否具备大规模“走出去”的基础和条件

有观点认为，中国企业还存在一些不利于“走出去”的弊端，如有些企业的机制陈旧，不适合在国外投资办厂；有些企业对投资对象国情况不太了解，主观想象，盲目决策；还有些企业实力不够，一时冲动就决定“走出去”，结果投资失败③。有人归纳了中国企业“走出去”的十大制约因素，包括决策机制、投资目的、经营格局、投资规模、融资机制、利益保护、人才短缺、管理体制、审批制度、服务配套④。因此，实施“走出去”战略是一个长期努力的目标。有学者在2005年指出，从财产保障的角度分析，现在不是中国企业大规模进行海外直接投资的时机。从历史出发，分析独立国家行使主权而没收外国财产的事例，结合19—20世纪初英国保护其海外财产安全的三个条件，即强大的海军、各国对伦敦金融市场的依赖以及英国的工业技术优势，可见目前中国在这三个方面都不具备条件。再加上中国教育的人才培养与知识结构方面过于注重内向型经济的需要，适应海外发展的外向型经济人才奇缺及知识结构不相适应是制约中国企业“走出去”的“瓶颈”⑤。有学者认为，中国的海外市场拓展要求具有一定的虚假性。之所以许多中国企业要开拓国际市场，是以为国内市场已经饱和，在国内市场上已经无所作为。所以，现实“逼”着这些企业要到海外开拓。但认真观察一下国内的二元社会结构现实，就可以看到国内还有许多欠发达地区，许多部门还急需资金来发展，许多产品也不是在国内没有销路，只是由于贫穷才使一些消费者缺乏消费能力。国家应该有引导性地帮助企业在国内发展，将更多的资金留在国内的发展上。正是因为中国有着巨大的城乡差别和严重的不均衡发展，所以中国远未达到20世纪80年代后期日本那样的全球资本出击阶段。在适当地展开海外经营之时，

---

① 李文锋．成功走出去靠什么——制度、政策、规则一个不能少［N］．经济日报，2002-04-15.

② 成思危．中国境外投资的战略与管理［M］．北京：民主与建设出版社，2001.

③ 转变投资结构 推动中国企业走向世界——访商务部国际合作司副司长赵闯［OL］．中国网，http://www.china.com.cn/zhuanti2005/txt/2006-08/22/content_7097528.htm.

④ 李文锋．中国跨国公司现状、问题及对策［J］．改革，2001（5）.

⑤ 陈志武．跨国产权秩序的历史变迁［J］．新财富，2004（12）.

重点还是要放在国内的建设上。中国企业还要将资金和技术、人才重点用在发展国内上[①]。“走出去发展”只是一个辅助性的发展战略，只能放在一个次要而谨慎行事的地位。

但也有不少学者认为，中国已到了大规模“走出去”的阶段，中国企业具备“走出去”的优势和条件。一些学者从经济发展阶段、平衡国际收支、减少贸易顺差、增加 GNP 和国民福利等宏观角度，强调必须加快“走出去”。还有一些学者从扩大对外投资、缓解产能过剩、境外资源合作等中观和产业层面，阐述了加大“走出去”的原因。例如，林毅夫指出，目前中国应该并且已经达到快速对外输出资本的阶段。按照国际经验，一个国家的人均收入一旦达到 2 000 美元，产业结构就应进行调整，把一些生产能力过剩的企业移至海外，以更低的成本获得更多的利润。目前中国人均收入虽只有 1 000 美元多一点，但是由于地区差异，上海人均收入已经达到 5 000 美元以上了，而江苏、浙江、广州等沿海地区人均收入都远在 2 000 美元以上，可以说完全具备了对外投资的条件[②]。曲树先从国际资本输出规律的角度论述了这一问题：各国吸收国外投资与对外投资的比例，发达国家是 1∶1.44，即每吸收 1 美元外资，对外投资可达到 1.44 美元；发展中国家的该比例为 1∶0.43；中国目前的比例为 1∶0.26 左右，只相当于发展中国家的 50% 强。随着中国综合国力的不断加强，工业门类的齐全和国际经济技术合作和交流经验的大量积累，中国对外投资存在着不可估量的潜力[③]。鲁桐分析了中国企业跨国经营的优势：后发优势、成本优势、市场优势和适应性技术优势等。中国要进一步发展，就要顺应世界经济发展趋势和潮流，主动“走出去”参与国际经济竞争与合作，在资金、市场和资源的全球化配置中获益，从而不断增强中国的综合国力[④]。

在如何“走出去”方面，主要依赖企业自发“走出去”，还是发挥政府的推动作用，也有不同看法。主流观点认为，“走出去”是国家与企业互动的过程。企业“走出去”战略有赖于政府“走出去”战略的支持。企业“走出去”不仅涉及国家的外汇管制政策、国别政策，还涉及产业政策、信贷政策、税收政策等。“走出去”还有获得目标国市场信息的困难、

---

① 仲大军．如何看待“走出去”战略［J］．中国远洋海运，2002（6）．

② 经济学家林毅夫提出：是该到国外投资的时候［OL］．新浪财经，http：//finance.sina.com.cn/g/20020522/210395.html.

③ 曲树先．也谈中国企业跨国投资［OL］．价值中国网，http：//www.chinavalue.net/Finance/Article/2005－6－19/6923.html.

④ 王玉梁．中国：走出去［M］．北京：中国财政经济出版社，2005.

文化差异的风险，还有东道国与母国关系、东道国政策法规变动、汇率变动等风险。这些都需要政府制定和实施有利于企业“走出去”并获得成功的政策框架和保障机制①。

四、汇率制度改革

汇率问题涉及中国对外贸易与投资合作中的商品与资本价格问题，因此在对外经济合作不断深化的同时，汇率制度改革也势在必行。1978年改革开放以来，中国汇率体制经历了两次重大的改革：第一次是1994年双轨合一，第二次是2005年转为参考一篮子货币。总的来说，是一个由双重到单一、由官方到市场、由固定到浮动的“否定之否定、螺旋式上升”的过程。汇率体制改革取得了巨大的成就，对提高中国商品在国际上的竞争力、中国各产业结构的调整、中国经济实力和国际地位的提升都起到了很大的作用②。

（一）1994年人民币汇率并轨

20世纪80年代中期开始，中国对人民币汇率制度及与其相关的外汇管理政策进行了一系列的变革，其中大的举措是：实行外汇留成办法，让企业拥有一部分外汇；建立外汇调剂市场，允许留成外汇入场交易；下调汇率，消除人民币的历史性高估；增加人民币汇率的变化，提高汇率调整机制的灵活性③。进入20世纪90年代，中国建立市场经济制度的取向越来越明确。另外，对外经济合作在我国经济发展中的作用也愈发突出，因此中国于1986年提出“复关”申请。然而，中国的汇率制度与《关税与贸易总协定》和建立市场经济制度的要求还存在一定的冲突，因此汇率制度改革迫在眉睫。这些冲突主要表现为：一是从汇率形成角度看，由于传统计划经济体制对等价交换原则和市场供求关系的忽视及其强大惯性的存在，人民币汇率一直偏离价值和市场决定的合理水平，处于严重高估状态；二是双轨制下人民币多重汇率安排不符合国际货币基金组织的规定，违反了关贸总协定有关公平竞争的条款；三是外汇管制严格和汇率政策透明度低。因此，双轨制的人民币汇率制度导致国内外价格传递体系扭曲，

---

① 陈清泰．企业“走出去”政府何所为［J］．中国企业家，2005（10）．

② 丁剑平，周建芳，韩栋．认真总结汇率制度改革成果 积极探讨深化改革发展思路——纪念改革开放30周年暨中国汇率制度改革回顾与展望学术研讨会综述［J］．国际金融研究，2009（3）．

③ 裴平．关贸总协定与人民币汇率制度改革［J］．经济学家，1993（3）．

不利于中国对外经济的发展和市场经济体系的建立[①]。汇率改革的另外一些原因是，在双轨制的条件下，企业外汇存款多，而官方外汇储备不足。当时外汇调剂市场价格和官方价格差距甚大，美元兑人民币的官方汇价是1∶5.7，而外汇调剂市场的价格则一度达到1∶10，甚至更高。在这种情况下，外贸企业基本上都不愿意将外汇卖给商业银行，而愿意通过外汇调剂市场出售外汇。为了增加外汇储备，缩小调剂市场与官方市场之间的价格差距，政府推行汇率并轨和强制结售汇制度，实现了外汇从企业到商业银行再到中央银行的集中，中央银行持有的外汇储备不断增加（钟伟，2008）。

关于人民币汇率制度改革的方向，1993年11月14日，党的十四届三中全会通过的《关于建立社会主义市场经济体制若干问题的决定》中，明确要求“改革外汇管理体制，建立以市场为基础的有管理的浮动汇率制度和统一规范的外汇市场，逐步使人民币成为可兑换货币”。这一改革方向与学界许多学者的观点相一致[②]。王子先、周国仿认为，人民币汇率不能像过去那样调整一次固定一次，要改革现行汇率制度，建立汇率调节机制，根据国内外经济情况相应浮动。否则，外贸企业在国内物价波动、国际市场变化的环境下，难以做到自负盈亏经营，外贸体制改革将陷入困境。当前建立人民币汇率浮动机制不仅必要而且可行，并建议根据改革开放的进程逐步加以完善。具体分四步走：第一步是汇价调整初步到位（1991年）；第二步是在继续实行“盯住爬行制”的同时，进行开放外汇市场的试点（1992年至1995年前后）；第三步是建立有管理的浮动汇率制（1996年至2000年前后）；第四步是人民币成为可兑换货币（2000年以后）[③]。崔大沪认为，人民币汇率制改革可考虑分三步进行：第一步应实施双轨合一，使之符合关贸总协定的有关规定；第二步是改革现行的固定汇率制，实行有管理的浮动汇率制度，以适应国际汇兑制度的发展趋势；第三步是逐步放宽外汇管理制度，使人民币成为符合国际货币基金组织规范的“自由兑换”货币[④]。汇率并轨是汇率制度改革的必由之路，首先，国内经济体制的深化改革，需要给企业创造一个平等竞争的条件，而统一的

---

① 裴平．关贸总协定与人民币汇率制度改革［J］．经济学家，1993（3）．

② 吴念鲁．再论人民币汇率改革的方向［J］．国际金融研究，1991（6）；陶士贵．外贸新体制下汇率体系改革的探讨［J］．国际贸易问题，1991（11）．

③ 王子先，周国仿．关于人民币汇率制度改革方向的几个问题［J］．国际贸易问题，1991（7）．

④ 崔大沪．试论我国人民币汇率制度的改革［J］．国际商务研究，1993（3）．

汇率有利于调控和引导企业的行为。其次，继续扩大对外开放和恢复中国的关贸总协定缔约国地位，要求有一个统一的汇率。最后，外贸体制的深入改革，也依赖于统一的汇率①。管理浮动汇率制的内涵是，汇率围绕两国货币所代表的价值量之比，随外汇市场供求关系的变化而上下浮动。当汇率涨跌幅度过大、可能对经济政治产生危害时，政府主要以经济手段，通过影响外汇市场供求关系，间接地把汇率稳定在政策目标区内。与其他汇率制度相比，管理浮动汇率制更能适应发展市场经济和重返关贸总协定的要求②。1994年1月1日，人民币官方汇率与外汇调剂价格正式并轨，中国开始实行以市场供求为基础的、单一的、有管理的浮动汇率制。企业和个人按规定向银行买卖外汇，银行进入银行间外汇市场进行交易，形成市场汇率。中央银行设定一定的汇率浮动范围，并通过调控市场保持人民币汇率稳定。

（二）2005年汇改：汇率机制的改革方向

虽然有关当局声称目前的汇率制度安排是“有管理的浮动汇率制度”，但是，1994年以来的经验证明，当局实际上实施了“内在的固定汇率”政策，将人民币对美元的名义汇率（或货币汇率）稳定在既定的水平③。这种人民币汇率制度属于追求货币政策的独立性并坚持固定汇率制度，严格限制资本自由流动的制度安排。在这一组合中，能够把相对稳定的汇率与某种程度的货币独立性协调起来，但是却要为严格的资本管制付出巨大的代价。尽管这种制度安排基本上是适应当时中国经济的发展阶段，对促进经济发展发挥了重要的作用，但是这种汇率制度安排也存在着许多缺陷，如汇率的形成机制缺失、汇率缺乏灵活性或弹性、汇率的调整缺乏准确依据等④。还有，从稳定和经济可持续增长角度来看，本币汇率是否应该调整取决于名义汇率是否偏离了中长期的均衡汇率水平。如果偏离了均衡汇率的中长期运动趋势，名义汇率就需要相应调整，否则就会出现所谓的汇率失调现象。汇率失调成本非常大，它不仅意味着国内经济资源配置的低效率，同时也会给短期的宏观经济管理带来困难，长期的经济增长和短期宏观经济稳定都将受到不利影响。最终，失调的名义汇率水平也不能维

① 林九江．加快汇率制度改革　促进对外经济贸易发展［J］．价格理论与实践，1993（8）．

② 裴平．关贸总协定与人民币汇率制度改革［J］．经济学家，1993（1）．

③ 俞乔．亚洲金融危机与我国汇率政策［J］．经济研究，1997（10）．

④ 王元龙．人民币汇率：制度选择与改革操作［J］．经济学动态，2003（7）．

持。张斌、何帆的计算结果表明，进入2002年以后，随着美元贬值，人民币实际有效汇率也跟着发生较大幅度的贬值，这与人民币实际均衡汇率的运动趋势正好相反，人民币较大程度地偏离了均衡汇率水平。因此，人民币升值势在必行①。另外，从国际环境来看，中国加入WTO后，日、美、欧洲等国家不断要求人民币汇率升值。2003年6月和9月，美国财政部长斯诺和美国联邦储备委员会主席格林斯潘先后表示希望人民币汇率更有弹性。2003年6月，美国“健全美元联盟”促使政府利用“301”条款迫使人民币汇率升值。2005年4月，纽约州民主党参议员查尔斯·舒默和南卡罗来纳州共和党参议员林赛·格雷厄姆发起提出了《舒默—格雷厄姆修正案》。该修正案要求中国政府提高人民币汇率，否则对中国输往美国的商品一律加征27.5%的关税。2003年以来，人民币汇率问题就成为中美双方政府官员会晤的重要议题②。应该说，调整人民币汇率制度已经成为国内外社会各界的共识。然而，人民币汇率制度改革的起点，究竟始于人民币汇率水平的变动继之以汇率形成机制的调整，还是始于汇率形成机制的调整，而将汇率水平的变动置于相对次要的地位？对这一问题的不同回答，形成了国内关于汇率争论的主要差异。

很多学者主张，启动人民币汇率制度的改革，首先是调整人民币汇率到合理的水平。关于如何调整人民币汇率，学界大致存在三种意见：一是人民币应该渐进升值；二是人民币不仅应该升值，并且升值的幅度应该超出市场的普遍预期；三是应该继续维持人民币汇率的稳定③。但与上述聚焦于汇率调整的方向讨论不同，部分学者提出，在内外调整压力并存的前提下，人民币汇率调整的压力主要在于人民币汇率形成机制的不完善，因此不应该单纯选择调整人民币汇率，而应该选择改革人民币汇率的形成机制。例如，郭树清提出，完善汇率机制是一项综合改革，绝不是汇率水平的简单调整。完善汇率机制不应局限于扩大汇率浮动区间，还应包括稳步推进人民币可兑换，改进外汇市场交易方式等内容。完善以市场为导向的汇率形成机制是人民币汇率改革的既定目标。中国已经实行并将继续坚持以市场供求为基础、有管理的浮动汇率制度，这是完全符合市场经济规律

---

① 张斌，何帆．人民币升值的策略选择［J］．国际经济评论，2003（5）．

② 李翀．人民币汇率制度改革的回顾和前瞻［A］//北京市社会科学研究会，北京师范大学．科学发展：社会秩序与价值建构——纪念改革开放30年论文集：上卷［M］．北京：北京师范大学出版社，2008.

③ 钟伟．以静制动——透视当前人民币汇率纷争［J］．国际贸易，2003（7）．

的。完善汇率机制并不意味着人民币必然升值。即使浮动幅度扩大，人民币汇率的变化也会是双向的，上下波动、有升有贬。而且，保持人民币汇率基本稳定符合中国和世界的共同利益。中国是一个发展中国家，人民币不是国际清偿货币，金融市场不够健全，金融体系比较脆弱。如果汇率出现较大波动，很可能引发金融乃至经济危机。如果中国这样的大国出现货币危机，势必会对世界经济、金融的稳定造成重大冲击①。李翀在政府内部政策咨询会议上提出主张：从短期来说，调节人民币的供求是上策，提高人民币的汇率是下策。目前调节人民币供给和需求遇到的困难是人们对人民币汇率升值预期过于强烈，一旦这种预期减缓，调节人民币的供求既可以缓解人民币汇率升值的压力，又有利于完善人民币汇率形成机制。从长期来说，完善人民币汇率形成机制比调整人民币汇率更重要。人民币汇率或迟或早要走向市场化，在人民币存在升值压力的情况下完善人民币汇率形成机制能够促进这个进程。但是，单纯提高人民币汇率不但面临着很大的风险，而且无助于人民币汇率制度的改革。即使人民币汇率应该升值，任何的经济计量模型和任何的经验判断都无法准确地确定应该升值多少。因此，中国政府应该做的事情不是人为地去决定人民币汇率应该是多高，而应该去建立一个有弹性的汇率制度，在政府的管理下让市场去决定人民币汇率应该多高②。

综上所述，部分学者认为，在当时人民币单一盯住美元的汇率制度下，如果未来美元难以走强，人民币升值压力将会是持续性的，进一步完善人民币汇率制度是从根本上解决人民币升值压力的关键③。人民币汇率制度需要回归有管理的浮动制度。在这种制度下，不与任何货币保持盯住的状态，将保证我们的汇率制度在市场化的道路上健康发展；而自主地进行管理，则可根据国内经济发展的需要来最大限度地保持汇率的稳定。有管理的浮动是一种可以容纳巨大变化的较具弹性的制度。在这种制度下，货币当局并不明确宣布汇率平价，但它将根据国内经济的需要自主地干预汇率的走势。从实际的效果看，管理浮动汇率制度将使一国货币当局在与国际投机资本的博弈中从“明处”走向“暗处”，从“被动”走向“主

① 郭树清．人民币汇率与贸易和经济［J］．中国外汇管理，2004（9）．

② 李翀．人民币汇率制度改革的回顾和前瞻［A］//北京市社会科学研究会，北京师范大学．科学发展：社会秩序与价值建构——纪念改革开放30年论文集：上卷［M］．北京：北京师范大学出版社，2008.

③ 何帆．人民币汇率制度需要进一步完善，时机和策略是关键［J］．国际经济评论，2003（6）．

动”。此外，管理浮动汇率制度能为一国实施宏观经济调控提供相机抉择的充分空间①。2005 年 7 月 21 日，中国人民银行发布《完善人民币汇率形成机制改革的公告》，开始实行以市场供求为基础，参考一篮子货币进行调节、有管理的浮动汇率制度。

第四节　十八大以来：构建互利共赢、多元平衡、安全高效的开放型经济体系

中国加入 WTO 以后，国际贸易与国际投资合作规模迅速增长，中国国际收支长期处于“双顺差”的失衡状态。由此，不仅导致国际社会频频对中国施压，要求调整人民币汇率以及进行其他相关宏观改革，而且导致中国经济发展过热，造成中国社会沉重的福利损失。在这样的背景下，党的十七大报告提出：“坚持对外开放的基本国策，把‘引进来’和‘走出去’更好结合起来，扩大开放领域，优化开放结构，提高开放质量，完善内外联动、互利共赢、安全高效的开放型经济体系，形成经济全球化条件下参与国际经济合作和竞争新优势。”② 2008 年后，由美国次贷危机引发的国际金融危机全面爆发，世界经济进入衰退、恢复和调整时期，经济全球化面临新的形势，中国的开放型经济不仅面临要培育参与国际经济竞争和合作新优势的挑战，同时又面临更深入参与全球经济治理的新机遇，这就对开放型经济的内涵以及提法提出了修改、充实和完善的进一步要求。党的十八大报告修改了开放型经济体系的三个定语的位置和提法，提出：“全面提高开放型经济水平。适应经济全球化新形势，必须实行更加积极主动的开放战略，完善互利共赢、多元平衡、安全高效的开放型经济体系。要加快转变对外经济发展方式，推动开放朝着优化结构、拓展深度、提高效益方向转变。”党的十八届三中全会提出了“构建开放型经济新体制”、党的十八届五中全会提出发展更高层次的开放型经济，完善互利共赢开放战略，这些都是在新形势下对开放型经济理论的补充和完善。

所谓互利共赢，是强调中国同外部世界的良性互动，更多关注的是在实现自身发展的同时尊重和支持对方发展，而不仅仅是改革开放之初强调的如何抓住外部世界提供的发展机遇。这是中国开放理念、开放思维的重

① 李扬，余维彬．人民币汇率制度改革：回归有管理的浮动［J］．经济研究，2005（8）．

② 胡锦涛．高举中国特色社会主义伟大旗帜　为夺取全面建设小康社会新胜利而奋斗［M］．北京：人民出版社，2007.

大转变，是完善开放型经济体系必须始终秉持的时代理念。所谓多元平衡，是指不仅要重视出口市场多元化，也要强调进口市场多元化；不仅要重视引资来源多元化，也要强调“走出去”市场多元化。其他还包括经营主体多元、商品多元、服务多元等丰富内涵。多元平衡是完善开放型经济体系必须始终把握的内在特征，是中国发展经济的长期战略方针。所谓安全高效，可分两层来看。安全是指要牢牢把握中国经济发展的主导权，在宏观调控、能源资源、服务业开放等领域切实保护我国经济安全；在企业“走出去”过程中保护海外人员和资产安全；在产业发展上，既要坚持一视同仁的国民待遇原则，又要通过国际通行的反垄断、安全审查等手段维护公平竞争。高效是指提高开放效益，最根本的是要破解开放型经济发展存在的结构性矛盾和转变粗放型增长方式；必须促进对外开放从注重规模速度向讲求质量效益转型，从依赖外源动力向立足内生动力转变，从扩展市场广度向挖掘市场深度跨越，从发挥低端要素优势向形成高端要素新优势提升。安全高效是完善开放型经济体系必须始终坚持的根本要求①。

从这一阶段开始以来，中国的对外开放举措主要体现在以下几个方面②。

第一，推进金融市场双向开放。一是稳步推进资本项目开放；二是支持国内银行、证券公司和保险公司等金融机构对外投资，开展国际化经营；三是推进债券市场双向开放，既积极推动境内金融机构到香港地区和其他国际金融市场发行债券，又积极扩大境外金融机构参与境内债券市场的发展。

第二，以自由贸易试验区为引领，构建开放型经济新体制。一是推进以简政放权为核心的政府职能转变，改革投资管理体制。二是推进以便利化为重点的贸易监管模式创新，通关效率大大提高。三是扩大外资准入。以服务业开放作为重点，率先试行对外商投资实行准入前国民待遇和负面清单管理。四是完善政府事中、事后监管和风险防范体系。五是创新对外投资管理服务体制，扩大企业及个人对外投资，确立企业及个人对外投资主体地位。

第三，推进“一带一路”建设。“一带一路”建设逐渐从理念转化为行动，从愿景转变为现实，境外经贸合作区、基础设施等早期收获项目开

---

① 完善互利共赢、多元平衡、安全高效的开放型经济体系．［OL］．人民网，http：//theory. people. com. cn/n/2012/1213/c352852－19885098. html.

② 隆国强．构建开放型经济新体制［M］．广州：广东经济出版社，2017：20.

工建设，中欧班列开通，建设成果丰硕，进展之快超出预期。2017 年 5 月 14—15 日在中国北京举行“一带一路”国际合作高峰论坛，机制建设被提上日程，包括两年一次的“一带一路”国际合作高峰论坛及后续联络机制，成立“一带一路”财经发展研究中心、“一带一路”建设促进中心，同多边开发银行共同设立多边开发融资合作中心，同国际货币基金组织合作建立能力建设中心，等等。

第四，积极参与全球经济治理体系变革。一是积极参与多边贸易体系新协定谈判，为贸易便利化协定的达成做出贡献。二是为全球经济治理体系变革提供新方案，贡献中国智慧。倡议并推动成立亚洲基础设施投资银行、金砖国家新开发银行。作为 G20 杭州峰会主办国，中国坚决反对贸易投资保护主义，大力倡导建设开放型世界经济，继续推动贸易和投资自由化、便利化，推动 G20 杭州峰会制定了《二十国集团全球贸易增长战略》和全球首个多边投资规则框架《二十国集团全球投资指导原则》。三是中国与国际社会一道推动国际金融机构份额和治理结构改革，扩大特别提款权的使用范围，强化全球金融安全网，提升国际货币体系的稳定性和韧性。四是以周边为基础加快实施自由贸易区战略，打造面向全球的高标准自由贸易区网络。

总的来讲，上述政策措施与成绩得到国内外社会各界的认可与支持。学术界讨论的焦点主要从以下几个方面展开。

一、开放资本项目的分歧

中国政府在 1996 年实现了国际收支经常账户的全面开放。1997—1998 年东南亚金融危机的爆发使中国政府充分认识到资本账户开放可能引致的潜在金融风险，此后中国政府走上了一条渐进、审慎、可控的资本账户开放道路。进入“十二五”以后，政策层不断释放将加快推进资本项目开放的积极信号，《十二五规划纲要》《金融业发展和改革“十二五”规划》及党的十八大报告都提出：推进利率、汇率市场化改革，逐步实现人民币资本项目可兑换。2013 年 5 月，国务院常务会议明确“稳步推出利率汇率市场化改革措施，提出人民币资本项目可兑换的操作方案”，党的十八届三中全会进一步提出“完善人民币汇率市场化形成机制，加快推进利率市场化……加快实现人民币资本项目可兑换”。中央文件如此密集提及资本项目，显示资本项目开放的紧迫性与重要性，同时也表明资本项目开放将步入加速期。早在 2012 年 2 月，中国人民银行调查统计司课题组公开发表了一篇名为《我国开放资本账户条件基本成熟》的研究报告。该报告指出，当前中国正处于资本账户开放的战略机遇期，并提出了在短期（1~3年）、中期（3~5年）与长期（5~10年）内推进资本账户开放的具体建议①。这一报告引起了国内外的广泛关注，并在中国引发了当前是否应该加快资本账户开放的学术辩论。

认为应加快资本项目开放的研究者，如中国人民银行调查统计司课题组、彭文生②、谢平等③、金中夏④、王曦等⑤等主要从以下角度论证开放条件已具备。第一，目前中国宏观经济稳健、金融资质优良、财政状况良好、金融监管系统完善、经常项目盈余、高额外汇储备、外债比例很低，满足资本账户开放应具备的宏观经济稳定、金融监管完善、外汇储备充足、金融机构稳健这四个基本条件，很多国家（如泰国、秘鲁、哥伦比亚）开放资本项目时，其条件远不及中国，特别是中国拥有全球1/3的巨额国际储备，足以应对潜在风险。第二，资本管制效率不断下降，规避资本管制的金融工具很多，而且监管部门也难以统计监测非正常流动资金，影响对形势正确判断与政策出台，放开管制使这些“暗流”变为“明渠”，可便利监管部门统计分析，做好应对措施。第三，当前为资本项目开放的战略机遇期。2008—2009年金融危机重创西方金融机构和企业，西方企业估值较低，开放资本项目有利于中国企业“走出去”，而且中国产能过剩问题突出，劳动密集型产业竞争力不断下降，企业确实有“走出去”的现实需要；从更高层面来说，资本项目开放有利于中国的对外战略布局。第四，有助于人民币国际化。人民币要真正成为国际计价、结算、投资、储备货币，离不开资本项目开放的配合与支持，只有实现自由可兑换，人民币才可能被国际社会广泛接受。第五，开放风险基本可控。当前人民币单边强烈升值预期已减弱，人民币汇率接近均衡水平，套汇空间已变窄，开放资本项目不至于导致资本大规模流入；同时中国经济部门资产负债表健康，资产负债大都以人民币计价，货币错配程度较低，银行业不良资产率低、资本充足率高，盈利丰厚，热钱流入、资本外逃、国内金融稳定等问

---

① 中国人民银行调查统计司课题组．我国加快资本账户开放的条件基本成熟［J］．中国金融，2012（5）．

② 彭文生．审视资本账户开放［J］．财经，2012（增1）．

③ 谢平，邹传伟．中国金融改革思路：2013—2020［M］．北京：中国金融出版社，2013.

④ 金中夏．中国资本账户开放与国际收支动态平衡［J］．国际经济评论，2013（3）．

⑤ 王曦，陈中飞．我国资本账户加速开放的条件基本成熟了吗［J］．国际金融研究，2015（1）．

题都在可控范围内。第六，倒逼国内改革及提高货币政策独立性。目前国内一些改革措施（如要素价格）不到位，资本项目开放可给这些领域改革提供外在动力，倒逼这些领域加快改革步伐；长期以来外汇管理“宽进严出”造成基础货币被动投放，削弱了货币政策独立性，推进资本项目开放（鼓励企业“走出去”、藏汇于民）有利于提高货币政策独立，降低资产价格泡沫与通胀压力。基于以上角度考虑，中国人民银行调查统计司课题组等认为，加快资本账户开放条件基本成熟，开放有诸多收益且开放风险可控，因此应积极、谨慎推进资本账户开放。以上只停留在定性推断层面，王曦、陈中飞以 Probit 模型实证 88 个国家（地区）资本项目开放的一般经验，发现中国资本项目实际开放程度远落后于国际经验下所应达到的水平，从而证明中国加快推进开放资本项目的条件已经成熟①。

针对上述观点，余永定②、张斌③、张明④等研究指出，中国资本项目开放趋势虽不可逆转，但当前并非开放的宝贵机遇期，应当审慎推进，其分析角度为：第一，从外部环境分析。发达国家都在推行量化宽松政策，造成全球流动性泛滥，热钱大规模流入新兴市场国家，但随着美国经济逐步复苏，由此可能导致大规模资本外流，从而加剧人民币贬值预期，这对人民币汇率及国内宏观经济稳定是一个考验，中国经济面临危险外部环境。第二，从内部环境分析，中国经济面临增长率下降、人口老龄化、产能过剩等问题。随着潜在增长率放缓，未来几年中国企业面临去杠杆化冲击，地方政府债务风险也可能加剧，商业银行不良贷款率可能会显著上升，由此导致金融市场脆弱性不断累积及国内居民、企业信心下降，将资金移至海外的动机增强。同时利率、汇率等各种要素价格依然存在扭曲，特别是利率、汇率未实现市场化，资本项目开放等于提供了无风险套利、套汇机会，容易导致短期国际资本大进大出，当前并非资本账户开放战略机遇期。第三，适度管制的必要性。当前资本管制存在一些漏洞，管制效力有所下降，但资本管制依然大致有效，在岸与离岸人民币市场之间存在显著息差与汇差，同时在岸与离岸市场的抵补利率平价存在显著偏差，跨境套利面临着较大交易成本，这说明资本管制没有完全失效。资本管制维

---

① 王曦，等．我国资本账户加速开放的条件基本成熟了吗？［J］．国际金融研究，2015（1）．

② 余永定．中国应慎对资本账户开放［N］．金融时报（中文版），2013－06－04；余永定．资本项目自由化：理论和实践［J］．金融市场研究，2014（2）．

③ 张斌．金融开放的内容与次序［R］．中国金融四十人论坛工作论文，2012－05－05.

④ 张明．中国的资本账户开放仍应审慎渐进［J］．中国金融，2012（7）；张明．资本账户开放迷思［J］．财经，2013（14）．

护了人民币汇率及宏观经济基本稳定，影响了资本流入数量、形式和结构，降低了币种错配和期限错配程度，资本管制依然是维护中国金融安全的最后一道屏障。

随着近几年国内外讨论的深入和经济形势的变化，国内对于中国资本项目长期趋于开放的观点正在达成共识。但各方争论的焦点在于：资本项目开放的节奏、如何开放、资本管制效率等。

第一，关于开放的节奏。部分学者认为，中国资本项目开放越快越有利于国内金融体系的完善。首先，经过 30 多年的改革发展，中国国际收支、外汇储备及金融系统健康状况均表现良好，因此开放资本项目的基本条件已经成熟；其次，其他经济领域通过“开放促改革”的实践同样适用于资本项目。部分学者还认为，可设定一个明晰的开放时间表，因为国际上从经常项目开放到资本项目开放的时间跨度平均为 5 ~ 7 年，中国从 1996 年至 2011 年已逾 15 年，可适时逐步、有序、可控地放开资本项目。反对者认为，“开放促改革”并不完全适用于资本项目，中国 30 多年的“渐进式”改革开放，同样给了我们“稳步推进”的成功经验。

第二，关于如何开放。针对“先改革还是先开放”或者是“同时进行”的问题，部分学者认为，目前中国基本条件已完全成熟，可以选择国内金融体系改革、利率市场化及汇率制度改革与资本项目开放同时进行。反对者认为，目前国内金融市场的深度与广度不足，汇率的弹性区间并未达到一个合理的水平，因此，国内金融体系、利率与汇率改革必须先于资本项目开放；从部分发展中国家的实践也可以看出，一国金融市场未成熟时开放资本项目，其代价往往惨重。更有学者，如世界银行首席经济学家林毅夫提出，当前中国资本项目不应该开放，在短期内，中国的基础设施建设、产业升级等，投资空间依然很大，而预计未来相当一段时期国际经济环境并不乐观，泛滥的国际资本容易造成资产泡沫。

第三，关于资本管制的效率。主张取消资本管制的观点认为，中国目前的资本管制效率低下，央行课题组就指出：“国际收支中许多项目同时具备了经常项目和资本项目的特性，很难严格区分，资本项目资金往往混入经常项目以逃避管制”，并且随着国际金融衍生工具复杂化、国际收支统计方法滞后等使得资本管制成本很高。对此，有学者反对，他们认为，国内资本管制效率虽有所下降但基本有效，这已经得到了众多国内外学者的验证；其次，随着信息技术的进步和新监管体系的建立，资本管制的成本可以降低。

二、TPP 战略之争与自由贸易试验区建设

2008 年国际金融危机发生以后，美国为了维护国际经济领域的领导地位和实现经济平衡强劲复苏，积极主动发起了一系列贸易、投资谈判协定，例如：跨太平洋伙伴关系协议（TPP）、跨大西洋贸易与投资伙伴关系协定（TTIP）、“双边投资协定”（BIT）、“服务贸易协定”（TiSA 或 PSA）、“信息技术协定”（ITA）等，旨在形成新一代高规格的全球贸易和服务业规则以及投资自由化机制。其中，中国如何应对美国主导的 TPP 谈判在国内学术界引起了广泛的争论。

关于 TPP 对中国的影响。一些学者认为，TPP 协议形成将会对中国造成以下负面影响：一是美国可以通过对 TPP 成员国中的东盟 FTA 国家和日本施加直接与间接的影响，以制约中国在“10 + 1”“10 + 3”“10 + 6”上的区域合作趋势，创建“内部市场”、实施“去中国化”的影响。具体表现为：一方面，中国将遭受贸易替代和转移效应；另一方面，TPP 可以阻断周边亚太国家对中国的市场准入，使中国的过剩产能转移不出去，加剧中国经济“孤立”风险。二是从中长期看，TPP 将给中国带来很多挑战，劳工、国企、知识产权等新规则和标准有很多是为中国量身定做的，中国在短时间内很难达到，将会给中国企业参与国际贸易投资活动带来许多限制和困难①。也就是说，由于中国经济对外部市场的依赖性较强，如果 TPP 将中国长期排除在外，而与此同时越来越多的亚洲国家纷纷加入 TPP，那么不仅从事对美出口的中国企业将不得不面临不公平的竞争环境，而且中国的经济发展也有可能受到影响②。

然而，还有学者认为，TPP 对中国的实际影响有限，不必过于担心。其原因在于：首先，中国经济实力 21 世纪继续快速提升，不仅贸易总额增速明显，而且贸易多元化进程有了更大发展，抵御 TPP 负面贸易转移效果的经济能力要比前几年大为增强。其次，中国近年在地区经济合作方面主动提出“一带一路”等一系列新的倡议，增强了中国抵御 TPP 的能力。再次，中国与 TPP 的诸多成员已经订立了自由贸易协定。中国和部分 TPP 成员间的自贸协定，将能够有效分化 TPP 对中国在规则体系上的包围，有力

---

① 张其偌．美国加速推动建立 TPP 和 TTPP：动因何在？影响如何［N］．光明日报，2013 - 06 - 12.

② 沈铭辉．跨太平洋伙伴关系协议（TPP）的成本收益分析：中国的视角［J］．当代亚太，2012（1）．

对冲TPP对于中国的负面经济影响。最后，包括美国盟国在内的广大亚太国家，更多的是采取机会主义立场，在崛起国（中国）和现有主导国（美国）之间进行平衡，以期最大限度地获得经济和政治利益。考虑到自身和中国越来越密切的经济联系，绝大多数亚太国家不会完全追随美国，把TPP打造为针对中国的抗华贸易集团。因此，中国不必过于担心TPP的封闭性以及对自身所造成的负面影响①。

另外，还有学者认为，TPP对中国的影响并非全是负面的。可以说TPP协议的达成是被动地递给了中国一本修炼手册。一方面，TPP有关劳动权益、反对垄断、国有企业以及环境保护等方面的规定可以为中国顶层设计提供对标参考，从而反思中国经济存在的深层缺陷，破除改革深水区的病灶与障碍，并最终实现经济制度与机制的全面创新；另一方面，TPP所产生的新的贸易竞争压力也倒逼中国企业加快产品与技术迭代创新的步伐，进一步拓展外贸出口的机制与通道，从而提升中国企业的国际竞争力②。

基于上述影响，学界对于中国是否应该谋求加入TPP谈判也莫衷一是。赞成中国加入TPP的一方的依据是中国需要减少在亚太地区与美国进行正面经济对抗的可能性，采取积极态度将美国TPP战略为我所用。中美两国“合则双赢，斗则双输”。从这一国际战略格局出发，在美国TPP战略的应对策略上，中国的态度应该更加积极主动。中国可以考虑适时介入TPP谈判进程，并通过有效参与谈判，影响TPP的内容与合作方式，最大限度地减少对中国的不利影响③。

反对一方的主要依据是，如果中国按照其市场准入条款要求全面开放货物贸易、绝大部分服务投资市场，在中国经济结构调整和相关改革未完全到位的情况下，全面开放和高度自由化会使中国部分产业面临较大冲击。

相对中立一方的态度是，尽管没有提出支持中国加入TPP，但认为中国要密切跟踪TPP谈判的动向与进程，积极采取市场化的改革以应对新一轮国际贸易投资规则的形成④。中国对外开放的过程，某种程度是接受、

---

① 宋国有. TPP：地缘影响、中美博弈及中国选择［J］. 东北亚论坛，2016（2）.

② 张锐. TPP之网与中国之策［J］. 金融博览（财富），2015-11-23.

③ 赵金龙. 美国TPP战略的动机及其对东北亚经济一体化的影响研究［J］. 东北亚论坛，2012（6）.

④ 吴正龙. TPP对亚太区域经济一体化的影响［N］. 中国经济时报，2013-12-06.

引进和借鉴国际规则标准的过程。虽然 TPP（TTIP）是美国将自身发展理念和价值观转化成21 世纪新的国际贸易规则标准，但其总体上是有利于发挥市场作用、消除贸易和投资壁垒、保护和鼓励创新的，代表了当前国际贸易规则的最高标准。凡是有利于形成公平竞争发展环境、有利于增强经济社会发展活力、有利于提高政府效率效能、有利于实现社会公平正义、有利于促进社会和谐稳定的国际规则标准，都是符合中国社会主义市场经济体制改革方向的，都应接受、引进和借鉴。如同中国主动改革国内各类规章制度、法律体系，与 WTO 自由贸易规则体系接轨一样，中国也应主动深化改革国内各类体制机制，与 TPP（TTIP）公平贸易规则体系接轨。不管中国何时加入 TPP，适时加入是战术问题、形式问题；而无论如何都须通过全面深化改革，主动与国际社会新多边“公平贸易”规则标准体系接轨，获取21 世纪中国新一轮“开放红利”，这是战略问题、本质问题①。

从实际政策实施来看，党的十七大把自由贸易试验区建设上升为国家战略，党的十八大提出要加快实施自由贸易试验区战略。党的十八届三中全会提出要以周边为基础加快实施自由贸易区战略，形成面向全球的高标准自由贸易区网络。加快实施自由贸易试验区战略是在国内外环境变化的前提下，准确把握经济全球化新趋势和中国对外开放新要求的关键举措。

2013 年上半年，商务部、上海市人民政府会同国务院有关部门拟订《中国（上海）自由贸易试验区总体方案（草案）》，上报国务院审批。2013 年 8 月，国务院正式批准设立中国（上海）自由贸易试验区。2014 年 12 月 28 日，全国人民代表大会常务委员会授权国务院在中国（广东）自由贸易试验区、中国（天津）自由贸易试验区、中国（福建）自由贸易试验区以及中国（上海）自由贸易试验区扩展区域暂时调整有关法律规定。2015 年，广州、福建、天津作为第二批自由贸易试验区挂牌成立，形成“1 +3”的自由贸易试验区格局。2017 年 3 月 30 日，国务院正式印发了《中国（辽宁、浙江、河南、湖北、重庆、四川、陕西）自由贸易试验区总体方案》，第三批自由贸易试验区正式启动。第三批自由贸易试验区将重点突出两方面任务：一是与“一带一路”倡议相关国家更加紧密对接，使自由贸易试验区成为“一带一路”在国内的重要抓手；二是探索内陆地区发展的新路径，引领内陆开放新高潮。至此，中国建成了上海、广州、天津、福建、辽宁、浙江、河南、湖北、重庆、四川、陕西十一个自

---

①　李罗莎. TPP 的影响与中国的战略选择［J］. 全球化，2014（3）.

由贸易试验区，形成了“1+3+7”的新格局，从1个到4个再到11个，自由贸易试验区的面积从28.78平方公里扩展到1 300多平方公里，中国自由贸易试验区建设横贯东南西北、联动各大区域，新一轮的全面深化改革和扩大开放拉开了全国纵深突进的大幕。

三、中国企业“走出去”：“一带一路”倡议的成就与风险

“一带一路”建设倡议，是新时期中国构建全方位开放新格局的重大举措，旨在促进经济要素有序自由流动、资源高效配置和市场深度融合，推动沿线各国实现经济政策协调，开展更大范围、更高水平、更深层次的区域合作，共同打造开放、包容、均衡、普惠的区域经济合作架构。一方面，与“丝绸之路经济带”沿线国家开展充分合作，构建新的区域经济合作组织，是中国应对世界经济发展趋势的重要战略选择。2008年国际金融危机以来，尽管区域经济合作发展相对放缓，甚至出现了英国脱欧等事件，然而，加强区域合作依然是世界发展的趋势。在区域经济合作过程中，相关国家通过消除贸易壁垒，有助于扩大进出口规模，优化区域资源配置，并且可以增强区域大国的国际竞争力。基于此，世界大国均积极参与区域经济合作，目前已在世界范围内形成欧盟、北美自由贸易区、东盟等区域经济合作组织，这些区域经济合作组织对内推进经济一体化，对外开展经济竞争与合作，成为推动经济全球化和参与国际活动的重要力量。近年来，尽管中国积极参与区域和双边经贸合作，但东盟与中国（10+1）合作机制仍不够紧密，中日韩自由贸易区谈判进展有待加速。在此背景下，中国除了巩固东盟与中国（10+1）合作机制外，还应加快向西强化区域经济合作。在中亚及其周边区域，上海合作组织和欧亚经济共同体的成员国、观察员国、对话伙伴国已经建立全方位联系，以这两个组织为基础推进区域经济合作，能够进一步提升相关国家的发展空间。2013年9月和10月，中国国家主席习近平在出访中亚和东南亚国家期间，先后提出共建“丝绸之路经济带”和“21世纪海上丝绸之路”（以下简称“一带一路”）的重大倡议①。

“一带一路”倡议旨在增进中国与沿线国家的理解与信任，加强中国与沿线国家的全方位交流，打造政治互信、经济融合、文化包容的利益共

---

① 推动共建丝绸之路经济带和21世纪海上丝绸之路的愿景与行动［OL］．商务部网站，http：//zhs. mofcom. gov. cn/article/xxfb/201503/20150300926644. shtml.

同体、命运共同体和责任共同体，是促进共同发展、实现共同繁荣的合作共赢之路、和平友谊之路。通过改善区域内基础设施建设，促进海陆空通道网络的形成，来实现中国与沿线国家间的互联互通；通过提升贸易投资便利化水平，构建高标准的自由贸易区网络，增进中国与沿线国家的经济紧密联系，实现双方的政治互信；通过推动中国与沿线国家的文化交流与互鉴，实现各国人民相知相交、和平友好。“一带一路”倡议以政策沟通、设施联通、贸易畅通、资金融通和民心相通为主要内容，重点从政策、基础设施建设、贸易投资、金融和民间交流角度，进行战略布局。

“一带一路”倡议实施五年以来，取得了丰硕的成果。相关学者把取得的成果分为五大类：第一类，顶层设计初步完成，四梁八柱已经建立，“一带一路”进入国际话语体系，成为国际性关键词；第二类，包括蒙内铁路、雅万铁路等一大批重大项目落地；第三类，与90多个国家实现对接；第四类，互联互通取得多项成果，政策沟通不断深化、设施联通不断加强、贸易畅通不断提升、资金融通不断扩大、民心相通不断促进；第五类，大量企业行动起来，电子商务、人文交流等多个方面开始开花结果①。

然而，在取得多项成绩的同时，中国企业在落实“一带一路”沿线国家投资上所面临的风险、问题也不断引起社会各界的重视。

从“一带一路”倡议的各个推进方向来看，相关学者分析指出，在西北欧亚大陆方向面临的风险主要有三：一是国际恐怖主义、宗教极端主义、民族分离主义“三股势力”再度抬头；二是中亚一些国家政局不太稳定，包括领导人的更替等，其相关政策存在变数；三是大国地缘战略博弈复杂激烈，俄罗斯与美欧围绕乌克兰危机以及东欧、中亚等较量加剧，欧亚大陆“中间地带”形势不稳。在东南、西南海洋方向面临的风险也主要有三个方面：一是美国持续推进“亚太再平衡”战略，遏阻中国“海洋崛起”；二是东亚海洋领土争端加剧，中国在海洋安全方面面临的严峻现实威胁对建设“海上丝绸之路”颇为不利；三是中国海外人员不时遭遇不测，凸显“海上丝绸之路”并不太平②。

从风险的类别来看，中国企业在“一带一路”沿线国家主要面临宏观经济风险、东道国法律法规的变动风险、因人员和文化等因素引发的并购后整合风险、社会风险、政治风险等。其中，诸如马来西亚总理马哈蒂尔

---

① “一带一路”五年从愿景成为现实五大类成果丰硕［OL］．中国一带一路网，https：//www. yidaiyilu. gov. cn/xwzx/gnxw/61704. htm.

② 陈向阳．绸缪“一带一路”建设外部安全风险［J］．瞭望，2014（15）．

上台后暂停多个项目等一系列的情况表明，政治风险成为中国企业在“一带一路”沿线国家投资合作面临的核心问题。具有代表性的观点认为，企业在“一带一路”沿线投资可能面临以下几类政治风险：其一，分离主义、国内战争、族群冲突和区域内冲突的风险有增无减；其二，中国企业的资源型境外投资比其他行业面临更高的政治风险；其三，政府违约与投资政策发生变化的风险在增加；其四，除了东道国政治势力干预以外，来自第三国政治势力的干预也有上升趋势；其五，在中国企业走向国际市场的过程中，除了需要应对“传统政治风险”外，“非传统政治风险”因素也对中国企业的海外发展构成严峻的挑战。例如，苏菲·米勒2012年发现西方对中国企业投资存在非理性担忧，并认为这种担忧主要来自对中国企业投资受国家控制从而使得投资具有多重目的的猜测。此外，价值观念和政治理念的渗透、补贴、知识产权以及经济间谍等理性担忧则加剧了非理性担忧①。

面对“一带一路”倡议取得的成绩与面临的问题，2018年8月27日，国家主席习近平在推进“一带一路”建设工作5周年座谈会上，提出了“一带一路”未来的最新规划和部署：一是要在项目建设上下功夫，建立工作机制，完善配套支持，全力推动项目取得积极进展，注意实施雪中送炭、急对方之所急、能够让当地老百姓受益的民生工程。二是要在开拓市场上下功夫，搭建更多贸易促进平台，引导有实力的企业到沿线国家开展投资合作，发展跨境电子商务等贸易新业态、新模式，注重贸易平衡。三是要在金融保障上下功夫，加快形成金融支持共建“一带一路”的政策体系，有序推动人民币国际化，引导社会资金共同投入沿线国家基础设施、资源开发等项目，为“走出去”企业提供外汇资金支持。四是要在推动教育、科技、文化、体育、旅游、卫生、考古等领域的交流，围绕共建“一带一路”开展卓有成效的民生援助。五是要规范企业投资经营行为，合法合规经营，注意保护环境，履行社会责任，成为共建“一带一路”的形象大使。六是要高度重视境外风险防范，完善安全风险防范体系，全面提高境外安全保障和应对风险能力②。

---

① 黄河，Starostin Nikita. 中国企业海外投资的政治风险及其管控——以“一带一路”沿线国家为例［J］. 深圳大学学报（人文社会科学版），2016（1）.

② 习近平在推进“一带一路”建设工作5周年座谈会上强调坚持对话协商共建共享合作共赢交流互鉴推动共建“一带一路”走深走实造福人民［OL］. 央视网，http：//news. cctv. com/2018/08/27/ARTIe7bQnfTNMLJ5ok0ZPfZb180827. shtml.

总而言之，“一带一路”倡议实施以来，引起越来越多国家的热烈响应，共建“一带一路”正在成为中国参与全球开放合作、改善全球经济治理体系、促进全球共同发展繁荣、推动构建人类命运共同体的中国方案。

四、新时代对外合作思想：构建人类命运共同体

人类命运共同体已经成为新时代中国对外开放合作的新指导理念与构想，是习近平对外战略思想体系中的“顶层设计”。党的十八大以来，习近平多次对人类命运共同体理念做出深刻阐述，不断丰富其思想内涵①。

2013 年 4 月，习近平主席在博鳌亚洲论坛年会上发表《共同创造亚洲和世界的美好未来》的主旨演讲，首次对外提出各国应牢固树立“命运共同体”意识，强调各国都应做和平的维护者和促进者，而“不能这边搭台、那边拆台，更不能为一己之私把一个地区乃至世界搞乱”。同年 10 月 3 日，习近平在印度尼西亚国会发表《携手建设中国—东盟命运共同体》的演讲，提出了全方位建设“中国—东盟命运共同体”的五大举措。此次演讲把“命运共同体”理念落到了中国与东盟的关系上。在 2014 年 11 月召开的第二次中央外事工作会议上，习近平发表重要讲话，提出了对外工作七个方面的战略布局，其中第一个就是切实抓好周边外交工作，打造“周边命运共同体”，深化同周边国家的互利合作和互联互通。将周边排第一位并提出打造“周边命运共同体”，说明周边是中国对外构筑“命运共同体”的战略重点。

2015 年 3 月，习近平再度出席博鳌亚洲论坛并发表《迈向命运共同体　开创亚洲新未来》的主旨演讲，强调各国应共同营造对亚洲、对世界都更为有利的地区秩序，通过迈向“亚洲命运共同体”，推动建设“人类命运共同体”。同年 4 月 22 日，习近平在印度尼西亚“亚非领导人会议”上发表《弘扬万隆精神　推进合作共赢》的讲话，强调推动构建以“合作共赢”为核心的“新型国际关系”，推动国际秩序和国际体系朝着更加公正合理的方向发展，推动建设“人类命运共同体”。

2015 年 9 月 28 日，习近平主席出席第 70 届联大一般性辩论并发表《携手构建合作共赢新伙伴　同心打造人类命运共同体》的重要讲话，强调当今世界各国相互依存、休戚与共，要继承和弘扬联合国宪章的宗旨和原则，并首次系统提出了构建“人类命运共同体”的五大支柱：一是政治

---

① 陈向阳. 以“人类命运共同体”引领世界秩序重塑［J］. 当代世界，2016（5）.

上要建立平等相待、互商互谅的伙伴关系，要奉行双赢、多赢、共赢的新理念，扔掉我赢你输、赢者通吃的旧思维；要倡导“以对话解争端、以协商化分歧”，走出一条“对话而不对抗，结伴而不结盟”的国与国交往新路。二是安全上要营造公道正义、共建共享的安全格局，要摒弃一切形式的“冷战思维”，树立“共同、综合、合作、可持续安全”的新观念，要充分发挥联合国及其安理会在止战维和方面的核心作用，通过和平解决争端和强制性行动双轨并举，化干戈为玉帛。三是经济上要谋求开放创新、包容互惠的发展前景，要秉承开放精神，推进互帮互助、互惠互利。四是文化上要促进和而不同、兼收并蓄的文明交流。文明之间要对话，不要排斥，要交流，不要取代。五是环境上要构筑尊崇自然、绿色发展的生态体系，要以“人与自然和谐相处”为目标，实现世界的可持续发展和人的全面发展。

2017年1月18日，习近平在瑞士日内瓦万国宫出席“共商共筑人类命运共同体”高级别会议，并发表题为《共同构建人类命运共同体》的演讲，指出“构建人类命运共同体，关键在行动。国际社会要从伙伴关系、安全格局、经济发展、文明交流、生态建设等方面作出努力”。在经济合作方面，中国坚持合作共赢，建设一个共同繁荣的世界。

党的十九大报告进一步明确：“坚持推动构建人类命运共同体。中国人民的梦想同各国人民的梦想息息相通，实现中国梦离不开和平的国际环境和稳定的国际秩序。必须统筹国内国际两个大局，始终不渝走和平发展道路、奉行互利共赢的开放战略，坚持正确义利观，树立共同、综合、合作、可持续的新安全观，谋求开放创新、包容互惠的发展前景，促进和而不同、兼收并蓄的文明交流，构筑尊崇自然、绿色发展的生态体系，始终做世界和平的建设者、全球发展的贡献者、国际秩序的维护者。”

人类命运共同体理念之所以成为新时代中国对外开放的指导理念，一是世界发展与全球治理的需要；二是体现了中国政府的国际责任担当与战略眼光①。2008年金融危机发生之后，联合国发布的《2010年世界经济与社会概览：重探全球发展之路》报告中坦承：“2008—2009年全球经济危机暴露了金融市场运作的体制性失效以及经济决策核心的严重缺陷，而且，经济危机和金融危机是紧随其他几场危机爆发的”，粮食、能源、气候变化等“多重危机接踵而至，暴露了我们的全球治理机制在这些挑战面

---

① 陈积敏．构建人类命运共同体思想的时代背景［N］．学习时报，2018－07－02.

前，存在的严重弱点”。在经济全球化时代，国家之间的分工已经从早期的产业间分工转变为价值链分工，国家之间的经济发展与竞争早已从“丛林法则”“零和博弈”演变为相互依存、相互依赖的命运共同体。在这样的背景下，世界经济发展面临的经济不平等、发展失衡、气候变化等问题在现有的全球治理体系下已经无法解决。国际社会迫切需要新的全球治理理念，构建新的更加公正合理的国际体系和秩序。中国加入 WTO 以来，与全球经济的融合不断深入，经济发展取得巨大的成就，逐步成为世界第二大经济体。由此，习近平在党的十九大报告中明确：经过长期努力，中国特色社会主义进入了新时代，这是中国发展新的历史方位。同时，他进一步指出，这个新时代，“是我国日益走近世界舞台中央、不断为人类作出更大贡献的时代”。可见，正是由于中国领导人始终秉持“对人类有较大贡献”的理念才使得中国在发展自己的同时也将注意力聚焦到世界的发展以及人类社会的未来，从而将“人类命运共同体”作为中国对外开放的指导理念。

人类命运共同体理念体现在对外经济开放方面就是合作共赢。合作共赢，就是在追求本国利益时兼顾他国合理关切，在谋求本国发展中促进各国共同发展，建立更加平等均衡的新型全球发展伙伴关系，同舟共济，权责共担，增进人类共同利益。

经过改革开放 40 年，中国对于对外经济合作的认识，从对外合作为辅，到充分利用两种资源、两个市场，再到互利共赢，最终提出人类命运共同体理念，这在思想认识上是一个巨大的飞跃。人类命运共同体理念是中国为世界提供的重要公共产品，体现了中国的国际责任与使命担当。当前，经济全球化面临重大的挑战，但其作为世界经济和世界市场发展的必然要求，已经成为一种历史趋势。在经济全球化不断深化的趋势下，中国秉持人类命运共同体的对外开放思想，终将实现大国崛起。

第八章　宏观调控理论

作为计划经济向市场经济过渡的转型经济，中国毫无疑问地已成为最为成功的经济体。转型的过程中不仅没有出现苏联和东欧那样的经济社会崩溃，反而通过40年的发展迅速成长为世界上增长最快的主要经济体，基本完成了工业化、城镇化的发展，为新时代经济进一步发展打下了坚实的基础。究其原因，一个重要的因素是中国政府坚持实施宏观调控制度，而不是苏东地区所采用的激进的休克疗法，避免了苏联和东欧过渡时期的大震荡，市场化改革稳定有序进行。因此，宏观调控对于中国改革开放40年所取得的稳定增长有着重要意义。在这个过程中，如何搞好宏观调控，国内学界和决策层都进行了广泛深入的研讨，对宏观调控体系的建立与完善起到了极为重要的作用。处于新时代的当口，中国的改革开放进入新时代，梳理回顾这些思考和研究，对于新时代宏观调控体系改革与完善具有重要的作用。

第一节　宏观调控的提出与内涵

宏观调控是中国经济理论研究和政策实践中广泛使用的一个专业术语，但与其他大多数经济术语不同，宏观调控并不是简单地照搬西方经济学的概念，而是中国经济学家在改革过程中根据理论和政策实践所创造出来的。

一、宏观调控概念的提出

（一）国民经济计划管理及其弊端

中国现有的经济体制脱胎于新中国成立之后建立的计划经济体制，改革开放的目的就是要从僵化的计划经济体制改革成为灵活的市场经济体制，因此中国现行的宏观调控的思想也脱胎于计划经济对于国民经济的计划管理。

根据苏联对社会主义计划经济的理解，社会主义实行计划经济就是为了确保经济从生产的无政府状态转向经济的有计划发展，掌握有计划按比例发展的规律。计划经济采用计划手段来管理经济，就是要最精确地计算全部现有的物质资源和劳动资源、计算经济发展的全部后备力量，根据新社会建设的当前任务采用计划指令改变和改造国民经济状况。

计划经济时期，和宏观调控类似的提法叫作“社会主义国民经济计划管理”，或简称计划管理，其目的是为了保证国民经济按照计划进行。据苏联社会主义政治经济学教科书，国民经济采用计划管理，其目的就是为了确保在国民经济的每一个发展阶段，即在利用全部先进科学技术成就来不断发展和改进生产的基础上经常满足整个社会日益增长的需要，结合国民经济的客观形势，制定更加具体的任务①。

苏联的《社会主义政治经济学》教科书进一步写道：“产生于确立生产资料社会主义公有制基础之上的计划管理经济的客观必要性，反映在国有经济有计划按比例发展的经济规律上。”② 由于计划经济消除了价格这个信号机制，有计划按比例发展就变得尤为重要。

据计划经济管理有关理论，有计划管理经济，即有计划地组织全社会的生产和分配，首先要求有意识地确定和经常保持国民经济各个环节之间的必要比例。这种比例首先是各个最大的国民经济部门间的比例，也就是工业和农业发展上的对比关系；其次是工农业生产的增长和运输工作间的对比关系。在工业本身中，又存在生产资料和消费资料这两大部类之间的比例关系，两大部类中的各个部门之间又存在着一定的关系。工业和农业的消费和积累之间的关系是最重要的国民经济比例，社会主义社会必须有计划地确定和保持这种比例。同时，产品的生产和销售必须保持适当比例，最重要的是要使商店商品量的增加同居民购买力的增长相适应。国家支出和国家收入之间应该保持一定的协调。国民经济各环节之间的比例随着社会主义经济的迅速增长将随之发生变化，因此计划工作最重要的方面之一，就是要考虑国民经济比例的必要改变，以便有意识地和有计划地保

---

① 列昂节夫．政治经济学初级教程［M］．薛梓祖，译．北京：生活·读书·新知三联书店，1962.

② 沙费也夫．社会主义政治经济学［M］．季谦，等，译．北京：生活·读书·新知三联书店．1962.

证用新的比例代替过时了的比例①。

在计划经济体制下，国民经济有计划按比例发展，是通过社会主义经济的计划工作来实现的②。国民经济计划管理，就是国民经济计划化，是社会主义国家根据对客观经济规律作用的认识，对国民经济进行计划领导和计划管理，使国民经济有计划按比例协调发展。它包括统一计划的制定和贯彻执行，并且在实践过程中对计划的检查、修订和计划工作经验的总结等，实现国家对国民经济计划领导的全部过程。实行国民经济的计划管理，是社会主义国家组织经济的最主要职能。国民经济计划工作的任务，是根据社会主义经济规律的要求，通过计划和调整计划来自觉地调整国民经济发展中的各种比例关系，使人力、物力、财力得到最合理最有效的利用，保证国民经济的协调发展，以便在生产发展的基础上，满足整个社会的物质和文化生活的需要③。

（二）中国计划经济时期的国民经济综合平衡

由于中国国情的特殊性，中国国家领导人在计划管理的过程中，很快就发现苏联的计划经济时期的计划管理手段并不能完全适用于中国的现实［如有研究认为，中国计划时期的 M 形组织不同于苏联和东欧的 V 形组织④］，于是在国民经济计划管理的过程中探索积累了许多中国的国民经济计划管理的经验，这些经验对于后来的宏观调控产生了重要的影响。

中国在计划经济的实践过程中，很早就发现只按照苏联的方式关注部门比例、部类比例、生产销售比例、财政收支比例等是不够的。例如，陈云在 1957 年就发现，1956 年前后的经济运行态势表明，购买力和物资供应、财政收支和银行信贷大体上得到平衡，物资在不同行业的分配、基本建设规模和财力物力等都需要达成平衡，这一思想在苏联的按比例发展的基础上，构建了基于中国现实的总量平衡和结构平衡的思想体系。据学者后来归纳，陈云在 20 世纪 50 年代提出了财政、信贷、外汇与物资各自平衡和统一平衡（简称“四大平衡”）的理论，并在后来的计划经济管理实

① 列昂节夫．政治经济学初级教程［M］．薛梓祖，译．北京：生活·读书·新知三联书店，1962.

② 王学文，政治经济学教程：绪论［M］．北京：人民出版社，1983.

③ 曹序，彭庆寿等．政治经济学教程［M］．哈尔滨：黑龙江人民出版社，1981：297－298.

④ 钱颖一，许成刚．中国的经济改革为什么与众不同——M 型的层级制和非国有部门的进入与扩张［J］．经济社会体制比较，1993（1）．

践中不断发展，成为国民经济综合平衡方法的基础①。

对于国民经济综合平衡，学者们给出了各种定义。田江海与钟华回顾了中国自新中国成立以来学者们围绕综合平衡的学术论争②。笔者认为，比较全面的定义为，国民经济综合平衡，就是按照社会主义经济规律的要求，在党的路线和政策的指导下，采取生产同需要相互平衡的方法，揭示社会再生产各个方面、国民经济各部门之间的内在联系，并通过合理分配人力、物力和财力，全面安排国民经济发展的规模、比例和速度，使社会再生产各个方面、国民经济各部门之间相互适应，相互促进，以保证社会主义扩大再生产的高速度发展③。因此，国民经济综合平衡，不仅是要追求数量上的总量规模增长和速度，还要追求结构上的比例关系，而且要追求部门间的相互协调、相互促进的关系，更重要的是还要能实现动态的高速度可持续发展，这一思想无疑和我们现代的动态最优的一般均衡思想非常接近。

尽管如此，在计划经济时期是不存在宏观调控这个问题的，因为整个经济就是计划，不存在微观和宏观的区分，甚至连“宏观”这个词，都被说成是资本主义的词④。因此，在这种思路下，要达到完全的一般均衡或是真正的国民经济综合平衡，就意味着要让所有产品所有行业都实现均衡或平衡。但是无论是现实中产品行业的数量还是信息与外部影响的复杂多变，都会使得这种一般均衡或综合平衡难以实现，因此计划经济最终会陷入困境。这一理论上的不可能性已被后来的经济实践所证实。

在当时围绕综合平衡的学术论争中，还能找到一些现在宏观调控论争的源头。如 1959 年的“在平衡中求高速度”和“在高速度中求平衡”。支持在平衡中求高速度的观点认为，所谓国民经济的发展速度，是指国民经济各个部门在和谐、均衡的条件下发展而取得的一个综合的集中的结果。各种社会形态的经济发展，都要求在平衡的状态下进行，在社会主义制度下更是如此。只有当国民经济各个部门取得暂时的统一（均衡、均势）状态中，速度才可以形成。而支持在高速度中求平衡的人认为，高速度是有

---

① 李成瑞．社会主义市场经济条件下“四大平衡”理论的再认识［J］．经济研究，1996（1）．

② 田江海，钟华．国民经济综合平衡［A］．//《经济研究》编辑部．建国以来社会主义经济理论问题争鸣（1949—1984）：上［M］．北京：中国财政经济出版社，1985：622－656.

③ 岳巍．关于国民经济综合平衡的几个问题［J］．经济研究，1964（7）．

④ 柳红．八〇年代：中国经济学人的光荣与梦想［M］．桂林：广西师范大学出版社，2010.

计划按比例发展的目的，按比例是高速度发展的手段。在选择比例关系时，必须选择那种最适合于国民经济高速度发展的比例，按比例必须服从于高速度的要求。他们进一步提出，高速度与平衡是矛盾的，速度代表事物的运动状态，反映不平衡，平衡却代表事物的相对静止状态，发展速度越快，就越难保持平衡；如果把"和谐、均衡"看成是形成高速度发展的唯一条件，那在客观上就不存在什么高速度了。他们提出，高速度是主导方面，必须坚持"在高速度中求平衡"的原则，如果要求国民经济一切比例关系都要达到平衡，才能确立发展速度，那就等于不要高速度。这一论争在改革开放之后仍然继续，一直持续到今天①。

（三）中国宏观调控的提出

"文化大革命"结束后，党和国家领导人毅然决定进行改革开放，由此计划经济逐渐让位于市场经济。但由于中国的市场化改革实行的是渐进式的改革，中国的宏观调控必然也是脱胎于计划管理，因此最早的宏观调控带着鲜明的计划特征。改革开放期间经济工作决策者之一的薄一波认为，由于计划和市场的内在统一性，计划和市场两者在运行上是不可分割地联系在一起的。他认为，我们所主张的社会主义的市场，是建立在公有制基础上的受国家计划宏观调控的市场，而不是像西方以私有制为基础的自由市场。我们所主张的社会主义的计划，有别于原来高度集中体制下排斥商品经济和市场调节作用的计划，它与政府直接经营企业、直接分配人财物、管理产供销的传统计划方式不同，而是充分尊重价值规律和供求规律，注重在发挥市场作用的基础上以间接管理为主的宏观调控体系②。因此，大多数学者认为，社会主义的计划是以市场为基础的计划，社会主义的市场是以计划为指导的市场。

从决策层来看，宏观调控最早被称为"宏观调节"，首见于1984年《中共中央关于经济体制改革的决定》（以下简称《决定》），该《决定》提出，"越是搞活经济，越要重视宏观调节"。根据该《决定》，宏观调节是与计划经济行政手段相对的经济调节手段，主要是要"在及时掌握经济动态的基础上综合运用价格、税收、信贷等经济杠杆，以利于调节社会供应总量和需求总量、积累和消费等重大比例关系，调节财力、物力和人力的流向，调节产业结构和生产力的布局，调节市场供求，调节对外经济往

---

① 田江海，钟华．国民经济综合平衡［A］．//《经济研究》编辑部．建国以来社会主义经济理论问题争鸣（1949—1984）：上［M］．北京：中国财政经济出版社，1985：622－656.

② 薄一波．正确处理计划和市场的关系（一）［N］．人民日报，1992－12－22.

来”。1985 年《中共中央关于制定国民经济和社会发展第七个五年计划的建议》明确提出，要在进一步完善微观经济活动和机制的同时，从宏观上加强对经济活动的间接控制，即发挥各种经济杠杆的调节作用，完善经济立法和经济监督，形成一整套把计划和市场、微观搞活和宏观控制有效地结合起来的机制和手段。这一宏观控制的提法事实上就是宏观调控。

1985 年 9 月的“巴山轮会议”上，与会学者正式提出“宏观调控”这一概念，并逐步引入学术界和决策界①。据有关人士回忆，此次会议是经国务院批准，由中国经济体制改革研究会、中国社会科学院、世界银行联合主办的，与会的国外专家是由世界银行的林重庚出面邀请，主要包括英国皇家经济学会前会长阿莱克·凯恩克劳斯爵士、南斯拉夫社会主义联邦共和国政府经济改革执行委员会委员亚历山大·巴伊特教授、美国耶鲁大学经济学教授暨 1981 年度诺贝尔经济学奖得主詹姆斯·托宾博士、匈牙利科学院经济研究所研究部主任雅诺什·科尔奈教授等，与会的国内专家主要是来自政府决策部门的经济工作者及来自研究部门的经济理论工作者，包括国家体改委党组书记安志文、国务院经济研究中心总干事薛暮桥、国务院技术经济研究中心总干事马洪、中国社会科学院副院长刘国光，以及高尚全、杨启先、童大林、洪虎、吴敬琏、赵人伟、张卓元、周叔莲、陈吉元、戴园晨、宫著铭、项怀诚、王琢、田源、吴凯泰、李克穆、郭树清、楼继伟、何家成、李振宁等。

巴山轮会议正式名称是“宏观经济管理国际讨论会”，这个宏观经济管理（Macro - management）是援引自西方经济学的概念，但宏观经济管理过于西化，于是与会者就将当时已出现的“宏观调节”和“宏观控制”合成宏观调控这个词来概括政府对宏观经济的管理行为②。可以看出，宏观调控将调节和控制结合在一起，既可以避免过于强调具有计划经济特征的控制，又突出了政府对经济的影响力和调节能力。此后，有大量研究逐渐开始使用“宏观调控”一词，作为以经济手段调节经济活动的政策体系的概括③。在这一阶段，出现了大量介绍西方宏观调控思路和手段的著

---

① 林重庚．序二：中国改革开放过程中的对外思想开放［A］．//载钱颖一．中国经济改革开放三十年：历史与国际视角［M］．北京：中国经济出版社，2008：26 -42.

② 张军．不为公众所知的改革［M］．北京：中信出版社，2010：XVI.

③ 王祖康．逐步建立健全以间接管理为主的宏观调节体系［J］．计划工作动态，1987 (12)：15 -17.

述[①]。许多研究在这一基础上，提出了中国宏观调控的基本理论思路[②]。

1988年党的十三届三中全会正式接受了“宏观调控”的概念，并作为改革时期调节经济活动的主要手段。1989年以来，党的十三届五中全会通过的《中共中央关于进一步治理整顿和深化改革的决定》里明确指出，1987年以来，我们在强调微观搞活的同时，忽视了综合平衡和加强宏观调控，从而进一步强调了宏观调控在经济建设中的重要性。1992年起，全国人大财经委也明确提出要加强和改进宏观调控机制，以促进国民经济持续稳定协调发展[③]。1993年，党的十四届三中全会通过了《中共中央关于建立社会主义市场经济体制若干问题的决定》，对宏观调控的作用和政策手段等进行了较为清晰的论述，即宏观调控的主要任务是保持经济总量的基本平衡，促进经济结构的优化，引导国民经济持续、快速、健康发展，推动社会全面进步。宏观调控主要采取经济办法，近期要在财税、金融、投资和计划体制的改革方面迈出重大步伐，建立计划、金融、财政之间相互配合和制约的机制，加强对经济运行的综合协调。文件还指出，宏观调控要运用货币政策与财政政策，调节社会总需求与总供给的基本平衡，并与产业政策相配合，促进国民经济和社会的协调发展。自那时起，宏观调控体系基本形成，决策层和学术界开始对宏观调控进行深入研究。

二、宏观调控的内涵与辨析

（一）宏观调控的内涵

许多研究都认为，宏观调控由经济学家约翰·梅纳德·凯恩斯所提出，是国家综合运用各种手段对国民经济进行的一种调节与控制，是保证社会再生产协调发展的必要条件，是国家管理经济的重要职能[④]。宏观经济调节是以国家为主体的经济活动[⑤]。现代商品经济条件下的宏观经济调节是一种复杂的系统工程，国家进行这种调节的组织机构、制度办法和工

---

① 李健英．宏观调控理论基础探源［J］．经济学动态，2000（1）．

② 国家计委经济研究中心课题组．体制转换时期的宏观调控［J］．经济研究，1989（5）：11－21.

③ 陈慕华．第七届全国人民代表大会财政经济委员会关于1991年国民经济和社会发展计划执行情况与1992年国民经济和社会发展计划草案的审查报告［A］．//载全国人民代表大会常务委员会办公厅．中华人民共和国第七届全国人民代表大会第五次会议文件汇编［M］．北京：人民出版社，1992.

④ 苏星．苏星经济论著全集：第6卷［M］．北京：知识产权出版社，2016.

⑤ 汪涤世，龙虎，刘西荣，等．社会主义经济运行中的宏观调控机制［M］．成都：四川省社会科学院出版社，1988.

作原则，构成了一个完整的有机的体系，即宏观经济调控体系。宏观经济调控机制就是国家调节国民经济运行过程中各种要素之间的客观联系及其运动功能。

学者对于宏观调控并没有完全一致的定义，而宽泛地将其理解为国家综合运用各种手段对国民经济进行的一种调节与控制，是保证社会再生产协调发展的必要条件，是国家管理经济的重要职能。有些学者认为，宏观经济调控是指国家通过经济和非经济的手段，对国民经济的运行进行的管理（或干预）和调节，使国民经济向着确定的目标，沿着一定的轨道，持续、稳定、协调的发展①。这种最宽泛的描述性定义，使得宏观调控和计划管理并无显著差异，甚至让人感觉计划经济时期的国民经济管理手段也可以纳入宏观调控的范畴。因此，更多的研究将宏观调控定义为在社会主义市场经济条件下，主要采用经济手段对国民经济的调节活动。可以看出，这一定义更符合党的十四届三中全会对宏观调控的定义，也更能反映宏观调控与计划管理、微观经济调节等相关概念的差异。

由于并不存在权威的定义，对于宏观调控的内容就有了不同的口径。有些研究严格将宏观调控局限在对投资项目的建设和审批上，“目前进行的宏观调控，是我国改革开放以来第×次调控”，将宏观调控看成是运动式或周期性的财政政策和货币政策的收紧，或是对投资项目的收紧审批，从而将宏观调控局限在财政部、中央银行和发改委的政策方针上②。而有些研究对宏观调控的定义更为宽泛，将产业政策也纳入宏观调控的内容，如钟财认为，宏观调控的长期目的，是保证国民经济发展战略的正确，发展目标、发展重点、发展步骤的安排科学有据，保证人民生活水平的提高③。从中期来说，是保证产业结构的合理布局及其调整、技术结构的合理选择及其转换、地区经济发展的合理布局与地区发展战略的选择。从短期来说，主要是保证当前生产的顺利进行，保证国民经济各部门、各地区、各再生产环节间的协调与衔接，保持社会总供给与社会总需求的平衡、市场稳定和物价稳定。采用不同口径的宏观调控，就会得到不同的分析结论，这也是国内对宏观调控研究所产生不同意见的重要原因。

---

① 巢峰，蔡明麟，等．社会科学争鸣大系 1949—1989：部门经济卷［M］．上海：上海人民出版社，1993.

② 高尚全．中国改革新论［M］．北京：人民出版社，2012.

③ 钟财．《中共中央关于建立社会主义市场经济体制若干问题的决定》名词术语解释［M］．北京：人民出版社，1994.

（二）宏观调控与计划管理的差别

中国经济作为从计划经济向社会主义市场经济过渡的经济体，其运行不可避免地带有计划经济的特征。学者们早前认为，不同的经济模式具有不同的调控体系。当时中国建立的面向所谓“有计划的商品经济”的宏观调控体系，与过去“产品经济”的调控体系是不同的，前者是建立在主要运用市场机制作用的基础上的，后者则是排斥市场机制的①。

但是，也有学者认为，市场经济下的宏观调控和计划经济时期的宏观调控本质上没有差别，都是国家通过政策手段影响宏观经济运行态势的行为。如刘国光认为，计划经济时期也有宏观调控，但不叫“宏观调控”，它从属政府的宏观、微观无所不包的计划管理和综合平衡。计划平衡具有用行政手段约束经济过度扩张的功能，但更多时候抵不过公有制下的财务软约束和投资扩张冲动，而且计划平衡的周期放松往往成为过度扩张的根源，致使经济陷入长期波动中②。

正是由于对宏观调控概念理解的不一致，人们对于宏观调控和计划管理的理解有较大差异，从而给经济政策的实践带来一些问题。有学者认为，虽然十四届三中全会《决定》明确指出要通过深化改革，建立宏观调控体系，采用经济手段调控经济，但“长期形成的计划经济观念依然存在，在经济运行中，一方面由于对宏观调控及其与市场资源配置基础作用的关系理解不同，在不同程度上存在着把宏观调控与传统的计划控制等同起来的问题，往往是以宏观调控之名，行计划控制之实”③。

（三）宏观调控与微观调节的分离

宏观调控的概念是与微观调节的概念相对的。之所以要提宏观调节，就是为了突出与微观调节的差异。因此，宏观调控的内涵也可以通过与微观调节的比较来理解。在不同情境下，对于微观企业的调节和管制有不同的侧重，因此在学术和政策研究中，可以发现有不同的提法。

第一种提法：直接控制和间接控制的分离。1985年《中共中央关于制定国民经济和社会发展第七个五年计划的建议》明确提出，国家对企业的管理逐步由直接控制为主转向间接控制为主，主要运用经济手段和法律手段，并采取必要的行政手段，来控制和调节经济运行。文件对如何降低直

---

① 汪涤世，龙虎，刘西荣，等．社会主义经济运行中的宏观调控机制［M］．成都：四川省社会科学院出版社，1988.

② 刘国光．改革开放时期的宏观调控［M］．北京：知识产权出版社，2017：84－86.

③ 高尚全．有效市场和有为政府［M］．北京：中国金融出版社，2016.

接控制也有详细说明，即要逐步减少指令性计划任务，给企业在产供销、人财物等方面以更大的自主权。也就是说，直接控制主要就是对企业发布指令性计划，间接控制就是运用经济手段、法律手段和必要的行政手段对经济运行进行控制和调节。

第二种提法：宏观调控与微观搞活的分离。如1989年党的十三届五中全会通过的《中共中央关于进一步治理整顿和深化改革的决定》对当时经济政策失误的判断是“在强调微观搞活的同时，忽视了综合平衡和加强宏观调控”。1992年人大财经委在报告中提出，要在积极促进微观搞活的同时，切实加强和改进国民经济的宏观调控①。1985年《中共中央关于制定国民经济和社会发展第七个五年计划的建议》对微观搞活给出了明确定义，即要进一步增强企业特别是全民所有制大中型企业的活力，使它们真正成为相对独立的，自主经营、自负盈亏的社会主义商品生产者和经营者。

第三种提法：微观经济调节和宏观经济调控的分离。有学者认为，微观的调节主要包括对企业的调节，如调节企业投资方向、改变产品结构、影响企业的技术改造、新产品开发、经营管理的改善等；对消费者的调节，主要是调节消费者的消费结构②。但微观经济调节到底是企业和消费者自主调节，还是国家经济管制部门对经济的调节，学术界和政策界仍有较大争议，因此有人提出折中方案，强调二者必须结合，国家主要运用经济手段，如财政、信贷、工资奖金政策以及其他微观经济政策来调节市场，通过市场引导企业，使企业的生产经营活动符合国民经济总体发展的需要。同时，企业依靠市场的走向，不断调整内部的生产经营构成，发挥自我协调、自我激励、自我约束、自我更新和自我发展的能力，以适应市场③。

第四种提法：微观干预与宏观调控的分离。这种提法主要建立在西方经济学中对市场失灵的关注，即在具有外部性、公共产品、垄断、信息不对称等市场失灵的条件下市场难以提供满足需求的供给，因而政府应进行

---

① 陈慕华．第七届全国人民代表大会财政经济委员会关于1991年国民经济和社会发展计划执行情况与1992年国民经济和社会发展计划草案的审查报告［A］．//载全国人民代表大会常务委员会办公厅．中华人民共和国第七届全国人民代表大会第五次会议文件汇编［M］．北京：人民出版社，1992.

② 马同增，李克银，李秀云，冯福光．中国社会主义建设教程［M］．开封：河南大学出版社，1990.

③ 翟泰丰．党的基本路线知识全书［M］．辽宁：辽宁人民出版社，1994.

干预，以实现消费者效用最大化[①]。中国改革开放中长期的卖方市场，中国政府所奉行的“有为政府”，以及国有企业在经济中较大的影响，都使得中国经济与经典的西方经济有较大的差异，从而基于西方经济现实的“守夜人”政府模型显然不适用，因此这种微观干预与宏观调控分离的思想，在21世纪以后才逐渐浮现。但是，随着中国经济的不断发展，市场化水平的不断提升，学者们对微观层面政府只能纠正市场失灵而不能进行更多微观干预的呼声越来越高[②]。

（四）宏观调控与西方国家政府干预的辨析

一般认为，宏观调控最早的研究来自凯恩斯的思想。学者们一致认为，宏观调控由经济学家凯恩斯提出，即国家可以通过财政政策和货币政策来实现长期增长和短期平稳。随着中国经济的发展，学术界和政策界都尝试证明，中国的宏观调控和西方国家政府干预具有一定的区别。

在经济发展的早期，很多学者和决策者都认为，中国的宏观调控和西方国家政府干预的差异主要源自中国的社会主义公有制等由政治体制决定的经济制度差异。如薄一波认为，我们所主张的计划与资本主义国家所谓的政府干预之类的计划，从调节内容的范围上到计划实现的方式上，都是有重大区别的。社会主义国家以公有制为基础而形成的社会根本利益的一致性，决定了它能够自觉地运用客观经济规律，包括有计划按比例发展规律、价值规律等，从而可以使计划有效地发挥作用[③]。例如，制订、实施经济和社会发展的中长期计划，利用计划经济的固有优势，集中资金从事对国民经济有重大影响而仅靠市场调节不易进行的大型项目和基础设施的建设；推行产业政策，积极促进产业结构的调整与优化；运用国家力量支持重点产业的优先发展和发展基础科学、尖端科学研究，组织重大科研项目的协作攻关；运用多种手段，合理调节不同阶层之间和区域之间的收入分配关系，帮助和扶持贫困落后地区、少数民族地区经济的繁荣与发展等，这些都是建立在私有制基础上的资本主义国家的计划所做不到的和做不好的。在与西方资本主义国家的政府干预政策相比，张寄涛认为，中国宏观调控体系的作用机制是一种“有计划的市场机制”，即一种计划与市场有机统一的市场机制，具体表现为中国的宏观调控机制主要通过影响公

① 夏永祥．社会主义市场经济理论［M］．北京：高等教育出版社，2006.

② 卢锋．宏调的逻辑：从十年宏调史读懂中国经济［M］．北京：中信出版社，2016.

③ 薄一波．正确处理计划和市场的关系（一）［N］．人民日报，1992－12－22.

有制企业来完成[①]。显然，这种区分带有鲜明的时代特征，随着市场机制的逐渐完善，中国的宏观调控体系对于各种所有制企业都有重要影响，政府的调控手段不以所有制为重要差别。

随着中国经济的快速市场化和发展水平的不断提高，以及国内宏观调控体系的发展和西方政府应对经济危机手段的不断变化，中国和西方发达国家的宏观调控体系比较和借鉴成为重要的研究课题。基于政治、经济制度及文化的差异，中美两国政府拥有完全不同的决策机制。这一点在中美两国救市方案的出台过程中体现得淋漓尽致。基于市场经济同质化的假定，西方主流宏观经济理论一般将集中于总量层面的经济增长、充分就业、稳定价格与国际收支平衡定义为宏观调控的目标，并且主张政府根据经济的实际运行情况寻求目标间的最佳均衡点[②]。因此，他们认为，为了实现多元化的调控目标，中国政府在实践中应通过借鉴西方国家的调控手段并不断创新，使手段日趋综合化。

（五）宏观调控的功能与作用

在中国实行改革开放的早期，学界就意识到宏观调控的重要性了。有学者认为，如何使宏观调控和计划管理适应社会主义商品经济运行的要求，这是中国社会生产力迅速而协调发展的基本保证，也是配套改革的基本目标[③]。还有一些学者更是将宏观调控上升到经济体制改革的新高度，认为改变宏观经济管理方式是经济体制改革的三个主要任务（另两项是搞活企业和建立市场体系），而改变宏观经济管理方式就是要通过逐步的改革，建立和健全一套新的宏观经济调控体系[④]。换言之，他们认为，经济体制改革的重要内容就是要建立新的宏观经济调控体系。

还有一些学者则从长短期角度分析了宏观调控的作用，认为，社会主义市场经济的发展，需要通过宏观调控、计划管理，以增强其有序性。不过，从根本说，还在于完善和发展市场体系，特别是要建立、健全要素市场。假如要素市场发展不起来，则所谓以市场机制为导向的资源配置不过是说空话。同时还必须放开价格，因为市场机制是以价格变动为调节信号

---

① 张寄涛．社会主义经济运行的宏观调控［M］．北京：中国计划出版社，1988.

② 盛美娟，刘瑞．范式之争：中美宏观调控比较研究——以金融危机的应对为例［J］．政治经济学评论，2011（1）.

③ 杨承训．宏观调控的目标模式：信息反馈宏观调控系统［J］．经济研究，1986（6）.

④ 汪涤世，龙虎，刘西荣，等．社会主义经济运行中的宏观调控机制［M］．成都：四川省社会科学院出版社，1988.

的，被管制的、扭曲的价格不能反映真实的市场机制动向①。

第二节　中国宏观调控的制度体系及其转型

由于宏观调控在国民经济中的重要性，宏观调控体系的完善和改革研究贯穿了改革开放的全过程，学者和决策层在各个阶段都进行了深入探讨，对宏观调控的制度体系进行了细致的阐释。由此，这些探讨也勾勒出中国改革开放以来国民经济体系的巨大转变。

一、政府在市场经济中的角色定位

作为宏观调控的主体，政府在市场经济中的角色定位是宏观调控制度体系的关键所在。在古典经济学框架下，政府应当恪守“守夜人”的角色，而在凯恩斯主义经济学框架下，政府应当承担“干预者”的角色。而作为发展中国家、转型国家，中国政府承担的角色和定位必然和西方国家有较大差异，而这种差异如何体现在宏观调控中，学者围绕这些问题开展了大量的讨论。

在传统的计划经济时期，政府承担了所有经济决策的角色，因此改革开放的初衷就是要将政府从各种经济决策中解放出来，重新定位政府在经济决策中的角色，但我们的改革实行的是“摸着石头过河”的渐进式路线，对于到底应该如何改革，很长时间内并不存在完整、详细的路线图。尽管如此，在中国经济改革的整个过程中，学者和决策层都强调政府对经济的管理职能，即强调政府作为“经济管理者”的角色。但是，市场经济条件下的经济管理和计划经济的计划管理到底有哪些区别？社会主义市场经济的企业自主和政府管理的边界到底在哪儿？这些问题都是学术界和决策界关注的重要问题。在改革实践过程中，政府仍然习惯对企业经营活动进行直接干预，特别是很多地方政府长期是许多地方国有企业不可缺少的“慈父”②，这就使得与宏观调控相比，政府更习惯采用微观调节手段来进行经济管制，从而使得地方经济活动陷入“一管就死，一放就乱”的迷局。

在2001年中国加入世界贸易组织（WTO）前后，为了满足WTO对监

---

① 杨坚白．论社会主义市场经济的宏观调控和计划［J］．经济研究，1994（3）．

② 王立国．行为矛盾的地方政府：理论的困惑与现实的选择［J］．经济体制改革，1989（2）．

管环境的要求，学术界涌现出大量有关政府角色的研究成果。有学者认为，要加强政府对经济的宏观调控，提高政府宏观经济调控的效率和效果，从而在市场开放的条件下保持宏观经济的稳定和改革的有序进行。但是目前中国要素市场的培育还要进一步加强，政府宏观经济调控手段和工具还比较单一，对宏观经济发展的预测、监控和预警体系还不完善，特别是对市场信号的甄别能力还不强。因此他认为，政府要努力塑造合格的市场主体，加快培育要素市场，积极发展市场中介组织，加大市场管理和社会监督力度，大力整顿市场经济秩序，建立统一开放、公平竞争、规范有序的中国市场体系；完善监管市场的各种经济指标体系，加强对市场经济信息的收集、整理和分析，提高对市场经济预测的精确度，提高政府对市场的监管能力，加大政府对市场行为的监管力度；理顺中国市场经济各种利益主体的关系，建立、健全政府的宏观经济调控政策体系，特别是要建立健全财政、金融政策体系和社会保障体系，完善各种经济调控手段，加强经济与社会可持续发展的协调，建立多渠道、多层次的社会利益协调机制，全面促进社会的稳步发展和进步。换言之，在宏观调控体系中，政府应当承担起“市场增进者”的角色①②。

政府宏观调控与市场调节是经济管理中的两个重要内容，正确处理政府宏观调控与市场调节的关系，实现全社会对资源的有效利用及供求关系平衡，是政府经济管理部门需要深入研究的问题。

二、从中央到地方的宏观调控体系

中国经济在改革前和苏联东欧地区的计划经济体制也有着显著的差别，主要体现在中央和地方政府都拥有自己的国有企业，计划当局对经济的计划控制是由中央通过各级地方政府（条条）和中央通过各行业各级主管部门（块块）两条路径分别进行的。这种被称之为M形组织的体制与苏联东欧地区的直接由中央政府向下分配计划和物资的U形组织体制有着不同的机制特征③，这一特征显然也影响了中国改革开放后的宏观调控体系及其改革。

---

① 陈继勇．加入WTO与我国政府职能的战略性转变［N］．光明日报，2001－12－11.

② 青木昌彦，穆尔多克，奥野正宽．东亚经济发展中政府作用的新诠释：市场增进论（上篇）［J］．经济社会体制比较，1996b（5）；青木昌彦，穆尔多克，奥野正宽．东亚经济发展中政府作用的新诠释：市场增进论（下篇）［J］．经济社会体制比较，1996a（6）.

③ 钱颖一，许成刚．中国的经济改革为什么与众不同——M型的层级制和非国有部门的进入与扩张［J］．经济社会体制比较，1993（1）.

一些学者认为，由于中央政府发展经济的构想都需要地方政府来实现，因此中央政府需要设计合理的机制来提供地方政府发展经济的激励，以确保经济得到持续稳定的发展①。从这个角度来看，为了实现经济持续稳定增长，地方政府也应当承担起宏观调控的主体责任②。而另一些学者认为，宏观调控追求的是经济均衡可持续发展，中央政府作为宏观调控的主体，必然会把地方政府作为重要的宏观调控的对象③；地方政府则出于增加财政收入和提高官员晋升概率的目的而努力通过提供税收优惠等措施鼓励投资，发展地方经济④，而这种做法往往会与中央政府宏观调控的思路背道而驰⑤。综合这两种意见可知，宏观调控体系的关键就是处理好中央与地方政府之间的关系，建立中央到地方的宏观调控体系。

1979 年之后至 1992 年邓小平南方视察之前的中央、地方权力调整，在很大程度上延续了地方行政性分权的做法，即中央政府从计划、投资、财政、物资、外贸等各个方面，层层向地方政府下放权力，分解指标，特别是 1980 年开始实行的各种形式的财政包干制，使地方政府的财力与财权大大增加，从而偏离中央政府调控目标⑥。因此，中央政府通过分税制改革调整了中央—地方政府的财力分配，让地方政府回到服从中央政府宏观调控目标的轨道上来。与此同时，中央政府在 1997 年以后陆续通过采用垂直管理模式，强化了对中央银行及国有商业银行、银监会和保监会派出机构的垂直管理。这些改革再次引发了条条与块块在宏观调控中的作用，如何在确保中央政府宏观调控目标的基础上考虑地方政府积极性的争论。如在宏观经济管理、货币政策的实施上，长期实行了中央和省两级宏观调控⑦，但中央政府的宏观调控政策不可避免地会对地方政府的 GDP、财政收入和就业产生影响。

1994 年的分税制改革被认为是改革开放过程中增强中央政府宏观调控能力的重要举措。通过分税制改革，中央政府获得了更大的财力，并能通

---

① 陆明涛．结构变迁背景下的地方政府行为激励机制［J］．金融评论，2014（6）．

② 王新红．转型时期宏观调控中的政府信用及其法治保障研究［M］．北京：人民出版社，2011.

③ 刘瑞．宏观调控的定位、依据、主客体关系及法理基础［J］．经济理论与经济管理，2006（5）．

④ 郭庆旺，贾俊雪．地方政府行为、投资冲动与宏观经济稳定［J］．管理世界，2006（5）．

⑤ 钟晓敏，叶宁，金戈．中国经济宏观调控中的地方政府行为选择［J］．财贸经济，2007（2）：25－28.

⑥ 刘仲藜．新中国经济 60 年［M］．北京：中国财政经济出版社，2009.

⑦ 吴敬琏．当代中国经济改革教程［M］．上海：上海远东出版社，2010.

过税收返还、转移支付等手段实施定向的产业政策、区域政策，从而实现宏观调控的目的①。但有些学者认为，分税制改革使中央获得的宏观调控能力仍然不足②；而更多学者认为，分税制改革使得中央政府获得了过大的财权，而地方政府缺乏足够财力完成经济发展的任务，因而只能依靠土地财政满足事权支出的需要，因此分税制改革还应进行进一步的改革和优化③。

三、从计委到发改委：宏观调控的部门改革

新中国早期的计划经济体系，由国家计委长期承担着中国政府对综合经济规划的职能，但随着中国由“计划经济体制”向“社会主义市场经济体制”的逐步转变，国家计委的功能不断发生转变。

国家发改委的前身可以追溯到成立于1952年的“国家计划委员会”，原“国家计委”曾长期承担着中国政府对综合经济管理的职能。随着中国由计划经济体制向社会主义市场经济体制的逐步转变，“国家计委”的职责也随之逐步调整。1998年，在朱镕基总理任内，“国家计划委员会”更名为“国家发展计划委员会”，与此同时，部门的主要职责放在了管理有关国民经济全局的事务上，着力制定发展战略，进行宏观经济管理；并减少对微观经济活动的干预，创造公平竞争的市场环境，减少繁多的行政审批手续。2003年，在温家宝总理任内，又继续对这一机构进行改革，将原国家经贸委的部分职能和国务院原经济体制改革办公室一同并入，并将其更名为“国家发展和改革委员会”。“计划”二字自此完全从中国政府的部门中剔除。2008年，国家发改委的职能再次历经调整：中央将其在工业行业管理方面的有关职能和对国家烟草专卖局的管理，划入新组建的国家工业和信息化部。与此同时，新组建的国家能源局则由国家发改委代管。2013年的机构改革，将国家人口和计划生育委员会的研究、拟订人口发展战略、规划及人口政策的职责划入国家发改委。此外，没有其他大的调整。

在国务院组成部门序列中，国家发改委一直是一个地位独特的“超级

---

① 贾康，赵全厚．中国财政改革30年：政策操作与制度演进［J］．改革，2008（5）．

② 宋建斌，祭立怀，丁子信．论加强和改善宏观调控——从抑制投资过热的角度分析[J]．经济体制改革，2007（3）．

③ 王玉波．“后土地财政时代”地方政府角色转变与公共财政体系重构［J］．改革，2013（2）．

大部”，因其职权既大又广，素有“小国务院”之称①。除了领衔主导制定国民经济长期发展规划、协调跨地区重大发展项目和规划等方面的重要职能外，发改委在晚近10年宏观调控中也发挥了独特作用，包括追踪、观察、分析宏观经济走势并提出判断，协调其他部门采用各种手段进行逆周期调控，特殊情况下直接干预物价或牵头查处重大案件等②。

围绕国家计委和发改委的功能和作用，学界有着热烈的讨论。一些学者认为，国家计委和后来的发改委作为宏观调控的主要部门，对于宏观调控具有重要的作用，但是社会上一直对国家发改委有一种“重发展、轻改革”的看法。但也有许多学者认为，发改委的存在，说明中国经济仍然没有实现市场为主导的市场经济，仍保留着计划经济的色彩。有学者认为，当前的调控主要是靠发改委的行政手段来实施，而且“微观调控”居多，这必然会在取得成效的同时带来新的潜在风险③。基于上述认识，前一派主张在经济改革进入深水区后进一步提高发改委的地位，或是以发改委为基础建立跨部门的计划部门，以更好地进行顶层设计。而后一派认为，发改委的职责覆盖过多，因此在实际运作中存在的一个普遍问题就是容易与其他具体部门的职能重叠，有不当实权的控制。因此，许小年认为：“为保证市场经济的自主发展，应当撤销发改委。”刘胜军也认为，加快取消行政审批权，为市场微观经济主体松绑，最终应撤销与市场经济“不兼容”的发改委④。因此，在宏观调控要进行改革的共识下，作为宏观调控重要机构的发改委，也应当进行有针对性的改革⑤。

四、宏观调控目标及其设定

长期以来，中国的宏观调控目标集中在稳增长、调结构和控物价上。如国家计委经济研究中心课题组认为，在中国的体制转换期内，宏观调控的主要目标是要抑制需求和促进供给⑥。需求方面的基本原则之所以明确规定为“抑制需求”而不是一般的“需求管理”或“需求调节”，是因为转换时期需求不足只是非常偶然的或局部的现象，经常的危险是“需求膨胀”。虽然随着改革的深入，需求对供给的拉动弹性不断增强，但是在新

---

① 汪玉凯．如何建设一个公平正义廉洁有为的政府［M］．北京：人民出版社，2014.
② 卢锋．宏调的逻辑：从十年宏调史读懂中国经济［M］．北京：中信出版社，2016.
③ 王红茹．宏观调控发改委不应唱“独角戏”［J］．中国经济周刊，2005（21）．
④ 刘胜军．期待经济改革“顶层设计”［OL］．网易新闻，2013-07-24.
⑤ 汪玉凯．如何建设一个公平正义廉洁有为的政府［M］．北京：人民出版社，2014.
⑥ 国家计委经济研究中心课题组．体制转换时期的宏观调控［J］．经济研究，1989（5）．

体制没有确立起来之前，经济的资源制约型特征没有消除之前，需求刺激供给的可能性是非常有限的。

吴超林认为，市场经济宏观调控政策的目标主要是短期经济稳定进而为市场配置的长期经济增长创设前提条件，政策目标并不必然包含长期经济增长①。宏观调控政策作用的对象是总需求为主的总量方面，它虽然会影响到微观经济主体的行为，但却不是针对具体的产业部门和结构。结构增长与总量稳定从某种意义上可以说是支撑现代经济学演进的两大支柱。而如何处理好针对短期总量稳定的宏观调控政策与长期经济增长的关系，则是当今经济理论和实践所面临的重大课题。

周学提出一个宏观调控的方向之争的问题，即总量调控还是局部调控②？所谓总量调控，是指将经济失衡的表象——总需求大于或小于总供给当作病因，用扩张性或紧缩性的财政货币政策来实现形式上或表面上的总量均衡的一种调控方式。随着经济的发展，供给瓶颈得到缓解，局部供给过剩开始出现，在这一新时期，促进和稳定就业成为新的调控重点。这是因为稳增长一般通过相应的财政政策和货币政策刺激社会总需求，特别是通过基础设施建设来刺激投资增长。但是随着中国经济发展水平的不断提高，经济结构的不断调整，政府稳增长的能力并没有显著提升，反而稳增长的效率是有所下降的。所谓局部调控，是指将调控的层面从宏观深入到中观，乃至微观，从整体深入到局部，找出宏观经济中的哪个组成部分出了问题，原因何在，然后对症下药，加以解决。因此，他认为，应当采用局部调控，根据经济需要选择适当的调控目标。

五、需求和供给管理的调控思路

从调控范式来说，中国的宏观调控基本上遵循的是凯恩斯主义的需求管理思路和范式。众所周知，有效的凯恩斯主义管理往往是在应对危机和萧条时期，通过强刺激实现经济复苏的一种短期增长方式。在短期内，当经济增长受到危机冲击，出现需求下降、失业加剧时，凯恩斯主张通过短期的强刺激计划来应对有效需求不足和危机问题。这一点被多次危机后各国的短期刺激计划和需求管理政策的实践证明是有效的，而且人们一般也倾向于认为凯恩斯主义需求管理方式具有典型的反危机式的逆向调节特

---

① 吴超林．宏观调控的制度基础与政策边界分析——一个解释中国宏观调控政策效应的理论框架［J］．中国社会科学，2001（4）．

② 周学．宏观经济学的创新与宏观调控方向的转变［J］．经济学动态，2011（6）．

点，并且具有明显的需求分析和短期分析特点。

近几年来，中国经济增长的主要问题集中在供给端，经济结构失衡等问题越来越严重。调整社会供给端成为新时期宏观调控的主基调。供给管理，就是要真正依靠市场经济体制来配置全社会资源禀赋，提高既有资本、劳动力、土地等资源的生产可能性边界，通过供给端的提质增效，来引领需求端的变化。

通过全面深化改革，消除已经桎梏经济发展的旧制度、大障碍，为微观经济主体减轻负担。减负，不仅要从降低微观主体税收负担入手，还要注重减少行政审批对经济的制约，减少市场要素自由流动的障碍和成本。同时，在建立国家自主创新体系目标的指导下，深刻激发全社会的创新、创造力，提高中国经济的科技含量，提升制造业的价值含量和不可替代性，真正将中国经济从粗放型增长扭转向集约型增长。

六、宏观调控的规则与相机抉择

过去，政府政策坚持规则性，强调政策的稳定性而放弃灵活性，容易僵化处理现实问题。而以政策的灵活性为主，则可能带来政府过多干预经济，甚至由于政策的时滞性给经济带来更大波动的后果。因此，中国宏观调控在经验积累的基础上，逐步转向以规则为基础兼顾灵活性的调控方式。以规则为基础，但也要有一定的灵活性，不能让规则束缚住调控的手脚；同时，不能只强调政策的稳定性和持续性而忽视政策的灵活性。在处理这两者之间关系之上，首先要明确宏观经济调控的目标，处理好稳定就业、经济增长、稳定物价和内外平衡四者间的关系。在目标安全运行范围内，按照既定规则行事；当目标已经超越安全运行的边界时，动用灵活的调控政策来应对形势日新月异的变化。

中国政府的宏观调控到底是采用规则还是相机抉择形式呢？张志敏与冯春安认为，方福前把改革开放以来中国宏观调控方式的演变分为三个阶段：1978—1984 年 10 月为“计划控制为主、市场调节为辅阶段”；1984 年 10 月—1992 年 2 月为“计划控制与市场调节相结合阶段”；1992 年以来为“市场调节基础上的相机抉择阶段”①。1993 年，针对经济过热和越来越严重的通货膨胀，中国实施了“双紧缩”的政策组合；面对 1997—1998 年亚洲金融危机的冲击和通货紧缩、总需求的不足，中国实施了积极

① 张志敏，冯春安．中国宏观调控理论的演变、纷争与挑战［J］．经济学动态，2009（11）．

（即扩张性）的财政政策和稳健的货币政策；随着社会总需求的回升和经济持续快速增长，2005 年中国的宏观调控开始转向稳健（即中性）的财政政策和稳健的货币政策；2007 年 3 月以来，由于物价总水平不断上升，为了抑制经济过热，保持经济稳定持续增长，中国的宏观经济政策又转向适度从紧的货币政策和稳健的财政政策。

到底是设定宏观调控的规则，还是根据经济指标进行针对性的调控？吴俊培与毛飞认为，中国经济学者通常运用年经济增长的环比指数描绘出一定时期内的经济增长波动曲线，然后再选择这条曲线中的“波谷”或“波峰”作为坐标来划分经济周期，由此来判断宏观经济的态势和提出相应的政策建议①。他们认为，上述的坐标选取方法是不适当的，而应该选择经济“常态”为坐标来划分经济周期，因此根据经济周期来判断经济态势是不可靠的，更不能直接作为政策依据，财政宏观调控政策应该根据体制改革的目标和需要解决的主要问题来确定。

范跃进与冯维江从测定核心通货膨胀的角度，考察宏观调控尤其是货币政策调控的有效性，目前中国是全球主要经济体中唯一不公布核心通货膨胀率（即剔除一些价格变动巨大且频繁或短期性质价格波动的商品或服务后的通货膨胀）的国家，采用相机抉择调控政策面临较大挑战②。

第三节　宏观调控政策实践及思辨

在每次宏观调控政策过程中，学者们都就宏观调控政策本身进行大量的深入研究和争鸣。自改革开放、建立市场经济体制以来，中国宏观经济经历了多次波动调整，进行了大约七次宏观调控。其中，1979—1981 年，1985—1987 年，1989—1992 年，1993—1997 年宏观调控都是紧缩性的，主要目的在于控制经济过热和通货膨胀；1998—2002 年和 2008—2011 年的宏观调控则是扩张性的，主要应对来自外部的金融危机对中国经济的冲击③。

---

① 吴俊培，毛飞．经济波动理论与财政宏观调控政策［J］．中国软科学，2005（6）．

② 范跃进，冯维江．核心通货膨胀测量及宏观调控的有效性：对中国 1995—2004 的实证分析［J］．管理世界，2005（5）．

③ 韩保江．中国经济［M］．北京：中央编译出版社，2006.

一、1979—1981年：计划式宏观调控

此次宏观调控发生在改革开放之初，处于从计划经济向市场经济的初步过渡阶段，也是以计划性和行政性政策进行宏观调控的初步尝试，带有较浓重的计划经济国家干预的色彩。调控主要采用行政性政策，要求政府各部门严格实行实物分配计划、直接冻结物价上涨等，并且主要使用了财政政策，没有货币政策；从目标上看，主要是从全面控制社会总需求出发，直接压制物价；从调控方式上看，由于市场经济刚刚起步，间接调控手段十分缺乏，所以本轮调控更多的是依靠直接干预。

第一次宏观调控针对的是1978年的经济过热。在同年12月召开的具有伟大历史意义的党的十一届三中全会上，提出全党工作重心转移到社会主义现代化建设上来。并提出，国民经济中一些重大的比例失调状况还没有完全改变过来，基本建设必须积极地而又量力地循序进行，不可一拥而上。1979年3月，李先念、陈云就财经工作写信给党中央，明确提出，现在国民经济比例失调的情况相当严重，要有两三年的调整时期。同月，中央政治局会议决定，用三年时间进行国民经济调整。1979年4月召开了专门讨论经济问题的中央工作会议，正式提出用三年时间对整个国民经济进行调整，实行新八字方针，即调整、改革、整顿、提高（1981年时提出的八字方针是：调整、巩固、充实、提高）。然而，在1979—1980年两年中，从中央到地方对调整的认识并不统一，贯彻执行不力。基建总规模没有退下来，地方和企业财权扩大后盲目上项目，财政大量赤字，货币发行过多。为此，1980年12月，党中央再次召开工作会议，邓小平尖锐指出："1978年12月党的十一届三中全会以后，陈云同志负责财经工作，提出了调整方针，去年4月中央工作会议对此作出了决定。但因全党认识很不一致，也很不深刻，所以执行得很不得力。直到现在，这种情况才有了变化。"① 此次中央工作会议决定，在经过1979年和1980年两年调整之后，1981年对国民经济进行进一步的大调整。至此，改革开放以来的第一次国民经济调整才得以有效地进行②。

二、1984—1987年：双紧式宏观调控

在这次宏观调控中，通货膨胀仍然是首要的调控目标，全面压制投资

---

① 邓小平．邓小平文选：第2卷［M］．北京：人民出版社，1994：354.
② 刘树成．我国五次宏观调控比较分析［J］．经济学动态，2004（9）.

需求和消费需求是主要手段，仍然是通过强有力的行政干预方式进行。但是与 1978—1981 年调控的不同在于，经济性的调控政策力度增强，逐步开始摸索货币政策加财政政策双调节的方法，直接的计划干预有所减少，间接调控方式和经济性调控政策逐渐被强化。在这一阶段，人民银行和财政部尚不完全具备单独制定和执行财政、货币政策的条件和功能，但是初步建立了中央银行体制，形成了初级金融市场。

1986 年中国经济遭遇经济过热和通货膨胀，党的十三届三中全会报告进一步指出："这次治理经济环境、整顿经济秩序，必须同加强和改善新旧体制转换时期的宏观调控结合起来。"

邓小平指出，宏观控制要体现在中央能够说话算数上。这几年我们走的路子是对的，现在是总结经验的时候。这几年，我们如果不放，能搞出这样一个规模吗？过去我们是穷管，现在不同了，是向小康社会过渡的宏观管理。邓小平的这些话告诉我们，在经济生活中，既要搞活，又要制约，既要放开，又要管理，宏观控制的任务十分艰巨。必须综合运用经济的、行政的、法律的、纪律的和思想政治工作的手段，五管齐下，进行宏观调控。在新旧体制转换时期，尤其不能过早地、轻率地放弃行政手段，以免出现经济生活的混乱。加强行政手段的目的，是为了更好地推进改革，而不是走老路，对这一点必须有明确的认识。我们要在实践中努力学习，积累经验，逐步掌握和提高宏观调控的本领。

三、1989—1991 年："硬着陆式"宏观调控

自 1988 年第四季度开始，中央政府采取紧缩性政策对经济进行调控，包括采取抑制消费的单一的、间接性调控政策，如提高存款利率、征收消费税等。但是在实际中，这些措施见效慢，无法有效抑制居民消费需求，难以达到较快降低通货膨胀的效果。随后，政府不得不采用直接的行政性调控措施，调控效果立竿见影。但是，由于政策用力过猛，经济陷入低迷状态，忽然之间由短缺经济进入过剩经济。本轮调控的财政和货币政策的运用力度明显加大，其间还同时推进了财政、税收等体制的改革，初步建立了符合中国国情的宏观调控体系框架。

四、1993—1997 年："软着陆式"宏观调控

针对此轮经济过热，中央不是简单地采取压缩总需求的紧缩政策，而是根据主要目标选择有步骤、分阶段、有针对性地出台宏观调控政策。首

先将整顿金融秩序、治理通货膨胀确定为首要任务；同时出台一系列金融、外汇、价格、外贸、投资体制等方面的重大改革措施，并继续实行“双紧”的财政和货币政策。

本轮宏观调控特征转为依靠以财政和货币政策为核心的经济性政策分阶段逐步推进。虽然宏观调控在总体上是以紧缩性政策为主，调控对象主要侧重于总需求，但调控期间也采取了增加总供给的措施。此轮调控时间较长，中间目标和操作工具多，政府比较注重政策间的相互搭配，较为准确地掌握了调控时机，避免了过去那种急于求成的短期行为。因此，中国 1993—1996 年的主导政策被普遍认为是经济转型时期的一次比较接近市场经济意义上的宏观调控，并成功地使 1992 年以来总需求严重大于总供给的宏观非均衡经济实现了“软着陆”①。

五、1998—2002 年：扩张式宏观调控

与 20 年来的市场化改革进程相伴随，中国的宏观调控也先后经历了总需求大于总供给背景下的抑制需求型和总需求小于总供给背景下的扩大需求型两个阶段。如果说 1997 年以前，面对总需求大于总供给的情形还能通过强制的行政手段、法律手段和经济手段压制总需求实现宏观经济总量均衡的话，那么，1997 年以后，面对在市场机制作用不断扩大基础上形成的总需求小于总供给的宏观总量非均衡情形，尽管政府实施了更为市场经济意义上的一系列积极的财政政策与货币政策，但三年来的宏观调控政策效应与预期结果仍相距甚远②。

本次宏观调控是中国第一次使用扩张性政策来扩大内需、推动经济增长。政府投资成为投资资金主要来源，并将投资重点放在农田水利、交通通信等基础设施上。消费需求不再像之前调控那样被严格限制，而转为鼓励和促进。此轮宏观调控中间接调控方式逐步成为主角，直接行政干预明显减少；财政政策和货币政策手段日益成熟，形成了常用的利率、准备金率等现代市场经济国家宏观调控工具，并发挥了较好的作用。

---

① 吴超林．宏观调控的制度基础与政策边界分析——一个解释中国宏观调控政策效应的理论框架［J］．中国社会科学，2001（4）．

② 吴超林．宏观调控的制度基础与政策边界分析——一个解释中国宏观调控政策效应的理论框架［J］．中国社会科学，2001（4）．

六、2003—2007 年：结构式宏观调控

本轮宏观调控呈现出“有保有压、阶段递进”的特点，目的是既能抑制房地产、钢铁、水泥等过热行业发展，同时保障薄弱环节的发展。在调控步骤上体现出三阶段特征：第一阶段的宏观调控主要是利用暂时性的行政性调控措施来规范微观经济主体行为，但实施效果不是特别理想。第二阶段调控政策力度加强、密度加大。第三阶段调控过程中经济性政策逐渐置换了行政性政策，在综合运用多种宏观调控政策进行调控的同时，推出体制改革。

这次宏观调控针对的不是经济增长率已经超过 11% 的大起，而是为了防止经济出现，大起导致大落；针对的不是已经出现的经济全面过热或总量过热，不是投资和消费需求双膨胀，而是部分行业投资的局部过热；针对的不是已经出现的严重通货膨胀，而是物价上升的压力。因此，这次宏观调控对于部分行业来说，是及时的调控；而对于整个经济运行的全局来说，则是见势快、动手早、未雨绸缪、防患于未然的主动调整①。

这次宏观调控是在中国社会主义市场经济体制初步建立之后的第一次紧缩型宏观调控。在这次宏观调控中，利益主体的多元化充分表现出来，并折射到学术界和新闻媒体，形成各种声音的多元化。这无疑给宏观调控增加了很大的难度。

许多学者对这次宏观调控提出了质疑，如高尚全认为，这一次的宏观调控是以市场经济的宏观调控之名，实际上采用的是计划经济常用的行政性和政治性的调控手段，如通过政令的方式控制土地供应，由发展改革委严格控制项目审批，或者直接对产业结构、产品结构进行控制。这些政策手段，加上原有的一些改革尚不完善的缺点，如中国在市场准入方面存在的不少“行政性壁垒”、普遍的地方保护主义，以及政府直接干预市场运行，大都以加强“宏观调控”的名义来取得“合法性”，实际上既阻碍了市场经济体制的完善，也削弱了宏观调控的有效性②。

七、2008—2011 年：大规模刺激式宏观调控

为了帮助国内经济走出全球金融危机困境，政府的宏观调控政策前期

---

① 刘树成．我国五次宏观调控比较分析［J］．经济学动态，2004（9）．

② 高尚全．有效市场和有为政府［M］．北京：中国金融出版社，2016.

确定的“双防”（防止经济增长由偏快转为过热、防止价格由结构性上涨演变为明显通货膨胀）逐步转变为“一保一控”，即在保持经济平稳较快发展的同时严格控制物价过快上涨。前期紧缩性货币政策转变为扩张性，前期稳健性的财政政策也一举转变为积极性。为了防止经济增速过快下滑，政府推出了旨在扩大内需的“四万亿”计划，随后，出台“一揽子计划”，分别涉及财政、税收、货币、产业、消费和收入分配政策、区域经济发展以及对外经济政策等。

本次宏观调控政策力度之大、手段之多是改革开放以来所罕见的。调控效果在短期内较为明显，由投资拉动的国内经济增长较快恢复，成为全球金融危机中最快走出阴影的国家之一。但是“四万亿”投资暂时掩盖了当时宏观经济的根本问题，甚至进一步激化了业已存在的经济矛盾，如结构失衡。这些问题并不能在拖延中逐步自愈，而是必须通过大刀阔斧的改革才能彻底解决。这部分反映了宏观调控政策在短期和中长期经济利益中的权衡取舍。

刘伟与苏剑针对中国现阶段宏观经济失衡的新特点，分析了宏观需求管理政策的局限性，在讨论供给管理政策特点的基础上，提出了在长期和短期经济波动调节中引入供给管理的客观性①。中国经济增长与宏观稳定课题组（2010）认为，后危机时代中国宏观调控的新思维可概括为：①把握宏观调控的主线：突出供给管理，加快结构调整；②完善宏观调控的基础：推进市场化改革，减弱政府性驱动；③转移宏观调控的重心：从工业化到城市化；④拓宽宏观调控的视野：关注世界发展的中国因素，加强国际政策协调②。

也有一些学者认为，与前几轮宏观调控政策一样，此轮宏观调控政策是专门应对金融危机、抵御经济下滑、促进经济增长而制定的临时性、扩张性、短期的政策措施。它在推动经济逐步复苏的同时也隐含着诸多隐患，而且这些措施并非治理一切经济问题的良方，无法解决经济增长方式调整滞后和收入结构分配失衡等深层次矛盾。不仅如此，其反而可能带来一些副作用，使得宏观经济运行面临更多的风险，如财政风险、通胀风险、未来产能过剩等，如果这些矛盾不解决，中国经济将会更加脆弱，经济可持续增长值得怀疑。因此，此轮宏观调控政策不可能长期延续下去，

---

① 刘伟，苏剑．供给管理与我国现阶段的宏观调控［J］．经济研究，2007（2）．

② 中国经济增长与宏观稳定课题组．后危机时代的中国宏观调控［J］．经济研究，2010（11）．

它的转换或退出是必然的①。

在这个背景下，有学者认为，中国应该采取的政策包括：①紧缩货币以消除资产价格泡沫并降低和固化金融资产和房地产的预期收益率，降低企业投资于实体经济的机会成本；②调整中国的产业结构，淘汰低端产业，发展高端产业；③为企业创造高收益的投资项目。产能过剩是金融危机的根源，金融危机是对产能过剩问题的一种自然治理。因此，不解决产能过剩问题，金融危机的根源就没有被解决，金融危机的可能性就依然存在。世界各国在本次全球金融危机中采取的措施治标不治本，这给中国提供了一个机遇②。

八、2013 至今：供给侧改革的宏观调控

2013 年以来，随着中国经济结构调整的深化，学术界和决策层的共识是，当前中国经济面临的不仅仅是周期性问题，更多的是结构性问题。面对新常态下的“结构性减速”，单纯运用需求刺激措施已无济于事，问题的症结只有通过深层次结构性改革才能根本解决③。

中国经济正在进入新常态。作为经济新常态下的一种新思维，中央提出了“供给侧结构性改革”这个重大理论和实践创新问题。根据中央有关权威人士的说法，供给侧结构性改革主要是指，“从国情出发，不妨用‘供给侧＋结构性＋改革’这样一个公式来理解，即从提高供给质量出发，用改革的办法推进结构调整，矫正要素配置扭曲，扩大有效供给，提高供给结构对需求变化的适应性和灵活性，提高全要素生产率，更好满足广大人民群众的需要，促进经济社会持续健康发展”。

供给侧结构性改革与宏观调控的关系到底是什么？一些学者认为，供给侧结构性改革这个重大的政策和实践创新，本身意味着中国经济新常态下宏观调控思路的创新，而且，这种创新本身在短期内具有应对经济下行的积极意义，长期内也具有重塑经济增长的内生动力的意义④。一些学者认为，2016 年年底的中央经济工作会议明确提出要“创新和完善宏观调

---

① 刘满平，黄文彬，黄应刚．宏观调控政策运行机制、绩效评估和转换策略选择［J］．经济学动态，2011（3）．

② 苏剑．产能过剩背景下的中国宏观调控［J］．经济学动态，2010（10）．

③ 中国经济增长前沿课题组．中国经济增长的低效率冲击与减速治理［J］．经济研究，2014（12）．

④ 周振华，肖林，权衡．供给侧结构性改革与宏观调控创新中国经济分析 2015—2016［M］．上海：格致出版社，上海人民出版社，2016.

控”，供给侧结构性改革的一些内容成为宏观调控体系的构成部分，因此供给侧结构性改革就是在坚持市场化、法治化主线的情况下，通过深化体制改革促进发展，而创新宏观调控服务于推进供给侧结构性改革①。还有一些学者认为，供给侧结构性改革和宏观调控是两种不同的宏观政策工具，中央的、反周期的及总量性的宏观调控工具难以解决甚至会加剧这一问题。因此需要对供给侧结构性改革和宏观调控进行分工与互补，即宏观调控侧重“稳增长”，供给侧结构性改革负责“调结构、提质量、增效益”，通过二者的协调互补以确保经济“稳中有进，稳中提质”②。

供给侧结构性改革的主要手段包括去产能、去库存、去杠杆、降成本、补短板。这些政策都和中国传统的宏观经济政策有着较大的差异，从而政策的效果不确定也将进一步增大。再考虑到复杂多变的国际经济秩序的剧烈调整，宏观调控的挑战也将进一步增大。郭克莎与汪红驹认为，在经济进入新常态的条件下，应把经济发展新常态引起的条件变化与对未来经济运行的预测分析结合起来看，新常态下宏观调控的新特点将表现为调控思路的重大转变，即转为主要稳定经济增速、主要防控通货紧缩、主要防范资产泡沫破裂、主要促进转型升级、主要激发市场活力③。方昕认为，经济下行、高杠杆率、资产价格下跌、产能过剩、人民币汇率贬值预期、国际大宗商品价格中长期颓势等均是形成中国通缩风险的重要成因，应在处理好需求端管理和供给侧改革的关系的基础上，实施更加积极的财政政策和更加有效的货币政策，促进结构性改革尽快显出实效，并加强宏观调控政策的国际协调来妥善应对通缩风险④。

第四节　对现有宏观调控的反思和改革展望

习近平在党的十九大报告中指出：“创新和完善宏观调控，发挥国家发展规划的战略导向作用，健全财政、货币、产业、区域等经济政策协调机制。”党的十八大、十九大以来，中国经济发展面临着前所未有的新形势和新挑战，根据党中央国务院对新时代经济发展的新部署，许多研究对

---

① 杜秦川. 供给侧结构性改革下创新宏观调控的方向［J］. 宏观经济管理，2018（6）.

② 郑新业，张阳阳，黄阳华. 供给侧结构性改革与宏观调控：分工与互补［J］. 中国人民大学学报，2017（5）.

③ 郭克莎，汪红驹. 经济新常态下宏观调控的若干重大转变［J］. 中国工业经济，2015（11）.

④ 方昕. 警惕通缩风险，完善宏观调控［J］. 金融研究，2016（2）.

新时代宏观调控体系的改革与完善进行了深入剖析，对宏观调控有了更为深入的理解。

一、对现有宏观调控体系的反思

许多研究认为，现有的政府主导的发展方式和行政化的宏观调控方式已走到尽头，如再不抓紧时机加快宏观调控体系改革，中国经济将面临更严峻的形势，但现有宏观调控体系有何问题，不同学者有不同意见。

有研究认为，宏观调控在政府职能中其实只是一部分，属于次级任务的子项目，隶属于经济管理职能之下，而非经济管理职能的全部，更非政府职能的全部。而过去，政府把很多精力放在了宏观调控上面，结果导致该管的事情没有管好，也没有时间和精力去管。因此，要有针对性地调整和完善政府基本职能①。卢锋认为，中国现有的宏观调控体系的问题主要是宏调工具宽泛化，即宏调工具和手段五花八门、多种多样，他对2006—2016年宏调政策演变过程与具体内容进行梳理发现，过去10年实际在宏观调控背景和语境下运用的政策工具和手段可能不下30种②。因此，卢峰认为，宏观调控工具宽泛化既是深层改革滞后和市场体制不完善的结果，也是妨碍改革推进甚至客观促成旧体制某些因素复归的根源。

国务院发展研究中心课题组认为，在现有的宏观调控政策执行过程中，部门相互扯皮，层层跑偏离题，机会主义行事，选择性执法，不能依法办事，缺乏法律约束③。在监督上，反馈机制失真、纠错机制失灵、问责机制缺失。有些地方政府利用手中权力，对统计工作进行干预，对统计数字进行“修订”，一方面导致政府的公信力丧失；另一方面又使得下一轮宏观调控所依据的统计数字失真，造成新一轮的政策目标偏离应有轨道，形成恶性循环。事实上，近些年来部分地区暴出来的统计数据造假，也印证了这一研究的判断。

吴敬琏认为，政府对企业微观经济活动的行政干预在“宏观调控”的名义下有所加强④。从2003年第四季度开始，中国经济出现了“过热”的现象。为了保持经济的持续稳定增长，中国政府决定采取措施促使经济降

---

① 国务院发展研究中心课题组．新一轮改革的战略和路径［M］．北京：中信出版社，2013.

② 卢锋．宏调的逻辑：从十年宏调史读懂中国经济［M］．北京：中信出版社，2016.

③ 国务院发展研究中心课题组．新一轮改革的战略和路径［M］．北京：中信出版社，2013.

④ 吴敬琏．当代中国经济改革教程［M］．上海：上海远东出版社，2010.

温。在经济学上，宏观是一个总量的概念。在发生了宏观经济过热，即总需求大大超过总供给的情况下，理应按照市场经济常规，以基准利率、存款准备率等间接手段为主进行总量调控。在市场经济体制还不够完善的情况下，还有必要运用某些行政手段，如以银行信贷的“窗口指导”作为补充。但是必须明确，它们只能是辅助性的手段，而且在运用这种手段的时候，对它们的局限性和副作用要有充分的估计。但是，在当时领导机关对宏观经济形势进行分析时，主流意见却把问题的性质确定为“局部过热”，采取的主要措施也是由主管部委联合发文，采用审批等行政手段对钢铁、电解铝、水泥等“过热行业”的投资、生产活动进行直接控制。从那时起，“宏观调控要以行政调控为主”就成为正式的指导方针。在这种思想的指导下，各级政府部门纷纷以“宏观调控”的名义加强了对微观经济的干预和控制，使行政力量配置资源的能力和手段大为加强。

庞明川认为，在调控的具体实践中，也还存在一些需要总结和改进的问题：首先，政策存在/动态一致性问题。如果政策制定者缺乏有预见性地贯彻既定政策的能力，通常不能取得最优的政策效果。其次，对调控政策的作用和效果要有预见性。积极财政政策本身属于短期性政策，而在中国启动经济的调控过程中却得到长期运用。再次，在总量调控中缺乏对地方政府和微观经济主体行为的足够认识。在2002年以来的历次经济扩张中，各级地方政府对投资和经济增长具有很强的影响力。对于中央的宏观调控，地方政府在坚持地方自主性、注重发展和保护地方利益的同时，往往会出现因地方局部利益而对中央政策贯彻不力的问题。与此同时，一些企业和私人等微观经济主体形成的利益集团逐渐形成强势，不仅影响调控政策的执行，而且影响调控政策的制定。最后，缺乏针对一些特殊行业进行调控的经验。改革开放以来，中国的宏观调控从整体上看已经积累了较为丰富的经验。但是，对于一些特殊行业如钢铁、电解铝、水泥等行业以及房地产业等缺乏成熟的市场调控经验。国家从2003年下半年开始针对钢铁、电解铝、水泥等投资过热行业加大调控力度，2005年、2006年国家继续加大对产能过剩行业的调控，但目前这些行业的投资增长仍具有反弹的趋势。近年来，对房地产业采取的调控政策中，由于仍沿用紧缩货币、严控土地和增加税收等过去稳定房价的惯常做法，因而未能达到预期效果①。

党的十九大报告强调“创新和完善宏观调控”，并且提出“宏观调控

① 庞明川．中国宏观调控的体制基础与政策绩效［J］．世界经济，2008（7）．

有度”的要求。相对无度、过度，科学有效、张弛有度的调控，划定政府干预经济活动的边界，为市场和企业创设良好的环境。党的十八大以来这一轮调控，总的特征是“稳中求进、有所作为、量力而为”，核心是平衡好“有为政府”和“有效市场”的关系，突出实施“力、度、效”，打准政策“组合拳”，临危不乱，该“稳”的稳定住，该“进”的进到位，优化了全社会的资源配置效率，形成了更加成熟、更加定型的调控范式。本质上讲，对“度”的拿捏包括对精度、力度和效度的准确把握与娴熟运用。

二、财政政策与货币政策的支持与配合

（一）财政政策与货币政策的角色

中国的宏观调控政策主要通过三大途径实施：一是行政手段，二是法律手段，三是经济手段。三者的有机结合形成了中国过渡时期宏观调控的一大特点①。在中国，最为重要的宏观调控政策就是财政政策和货币政策，广泛使用的宏观调控政策还包括产业政策和土地政策等。党的十八大以前，我们并未区分各类政策之间的主次关系。例如，“十二五”规划纲要的相关表述是“加强财政、货币、投资、产业、土地等各项政策协调配合”。党的十八大以来，党中央更加强调财政政策和货币政策在宏观调控中的主体地位；党的十八届三中全会指出，健全“以财政政策和货币政策为主要手段的宏观调控体系”；“十三五”规划纲要也要求，“完善以财政政策、货币政策为主，产业政策、区域政策、投资政策、消费政策、价格政策协调配合的政策体系”。

改革早期，学者们赞同采用包括经济、行政和法律等多种手段实现宏观调控。国家计委经济研究中心课题组认为，作为政府管理经济的手段，经济办法和法律办法都离不开行政力量，因为正是某些行政管理机关来运用经济手段，某些行政机关监督执行有关的法律规定，即使是一个完全的市场经济国家也不例外②。能够与经济手段、法律手段并列的是行政命令手段、行政说服手段、社会教育和社会协商手段等。重要的是，各种手段要运用得当，互相配合。随着多次宏观调控的操作，学者们越来越发现，经济手段应成为主要的调控手段，宏观调控方式，应该以间接调控为主，

---

① 翟立功. 中国的经济增长与宏观调控［J］. 中国社会科学，1997（4）.

② 国家计委经济研究中心课题组. 体制转换时期的宏观调控［J］. 经济研究，1989（5）.

以经济手段为主，同时根据需要配之以一定的直接调控形式①。

围绕货币政策和财政政策的重要性，学者们进行了论争。财政政策方面，有学者认为，财政政策发挥了重要的作用甚至是主导作用②。江小娟（2006）认为，从1993年到2006年，随着经济形势的发展变化，财政政策相机进行了三次重大转型③。在经济出现“过热”时，财政政策“适度从紧”；在增速持续下滑使经济“偏冷”时，财政政策转向“积极”；在经济平稳较快增长时，财政政策转向“稳健”。这三个阶段，恰好实践了财政政策调控宏观经济的几种主要形态。这是中国提出建立社会主义市场经济体制以来首轮使用反周期的财政政策，起到了熨平经济波动、稳定经济增长的积极效果，在调控总量的同时，财政政策始终承担着调整结构的重任。而另一些学者认为，财政政策在宏观调控中暴露出许多不足，如高培勇认为，财政政策如何根据经济发展需要转向，如从积极转向中性的财政政策，往往受到一系列体制性约束的限制，这是财政政策在宏观调控体系中面临的问题④。陈彦斌、刘哲希与郭豫媚认为，由于财政政策缺乏结构性工具，用财政政策调整结构问题会带来更多问题⑤。

货币政策方面，中国的货币政策以控制通胀为主，兼顾改革和转型需要，保持了经济和物价水平的基本稳定，金融调控机制的建设、改革和转型也取得重大进展，利率、汇率形成机制改革迈出较大步伐，宏观审慎政策框架进一步完善，在极端复杂多变的国际环境中，取得了来之不易的调控成果⑥。但是，由于从1996年正式编制并公布货币统计口径算起，中国正规的货币政策只有11年历史，因此在传统的宏观调控框架中，货币政策仅起到配合财政政策的作用。在自有储蓄为主的投资格局下，中央政府通过货币政策来调整投资势必难以取得效果，财政政策和货币政策的配合也

---

① 王梦奎，林兆木，郭树清，韩文秀．新时期我国经济的宏观调控[J]．中国社会科学，1993（3）．

② 陈彦斌，刘哲希，郭豫媚．经济新常态下宏观调控的问题与转型[J]．中共中央党校学报，2016（1）．

③ 江小娟．正确理解中国的经济增长和宏观调控——读《中国财政政策理论与实践》[N]．人民日报，2006-03-01.

④ 高培勇．由“积极”转向“中性”：财政政策经历艰难抉择——关于近期财政政策取向问题的讨论［J］．财贸经济，2004（8）．

⑤ 陈彦斌，刘哲希，郭豫媚．经济新常态下宏观调控的问题与转型[J]．中共中央党校学报，2016（1）．

⑥ 周小川．新世纪以来中国货币政策的主要特点［J］．中国金融，2013（2）．

无从谈起[①]。吴超林认为，有效的货币政策除了要有能对政策信号做出理性反应的微观基础外，还必须有政策赖于传导的条件[②]。中国货币政策效果不显著并不是（或主要不是）货币政策本身的原因，而是政策背后的微观基础和制度条件问题。而与此同时，宏观调控中的积极财政政策的目的主要在于通过政府支出的扩大进而拉动民间投资的增长，如果民间投资启而不动且又长期依赖财政扩张，那么，一方面是政府复归为投资的主体，使财政政策的扩张与收缩演变为经济周期波动的根源；另一方面是财政扩张长期的可持续性将成为严重的问题。

（二）2018 年央行与财政部之争

2018 年，在国内供给侧改革和美国发起贸易战等多重因素带来的多重经济不确定形势下，宏观调控面临着重大考验，在这个背景下，央行与财政部就如何做好宏观调控进行了一场重要的论争。

2018 年 7 月，央行研究局局长徐忠研究员发表文章《当前形势下财政政策大有可为》，指出财政部作为消极，引发了财政系统和金融系统之间的争论。随后，徐忠在《经济研究》上发表长篇论文，进一步阐释了央行对财政政策缺位的不满[③]。财政部方面，一位化名“青尺”的“财政部工作人员”在《财新》杂志上“发表了自己的个人意见”，从财政部角度对央行的批评发表了看法。随后，财政部财科院院长刘尚希亦撰万字长文《财税体制怎么改?》回应央行的批评。这一论争引起了广泛关注，被称为央行与财政部之争。

综合整理上述四篇文章的主要观点，央行与财政部之争的焦点在以下几个问题。

一是在目前的经济形势下，财政部是否真采取了积极的财政政策。央行认为，当前财政政策不够积极。财政支出以应对短期问题为主，缺少对长期问题考虑的财政制度设计；当前的税收制度不合理，导致近几年减税政策不少，但是企业和居民缺少实实在在的获得感，有的企业税负不降反增。财政部方面对徐忠提到的问题进行了反驳，指出财政积极并不等于提高赤字率，财政赤字率变化并不等同于财政政策变化，财政政策发力可以通过更为广义的财政口径实现。

---

① 李扬．当前中国宏观经济调控的几个问题［J］．财经问题研究，2007（9）．

② 吴超林．宏观调控的制度基础与政策边界分析——一个解释中国宏观调控政策效应的理论框架［J］．中国社会科学，2001（4）．

③ 徐忠．新时代背景下现代金融体系与国家治理体系现代化［J］．经济研究，2018（8）．

二是金融去杠杆背景下，国有金融机构资本不足的问题凸显。如何处理国有金融机构资本金不足的问题，央行认为，财政作为国有金融资产所有者越位和缺位并存。在现行国有金融资产管理体制中，财政部的首要身份应是国有出资人，作为股东参与金融机构公司治理，实现国有资产保值增值；但财政部又以公共管理者自居，国有金融资产的“委托—代理”关系更多地体现为行政性的上下级关系，容易出现身份定位上的冲突和混乱。因此，央行方面认为，应当以财政资金向国有金融机构注资，并改善公司治理水平。“财政先生”对此并未进行正面反驳，而着重对“央行先生”提出的“现有国有金融企业的国有资本在很大程度上是不真实的”“财政并未真正掏钱”的观点进行了反驳。

三是如何治理地方债务的问题。央行认为，整顿地方政府性债务不能一推了之，应着力避免财政风险金融化，对于地方政府性债务监管也要考虑地区性差异，不搞一刀切。财政部认为，真正需要防范的是站在金融机构立场上，以防范金融风险为借口要求地方政府兜底，对不该担保或救助的隐形债务提供保护。

四是金融货币政策与财政政策之间的关系。央行认为，应关注金融的可持续发展，避免金融承担财政职能，“财政政策缺位、货币政策被迫补位”。货币政策属于总量调控政策，侧重于短期总需求调节，结构调整并非强项。在现有财政体制下，财政在“三农”、教育、医疗、社会保障、自主创新、节能减排、生态保护等领域的投入严重不足，历史欠账问题没有完全解决，资金缺口仍然较大，倒逼货币政策不得不承担部分结构调整的职能，影响了宏观调控的总体效果。因此，央行方面认为，应合理界定财政政策、货币政策各自的边界，加强财政政策与货币政策的协调，形成政策合力。

从上述争论可以看出，中国宏观调控中如何做好货币政策和财政政策的配合，仍然是非常重要的问题。

三、产业政策在宏观调控中的作用

（一）宏观调控与产业政策的关系

在微观规制和宏观调控分野之后，产业政策作为既不完全属于又不完全独立于微观企业和个人层面的政策，也不完全属于和不完全独立于政府的宏观政策，因此在西方经济学中虽然往往归类到微观经济学范畴，但也兼有宏观经济学的影响①。薄一波认为，在凯恩斯主义的影响下，西方国家普遍加强了政府对经济活动的宏观调节②。在法国、日本等国，还制订推行了“指导性计划”和产业政策，并且被看成是这些国家第二次世界大战后经济发展较快的重要原因之一。虽然近些年有些西方国家出现了自由主义回潮和过分强调市场作用的倾向，但要回到过去政府基本不干预经济的“自由竞争”时代是不可能了。

中国自计划经济以来，产业发展都服从国民经济计划管理，因此产业政策自然是宏观调控的重要内容。也有学者认为，产业政策既不属于宏观调控，也不同于微观规制，它实际上是国家按照自己设计的产业结构来分配资源，其作用是干预市场对资源的配置③。但有关产业政策的宏观调控效果，不同学者有不同的认识和发现。如王双利用经济计量模型从政策实施前后钢铁产业投资及产能两个方面对政策效果进行评价，得出了产业政策在不影响钢铁产业产能的情况下确实有效控制了投资盲目增长势头的结论，这表明基于投资调控的产业政策确实起到了预期的作用④。刘哲希认为，与财政政策和货币政策相比，产业政策的时滞较长⑤。产业政策在实施过程中，首先需要相关部门全面调研并且制定产业规划，政策内在时滞较长，而从政策实施到收到成效的外在时滞更长。以扶持新兴产业为例，新兴产业的发展需要经历初创阶段、成长阶段和成熟阶段，这往往需要数年甚至数十年。因此，产业政策的调结构功能显然要大大强于逆周期调节的短期宏观调控职能。因此，刘哲希认为，应弱化产业政策的宏观调控职能，充分发挥其推动重要战略性产业发展、缩小中国同发达国家核心技术差距和促进长期经济增长的功能。

（二）产业政策作用之争

2016 年前后，林毅夫与张维迎就产业政策的作用进行了激烈的辩论，田国强、吴敬琏等学者也先后加入，形成了产业政策作用的重要讨论。这

---

① Labory Sandrine and Bianchi Patrizio (eds.). International handbook on industrial policy [M]. Cheltenham, Glos, UK: Edward Elgar, 2006; Fine Ben, Saraswati Jyoti, and Tavasci Daniela (eds.). Beyond the developmental state: industrial policy into the twenty - first century [M]. London: Pluto Press, 2013.

② 薄一波. 正确处理计划和市场的关系（一）[N]. 人民日报，1992 - 12 - 22.

③ 汤在新. 宏观调控和微观规制、产业政策 [J]. 当代经济研究，2000 (5).

④ 王双. 基于第五次宏观调控下的产业政策效果实证分析——以钢铁产业为例 [J]. 开发研究，2005 (6).

⑤ 刘哲希. 宏观政策目标与工具评价 [A]. //载陈彦斌. 宏观政策评价报告 2017 [M]. 北京：科学出版社，2017.

一讨论对于理清产业政策的作用，完善宏观调控体系，有着重要的推动作用①。

这次讨论的焦点之一是产业政策的范围。林毅夫认为，产业政策是指中央政府或者地方政府为了促进某种产业在该国或该地区的发展，而有意识采取的一些政策和措施。关税保护、贸易保护、税收优惠、补贴、工业园、研发补助、特许或垄断经营等均可被纳入产业政策的范畴。林毅夫表示，产业政策将帮助企业解决其自身解决不了的问题，也就是"集中优势兵力打歼灭战"。通过有选择地使用资源，让一部分产业先发展起来，具备竞争优势，可以创造更多的资源，这是产业政策所要达到的目标。张维迎则表示，产业政策是披着马甲的计划经济，是政府出于经济发展或其他目的，对私人产品生产领域进行的选择性干预和歧视性对待，其手段包括市场准入限制、投资规模控制，也包括财政补贴、土地价格优惠等。张维迎认为，按照林毅夫的定义，几乎政府所做的所有事情都是产业政策。

讨论的焦点之二是产业政策对经济增长的作用。林毅夫认为，目前还没有看到不用产业政策而成功追赶发达国家的发展中国家，也没有看到不用产业政策能够继续保持领先发展的发达国家。因此产业政策对经济增长的影响需要重新评估。产业政策关系到技术创新、产业升级，必然有风险。我们能做到的是提高成功的概率，减少失败的概率。因此，林毅夫认为，许多发展中国家的政府采用产业政策时经常失败，除了执行能力的问题之外，究其原因是发展中国家的政府容易出于赶超的目的，而去支持违反比较优势的产业，结果这些产业中的企业在开放竞争的市场中缺乏自生能力，只能靠政府永无止境地保护补贴来生存。其政策启示就是对战略型产业的扶持是国家行为，应该由中央而不是由地方财政来承担。张维迎则反对一切形式的产业政策，他认为，具有后发优势的国家保持长时间持续增长很难说是奇迹，发挥比较优势与强调政府作用存在矛盾，企业家精神与产业政策存在矛盾，应重新思考战略与体制的关系。

讨论的焦点之三是产业政策的副作用。田国强认为，靠产业政策和政府直接干预来试图纠正市场失灵，往往由于信息和激励的问题，效果非常有限，不会比通过激励机制设计推动制度建设的间接方式更为有效②。中

---

① 他们的讨论大部分是以口头辩论而非文章的形式开展的，详情参见新华网的整理报道。

② 田国强．林毅夫、张维迎之争的对与错：兼谈有思想的学术和有学术的思想［J］．比较，2016（6）．

国的产业政策事实上基本就是扶持国企，歧视性对待民企。过多的产业政策会带来产能过剩、库存过多的资源错配及贪污腐败。因此，他认为，中国从要素驱动向效率驱动乃至创新驱动转型方面，对已经在其他许多国家被证明有效的产业政策，政府需要去做，但不能过度，不能以为任何产业政策都是有为的。吴敬琏、八田达夫与陈清泰认为，几乎在所有情况下，根据产业政策采取的措施总要伴随着财政负担等各种代价和副作用，因此有必要对政策的效果和代价进行权衡，不能认为只要出现市场失灵就必须进行政策性干预①。陈彦斌、刘哲希与郭豫媚认为，产业政策会阻碍市场发挥对资源配置的决定性作用并形成巨大的寻租空间②。

四、区域政策在宏观调控中的作用

实现区域统筹发展也是宏观调控的重要目的，因此区域政策是重要的宏观调控工具，甚至有人认为，区域政策是实现宏观调控有保有压方针的基本途径③。面对2008年全球金融危机，中央政府在出台大量涉及区域发展的区域规划与实施意见后，区域政策事实上承担了宏观调控职能，成为中国宏观调控政策体系的重要组成部分④。

区域政策在宏观调控中的体系主要表现为根据地区进行差异性的财政、货币、产业政策和旨在推动区域发展的规划及配套政策。在近年来实行的区域政策作用下，经济下行调整期中十多个中西部省（区、市）经济增速保持在全国中位数以上，3～4亿人口经济区域“弯道追赶”有望形成新一轮大国经济地理革命势头，对于改变中国大国区域不平衡与推动“区域协调发展”，对于“十三五”时期脱贫攻坚以实现全面建成小康社会目标，都具有重要现实意义⑤。

但是，区域政策也因为大量采用行政手段，可能在资源配置、效率提升等方面造成一些扭曲，受到了许多学者的批评。如赵勇与白永秀认为，区域政策承担宏观调控职能，使得区域政策的适用范围普适化、出台依据多元化、出台方式随意化，不仅对国家区域政策体系以及中央地方关系造

---

① 吴敬琏，八田达夫，陈清泰．反思产业政策［J］．比较，2016（6）．

② 陈彦斌，刘哲希，郭豫媚．经济新常态下宏观调控的问题与转型［J］．中共中央党校学报，2016（1）．

③ 范恒山．区域政策：实现宏观调控有保有压的基本途径［J］．中国改革，2007（8）．

④ 赵勇，白永秀．中国区域政策宏观调控职能的影响及其未来取向——兼论中国区域政策“泛化、叠化、虚化”现象［J］．贵州社会科学，2015（5）．

⑤ 卢锋．宏调的逻辑：从十年宏调史读懂中国经济［M］．北京：中信出版社，2016.

成冲击，而且导致“区域政策虚化”及区域政策效力下降，还加剧了产能过剩与经济失衡。区域政策与宏观政策目标导向间的冲突、区域政策出台过程不规范、区域政策的选择性执行是导致区域政策宏观调控职能失效的主要原因①。

第五节 新时代宏观调控体系的展望

一、深化改革背景下的宏观调控体系

从上述研究可以看出，由于中国仍然处于从计划经济向市场经济逐渐转型的过程中，全面深化经济体制改革仍然是中国经济发展面临的战略任务，中国现有的宏观调控体系仍然存在较多问题，因此如何继续深化宏观调控体系改革也是未来中国经济面临的重要问题。

作为市场化改革的一部分，宏观调控体系应当建立健全以财政政策、货币政策为主要手段的政策体系，而为了建立这一体系，就要通过完善财政税收体制改革、金融货币体制改革来实现。同时，还要进一步减少微观干预，减少对企业和家庭经济行为的管制，而这需要通过进一步深化国有企业改革、劳动市场改革、社会保障体制改革。

二、面向新时代的宏观调控体系

进入新时代以来，中国经济面临的内外部环境发生了重大变化。经济结构服务业化，人口的老龄化和城镇化，外贸结构的变化，世界经济秩序的变化，中国经济进入新时代，在这种环境下中国经济的长期增长和短期波动态势都和过去有较大差异，在这种环境下，中国宏观调控体系也应当有针对性地调整。

从宏观调控的根本目的来看，要满足人们对美好生活的向往，就要通过不断提高经济增长率来实现。因此，实现经济持续平稳增长和社会稳定发展，就需要加快经济增长转型，实现经济的内生增长。

在经济增长得到保障的条件下，其余的宏观调控就变得更加容易。例如，有学者提出要改进政府的宏观调控，放松宏观调控目标管理，实行目

---

① 赵勇，白永秀．中国区域政策宏观调控职能的影响及其未来取向——兼论中国区域政策“泛化、叠化、虚化”现象［J］．贵州社会科学，2015（5）．

标区间化管理，即中央政府制定一个可承受的经济增长上限和下限，制定一个可接受的通货膨胀率上限和下限，四条界线形成一个四方形的宏观调控目标区间[①]。

为了得到更高的经济增长率，我国最需要调整的是产业政策和区域政策。在成熟的发达经济体中，产业政策和区域政策虽然仍然存在，但都不再是具有系统重要性的政策。这是因为，产业政策和区域政策中的宏观调控功能，确实在一定程度上会造成资源配置的扭曲，因而在必须与美国等发达国家进行直接竞争的新时代，必须逐渐放弃对产业政策和区域政策的依赖，让市场在资源配置方面扮演更大角色，在建立完善的要素市场体系、社会保障体系的条件下，让区域差距通过人口流动而逐渐趋同，除关键和通用技术行业外尽量减少政府对特定行业的支持。只有这样，才能确保经济效率和竞争力，才能实现面向新时代宏观调控的根本目的。

三、学者的任务与挑战

中国宏观调控体系的改革与转型面临的挑战是巨大的。中国至今尚未完成农业劳动力转移，制造业高端化、现代化、智能化正当其时，服务业现代化等产业转型才刚起步，人均 GDP 刚达到中高收入国家的下限，却面临了人口结构转型、劳动力成本飙升、资本回报率下降、对外出口和投资受挫等严峻挑战。因此，研究在目前的条件下如何做好宏观调控体系的改革和优化，对于进一步促进经济增长稳定持续、经济波动平稳可控、经济结构均衡优化，具有重要意义。

从文献研究情况来看，学者首先应当深入研究中国经济增长的未来前景和在不同宏观调控体系下的可能情境。宏观调控体系如何根据人口结构、产业结构、区域结构等进行调整，以达到促进国民经济平稳增长和提升居民福利的根本目的。

其次，学者应当深入研究如何健全宏观调控政策体系，把握中国供求关系的深刻变化，更好发挥财政政策和货币金融政策的作用，构建更加有效有力的宏观政策体系。其一，要深入研究中央和地方的财政体制改革，如何通过重新设计财政分权体制，以满足激励地方政府发展经济、促进经济增长转型和结构升级、满足人民追求美好生活的向往为根本目的，重新

---

① 国务院发展研究中心课题组．新一轮改革的战略和路径［M］．北京：中信出版社，2013.

分配财权事权，妥善处理地方债务。其二，要深入研究金融和货币体制的改革，如何根据中国企业和居民的金融需求，推进中国金融体系的发展，建立健全金融货币市场，提供更多投融资工具、金融产品、信用工具和风险管理解决方案，妥善管理经济中的各种金融风险。其三，要深入提升财政政策和货币政策的配合程度，通过建立宏观政策的协调机制，研究构建宏观调控的最优组合。

最后，学者应深入研究其他宏观调控政策的作用和不良后果，采用渐进式改革的思路，探讨逐渐从经济领域中退出区域政策、产业政策等宏观调控政策的可能性和可行性，为最终建立成熟稳健、符合市场经济规律的宏观调控体系提供理论基础和情景模拟。